개정판

기업가정신

산업혁명의 흐름을 중심으로 한 고찰

강영규 · 윤정호 · 임진혁 · 정연대 공저

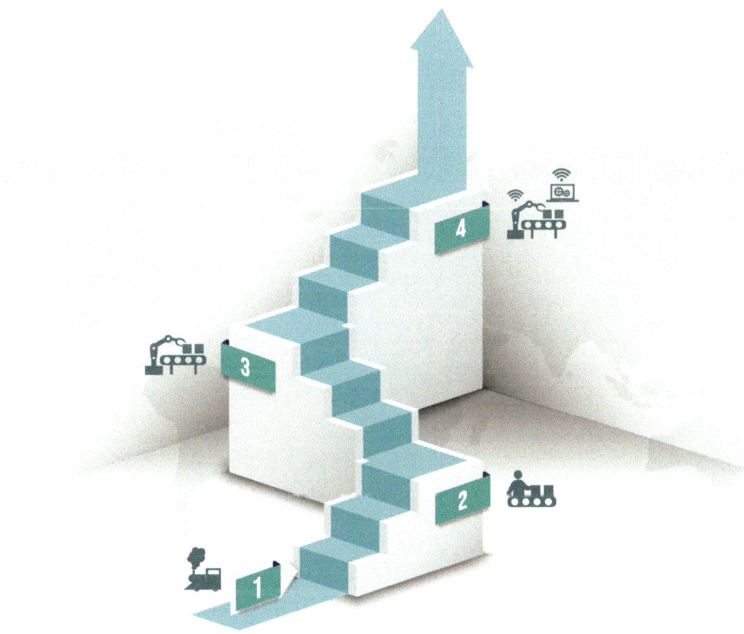

도서출판 두남

머리말 Preface

4차 산업혁명이라는 새로운 변화의 시대가 도래하여, 이를 잘 대비해야 한다고 집중하여 강조하고 있다. 하지만 무엇을 그리고 어떻게 대비해야 할 것인가? 라는 질문에 대해서는 AI와 같은 신기술을 익혀야 한다는 답변 외에는 뚜렷한 해법을 내놓지 못하는 것이 현실이다.

인류의 역사를 회고해 보면 변화를 창출하거나 변화를 이끌어간 주체는 기업가(entrepreneur)들이었고, 변화의 시대를 선도하는 개인과 조직의 역량은 기업가정신(entrepreneurship)이라는 점에는 이론(異論)의 여지는 없는 듯 하다. 1차 산업혁명은 증기기관을 발명한 기업가들에 의해 촉발되어 농업사회에서 산업사회로의 시작을 알렸고, 2차 산업혁명은 생산의 효율성을 도모하여 대량생산 시스템을 구축한 기업가들의 노력으로 인류는 물질적 풍요로움을 경험하게 되었다. 또한 소수의 학식과 전문성있는 지식인에 의해 독점화된 정보와 지식은 빌게이츠와 같은 기업가들에 의해 누구나 생산하고 공유할 수 있게 되면서 지식정보화 혁명이라는 3차 산업혁명이 탄생했다. 이러한 역사적 사실을 반추해 본다면 4차 산업혁명 시대에 국가와 사회가 준비해야 할 것은 새로운 기업가의 등장을 촉진하는 사회 분위기 형성 그리고 개인차원에서는 자발적으로 변화를 창출하고 선도하는 기업가적 역량 개발 혹은 기업가정신의 함양이 아닐까?

하지만 그간 기업가정신 함양과 관련해서는 마치 4차 산업혁명 시대를 대비하기 위해서는 AI라는 신기술을 익혀야 한다고 강조한 것처럼 창업하는 방법과 기술(사업계획서 작성법, 비즈니스 모델 개발, 그리고 소수의 성공한 창업가의 이야기)만을 강조해 온 것이 사실이다. 물론 이렇게 창업하는 기술적 접근이 기업가정신을 함양하는데 전혀 도움이 되지 않는다는 것은 아니다. 하지만 기업가정신 함양에 더 중요한 것은 창업하는 요령과 기술에 대한 학습을 넘어 Ronstadt가 강조한 것처럼 다양한 지식의 습득, 특히 시대마다 강조되고 있는 기업가의 역할과 기업가정신의 발현원리, 그리고 기업가정신이 시대 변화에 어떠한 역할을 했는지에 대하여 이해하고 이를 통해 변화를 선도하는 기업가정신이 함양될 수 있다는 점을 간과해서는 안 된다.

이러한 관점에서 본 도서의 저자들은 창업하는 요령과 기술이 아니라 진정한 의미의 기업가정신을 이해하고 기업가적 지식 축적을 통해 기업가정신이 함양될 수 있도록 하기 위해 본 도서의 주요 내용을 다음과 같이 구성하였다.

먼저 1부(1~3장)에서는 기업가정신에 대한 이해의 폭을 넓히는 내용으로 구성하였다. 1장에서는 다양한 견해로 혼란스러운 기업가정신의 개념에 대해 정립하였다. 이를 위해 기업가정신 연구의 흐름을 제시한 가운데 '기회(opportunity)'의 중요성을 강조하며 기업가정신의 개념을 정립하였다. 2장에서 기업가정신 확산의 관점에서 기업가정신이 어떠한 기능을 하는지, 발현되는 동기 요인은 무엇인지, 또한 기업가정신의 결정요인은 무엇인지에 대해 제시하였다. 3장에서는 기업가정신 확산을 위한 추가 연구 주제를 제시함과 동시에 기업가정신 함양을 위한 통합 모델을 제시하였다.

2부(4, 5장)에서는 1차 산업혁명과 관련된 기업가정신에 대한 내용으로 구성하였다. 4장에서는 농업사회에서 공업사회로의 전환이라는 획기적인 사건인 1차 산업혁명의 의의와 발생배경 그리고 그 결과와 파급효과를 소개하였다. 5장에서는 신뢰를 중시하는 신사문화, 기업을 잘 할 수 있는 규범과 제도 등을 제시하며 1차 산업혁명 시대의 기업가와 기업가정신에 대해 고찰하였다.

3부(6~8장)는 2차 산업혁명과 기업가정신에 관한 내용으로 6장에서는 2차 산업혁명의 의의와 특징에 대해 소개하였다. 특히 2차 산업혁명을 컨셉 디자인과 프로세스 디자인 관점에서 해석하여 제시하였고, 7장에서는 2차 산업혁명 시대를 빛낸 대표적 기업의 창업과 성장 과정을 통해 기업가정신의 발현 사례를 소개하였다. 8장에서는 2차 산업혁명이 발생할 수 있었던 기업가적 환경, 자원 그리고 각종 경영전략을 제시하며 2차 산업혁명에서 나타난 기업가정신을 분석하였다.

4부(9~11장)에서는 3차 산업혁명 가운데 기업가정신이 어떠한 방식으로 발현되었는지 소개하였다. 9장에서 3차 산업혁명의 특징과 핵심 키워드를 분석하였고, 10장에서는 3차 산업혁명 시대에서 발현된 기업가정신을 고찰하였으며, 11장에서는 3차 산업혁명 이후로 지속적으로 화두가 되고 있는 사내기업가정신, 사회적 기업가정신, 연속적 기업가정신 그리고 글로벌 기업가정신의 개념과 특성 등을 소개하며 기업가정신의 다양한 기능과 역할을 제시하였다.

5부(12장)는 현재 진행되고 있는 4차 산업혁명과 기업가정신에 관한 내용으로 4차 산업혁명의 특징과 핵심기술 그리고 4차 산업혁명 속 기업가정신 발현과 관련된 내용 등 변화된 시대에 요구되는 기업가적 역량에 대해 설명하였다.

마지막 6부(13장)에서는 기업가정신과 창업에 대한 내용으로 정부의 창업지원정책과 지원정보를 제시하였고, 창업아이디어 개발을 위한 방법으로 디자인씽킹을 소개하였다. 창업아이템 선정을 위한 기준과 개발방법도 제시하였으며 창업 비즈니스 모델에 대한 내용과 함께 유형 및 사례를 제공하였다.

이처럼 본 도서에서는 혼재된 기업가정신의 개념을 정립하고 기업가정신 함양을 위한 통합모델을 소개하며 산업혁명 가운데 발현된 기업가정신의 의미와 특징을 탐색적으로 고찰하고자 하였다. 기존의 기업가정신 관련 서적 및 교재가 상당수 사업계획서 작성 및 비즈니스 모델 개발, 수익성 분석 등 기술적인 차원에 집중되었기에 대중들은 기업가정신학 혹은 기업가정신 함양은 창업하는 요령과 방법에 관한 학문으로 인식되는 문제가 목격되고 있다. 이에 저자들은 산업혁명의 역사를 통해 시대별로 발현되었던 기업가정신의 특징과 지식을 제공함으로써 기업가정신에 대한 올바른 이해의 폭을 확장하고 변화하는 시대를 대비하기 위해 요구되는 것은 기업가정신 함양이라는 점을 알리기 위해 본 도서를 집필하게 되었다.

본 도서 집필에 참여한 네 명의 저자들은 모두 기업가정신으로 학위를 취득한 경영학박사로 이와 같은 목표에 충실한 도서를 집필하기 위해 그간의 기업가정신 분야에서의 연구와 교육, 실무적 경험 외에 추가적으로 3년 간의 시간을 투입하였고 그 과정에서 저자들이 오히려 더 학습되고 발전할 수 있었던 기회를 갖게 되었다. 이제 다양한 교육자와 연구자들이 본 도서를 활용하여 효과적이고 효율적으로 기업가정신을 교육하고 연구하는데 도움이 될 수 있기를 바라며, 독자 혹은 학습자들은 본 도서를 통해 기업가정신의 개념을 정립하고 함양 방법론을 습득하며, 산업혁명의 역사 속 기업가 및 기업가정신의 역할을 학습하는 과정에서 기업가정신과 관련된 지식(knowledge)과 기업가정신 함양에 대한 태도(attitude)를 발전시킬 수 있기를 희망한다.

더불어 본 도서가 출간되기까지 도움을 주신 도서출판 두남 관계자 여러분 그리고 교육현장에서 오히려 저자의 스승이 되어 준 학생들, 연구현장에서 다양한 선행 연구를 제시하여 비교적 수월하게 본 도서를 집필하게 도움을 주신 선배 연구자들 그리고 산업현장에서 실무적 경험을 축적하여 경영학적 인사이트를 제공하고 있는 수많은 기업가들께 가슴 깊이 감사의 말씀을 전한다.

2024. 2

저자일동

차 례 C·O·N·T·E·N·T·S

PART 3 2차 산업혁명과 기업가정신

PART 6 기업가정신과 창업

PART 1

기업가정신의 이해

CHAPTER 1

기업가정신의 이해

일반적으로 학문의 발전과정은 개념 틀, 이론적 틀, 이론화, 학문 순으로 진화하며 학자들은 탐구를 통해 학문을 형성하고 형성된 학문이 수련적 가치와 실천가능성에 대한 공감대가 형성되면 교과목으로 편성되어 피교육자들은 이를 학습하게 하게 된다(Kuhn, 1972). 하지만 기업가정신의 경우 개념 및 이론적 틀, 이론화, 학문, 교과목, 학습의 순서가 혼재하여 학문적으로 정당한지에 대한 한계와 비판이 제기되고 있으며 교육의 목적과 지향점이 명확하지 못해 현실에 맞지 않는 방법론적 접근 틀(예를 들면 창업 준비를 위한 방법론 및 기술적 측면만을 강조)에 국한되어 소개되는 오류와 문제가 발생하고 있다. 이런 현상의 근원은 기업가정신 연구에서 아직까지 통일된 개념 정의 그리고 그에 대한 합의가 없기 때문이다(Davidson & Wiklund, 2011).

그렇다고 기업가정신이 독자적 학문이 되기 위해 개념 틀, 즉 '정의 내리는 문제'에 대해 학자들이 그 역할을 소홀히 해 온 것은 아니다. 민지 기업가정신에 대해 '정의 내리는 문제'는 경제성장 이론을 연구하는 경제학자들이 중심이 되어 '특정 기능을 수행하는 역할'로 특성화되어 왔고, 특히 노동경제학자들은 직업선택과정에서 고용되는 것에 대한 대안으로 창업과 기업가정신을 파악하여 제시하기도 하였다. 하지만 기업가정신이 경제성장의 관점에서 특정 기능을 수행하는 역할이라는 관점은 지나치게 광범위하고 피고용의 대안으로 기업가정신과 창업을 이해하여 제시한 관점은 기업가정신의 고유한 성격이자 주요 구성개념인 혁신성(innovativeness), 진취성(proactiveness), 위험감수성(risk-taking) 등을 설명하는데 한계를 지니게 된다. 이에 기업가정신을 기존 학문의 특정 영역으로 볼 것이 아니라 경제학, 경영학, 사회학, 심리학, 교육학, 인류학 등 다학제적(multi disciplinary) 혹은 간학제적

(inter disciplinary)으로 접근할 필요가 있다는 주장도 대두되고 있기도 하다.

기업가정신이 여타의 (학문) 분야와 다른 분야라는 독립성에 대한 주장이 수용이 되기 위해서는 기존 분야에서는 설명될 수 없거나 예측되지 않는 현상을 설명하고 예측할 수 있어야 한다(Steven & Jarillo, 1990). 이러한 관점에서 기업가정신이 여타의 분야와 중복되지 않고, 독립적이며 수련적 가치(역할)와 실천가능성(활용)이 있는 영역임을 입증할 수 있는 이론적 배경과 개념이 제시될 수 있을 때, 기업가정신을 정의하는 문제에 대한 타당성과 공감대를 형성할 수 있을 것이다. 이러한 관점에서 본 장에서는 기업가정신의 연구 흐름을 정리하여 제시하고 기업가 및 기업가정신의 역할과 활용에 대해서 소개함으로써 독립적인 학문 분야로 기업가정신에 대해서 고찰해 보고자 한다.

제 1 절 기업가는 어떤 사람들인가?

기업가정신을 이해하기 위해서는 먼저 기업가(entrepreneur)라고 불리는 사람들은 어떤 특성을 지니고 어떠한 행동을 하는지에 대한 공통점을 찾아볼 필요가 있다. 관련된 선행연구를 종합해 보면 기업가는 다음과 같은 특성을 보이거나 행동을 취하고 있음을 알 수 있다.

① 먼저 기업가들은 자신의 휴리스틱(heuristic)을 광범위하게 사용한다(Busenitz & Barney, 1997). 휴리스틱이란 시간이나 정보가 불충분하여 합리적인 판단을 할 수 없거나, 굳이 체계적이고 합리적인 판단을 할 필요가 없는 상황에서 신속하게 사용하는 어림짐작의 기술[1]로 기업가들은 이러한 자신의 휴리스틱을 통해 비기업가들에 보다 더 신속하게 창의적인 아이디어를 제시하는 성향을 보인다.

② 기업가들은 가치(value)와 기회(opportunity)를 인지하는 기업가적 촉인 '긴밀성(alertness)'을 보유하고 있다는 점에서 비기업가 혹은 일반적인 사람들과 차별화된 점을 보인다(Kirzner, 1979). 기업가적 긴밀성은 Kirzner에 의해 최초로 제시된 개념으로 '다른 사람들이 간과하는 새로운 기회를 인식하는 개인의 능력'으로 정의된다. 이러한 Kirzner의 개념 정의 위에 Kaish & Gilad(1991)는 기업가적 기민성에 대해 기회 발견이 가능한 비즈니스 환경을 지속적으로 살펴볼 수 있는 개인이 보유한 '독특한 준비성(unique preparedness)'으로 설명하였다. 또한 이들은 기업가적 기민성을 창의성과 상상적 행동을 포함하여 '미래 시장에 진입하게 하는데 영향을 주는 것'으로

1 https://terms.naver.com/entry.nhn?docId=2070217&cid=41991&categoryId=41991

설명하고 있기도 하다.

③ 기업가들은 자원에 대한 제약 없이 '기회를 추구하는 성향'을 보이는데 사업 기회를 발견 과정에서 금융자본(financial capital)보다 개인의 지식, 기술 등에 의존하는 인적 자본(human capital)이나 사회적 관계 및 신뢰, 협력과 같은 사회적 자본(social capital)에 보다 의존하는 경향을 보이기도 한다(Stevenson et al., 1994).

④ 기업가들은 자기효능감(self-efficacy), 내적 통제위치(locus of control), 성취욕, 자율성과 같은 심리상태를 보유하며 모험성, 혁신성, 창의성, 진취성과 같은 행동 특성을 지니고 있을 뿐만 아니라 자신의 분야에서 끊임없이 기업가적 '지식'을 확보하는 행동 태도를 통해 전문가로 불릴 수 있을 정도의 지식수준을 보이고 있기도 하다.

기업가는 이상과 같은 대략적인 특성과 행동 유형을 보이는 바, 이를 분석함으로써 기업가정신의 개념을 이해하고 기업가적 성향과 행동을 강화하는 전략의 수립이 가능해 질 것이며 궁극적으로 기업가정신 함양을 위한 체계를 마련하는데 도움이 될 것이다.

제2절 기존 학문 분야에서 바라 본 기업가정신

이미 다양한 학문 분야에서 기업가정신의 개념과 그 효용에 대해 차별적인 관점으로 제시하고 있다. 먼저 경제학에서는 기업가정신에 대해 가장 먼저 그리고 오래 전에 접근을 시도하여 기업가가 경제 현실에서 어떤 특성과 모습을 보이며, 경제성장에 어떻게 기여하는지 등과 같은 거시적인 관점을 제시하였다. 대표적으로 프랑스 경제학자 Cantillon (1680~1734)은 기업가(entrepreneur)는 차익거래자 혹은 투기거래에서 모든 교역을 행하면서 확실힌 가격에 재화를 시서 불확실한 가격에 되파는 위험을 감수하는 사람으로 해석하였고, 프랑스 고전파 경제학자 Say(1767~1832)는 기업가의 행한 중요한 공헌은 생산요소의 결합이라고 설명하였다. 한편 미국의 경제학자 Knight(1885~1972)는 근로자가 될지, 기업가가 될지는 상대적 보상에 달려있다고 주장하면서 보상의 관점에서 기업가에 대해 소개했고, Kirzner(1932~)는 기업가적 기회에 대해 사람들은 서로 다른 반응을 보이기에 기민한 자만이 이윤을 달성할 수 있다고 주장하였다.

심리학적 접근을 통해 제시된 기업가의 모습은 조직보다는 개개인(Individuals)에 초점을 맞춰 무엇이 한 개인을 기업가적으로 만드는가(기질)와 기업가적으로 되는 것(행동)과 관련하여 설명하고자 하였다. 예를 들어 Gifford(2003)는 위험(risk)과 불확실성(uncertainty)에 초점을 맞춰 기업가는 자신감, 판단력, 모험정신, 선견지명, 행운 등과 같은 특성과 기질을 소유한 사람으로 소개하고 있다. 심리학적 접근에서는 휴리스틱(heuristic), 귀인이론(attribution theory), 기질이론(독립욕구, 성취욕, 통제의 내적욕구, 위험감수) 등을 토대로 기업가에 대해 설명하고자 하였다.

- **휴리스틱**: 충분한 시간이나 정보로 인하여 합리적인 판단을 할 수 없거나, 체계적이면서 합리적인 판단이 굳이 필요하지 않은 상황에서 빠르게 사용할 수 있는 어림짐작의 방법으로 기업가들은 일반인들보다 강한 휴리스틱을 사용
- **귀인이론**: 자신 또는 다른 사람의 행동의 원인을 찾기 위해 추론하는 과정으로, 심리학자들은 내적 요인(기질, 성격, 태도)과 상황적 요인(외부압력, 사회 규범, 우연한 기회) 등을 파악함으로써 기업가에 대해 파악하고자 함
- **기질이론**: 기질은 타고난 것으로 유전의 영향을 많이 받고, 성인기까지 한 개인의 기질이 유지된다는 이론으로, 기업가는 후천적인 학습보다는 선천적 기질 혹은 유년 이전에 구축된 자신의 성격 특성에 의해 만들어진다고 제시

한편 이러한 경제학 및 심리학적 접근에 기반한 기업가의 특성에 대한 설명은 그런 특성들이 어디에서부터 나오는 것이며, 이런 특성이 없다면 기업가가 될 수 없는가에 대한 주장, 그리고 제시된 특성이 지나치게 다양하여 이를 모두 합치면 기업가는 일반인(ordinary people)이 될 수밖에 없다는 주장에 합리적 반론을 제시하지는 못한다는 비판에 직면해 있기도 하다(Gartner, 1985).

다음으로 사회학적 접근에서는 기업가정신은 개인의 마음과 행위를 초월한 일종의 현상(phenomenon)으로 설명하며, 기업가정신이 사회적 영향력에 의해 어떻게 형성되는가를 조사한 접근법이다. 사회학적 접근에서는 소외이론, 역할이론, 사회연결망 이론, 진화이론으로 기업가정신을 설명하고 있기도 하다.

- **소외이론**: 마크르스에 의해 제시된 이론으로, 부르주아는 자기들끼리의 경쟁에서 살아남기 위해 최대한의 잉여가치를 창출해야하기 때문에 노동자를 계속 착취하고 소외시킬 수밖에 없게 됨. 따라서 불안정한 노동조건에 있는 근로자는 자영업자나 기업가가 될 확률이 높음(한계적 사회 지위는 하나의 동력이자 기업가정신을 특별한 매력적인 대안으로 만드는 심리적 효과가 발생)
- **역할이론**: 역할은 한 개인이 특정의 사회적 맥락 내에서 특정의 직위를 차지하고 있을 때에 수

행하는 기능임. 역할이론에서는 성격, 태도, 동기와 같은 행동의 개인적 결정요인을 고려하기보다는 주로 역할들, 역할기대, 역할 요구, 역할 기술 및 사회적 상호작용에서 참가자들에게 작용하고 준거집단들의 측면에서 행동을 설명. 따라서 한 개인에게 주어진 역할, 기대, 요구, 기술 등으로 인해 기업가가 될 수밖에 없게 됨.

- 사회연결망 이론 : 사회학에서 개인, 집단, 사회의 관계를 네트워크로 파악하는 개념. 개인 또는 집단이 네트워크의 하나의 노드(node)이며, 사회연결망은 이 각 노드들 간의 상호의존적인 관계(tie)에 의해 만들어지는 사회적 관계 구조를 의미. 이러한 사회적 연결은 한 개인이 기업가가 되는데 원동력이 될 수 있음.
- 진화이론 : 적응력이 양호한 것만이 생존하며, 그들의 유리한 유전자적 특성은 자손에게 이전. 이는 경제적으로 자유방임 경제정책을 합리화하고, 효율성을 위해 자연적으로 선택된 경쟁적 시장 메커니즘에 의해 개체의 내적 적합성을 지속적으로 개선할 수 있음을 강조

이와 같이 각 학문분야에서 제시한 기업가정신에 대해서는 다음과 같은 전체적인 질문으로 그 학문 분야에서 추구하는 기업가정신의 개념과 맥락을 이해할 수 있고 이러한 질문에 대해 답을 찾아가는 과정에서 각 학문별로 지향하는 기업가정신에 대한 대략적인 개념과 그 방향성을 파악할 수 있다.

① 기업가의 행동을 통해 무엇이 발생하는가?
- "결과"에 중심을 둔 관점으로, Schumpeter, Kirzner, Knight와 같은 경제학자들이 주로 제기하고 파악하고자 했던 영역

② 기업가들은 어떠한 행동하는가?
- "행위"에 중점을 둔 것으로 경영학자들은 경영관리 관점에서 기업가의 행동을 파악

③ 기업가들은 왜 그렇게 행동하는가?
- 기업가적 행동의 "원인"을 파악하고자 한 관점에서 McCllend, Collins, Moor와 같은 사회학, 심리학사들이 기업가들의 배경, 환경, 목표, 가치, 동기 등을 분석

표 1-1 학제적 인과 과정 패러다임[2]

구분	원인	행위	결과
주요쟁점	why(who)	how	what
관련학문	심리학, 사회학	경영학	경제학
공헌	개인의 중요성, 환경변수 관련성	기업가의 행동 방식	경제성장을 위한 기업가의 기능

2 Stevenson & Jarillo(1990).

이와 같은 단일 학문에 기반한 독자적 접근 방식은 기업가는 누구이며, 기업가정신은 무엇인지에 대한 개념을 정의하는데 이론적으로 기여한 것은 사실이다. 하지만 이러한 단일 학문적 접근은 기업가정신을 기존 학문의 영역으로 편입하려는 시도로 보일 수 있으며, 기업가와 기업가정신을 단편적으로만 설명하기에 전체적으로 이해하는데 한계가 발생하기에 학제적 접근에 기반하여 독자적 학문이자 영역으로 기업가정신에 대한 이해가 요구되는 과제를 안고 있다.

제 3 절 기업가정신 연구의 흐름과 기업가정신의 개념

1. 기업가정신 연구의 흐름

여러 문헌에 제시된 기업가(entrepreneur)에 대한 정의는 설립자(founder), 기획자(undertaker), 관리자(manager), 사업가(businessman) 등으로 문맥과 상황에 따라 혼재되어 사용되고 있다.

먼저 기업가의 개념은 18세기 이전 고전 경제학에서는 상인(merchant)이라는 의미를 포함된 실업가, 고용주, 소유주로 사용되다가 18세기 이후 프랑스의 경제학자 Cantillon(1725)이 처음으로 기업가(Entrepreneur)라는 용어를 사용하면서 위험을 감수하고 경제활동에 종사하는 사람으로 정의하고 있다. 이어 19세기 들어 경제학자 Say(1803)는 Cantillon의 정의에 생산 기능을 추가하여 기업가에 대해 경제적 자원을 생산성과 수익성이 낮은 곳에서 높은 곳으로 이동시키는 사람으로 정의했고 Schumpeter(1934)는 혁신을 통해 창조적 파괴(creative destruction)를 주도하는 사람으로, Kirzner(1973)는 기회를 인지하여 수요와 공급을 일치시키는 중재자로, Drucker(1986)는 변화에 반응하여 기회를 포착하는 사람으로, Timmons(1999)는 참을성을 갖고 용감한 행위를 하는 사람으로 표현하고 있다.

한편, 기업가정신과 기업가에 대한 초기 연구는 '과연 기업가는 어떤 사람인가?(개인 특성 접근법)'라는 질문에 답을 찾기 위해 기업가와 기업가정신을 정의하고자 했다. 이에 기업가는 성취욕구, 모험선호 성향, 내적 통제위치, 위험감수성향을 지닌 사람으로 인식된다. 하지만 Gartner(1988)는 이러한 기업가적 특성 개념이 지나치게 광범위하고 다양하여 이를 모두 파악하면 기업가는 일반인(ordinary people)으로 표현해도 될 것이라고 특성론에 대한 회의적인 시각을 제시하며 기업가를 이해하기 위해서는 특성과 행동을 동시에 파악해야 한다고 주장한다. 이러한 Gartner의 특성론에 대한 비판은 다수의 학자로부터 공감대를 형성하여 이후 기업가를 파악하고 기업가정신을 이해하기 위해서는 기업가적 과정(entrepreneurial process)에 대해 이해할 필요가 있음이 강조되었다.

| 표 1-2 | 주요 학자별 기업가에 대한 다양한 정의

정의	연구자 / 학자
• 기업의 관리자로서 위험을 감수함으로부터 오는 이윤(profit)이 아닌 희소한 노동력에 대한 임금(wage)을 받은 존재	Say(1803)
• 제도에 순응하는 것이 아니라 신결합(new combinations)을 수행함으로써 시장의 변화를 가져오는 혁신가(innovators), 과거의 것을 폐기하고 새로운 것을 추구하는 혁신성을 통해 경제성장에 기여하는 존재 • 시장경제에서 이윤을 극대화하는 쾌락주의적 존재가 아니라 경제적 동기 외에 권력획득, 승리의 기쁨, 창조의 기쁨 등에 의해 동기화된 존재	Schumpeter (1934)
• 경제에서 수요와 공급을 일치시키는 중재자(arbitrator)	Knight (1971)
• 끊임없이 변화하는 세계에서 경제적 기회에 적응하는 위험감수자(risk bearing agents)로 경제 체계의 균형을 가져오게 하는 존재	Kirzner (1973)
• 변화에 반응하여 기회를 활용하는 사람	Drucker(1986)
• 생산의 중요한 주체로서 가장 좋은 경제적 기회를 평가, 이용하는 존재	Heber, Link (1988)
• 참을성을 갖고 용감한 행위를 하는 사람	Timmons (1999)
• 의사결정에 전문화된 개인, 즉 미래에 일어날 독특한 상황을 이용하고, 이익을 얻기 위해 어떻게 활용할 것인지에 대해 의사결정을 하는 존재	Casson (2003)

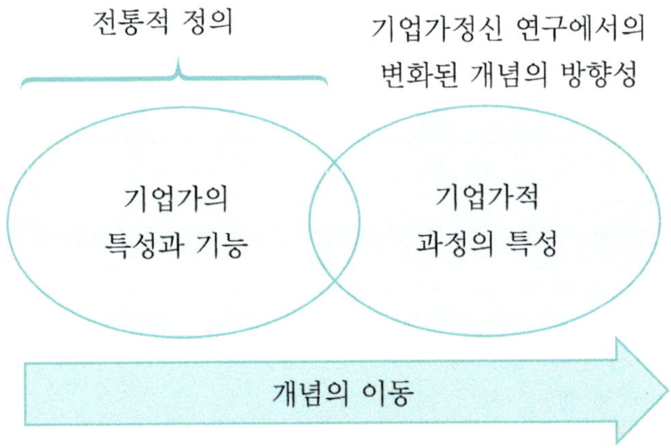

| 그림 1-1 | 기업가정신 연구에서 개념의 초점 변화[3]

3 이명숙, 원상봉(2013).

즉, Bygrav & Hofer(1991)는 기업가정신에 대한 이론화(theorizing about entrepreneurship)에서 전통적 정의의 기업가는 기업가가 보이는 특성 그리고 기업가의 행동이 어떠한 경제적, 사회적 기능 위주로 연구가 되었다면 최근에서는 기업가의 고유한 특성보다는 기업가가 어떠한 행위를 하며 그 과정에서 어떠한 특성과 모습을 보이는지와 같은 기업가적 행태(entrepreneurial behavior)와 기업가적 과정(entrepreneurial process)을 분석함으로써 기업가정신을 개념화하고 이해할 수 있다고 제시하고 있다.

2. 기업가정신의 개념

이처럼 기업가정신을 정의함에 있어 최근에는 과정적 특징을 중시하는 접근인 "기업가는 무엇을 하는 사람인가?"라는 질문과 관점에 기반하여연구자들에 의해 기업가와 기업가정신의 개념이 소개되었는데 그 안에는 대부분 '기업가적 기회(entrepreneurial opportunity)'라는 공통된 키워드를 지니고 있음을 확인할 수 있다.

이처럼 최근의 기업가와 기업가정신을 파악하는 추세는 기업가적 과정(entrepreneurial process), 즉 '기업가는 무슨 일(기업가적 행위와 과정)을 하는 사람인가?'에 대한 답을 찾는 것으로, 기업가는 기회를 인지하고 발굴, 포착하여 기회를 활용하는 사람으로 정의될 수 있으며, 기업가정신은 이러한 기회 인지, 발굴, 활용을 할 수 있는 역량(competency)으로 설명할 수 있다.

표 1-3 기업가적 과정에 따른 기업가정신의 개념

개념	연구자 / 학자
통제할 수 있는 자원에 구애받지 않고, 기회를 추구하는 것	Stevenson (1983)
변화에 반응하여 기회를 활용할 수 있는 사람	Drucker (1986)
기회에 초점을 두고 총체적 접근방법과 균형잡힌 리더십이 바탕이 되는 사고, 추론, 행동의 방식	Timmons(1994)
좋은 수익성을 가져올 기회와 기업가적인 활동을 하는 개인의 결합	Shane, venkataraman (2000)
현재 보유하고 있는 자원이나 능력에 구애받지 않고 기회를 포착하고 추구하는 사고방식과 행동양식	배종태, 차민석(2009)
지속적인 혁신을 통해 신속한 의사결정과 올바른 대응전략을 수립함으로써 현재의 위기와 위험을 대한 두려움을 최소화하고 도전과 창조정신으로 새로운 가치와 기회를 발견함으로써 더 나은 미래를 준비할 수 있도록 하는 것	이명숙, 원상봉(2013)

이러한 개념에는 기회를 인지하고 포착하는 것을 파악하기 위한 심리학과 사회학, 기회를 활용하는 것에서는 경영학 그리고 기업가정신의 결과물의 가치를 판단할 때는 경제학적 접근이 가능한 학제적 접근을 이룬 개념이라고 할 수 있다. 한편 기업가정신을 '역량(competency)'으로 정의했다는 점에 주목할 필요가 있다. 역량은 특정한 상황이나 직무에서 준거에 따른 효과적이고 우수한 수행의 원인이 되며, 무엇보다 '훈련과 개발에 의해 개선될 수 있는 지식, 스킬, 태도의 집합이다. 즉, 조직 목표 달성과 연계하여 뛰어난 직무수행을 보이는 고성과자의 차별화된 행동특성과 태도를 역량이라고 말할 수 있으며, 기존의 '능력' 개념이 개인 측면의 보유 자질에 초점을 맞춘 것이라면, '역량'은 조직 측면에서 조직의 성과 창출을 위한 자질이다. 따라서 기업가정신은 궁극적으로 한 개인이 속한 조직, 단체, 기업에서 성과라는 결과에 영향을 미치는 요인이라는 결과가 수많은 연구에서 제시되고 있다.

이와 같은 '기회를 인지, 발굴, 활용할 수 있는 역량'이라는 기업가정신의 개념은 Peter Drucker가 제시했듯이 '기업가정신은 직관이 아닌 개념과 이론의 토대에 놓여있기에 교육과 훈련으로 함양될 수 있다'라는 관점을 수용하며 이에 지지될 수 있는 개념임을 알 수 있다. 따라서 기업가정신을 함양하고 확산·전파하기 위해서는 '기회'를 어떻게 교육과 훈련 내에서 인지하고 활용하게 할 수 있는지가 핵심이 되며, 이것이 정립되어야 기업가정신이 연구 및 학문 분야로서 독립성을 지니고 그 위치를 확고히 할 수 있을 것으로 보인다.

한편, 어휘의미론적 관점에서 기업가정신을 의미하는 영어단어 entrepreneurship을 분석해 보면, 먼저 entrepreneur는 프랑스어 entreprandre라는 단어가 어원이 된 것으로, 이는 '감행하다', '개시하다' 혹은 '위험을 감수한다'는 의미를 포함하고 있다. 또한 접미사 -ship은 조건(condition), 기술(skill), 특징(character)을 의미[4]하기에 무엇인가를 추구한다는 방향성의 의미를 내포하고 있기도 하다(임진혁, 2017).

이처럼 기업가정신에 대해 어휘의미론적 관점 및 관련 분야의 선행연구를 토대로 한 기업가정신의 개념은 기업가적 과정과 방향과 같은 실행적 의미를 다수 지니고 있다. 하지만 한자문화권에서 entrepreneurship을 企業家精神으로 표기하였고 이를 우리가 '기업가정신'으로 발음하면서 '기업가정신은 기업가의 정신이다'라고 인식되는 문제와 오류를 야기하고 있다. 이에 일각에서는 entrepreneurship을 번역하지 않고 발음 그대로 '앙뜨러프레너십'으로의 표기를 주장하거나, 기업가정신의 한자표기를 企業家(영리목적의 경제활동, 사업가의 의미)에서 起業家(어떤 일을 새로 일으킴, 선도자, 가치창출가)로 변경하여 표기하자는 주장도 대두되고 있는 상황이다.

기업가에 대한 보다 깊은 이해를 위해서는 사업가(businessman)와의 차이를 인식할 필

4 http://www.dictionary.com/browse/ship?s=t

요가 있다. 이에 대해 Schumpeter는 신결합(new combination)을 수행하는 주체로서 활동하는 기업가와 위험을 부담하는 주체로서 자본가를 분리하여 설명할 필요가 있음을 강조하면서 기업 발전의 원동력은 이윤 극대화가 아니라 지속적으로 변화하는 환경과 시장 동태성에 대응하려는 기업가의 혁신적 행동이라고 설명하였다. 또한 그는 새로운 결합을 수행하는 경우에만 기업가로 칭하면서 한번 창조된 기업을 단순 순환적으로 경영해 간다면 기업가로서의 성격이 상실한 관리자라고 제시하고 있기도 하다.

3. 기업가적 지향성(entrepreneurial orientation)

기업가정신의 본질을 파악하고 이를 설명하기 위해서는 기업가적 지향성이라는 그 구성개념에 대한 이해가 필요하다. 기업가적 지향성(entrepreneurship orientation)은 기업가정신 연구에서 가장 많이 연구된 주제이자 수십 년간 폭넓게 연구되어 온 잘 정의된 개념이다(Rauch, Wiklund, Frese, and Lumpkin, 2009). Miller(1983)는 기업가적 기업들에 대해 제품-시장 분야에서 위험할 수 있는 계획을 세우고 혁신을 지향하며 경쟁자들을 물리치기 위한 시도로 선제적 행동을 하면서 혁신을 이루는 기업이라고 정의하였다. 이 정의에 따라 Miller는 혁신성, 위험감수, 선제적 행동(미래지향성 혹은 진취성)이라는 기업가적 기업의 3가지 특징(요인)을 제시했고(Covin and Slevin, 1989) 그 후 Lumpkin & Dess(1996)는 경쟁적 적극성과 자율성을 추가하여 기업가적 지향성이 5요인으로 통용되고 있다.

1) 혁신성

Schumpeter(1934)는 기업가정신에서 혁신을 핵심적인 개념으로 설명하면서 기업의 발전과 자본주의 경제 과정을 향상시키는 핵심요소라고 강조하였다. 그는 '창조적 파괴(creative destruction)'라는 면에서 기업가적 과정에서의 혁신성(innovativeness)의 역할을 설명하였는데 그가 제시한 혁신의 방식은 새로운 조합, 신제품 소개, 원재료의 새로운 생산방식 구현, 신시장 개척, 새로운 조직창출 등 신결합으로 설명된다. Lumpkin & Dess(1996) 역시 혁신 과정에 대해 자원들을 기존의 기업들로부터 이동시키고 새로운 기업들을 성장시키는 제품들이나 서비스들의 도입으로 인해 기존의 시장 구조들이 붕괴되는 과정이라고 소개하였다. Miller(1983)는 혁신에 대해 새로운 기회와 해결책을 찾고자 하는 기업의 노력이자 당면한 문제를 해결하고자 하는 기업의 욕구로 표현하기도 했다. 한편, 혁신성은 개인차원에서는 새로운 행동방식을 추구하는 의지와 관심(Patchen and Allen, 1965; 김범성, 2012)으로 나타나 개인의 자기유능감, 성취욕구, 내부통제 위치, 고차원적 욕구와 같은 개인의 성취지향성에도 긍정적인 영향을 미치는 것으로 확인되었다(Utsch and Rauch, 2000).

2) 위험감수성

위험감수성(risk-taking)은 기업가정신의 핵심 구성요소 가운데 하나로 조직 차원에서의 위험감수성은 새로운 시장에 모험적인 진입이니 불확실한 결과에 대한 대범한 모험(Covin and Slevin, 1991)으로 설명된다. 또한 성과가 불확실한 상황 하에서도 의사결정을 하는 행동을 취하며 자원을 투입하려는 경향(장지호 외, 2006)이지만 위험을 감수하는 행위 그 자체가 의미 있는 것이 아니라 위험 가운데 기회를 포착하려는 태도에 위험감수성이 의미를 지니게 된다. 이러한 위험감수성향은 불확실한 사업환경에서 위험선호적 의사결정 도입을 통해 성과창출의 기회를 갖기에 성과지향성으로 이해할 수 있지만 여러 논란의 중심에 있기도 하다. 일반적으로 창업가가 관리자보다 더 위험감수성이 높을 것으로 이해되지만 관련된 실증분석에서는 창업가와 관리자간 차이를 발견하지 못했기 때문이다(Brockhause and Nord, 1979).

또한 Stewart & Roth(2007)의 메타분석 연구결과를 보면 위험선호성향은 사업의 창업 및 성과에 긍정적인 상관관계가 있다고 제시된 반면, Zhao et al.(2010)의 메타분석에서는 위험감수성이 창업의도에는 영향을 미치지만 창업성과와는 상관이 없는 등 혁신성과는 달리 위험감수성과 성장 사이의 관계는 비교적 덜 명확한 것으로 소개되고 있다(Rauch et al., 2009). 하지만 경영진의 조직관리능력이 일정하고 어떠한 사업활동의 위험도 모든 기업들에 영향을 미치는 일반적이며 동일한 위험이라고 가정한다면 더 높은 위험을 감수할 수 있는 기업들이 더 높은 성과와 더 많은 보상을 수확할 가능성이 있다는 것이 합리적인 결론이 될 수 있다(Rauch et al., 2009).

3) 진취성

Rauch et al.(2009)는 혁신성을 제외하고 진취성(미래지향성, 선제적 행동, proactiveness)이 성장과 더 밀접한 관계를 나타내는 기업가적 지향성의 요인인 점을 확인하였다. 진취성은 성장의 원천으로 선도자라는 위치에서 발생할 수 있는 이득과 관련이 있다(Lumpkin & Dess, 1996). Miller & Friesen(1978)은 진취성에 대해 선도자의 타고난 태도라고 설명하였고 Venkataraman(1989)은 새로운 기회를 인지하고 경쟁 상대에 앞서 새로운 제품들과 브랜드들을 도입하거나 라이프 사이클상 성숙기나 쇠퇴기에 접어든 활동들을 전략적으로 제거하는 것이라고 소개하였다.

진취성은 경쟁자들에 앞서 기업가적 행동을 통하여 새로운 틈새시장을 찾아서 기회들을 탐색하는 것과 관련이 있는 개념이다(March 1991). 이러한 성향은 기업가들에게 시장의 변화나 욕구를 예측할 수 있는 능력을 부여하기에 신규진입의 속도나 범위에 적극적이며(정대용·양준환, 2008) 기업 성과에 긍정적인 영향을 미치는 것으로 나타났다(윤종록 외,

2003). 또한 진취성을 지닌 기업가는 높은 동기부여, 명확한 조직 비전 수립, 목표 달성에 대한 강한 신념을 갖고 있기에 벤처기업 성과에 기여할 것으로 판단된다(Baum et al., 2001). 하지만 또 다른 연구에서는 진취성이 성과에 직접적인 영향을 미치기보다는 창업가의 역량 제고, 동기부여 촉진을 통한 조직전략 차원에서 영향을 미치는 등 조직성과에 직접적이기보다는 간접적인 연관성이 있는 것으로 소개되고 있기도 하다(김범성, 2012).

4) 경쟁적 적극성

경쟁적 적극성(competitive aggressiveness)은 새로운 제품을 출시하여 시장에 진입하고 가급적 초기에 시장을 점유 혹은 장악하려는 성향을 의미한다(Porter, 2008). 이를 위해 기업들은 저가 전략을 구현한다던지, 이익을 포기한다던지, 때로는 과감한 투자를 통해 경쟁자를 이기려고 노력한다(MacMillan and Day, 1987).

한편 앞서 소개한 진취성은 기회들에 대한 반응인 반면 경쟁적 적극성은 위협들에 대한 반응으로 설명되기에(Lumpkin and Dess 2001) 진취성은 탐색(exploration)과 관련이 있고 경쟁적 적극성은 활용(exploitation)과 더 밀접한 관련이 있는 것으로 설명된다(March, 1991). 이에 기업가적 기업들은 처음에는 진취성에 대한 태도를 나타내며 매력적인 틈새시장을 찾은 후 경쟁적 적극성을 통하여 시장에서 경쟁력을 갖추게 된다. 따라서 경쟁적 적극성은 새로운 위치나 경쟁적 이점을 선제적으로 확립하기보다는 이미 획득한 경쟁적 지위를 공고히 하는 쪽으로 더 치우침을 알 수 있다.

5) 자율성

자율성(autonomy)은 하나의 아이디어나 상상력을 통해 그것이 완성될 때까지 헤쳐 나가는 데 있어 한 개인이나 팀의 독립적인 행동(Lumpkin and Dess 1996)으로 이해된다. 비록 기업가적 지향성을 구성하는 모든 차원들 가운데 자율성은 이론적이든, 실증적이든 비교적 적게 연구된 분야로 파악(Rauch et al., 2009)되지만, 중소기업에서 자율성은 성장의 주요 원천들 중의 하나로 작동된다. 이는 충분한 자원들과 역량을 가지고 있지 않은 중소기업들이 전략적 제휴를 통해 (외부의) 자원과 역량을 사용할 수 있게 해주기 때문이다(Zhao and Aram, 1995; Moreno and Casillas, 2007). Burgelman(1983)는 사내기업가정신 확립을 위해 자원들의 새로운 조합들을 창출하는 방법으로서 어느 정도의 자율적이며 전략적 행위가 필요하기에 자율성은 혁신적이고 기업가적인 행위의 기초들 중의 하나를 구성한다고 설명하였다. 자율적 전략행위는 기업에서 생산 자원들의 새로운 조합들을 창출하는 기업가적 행위와 동등하다는 것이다. 이에 따라 Rauch et al.(2009)는 자율성과 성장 사이의 긍정적인 관계가 있음을 주장하였다.

4. 기업가정신과 리더십

1) 기업가정신과 리더십의 개념 비교

일부 연구자들은 기업가정신은 특정한 맥락에서 리더십의 일부라고 주장(Czarniawska-Joerges and Wolff, 1991; Vecchio, 2003)하기도 하지만 Scumpeter(1934)가 밝힌 대로 기업가정신은 기존의 것을 관리하기 보다는 혁신을 통해 새로운 것을 만드는 것이라는 개념을 수용하면 리더십과 구분된 의미로 이해되어야 한다. 이에 Cogliser & Brigham (2004)은 [표 1-4]에서와 같이 리더십과 기업가정신을 구분하여 그 유사성과 차이점을 제시했다.

먼저 비전(vision) 차원에서의 리더십은 성과를 달성하기 위해 하위자에게 영감을 주는 형태로 작동(Baum et al., 1998; Kirkpatrick, Wofford, and Baum, 2002; Zaccaro and Banks, 2001)된 반면, 기업가정신에서의 비전은 벤처성장이라는 목표를 갖고 비전에 동감한 하위자는 기업가정신을 발휘하여 업무에 몰입한다는 개념으로 이해할 수 있다(Keller, 1997).

표 1-4 리더십과 기업가정신의 개념 비교

구분	리더십	기업가정신
비전	조직성과뿐만 아니라 본보기가 되는 성과 또는 다른 목표 지향적 행동을 위해 하위자들에게 영감을 주는 주요 구성요소(Baum et al. 1998; Kirkpatrick, Wofford, and Baum, 2002; Zaccaro and Banks, 2001)	비전의 속성(간결성, 명확성, 추상성, 도전, 미래 지향성, 안정성 및 영감력)과 내용(성장 이미지)은 새로운 벤처 성장과 관련(Baum et al., 1998); 하위자들은 몰입, 참여 및 전문적이며 의미 있는 미션을 통해 동기부여 됨(Keller, 1997)
영향력	다른 사람들에게 목표에 영향을 줄 수 있는 능력(Hunt, 2004), 합리적인 설득은 상향, 하향, 외부에 영향력을 미치기 위해 널리 사용(Yukl and Falbe, 1990)	기업가는 기회를 발굴할 뿐만 아니라 그들의 비전을 수행하기 위해 자원을 수집. 이 행위가 합법적이고 기업가의 가치와 수요자의 필요에 부합할 때 합리적 설득 및 고무적인 호소(Gartner et al., 1992)가 효과적으로 작동
혁신/창의성 맥락에서의 선도	선도적이고 창의적인 사람들은 영향력을 미칠 수 있는 전술을 사용하기 위해 기술적 전문성과 창의성을 필요로 함(Mumford et al., 2002)	기업가적 리더십은 아이디어 생성, 아이디어 구조화 및 아이디어 증진과 관련
계획	사람들이 자신의 활동을 조정해야 하는 복잡하고 역동적인 환경에서 계획은 성과에 중요한 영향을 미침(Mumford et al., 2002a)	기업가들은 전략적 선택을 위해 미래 행동에 대한 정신적 시뮬레이션의 필요성을 인지(Busenitz and Barney, 1997)

영향력(influence) 관점에서 보면 리더십은 구성원들의 공통된 목표를 향하여 다른 사람들에게 영향을 미친다는 개념(Hunt, 2004)으로 인식된다. 또한 그 영향력의 과정은 사회시스템 안에서 자연스럽게 발생하고 리더는 전략과 목표를 선택하여 조직구성원들에게 동기부여하며 지식의 공유와 학습 그리고 외부와의 협력을 추구하기 위한 영향력을 행사하게 된다(Yukl, 2002). 이에 리더는 자신이나 조직의 일에 대한 합리적인 설득을 위해 그들의 상사나 하위자 혹은 외부에 영향력을 미치고자 노력하게 되는 것이다(Yukl and Falbe, 1990). 이처럼 리더십 안에서의 영향력의 개념은 리더가 조직의 목표를 달성하기 위해 구성원에서 영향을 미치게 된다는 조직 전체적인 맥락으로 이해될 수 있다.

기업가정신 측면에서의 영향력을 살펴보면 Howell & Higgins(1990)는 챔피언은 비챔피언보다 일반적으로 더 큰 영향력을 사용하는데 여기서 의미하는 챔피언은 기업가정신을 가지고 활발히 활동하는 사람들로 열정적이고 혁신을 촉진하며 종종 자신의 지위와 위신을 위험한 상황에 빠뜨리기도 하는 사람을 의미한다(Achilladelis, Jervis and Roberson, 1971; Schon, 1963). 리더는 조직에 영향력 발현을 위해 자기 스스로 열정과 혁신을 추구하지만 경우에 따라서는 자신을 궁지에 몰아넣기도 한다는 것이다. 또한 Pearce(1997)는 다양한 파트너가 존재하는 벤처기업에서 각 이해관계자는 자신의 기술적 영향력을 추구하는 성향을 보인다고 언급했다. 즉 리더는 전체의 성과를 추구하는 과정에서 때로는 자신의 주장과 영향력을 개별적으로 펼치는 사람이라는 것이다. 이런 개념을 종합하면 일반적으로 기업가정신에서 영향력의 의미는 전체적으로는 조직의 발전을 지향하지만, 그 방법론적으로는 개인이 중심이 되어 영향력을 행사한다는 측면에서 리더십과 그 개념이 다소 상이하다고 할 수 있다.

창의성(creativity) 측면에서 리더십은 하위자들을 창의적인 인재로 이끌기 위해 기술적 전문성 혹은 기술적 창의성을 요구하기도 하고 이를 위해 직·간접적으로 하위자들에게 영향을 미친다(Mumfored et al., 2002)는 개념이다. 반면 기업가정신에서 추구하는 창의성은 아이디어 생산 및 구조화 그리고 증진을 위해 발생된다는 측면에서 리더십과 차이가 있다. 즉 리더십에서의 창의성은 직원들을 창의적으로 이끌기 위한 기술로 이해하기에 그 주체가 하위자인 반면 기업가정신에서의 창의성은 아이디어 발굴, 증진이라는 측면에서 그 주체가 자기 자신임을 알 수 있다.

마지막으로 계획(planning) 관점에서 이 둘의 차이를 보면 리더십에서의 계획은 경영프로세스 전체(계획, 조직화, 지시, 통제)를 통틀어 그 절차적 개념의 하나로 이해한다. 특히 리더십의 개념을 설명한 Mumford, Schultz, & Osborn(2002)는 복잡하고 역동적인 경영환경에서 높은 경영 성과를 달성하는데 계획이 중요함을 강조하였다. 반면 기업가정신에서의 계획은 경영 환경적 측면보다는 기업가가 전략적 선택이 필요한 상황에서 잠재적 편견들을 예측하고 미래 행동에 대한 정신적 시뮬레이션을 위해 필요한 것으로 여겨진다(Busenitz and Barney, 1997). 이처럼 계획차원에서 리더십은 조직전체의 방향을 잡아가기 위한 방법으로 설명되지만 기업가정신에서는 리더의 개인적 역량과 행위로 이해할 수 있다.

2) 기업가정신과 리더십 연구흐름

리더십은 고대 문명, 구·신약 성서, 그리스, 로마, 아일랜드의 고전 등에까지 언급(Peterson and Hunt, 1997)되어 있을 뿐만 아니라 행동과학분야의 다른 어떤 영역보다도 많은 모델을 가지고 있지만(Hunt and Dodge, 2000) 학문적으로 체계를 잡은 것은 20세기에 들어서라고 볼 수 있다. 한편 리더십 연구는 다양한 개념만큼이나 많은 비판을 받아왔는데, 예를 들어 Bennis(1959)는 명확한 정의 없는 용어의 확산, 구조의 복잡성과 낮은 신뢰성을 비판하였고, Bass(1990)는 구체적 배경 혹은 구조를 갖춘 도메인(domain) 안에서 정의가 이뤄지지는 않은 점을 지적했다. 또한 리더십의 개념은 모호하고 부정확한 용어로 사용되었고 예측을 혼란스럽게 하거나 지나치게 광범위한 개념을 포함하고 있다는 점도 비판의 요지가 되고 있다(Janda, 1960).

기업가정신 역시 개념을 찾아가는 과정이 리더십의 경우와 유사했다. 기업가정신은 사회과학이론에 근거한 통일된 지식체계가 없어 새로운 학문분야에서 공통적으로 발생하는 어려움을 겪으며 때로는 비판의 대상이 되었다. 예를 들어 Shane & Venkataraman (2000)은 기업가정신 연구에 대해 '뒤죽박죽된 연구에서 폭넓게 이름 붙여진 상태'라고 비판하였고 패러다임 형성이전 상태에서 우후죽순으로 여러 연구가 누적된 상황에 기업가정신이 놓여 있다고 지적되기도 한다(Leitch, Harrison, Burgoyne, and Blantern, 1996). 그럼에도 불구하고 기업가정신의 합법성과 정체성에 대한 탐색은 심리학, 경제학, 사회학 등 조직과 관련된 학문 분야가 주축이 되었고 추가적으로 역사, 인류학도 접목이 되었다(Thornton, 1999; Vecchio, 2003).

이와 같이 리더십과 기업가정신은 그 개념 체계와 도메인에 있어서 혼재와 혼란이 가득하다는 점에서는 큰 공통점이 있지만, 이 둘을 연구하는 방법과 실용적 개념 적용에는 차이가 있다. 먼저 특성론적 접근은 리더십 연구에서의 첫 시스템적 접근으로 1920~1950년대 정점을 이뤘다(Antonakis et al., 2004). 리더십에서 말하는 개인의 특성은 친절함, 업무적 동기부여, 감정적 균형, 우월성, 윤리적 행동, 창의성 그리고 용기 등으로 설명된다(Bass, 1990). 기업가정신에서의 특성연구는 주로 특정 성격변수를 식별하는데 초점을 두었는데, 이는 기업가를 다른 그룹과 구분하고 새로운 조직의 설립을 가정한다. 이를 위해서는 성취도(Ahmed, 1985; McClelland, 1967), 통제위치(Pandey and Tewary, 1979; Venkatapathy, 1984), 위험감수성(Ahmed, 1985; Begley and Boyd, 1987; Brockhaus, 1980), 모호함에 대한 내성(Dollinger, 1983; Schere, 1982; Sexton and Bowman, 1985) 등을 검증하는 것이었다. 즉, 특성이라는 카테고리 안에서 개인의 다양한 특성이 성과에 영향을 미친다는 관점에서 리더와 리더십의 특성이 연구되었다면, 기업가정신에서는 다른 사람과 구분되는 특징으로 새로운 조직을 꾸려나간다는 측면이 강조된다는 점에서 이 둘의 차이를 확인할 수 있다.

한편 이러한 특성적 접근은 리더 혹은 기업가의 출현을 예견하기 위한 그들의 개인적 차이와 성격 특성만을 들여다본다는 비난에 직면했다. 그런 개인적 차이와 성격 특성이 존재하지 않으면 리더 혹은 기업가가 될 수 없는가에 대한 도전에 합리적인 대답을 내놓을 수 없었던 것이다. 이에 리더의 특성만이 중요한 것이 아니라 리더를 둘러싼 환경에 대한 이해와 접근을 연구하기 시작한 상황대응적 접근법이 부상하였다. 기업가정신에서도 기업가의 특성론이 대두되자 이에 대한 반작용으로 행동적 접근이 강조되기 시작했다. 대표적으로 Gartner(1985)는 기업가가 누구인지(특성론)가 중요한 것이 아니라 조직을 위해 무엇을 해야 하는가(행태론)가 더 중요하다고 강조하며 미래 기업가들은 그가 현재 있는 것으로부터 그가 하는 것으로 향해야 한다고 언급했다.

이런 논쟁을 벗어나 일부 학자들은 어느 정의가 올바른 것인지에 대한 주장보다 리더십 구조의 복잡성과 다각적인 특성에 대한 인식이 중요함을 강조하면서 다각적인 연구설계를 진행하고 있다(Hunt, 2004; Yukl and Van Fleet, 1992). 예를 들어 리더십과 성별과의 관계를 확인하고자 했고(Eagly and Johnson, 1990; Eagly, Karau, and Makhijani, 1995), 경로-목표 이론의 유용성(Wofford and Liska, 1993)을 검증하고자 했으며 리더와 하위자가 동시에 변해야 한다는 변혁적 리더십(Lowe, Kroeck, and Sivasubramaniam, 1996) 등 다양한 리더십 현상에 대한 메타분석연구가 수행되고 있다.

기업가정신도 이러한 리더십의 연구범위의 확대에 동조하고 있음을 알 수 있다. Stewart & Roth(2001)는 메타분석연구를 통해 기업가들은 관리자들보다 높은 위험감수성향을 가지고 있으며 이것이 기업가정신에서 핵심요소라고 주장했다. 반면 Miner & Nambury(2004)는 기업가가 관리자보다 위험을 회피할 수 있다고 이전과 상반되는 메타분석결과를 발표했다. 메타분석을 사용함에도 불구하고 이 문제에 대해서는 여전히 통일된 결과를 이루지 못하고 있다는 것이다. 따라서 최근에는 기업가정신의 개념 등에 대한 통일된 틀만을 강조하기보다는 계속해서 진화하는 도메인과 영역의 문제를 해결하며 보다 포괄적인 프레임(frame)으로 발전할 수 있도록 구성요소 세분화 등 성숙성을 확보하기 위한 방향으로 연구가 진행되고 있다.

제4절 기업가적 기회

1. 기업가적 기회

앞서 제시한 대로 기업가정신의 핵심 키워드는 기회인 가운데 '어떠한 이유로 누군가는 기회를 인식하고 누군가는 그렇지 못하는 것인가?'에 대한 이해가 있을 때 기업가정신에서 강조하는 기회의 의미를 명확히 할 수 있을 것이다.

이에 대해 대표적으로 경제학자 Kirzner와 Schumpeter가 제시하고 후속학자들이 지지한 Kirznerian 관점과 Schumpeterian 관점을 통해 설명이 가능하다. 먼저 Kirznerian 관점을 살펴보면 기회는 이미 '외생적'으로 존재하고 있음을 제시하기에 무엇보다 기회를 인식할 수 있는 개인의 특성이 중요하며 이러한 기회는 일상적 지식의 축적을 통해 발견될 수 있다는 관점에서 기회를 언급한다. 이는 역으로 기회를 포착하지 못하는 사람은 일상적 지식이 부족하여 외생적으로 존재하는 기회를 발견하지 못하기 때문으로 해석이 가능하다. 이에 반해 Schumpeterian 관점에서는 기회는 '내생적' 행동과 반응에 따라 창조가 가능하다고 제시한다. 이는 세상에 존재하지 않는 기회를 스스로 만들어낸다는 관점에서 이를 위해 개인의 동기가 중요함을 강조하다. 따라서 기회를 포착하는 사람은 개인적 동기로 기회를 만들어 내는 사람이며 그렇지 못한 사람은 그러한 동기를 지니지 못한 사람이라는 것이다.

이처럼 Kirzner의 관점과 Schumpeter의 관점이 존재하는 기회에 대한 인식이냐? 존재하지 않는 기회를 스스로 창조하는 것이냐의 관점에서 차이는 있지만 하지만 기회를 포착하는 능력의 필요성에 대해서는 공통된 입장을 갖고 있다.

한편 Baron(2007)은 개인적 특성, 인지적 차이, 사회적 네트워크 차이로 기회를 인식하는 개인과 그렇지 못한 개인의 차이를 설명하기도 한다. 먼저 개인특성으로는 기회를 인식하여 기업가가 된 개인은 내적 통제소재(locus of control), 불확실성에 대한 인내력, 낙관주의, 자기효능감, 성과달성 욕구 등의 특성을 보유한다고 주장한다. 또한 인지능력의 차이 역시 기회 인식의 차이에 영향을 미치는데 사전에 축적한 지식과 기회를 재빨리 포착하는 기민함(alertness), 기회에 대한 능동적 탐색(active search)이라는 인지능력의 차이로 기회인식 여부가 결정되기도 한다. 단, 인지능력의 차이는 기회인식에 직접적인 영향을 미치기보다는 새로운 아이디어를 탐색하거나 창업 가능성을 모색하는 동기부여를 통해 간접적으로 영향을 미치는 것으로 나타났다. 사회적 네트워크에 대한 접근성 역시 기회인지의 차이에 영향을 미친다. 사회적 네트워크는 사회적 관계에서 발생하는 다양한 사람들과의 연결성으로 이는 개인의 사회적 관계의 구조가 정보의 양과 질을 결정할 뿐만 아니라 기회발견에 필요한 정보를 바르게 접근하도록 만들기 때문이다(Ardichvile et al., 2003).

그렇다면 기회를 인지하는 능력을 발전시키기 위해서는 무엇을 해야 할까? 이러한 질문은 곧 기회를 포착하는 힘인 기업가정신을 함양하기 어떠한 행동을 보여야 하는지에 대한 이해를 넓히는데 도움이 되는 질문이 된다. 이에 Dyer et al.(2008)는 기회를 인지하는 능력을 발전시키기 위한 행동패턴으로 질문, 관찰, 실험, 아이디어 네트워킹 등을 제시하였다.

2. 티몬스 모델(Timmons Model)과 기회

기업가정신의 연구의 흐름을 살펴보면 초기에는 위험추구를 통한 기업가적 기능(경제적 이득 추구)에서 기업가적 특성에 집중한 개인성향으로 그리고 최근에는 기업가적 과정인 기회추구 중심으로 변하고 있음을 목격할 수 있다. 이러한 맥락에서 경영학자 Timmons는 기업가정신 모델을 벤처창업과 연계하여 제시하였는데 그 모델의 변수들은 창업을 위해 존재하지만 이 모든 것은 기회로부터 시작된다고 제시하였다.[5] 즉 성공적인 벤처기업의 다른 두 가지 중요한 요소는 팀과 자원이라고 소개하면서 성공한 기업가는 관련된 모든 사람들을 위한 가치를 창조하기 위해 이 세 가지 요소(기업가, 팀, 자원)에 균형을 맞출 수 있는 사람이라고 소개하였다.

Venkataraman(1997) 역시 기업가와 기회를 기업가정신에서 가장 중요한 두 가지 축으로 평가하면서 기회와 기업가간의 상호작용은 기업가정신이 독립적인 분야로 발전해 가는 핵심이라고 제시하고 있다(Shane and Venkataraman, 2000). 이에 결국 기업가정신이 실현되어가는 기업가적 과정(entrepreneurial process)은 이 세 가지 요소들이 서로 결합하면서 적합성을 이루고, 또 부족한 부분을 서로 보완해 가는 과정으로 설명할 수 있다.

5 티몬스(Timmons)는 기업가정신의 실질적 모델에서는 창업과 관련된 변수 위주로 제시하였지만 1989년 저서 '기업가적 마인드(Entrepreneurial Mind)'에서 기업가적 과정은 단순히 새로운 기업, 자본, 일자리를 창출하는 데 그치지 않고 '독특한 인간정신(human spirit)과 인류를 발전시키는 것'이라고 제시하면서 기업가정신의 개념의 범위를 확장하였다.

티몬스 모델(Timmons Model)

1. 기업가정신 및 새로운 벤처 창조와 관련된 티몬스 모델에서는 기회(opportunity), 팀(team) 및 자원(resource)을 기업가가 이용할 수 있는 중요한 요소로 간주하고 이러한 중요한 요소들의 균형을 맞추기 위해서는 기업가의 능력이 중요함을 제시하고 있다. 즉 기업가는 기회(opportunity)를 찾고 그 기회를 이용하는 사업을 시작하기 위해 필요한 자원(resource)을 모으며 팀(team)을 구성함으로써 그 기회를 잠재력이 높은 벤처기업으로 만들게 되는 것이다.
2. 티몬스 모델에서 제시하는 기업가적 과정은 자금, 전략, 네트워크, 팀, 사업계획이 아닌 기회로부터 시작됨을 강조한다. 즉 진정한 기회는 팀의 재능과 역량이나 팀이 애초에 이용할 수 있는 자원보다 훨씬 더 그 영향력이 크다고 보고 있기 때문이다.

- 기회 : 티몬스 모델에서는 기업가적 과정이 사업 계획, 돈, 전략, 네트워크 또는 팀으로부터 시작하는 것이 아니라 기회를 추구하는 것이라고 제시하고 있다. 올바른 기회가 사업의 장기적인 성공을 보장하기 때문에 기회는 기업가와 팀의 재능이나 역량보다 더 필수적이라는 것이다.
- 자원 : 티몬스 모델에서는 광범위한 자원을 확보하여 시작하는 것보다 벤처 창업의 위험을 줄이기 위해 최소한의 요구사항을 지닌 채 시작하도록 장려한다. 즉 기업가는 "최대화 및 소유"가 아닌 "최소화 및 통제"를 위해 일한다. 자원 관리 측면에서 기업가의 역할은 필요할 때 활용가능한 좋은 자원 기반을 구축하고 가용 자원과 팀의 기회와 잠재력의 균형을 맞추는 '적합하고 균형 잡힌' 방식으로 사업 계획을 세울 것을 주문하고 있다.
- 팀 : 티몬스 모델에서는 선도적인 기업가에 대해 기회를 파악하고 필요한 자원을 모은 후에 최고의 인재를 확보해야 함을 제시한다. 한편 팀의 규모와 배경은 기회의 규모와 성격에 따라 좌우되며 좋은 팀은 큰 성공을 이끌 수 있고 잘못 구성된 팀은 어떤 형태의 사업에도 훌륭한 아이디어를 낭비하게 되기 때문이다. 모든 자원 중 좋은 팀만이 어떤 기회에서도 높은 잠재력을 발휘할 수 있고 성장하는 과정에서 발생하는 여러 위기와 어려움을 관리할 수 있다.

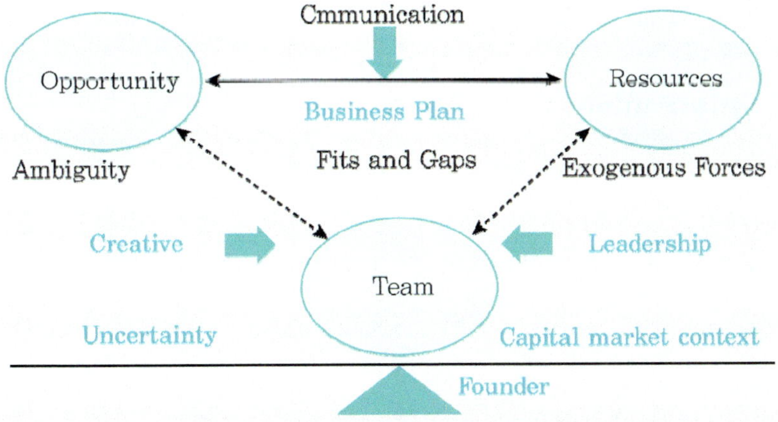

| 그림 1-2 | Timmons & Spinelli(1994)의 기업가적 과정 모델

◈ 팀의 주요 역할
- 창의력(creativity)을 발휘하는 가운데 기회의 모호성(ambiguity)과 불확실성(uncertainty) 제거
- 외생적 힘(exogenous forces) 및 끊임없이 변화하는 자본 시장 맥락(capital market context)과 상호 작용하여 가용 자원을 가장 효과적으로 관리할 수 있는 리더십 제공

3. 벤처창업 개념틀

벤처창업(new venture creation)은 진행 중인 독립적인 행동을 감각적인 결과물을 생산하는 절차로 모으는 것을 의미한다(Webb and Weick, 1979). 이러한 벤처창업에 대해 Gartner(1953~)는 개인(individual), 환경(environmnent), 조직(organization), 프로세스(process)로 구성된 네 가지 벤처창업 개념틀을 제시하면서 이들의 상호작용을 강조하였다.[6]

1) 개인(Individuals)

새로운 조직에 포함된 사람들로 기업가 개인들은 성취욕(need for achievement), 내적 통제소재(locus of control), 위험감수성(risk taking propensity)의 특성을 보인다.

2) 조직(organization)

조직에서 전략적으로 선택할 수 있는 변수에 따라 조직의 특징이 판별됨. 이에 일반적으로 비용주도력(cost leadership), 차별화(differentiation), 집중화(focus) 전략 등이 조직에서 취할 수 있는 경쟁전략으로 이 중 어떠한 전략을 취하느냐에 따라 조직의 특성을 파악할 수 있다.

3) 환경(environment)

혁신적인 개인을 유지하고 장려하는 조직을 어떻게 설계할 것인가에 대해 기업가들이 진공 상태로 조직을 운영하지 않고 그들을 둘러싼 환경에 보다 적극적으로 반응해야 한다. 이에 Bruno & Tyebjee(1982)는 다음과 같이 기업가정신을 자극하는 환경변수를 제시한다.

6 Gartner가 제시한 벤처창업 개념에 관한 프레임이 의미가 있는 이유는 기존에는 기껏해야 벤처창업을 이해함에 있어 기업가의 특성과 벤처창업 프로세스 정도만 파악했던 것에 비해 Gartner는 네 종류의 차원을 복합적으로 제시했다는 데 있다.

① 벤처캐피탈 이용가능성
② 경험 있는 기업가의 존재
③ 기술적으로 숙련된 노동력
④ 공급자들에 대한 접근성
⑤ 고객 혹은 새로운 시장에 대한 접근성
⑥ 정부의 영향력
⑦ 대학의 접근성
⑧ 토지 혹은 시설의 이용가능성
⑨ 교육 접근성
⑩ 지역주민의 태도
⑪ 지원 서비스의 가용성
⑫ 생활환경

4) 새로운 벤처프로세스(new venture process)

새로운 벤처를 시작하기 위해 개인들에 의해 맡겨진 행동으로 기업가들은 다음과 같은 행동을 시행하게 된다.

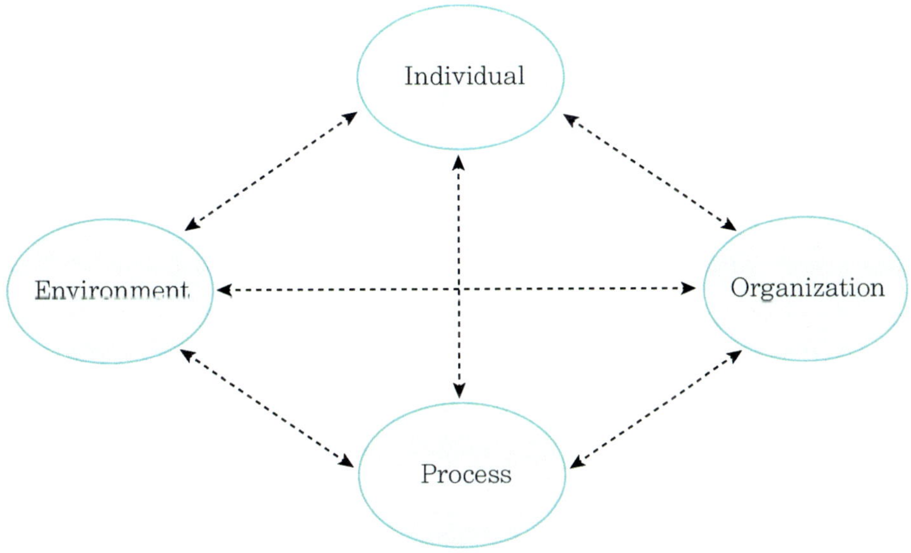

| 그림 1-3 | Gartner(1985)의 벤처창업 개념틀

① 사업 기회 발굴
② 자원 축적
③ 제품과 서비스 출시
④ 제품 생산
⑤ 조직 구축
⑥ 정부와 사회에 반응

새로운 벤처기업은 이러한 네 가지 차원의 상호작용이다. 또한 네 종류의 차원 모두가 확인되지 않거나 각각의 차원으로부터 다른 차원으로 어떻게 상호 작용하는지를 발견하기 위한 시도가 행해지지 않는다면 새로운 벤처창업을 포괄적으로 이해할 수 없고 복잡성을 적절하게 설명할 수도 없게 된다.

CHAPTER 2

기업가정신의 확산

제 1 절 기업가정신의 기능과 발현

1. 기업가정신의 기능

기업가정신이 '과연 어떠한 기능과 역할을 하고 있는지'를 파악할 수 있을 때 기업가정신의 필요성에 대한 이해의 폭을 넓힐 수 있을 것이다. 먼저 경제학적 접근으로 기업가의 행동 혹은 특성이 경제시스템에 어떠한 영향을 미치는지를 설명하고 예측하는 모델 정립에 초점을 맞춰 기업가와 기업가정신의 기능이 제시될 수 있다.

첫째, 위험수용 관점을 통해 보면 19~20세기 초 미국의 경제학자들은 기업가의 이익을 정당화하고 그 출처를 설명하기 위해 노력한 결과, 기업가는 위험을 수용하여 그 대가로 이윤을 추구하는 것으로 설명하였다(Knight, 1921). 또한 위험에 대한 보상은 직업 선택시 근로자가 될지 기업가가 될지를 판단하는 근거가 되며 이를 통해 기업가나 비기업가는 타고난 것이 아니라 위험에 대한 보상을 수렴하는 의사결정 결과인 기회주의적 선택의 결과로 해석하였다. 즉 기업가정신은 위험을 수용한 대가로 정당한 이윤을 추구하거나 근로자가 될지 기업가가 될 지와 같은 직업선택의 기능을 보인다는 것이다.

둘째, 시장 조정 관점을 보면 오스트리아 학자들을 중심으로 제시된 관점으로 시장의 불균형 상태를 이윤이 발생할 수 있는 기회의 존재로 인식하여 숨겨진 기회를 발굴하고 실행에 옮기는 노력을 통해 시장을 조정하는 기능을 기업가들이 혹은 기업가정신을 통해 수행할 수 있게 된다는 것이다. 이에 Kirzner는 이윤 기회가 없으면 혁신 기업가가 아니라는 점과 더불어 기업가적 행동의 동기가 되는 이윤은 자유경제하의 불균형 상태에서 발생한다고 주장하였다. 따라서 기업가는 이윤 추구 기회를 포착하기 위해 기민함(alertness)이 요구되며 기업가적 기회(entrepreneurial opportunity)가 존재시 경제는 지속적으로 성장하게 된다.[7]

셋째, 기업가와 기업가정신은 혁신 수행의 기능을 한다는 관점이다. Schumpeter(1934)는 경제는 균형에 머물러 있는 정적인 상태가 아닌 동적 과정으로 이 과정에서 기업가는 창조적 파괴(creative destructive)라는 혁신활동을 통해 기존 경제의 균형 상태를 뒤흔들고 자본주의 사회를 진보시킨다고 설명한다. 이때 혁신을 이루는 사람이 바로 기업가이며 자본주의 사회에서 불황기에 도달했을 때 혁신을 통해 호황기에 이르게 하는 사람이 기업가라는 것이다. 또한, 기업가정신은 새로운 결합을 통해 혁신으로 추구하는 것으로 이러한 활동을 하는 기업가의 노력으로 초과이윤이 발생하게 된다고 설명한다.

넷째, 기업가정신은 시장질서를 재편하는 기능을 하기도 한다. 즉 경제의 변화는 혁신을 이끄는 기업가정신을 통해 가능하며 이를 통해 경제적 기득권이 파괴될 수 있고 거시경제에서 기업가의 역할은 기존의 시장 질서를 재편하면서 장기 성장동력을 창출하는 혁신을 만드는 것이기에 만일 기업가의 기능이 위축되면 자본주의는 위기가 도래할 것이라고 설명하는 관점이다.

2. 기업가정신의 발현 동기

그렇다면 이러한 기능을 할 수 있게 하는 기업가의 동기는 어디서 나오는 것일까?

이에 기업가는 비기업가에 비해 이기적 인간 혹은 경제적 인간으로 가정하고 기업가적 결과로 이윤을 추구하기에 기업가정신이 발현된다는 관점이 존재한다. 하지만 이윤을 추구한다는 관점에서 기업가적 동기를 바라보면 기업가(entrepreneur)와 사업가(businessman)에 대한 구분이 모호해지는 문제가 발생하며 기업가의 중요성에 대한 공감대적 인식이 저해되는 현상이 발생할 수도 있다. 따라서 기업가적 동기를 야기하는 기업가적 행동과 기업가적 과정이 무엇인지를 파악하는 것이 무엇보다 중요하다.

기업가정신이 발현되는 동기 중 첫 번째는 개인의 심리적 동기로 성취욕, 위험감수성향, 모호성에 대한 인내, 통제위치, 자기효능감, 복원력, 낙관주의 등이 제시될 수 있다.

① **성취욕** : McClelland et al.(1953)는 성취욕이 높을수록 결과에 대한 개인적 책임감이 높아지고 개인적인 기술을 축적하려는 노력을 보여 성과를 높이고 경우에 따라 창업에 이르는데 도움이 된다고 제시하였다. 이는 기업가와 비기업가를 구분하는 특징이

7 하지만 Kirzner의 접근 방식은 가치창출과 혁신을 중시하는 기업가(entrepreneur)와 수익과 영리 추구를 중시하는 사업가(businessman)의 구분을 어렵게 한다는 단점이 있다(저자 주).

되기도 하지만 지나치게 높은 성취욕은 큰 이득과 큰 손실 모두에 영향을 미치는 것으로 나타나기도 한다.

② 위험감수성향 : 한 개인이 적당한 위험을 감수하려는 의지(Begley, 1995)를 의미한다. 하지만 여기서의 위험감수는 무모한 위험에 대한 수용이 아닌 철저히 계산된 위험감수성(calculated risk)이라는 것이다. 즉 기업가는 위험한 환경과 상황에 대해 주저하지 않고 도전을 함에 있어 이미 충분한 계산이 선행된 후에 이를 시행하게 된다. 또한 잠재적으로 위험을 낮게 인식하고 실패에 대한 두려움을 덜 느끼는 사람은 기업가가 될 성향이 높아지는 것으로 나타나고 있기도 하다. 하지만 기업가와 비기업가는 위험감수성의 차이가 없다는 또 다른 연구가 제시되고 있는데 이는 기업가가 자신의 행동이 위험한 것으로 인식하지 못하기 때문으로 이해할 수 있기에 기업가는 위험감수자라기보다 위험을 덜 인식하는 사람으로도 해석이 가능하다.

③ 모호성에 대한 인내 : 명확한 결과가 없는 상황을 위협적이라기보다 매력적으로 보는 것으로 일반적으로 기업가는 관리자보다 모호함에 대한 인내가 높은 것(Schere, 1982)으로 나타나기에 이는 기업가적 동기로 발현되기도 한다.

④ 내적 통제 소재 : 내적 통제 소재는 독립성과 유사한 개념으로 자신의 행동이나 특성이 결과에 미친다고 믿는 정도로 성격 분류에 따라 내재론자(자신의 운명은 스스로 개척할 수 있다고 믿는 사람)들이 외재론자(기회, 운 등 외적인 요인이 자신의 운명을 결정한다고 생각하는 사람)에 비해 기업가적 역할을 추구할 동기가 높은 것으로 나타나고 있다(Rotter, 1966).

⑤ 자기효능감 : 자기효능감은 특정한 직무를 성공적으로 수행할 수 있다는 자신만의 신념(Bandura, 1977)으로 자기효능감이 높은 사람들이 스스로 성공적인 삶을 설계하는데 필요한 목표를 갖게 된다. 이는 어떤 임무를 수행할 것인지, 얼마나 많은 에너지를 투입할 것인지, 얼마나 오래 지속할 것인지를 판단하는 기준이 되기도 하다(김민아, 2018). 또한 자기효능감은 성공가능성에 대한 인식을 높여 궁극적으로 창업에 영향을 미치기도 하기에 기업가적 동기가 될 수 있다.

⑥ 복원력(Resilience)과 낙관주의(optimism) : 복원력은 긍정적 자기인식, 감정적 안정, 자기 규제 및 유머감각으로 궁극적으로 한 개인이 기업가가 되는데 긍정적인 영향을 미치는 동기부여 요인이 된다. 또한 낙관주의(optimism)는 과거에 대한 관대함과 현재에 대한 객관적 평가 그리고 미래를 찾기 위한 기회 부여가 된다. 이는 귀인이론(attribution theory)[8]으로 설명되기도 한다.

8 자신 혹은 다른 사람의 행동이 발생한 원인이나 이유를 찾아내기 위해 추론하는 과정을 설명하는 이론.

둘째, 경제적 관점에서 살펴볼 수 있다. 높은 경제 수준은 기업가정신 향상에 도움이 되어 창업의지를 고양시킨다는 주장이 일반적이지만(Thurik et al., 2002) 역으로 기업가정신을 저해 시켜 창업의지를 낮춘다는(Sternberg & Wennekers, 2005) 주장이 대두되는 상황에서 경제적 관점은 지속적으로 논란이 된다. 한편 Bosma et al.(2008)는 국가의 경제 수준에 따라 기업가정신이 발현된다고 제시하였다. 즉 경제수준이 높은 선진국에서는 기업가적 기회(opportunity)에 의해 동기 부여되는 반면 개도국에서는 기업가적 필요성(necessity)에 의해 동기 부여된다고 제시하였다. 반면 Schumpeter는 혁신적 기업가정신의 동기에 대해 경제적 요인을 배제하면서 '기업가는 결코 경제적 이득이나 금전 욕심으로 신결합을 수행하지 않는다'고 주장하였다. 하지만 Schumpeter는 기업가가 호화생활을 하지만 부자가 되는 것 자체가 목적은 아니기에 부를 위해 새로운 결합(new combination)을 하지는 않으며, 만약 기업가가 호화생활을 하려는 바람을 갖는다면 이는 자기 파멸이며, 자신의 사명에 대한 이행이 아니라고 주장하는 등 기업가정신을 발현하는 경제적 동기는 서로 상반된 주장이 꾸준히 대두되고 있다.

셋째, 사회·문화적 동기에 따라 기업가정신이 발현되기도 한다. 사회적 정당성은 기업가에 대한 정당성이 확보될 수 있다는 관점으로 결과적으로 사회적 지지를 불러와 기업가적 동기를 고취시키게 된다. 또한 한 나라의 문화는 사회적 정당성을 통해 특정한 창업에 대한 긍정적 자세를 고취하게 하고(Davisson, 1995), 의사결정의 불확실성을 낮추고 기회와 아이디어를 발전시키게 된다. 또한 문화적 정당성은 결국 역할모델(role-model) 이론을 지지하여 개인의 직업선택 및 어떤 특성의 기업가정신에 속할지 결정하게 하기도 한다.

마지막으로 Schumpeter는 기업가적 동기에 대해 다음과 같은 관점을 제시고 있다.

① 사적 제국에 대한 꿈과 의지 : 자신만의 독자적 영역을 구축하고자 하는 의지로 고차원적인 자유를 의미한다 이는 경제적으로 독점적 지위를 높이려는 것이 아니라 자신의 자원과 공간을 배타적으로 소유하거나 활용하려는 지위를 확보하기 위한 목적이다.

② 승리자가 되고자 하는 의지 : 다른 기업가를 인지하여 자신의 경쟁상황에 놓여 있는 것에 대한 인지를 기반으로 한 것으로, M. Weber는 이를 자본주의 주요 동력이지 행위자 사이의 '스포츠적 태도'라고 설명한다.

③ 창조의 기쁨 발현 : 창조를 통한 사회에 기여하고자 하는 의지와 이를 통한 즐거움의 향유를 의미한다.

이와 같이 기업가가 되고 기업가정신을 발현하는 동기는 다양한 형태로 표출(심리적 동기, 경제적 동기, 사회·문화적 동기, 자신의 꿈과 승리자가 되고자 하는 의지, 창조의 기쁨)

되고 있음이 선행 연구를 통해 밝혀진 바, 이런 동기를 촉진시키는 것이 기업가정신 함양의 목적과 방향이 된다.

3. 기업가정신과 기업가적 성공

기업가와 기업가정신의 의미가 명확하게 고정되기 어려운 이유는 기업가정신이 발현되는 유형이 다양하고 이를 검증하기 어렵기 때문이다. 예를 들어 전통적인 기업가정신(traditional entrepreneurship)의 개념에서는 기업가는 위험과 결과물(outcome)에 대한 책임감을 지니며, 궁극적으로 부(wealth)를 창출하고 독자적으로 사업을 운영하는 것을 목표로 한다. 반면 사회적 기업가정신(social entrepreneurship)에서는 기업운영 목적이 부를 창출하는 것이라기보다는 새로운 노력을 통해 의미 있는 사회적 변화를 추구하며 사회를 위한 이익창출을 지향한다(Tan, Williams, and Tan, 2005). 이에 전통적 기업가들은 투자 대비 수입과 성과를 꼼꼼히 측정하며 일반적으로 영리 추구 및 부의 창출이라는 정량적 목표를 추구하는 성향을 보이지만 사회적 기업가들은 수익률과 투자한 자금의 회수와 같은 재무적 지표를 보다 사회에 가진 영향력으로 그들의 목표와 지향점에 대해 평가 받는다.

최근에는 사회적 기업가정신을 넘어 창조적 자본주의(creative capitalism)의 개념이 새롭게 등장하고 있다. 창조적 자본주의는 전통적 기업가정신과 사회적 기업가정신 모두를 포함하거나 이들 중간단계나 조합된 형태로 존재한다. 창조적 자본주의 개념을 소개한 Bill Gates(2008)는 더 많은 기업들이 더 나은 삶을 더 많은 사람들에게 제공하여 더 큰 혜택을 받도록 하기 위한 시장의 시도라고 언급한다. 즉 상품과 서비스를 고객들이 이용하도록 해 이익을 내는 것이 비즈니스의 주요한 목적이지만 이익을 넘어 사회적 변화도 추구해야 한다는 것이다.

이처럼 기업가정신의 유형을 단순히 분류해도 영리를 목적으로 하는 전통적 기업가정신, 사회와 함께하는 사회적 기업가정신, 이 둘의 조합이자 생산된 제품과 서비스를 통해 이익과 더불어 사회적 변화를 추구하는 창조적 자본주의로 나눌 수 있기에 이들이 각기 추구하는 기업가적 성공 그리고 그 성공을 판단하는 성과에 대한 이해는 상이하거나 다양할 수밖에 없다. 이에 주목할 점은 이렇게 다양한 기업 및 기업가정신의 유형에 대해 '과연 어떤 지표로 성과 및 성공을 평가 할 수 있을 것인가?'이다. 또한 동일한 기업유형이라고 할지라도 기업가적 성공은 개개인의 관점(Rauch and Frese, 2000)과 인지, 현재의 상황, 성별 등에 영향을 받을 수 있기에 이런 상황에서 기업가정신의 영향력을 어떻게 파악할 수 있을지 고민해 보지 않을 수 없다. 따라서 기업가정신에서 추구하는 성공의 유형을 세분화 하여 살펴볼 필요가 있다.

1) 정량적 성과지표의 활용과 한계

일반적으로 재무적 성과지표는 조직의 성과를 측정하고 이에 따라 성공여부를 판단하는 매력적인 방식으로 받아들여지는데 이는 방법론상 비교적 덜 편향적이고 측정이 다소 용이하기 때문이다(Maritz and Nieman, 2006). 이와 관련하여 Fried & Tauer(2009)는 전체적인 비용과 경영자가 투자한 시간, 수입, 성장 등으로 구성된 기업가적 성공지표를 제안했고 Liechti, Loderer, & Peyer(2009)은 기업가적 성공을 구성하기 위한 초기 투입자본에 대한 수입과 보상의 개념으로 성과지표를 개발했다. Caliendo & Kritikos(2008)는 얼마나 많은 수의 종업원이 고용되었는지를 측정하는 등 기업가적 성과는 목표성취, 경제적 성공, 회사 성장 등에 의해 다양하게 측정되었다.

하지만 이러한 지표들은 기업의 생애주기, 조직규모, 적용된 분석수준에 따라 다른 결과를 내놓고 있기도 하다(Rauch and Frese, 2000). 또한 기업의 성과는 다양한 단계적 과정을 가지고 있기에 정량적 성과지표를 통해 기업가적 성공을 증명하는 것은 한계가 발생한다(Brockner et al., 2004). 이는 성과에 대해 단지 한 관점만을 조사하는 것은 수반된 여러 과정을 명확히 밝힐 수 없어 제한적이고 한 관점에서의 지표는 다른 관점에서 긍정적이지 못한 사업 활동을 내포할 수 있다는 점이 지적되기 때문이다(Mckelvie and Davidsson, 2009). 또한 조직에서의 성과 측정을 통한 성공 여부 판단은 다분히 회고적일 수도 있다. 정치, 경제, 사회, 문화 등의 환경 변화로 일시적인 성공이거나 실패일 수도 있고, 지난 2000년대 Enron Corporation 사태를 통해 경험했듯이 기업가의 계략 등으로 만들어진 성과일 수도 있는 것이다(Mclean and Elkind, 2004). 이처럼 조직 차원에서 기업가적 성과 측정은 상당히 다양하고 상대적이거나 일시적인 현상이어서 획일화된 지표로 측정하여 기업가적 성공을 판단하는 것은 한계가 발생하기도 한다. 그렇다고 조직 내 성과측정을 어떠한 지표도 없이 무작정 확인하고자 하는 것은 타당성과 신뢰성이 확보되지 않은 개인의 주장으로 인식될 수밖에 없는 것도 사실이다. 따라서 조직에서 추구하고자 하는 성과에 대한 이해의 폭을 넓힌 가운데 성과에 영향을 미치는 요소를 파악하는 것도 의미 있는 작업이 될 수 있다.

2) 인지적 성과지표 도입의 필요성

성과의 측정은 방법에 따라 달라질 수 있기에 객관적인 정량지표를 사용하는 것보다 인지된 성과가 더 의미 있는 결과를 가져올 수도 있다는 주장도 제기되고 있다. 성과지표는 관점에 따라 상이하므로 주관적이든 객관적이든 문맥에 따라 이해할 필요가 있기 때문이다(Fisher, et al., 2014). 먼저 Fisher(2012)는 조직에서의 성공과 성과를 이해하기 위해서는 경영·경제, 심리, 사회적인 지표를 포함하고 여러 이론적인 관점을 토대로 하여 다양하게 구성할 것을 제안했다. 또한 기업가적 성공은 문화적인 이슈에 의해 알려질 수 있고 개개인의 관점에 의존(Rauch and Frese, 2000)한다는 주장도 있다. 예를 들어 부의 성취는 성공의 전형적인 지표(McMullen and Shepherd, 2006)로 여겨지지만 또 다른 연구에서는 많은 기업가들은 성공지표로 항상 부를 고려하지 않는 것으로 소개된다(Alstete, 2008). 성별 차이도 영향을 미치는데, 일반적으로 남성들은 성취에 대해 명예나 인정을 얻는 것과 같이 외적인 기준을 사용하는 반면, 여성들은 그들이 시작해 온 것들을 성취하는 것으로 성공의 내적인 정의를 받아들인다(Burger, 2008; Cliff, 1998). 또한 사회적 기업에서는 성공의 지표로 자산(수익) 극대화만을 추구하고 있지 않기에 기업의 유형과 기업가 개인의 성향도 성공의 의미에 영향을 미칠 것으로 이해된다.

3) 인지적 성공 및 성과측정에 관한 선행연구

Fisher, Maritz, & Lobo(2014)는 기업가의 인지적 성공의 선행조건들에는 경제적, 심리적, 사회적, 그리고 관리적인 요소들이 포함된 것으로 소개하였다. 먼저 경제적인 요소들은 계획, 전략, 혁신, 기업가적 성향, 그리고 어려운 환경적 여건 등의 효율적 사용을 포함하고(Rauch and Frese, 2000) 심리학적 요소들은 성취, 통제 위치, 위험감수성, 인적자원, 문제해결 방식, 자기주장, 대인간의 소통, 자기주도력 등에 대한 필요성(Caliendo and Kritikos, 2008), 독립, 자유, 직무만족, 그리고 금전적인 보상의 추구를 내포한다(Alstete, 2008). 사회적인 요소로는 사회적인 네트워크의 힘과 기업가의 사회적인 기술들을 포함하며(Brush, 2008), 관리적 요소로는 비전과 자기 주도력(bootstrapping)이 가업가적 성공 혹은 성과창출에 기여하는 것으로 소개하고 있다(Brush, 2008). Wadhwa, Aggarwal, Holly, & Salkever(2009)는 성공과 실패로부터의 학습, 경험과 관리팀, 행운 등이 기업가의 성공에 기여하는 중요한 요소라고 언급했으며, 창업 이후 생존하는 것 역시 성공을 달성하는 지표라고 소개했다. 기업가들에게는 새로운 기업을 만들거나 혁신추구, 비즈니스에 대한 추진력, 그리고 더 큰 사업을 관리하기 위한 광범위한 경영방식과 행동(Verheul et al., 2005), 기회인식과 활용 등도 중요한 성공지표로 인식된다(Ardichvili, Cardozo, and Ray, 2003). 이처럼 성공의 기준과 개념이 다양화되는 시점에서 Fisher et al.(2014)은 기업에서의 인지된 성공을 개념화하는 시도를 시행하였다. 이를 위해 연구진들은 가구, 숙박, 여행, 농업, 건강식품 등의 기업을 경영하는 경영자들을 대상으로 그들의 경험과 생각, 감정, 믿음, 가치 등을 생생하게 포착하는 연구를 시행하였고, 그들의 응답은 [표 2-1]에서 보는 바와 같다.

이러한 응답 결과를 기반으로 연구자들은 자신의 삶과 사업에서의 개인적 만족, 비즈니스의 지속적 성장, 삶과 비즈니스에서 원하는 대로 하는 것, 계획한 것을 초과한 목표달성, 지속 가능한 비즈니스 구축, 타인으로부터의 인정, 수익을 위한 사업 매각, 실패하지 않기 등으로 인지적 성공의 의미를 구분하였다. Johnson(2011)도 기업가적 성공에 대해 리더들을 대상으로 면접기법을 이용해 질적 연구(qualitative study)를 시행한 결과 10가지 정의를 도출하였고 이를 토대로 양적 연구(quantitative study)를 진행하였다. 그가 제시한 성공의 개념은 수입과 수익, 성장, 유연성, 자율성, 개인의 사회적 위치, 일과 삶의 균형, 일하고 싶어 하는 종업원, 지속가능한 조직 창출, 흥미롭게 일하기, 기타로 구성되었다. 이처럼 기업가적 성공의 의미 혹은 성과를 측정하는 방식은 대상, 상황, 시기, 측정 방법에 따라 상이하며, 정량적 지표중심의 성과에서 점차 종업원의 만족도 향상과 같은 조직적 차원, 일과 삶의 균형 및 자율성 확보와 같은 개인적 차원으로 그 의미가 확대되고 있음을 알 수 있다.

표 2-1 인지적 성공 테마 (Fisher, Maritz, and Lobo, 2014)

No	성공 테마	비율
1	사업과 브랜드 창출	17.6%
2	타인으로부터의 존경, 인지, 승인	14.7%
3	지속적인 사업성장	11.7%
4	역할과 라이프스타일 선택의 자유	11.7%
5	자신의 관여를 넘어서 지속가능한 사업	11.7%
6	사회적으로 바람직하고 책임감 있는 산출물 확보	11.7%
7	글로벌 경쟁력 확보	8.8%
8	고객의 양과 질	5.8%
9	풍족하게 성공적으로 다른 것들을 만드는 것	5.8%

제2절 기업가정신의 결정요인과 이윤

1. 기업가정신의 결정요인

기업가정신을 결정하는 요인은 한 국가의 문화, 경제상황, 제도, 기술발전, 교육수준 등을 전체적으로 파악(De Bettignies and Brander, 2007)해야 기업가정신을 이해할 수 있게 된다.

매년 세계 각국의 기업가정신활동지수를 평가하는 GEM(Global Entrepreneurship Monitor)에서는 그간 태도, 능력, 열망을 기업가정신의 결정요인으로 보던 관행을 탈피하여 기업가적 활동, 즉 자금조달, 기업가정신 교육, 정부정책, 정부의 기업가정신 프로그램, 연구개발, 내부시장의 개방 정도, 기업가정신에 대한 물적, 상업적, 법률적 간접자본, 문화적 사회적 규범을 결정요인으로 두고 측정해 오고 있다. 하지만 이러한 거시적이며, 지표중심의 측정 수준이 매우 복잡하고 한 나라의 경제상황 등은 외생적 변수에 영향을 많이 받기에 Schumpeter가 강조한 대로 기업가는 외적 요인보다 내생적 변수에 따라 영향을 받는 존재라는 개념에 상충되는 문제가 발생하는 문제점이 발생하기도 한다. 또한 한 국가의 경제성장이나 일자리 창출에 기여하는 것은 창업의 활성화나 신생기업의 탄생이기 보다 사내 기업가정신(corporate entrepreneurship)이라는 주장도 대두되면서 기업가적 역량을 높이기 위해서는 문화를 구축하여 지식 창조 및 확산의 중요성이 강조되어야 한다.

한편 GEDI(Global Entrepreneurship and Development Institute)에서는 세계 각국의 기업가정신 활동 상황을 평가하기 위해 GEI(Global Entrepreneurship Index)를 발표하여 기업가적 태도, 활동, 열망을 나타내는 총 14개의 지표로 기업가정신의 결정요인을 파악하고 있기도 하다.

GEDI에서 기업가정신 생태계의 요소를 평가하는 지표는 다음과 같다.

[기업가적 태도]

① 기회인지(Opportunity Perception) : 국민들은 창업을 위해 기회를 인지할 수 있는가?, 또한 제도적 환경은 그러한 기회 위에 실행에 올길 수 있는 가능성을 만들고 있는가?

② 스타트업 기술(Startup Skills) : 국민들은 그들 자신의 인지력에 기초하여 새로운 사업을 시작하기 위해 필요한 기술을 보유하고 있는가?, 또한 대학교육 및 관련 교육을 이용할 수 있는가?

③ 위험수용(Risk Acceptance) : 각 개인은 새로운 사업을 위해 기꺼이 위험을 감수하고 있는가? 새로운 사업을 시행함에 있어 환경은 위험을 낮추거나 불안정한 제도는 오히려 추가적인 위험을 제공하는가?

④ 네트워킹(Networking) : 기업가들은 서로 서로를 알고 지리적으로 어떻게 그들의 네트워킹에 집중하는가?

⑤ 문화적 지원(Cultural Support) : 각국에서는 기업가정신에 대해 어떠한 관점을 갖고 있는가?, 기업가정신을 선택하기 용이한가 혹은 부정부패가 기업가정신을 다른 경력경로와 관련하여 어렵게 만드는가?

[기업가적 능력]

⑥ 기회 시작(Opportunity Startup) : 기업가들은 필요보다 기회에 의해 동기부여되고 있는가? 거버넌스(governance)는 기업가가 되기 위한 선택을 용이하게 하는가?

⑦ 기술 흡수(Technology Absorption) : 기술 섹터는 풍부하고 비즈니스는 신속하게 새로

운 기술을 흡수할 수 있는가?

⑧ 인적 자본(Human Capital) : 기업가들의 교육수준은 높고, 숙련되었는가? 그리고 노동 시작에서 자유롭게 이동할 수 있는가?

⑨ 경쟁(Competition) : 기업가들은 독특한 제품과 서비스를 만들어 내고 있으며 그 제품과 서비스로 시작에 진입할 수 있는가?

⑩ 제품혁신(Production Innovation) : 국가는 새로운 기술을 통합하고 새로운 제품을 개발하는데 도움을 주는가?

⑪ 프로세스혁신(Process Innovation) : 비즈니스는 새로운 기술을 사용하고 STEM (Science, Technology, Engineering, Math) 분야에서 수준 높은 인적 자본에 접근할 수 있는가?

⑫ 높은 성장률(High Growth) : 비즈니스는 성장하는 경향이 있고 성장을 달성하기 위해 전략 능력을 보유하고 있는가?

⑬ 세계화(Internationalization) : 기업가들은 글로벌 시장에 진입하기 원하는가?, 경제가 세계적으로 가치 있는 아이디어를 만들기에 충분한 복잡성을 가지고 있는가?

⑭ 위험자본(Risk Capital) : 개인과 투자자 모두로부터 자본을 확보할 수 있는가?

2. 기업가정신에서의 이윤

많은 사람들이 기업가정신의 함양을 통해 얻고자 하는 결과물로 경제적 성과(이윤)을 추구하고 있는 것이 사실이다. 이에 기업가정신 함양을 통해 얻어지는 결과물인 이윤에 대한 선행적인 이해와 개념 정립이 있을 때, 기업가정신 함양의 정당성이 마련될 수 있을 것이다.

먼저 Kirzner는 시장이 불균형한 상태에서 균형을 향해 움직이는 동안 이윤이 창출되는데 이는 불확실성을 견뎌내는 것에 대한 보상이자 이전에 식별되지 않은 기회에 대한 기업가적 기민성(alertness) 덕분이라고 주장하였다. 이에 반해 Schumpeter는 새로운 불균형을 창조하는 과정에서 자연스럽게 이윤을 창출하게 된다고 보며 이 이윤은 수익(return)이 아니라 잔차(residual)로 제시하였다.

이처럼 Kirzner와 Schumpeter의 이윤에 대한 관점은 다소 대비를 이루지만 이 둘은 기업가의 활동 자체가 이윤을 추구하는 활동 자체에 목적을 두고 있기 보다는 시장의 균형을 추구하는 과정에서 이윤이 발생할 수 있음을 인정하고 있다는 것이다. 즉, 기업가가 시장의 균형을 향하여 움직이든지, 새로운 불균형을 창조하든지간에 그러한 일련의 기업가적 활동 후에 이윤이 발생된다는 인과관계를 이해할 필요가 있다. 또한 이 인과관계가 기업가와 사업가를 구분하는 잣대가 될 것이기에 기업가정신 함양을 위한 교육에서도 이 점에 대한 명확한 방향을 제시할 필요가 있다.

제3절 기업가정신교육과 창업교육

창업 과정은 사업기회를 발견하고 기회를 활용하기 위한 필요자원을 획득, 조직화 하는 과정(Shane, 2003)이라는 관점에서 창업과정은 기업가정신의 과정과 매우 유사하다. 이에 따라 기업가정신 관련 상당수 연구와 대중들의 인식은 창업과 기업가정신을 동일한 개념으로 보고 있기도 하다.

'기업가정신 = 창업'으로 인식되는 이유는 미국 Stanford 대학의 William Miller 교수가 처음으로 Entrepreneurship = Startup으로 소개하면서 활성화 된 것으로 받아들여지고 있다. 이는 Schumpeter가 제시한 기업가정신의 개념인 '새로운 것을 도입하여 새롭게 결합하는 것', '기업가는 효용을 극대화하는 사람이 아니라 비범한 창조물을 만드는 사람'이라는 설명을 협의적으로 파악하여 창업으로 연결했기 때문으로 보인다.

하지만 기업가정신을 창업이나 기업성과 지표로만 파악할 경우 논의가 지나치게 단순화되며, 그 유용성이 제한되어 기업의 특징이나 기능과 관련된 정책적 함의 도출이 용이하지 못한 문제가 발생한다(김민아, 2018). 또한 창업률은 경제유형(외부요인)에 따라 달라지기에 기업가정신이 높다고 반드시 창업률이 높아지는 것은 아닐 수 있다(반성식 외, 2013).

Timmons & Spinelli(1994)는 기업가정신은 기존의 기업 혹은 새로 창업한 기업 모두에서 나타날 수도 있지만 그렇지 않을 수도 있다고 주장하였고 대기업과 중소기업, 빠르게 성장하는 기업, 느리게 성장하는 기업, 나아가 수익을 목적으로 하지 않는 사회적 기업에서도 기업가정신은 나타날 수 있다(배종태 · 차민석, 2009).

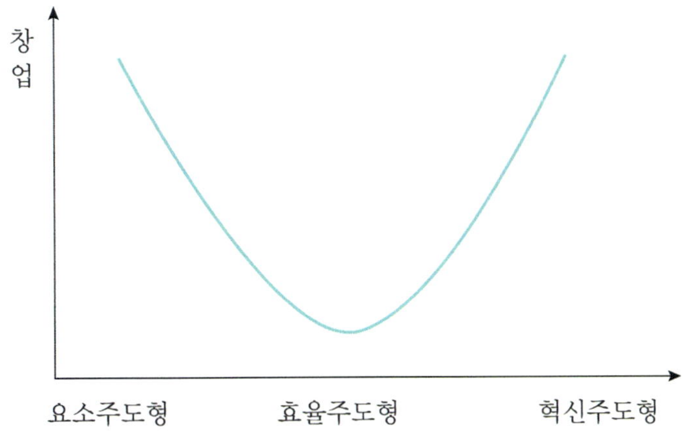

그림 2-1 경제유형과 창업률간의 관계

Peter & Waterman(1982)은 초우량 기업의 성공요건의 하나로 자율성과 기업가정신 촉진을 제시하여 창업 기업 유무와 상관없이 기업가정신은 모든 기업에 적용 가능하다고 설명한다. 또한 만약 '기업가정신 = 창업'이라는 개념을 유지할 경우, 창업 유형에는 기회형 창업, 생계형 창업, 기술 창업, 비기술 창업 등으로 다양하기에 어떤 창업에는 기업가정신이 없이도 가능한 것도 사실이다(김민아, 2018). 이에 최근 여러 연구자들로 하여금 기업가정신과 창업교육은 구분되어야 한다고 강조되고 있으며, 비창업자라고 할지라도 개인과 조직의 발전차원에서 기업가정신 교육은 중요하다고 할 수 있다(이명숙 · 원상봉, 2013).

이와 같이 기업가정신은 창업기업 외에서도 요구되는 것이기에 그간 수많은 교육기관에서 이뤄진 '기업가정신 교육 = 창업교육'으로의 이해에 대한 제고가 필요한 상황이다. 따라서 EU에서 지난 2006년 오슬로 아젠다(Oslo Agenda)를 통해 제시한 바와 같이 기업가정신 함양 교육은 진로 및 직업교육의 일환으로 진행될 필요가 있다. 즉, 기업가정신 교육은 자율적이고 독립적으로 자신이 삶을 개척해 나갈 수 있는 시민 육성(김영수 · 성상기, 2015)이라는 광의의 개념에서의 출발이 요구된다. 이는 모험심과 정열을 통해 스스로 무언가를 개척해 나가며 열정을 성공적으로 이끌어 내기 위한 능력을 개발하기 위한 교육으로 단순히 주어진 직무만을 잘 수행해 내는 기능을 가진 수동적인 존재를 길러내는 전통적인 취업교육과는 다른 패러다임의 직업교육(정태화, 1996)으로 구성하여야 한다. 또한 기업가정신 교육을 받았지만 설사 기업가가 되지 않더라도 자유 시장경제 체제에서 기업가의 중요성과 어려움을 더 잘 이해하여 직장생활 속에서 피고용자 입장에서 직무수행에 긍정적인 자세를 갖고 일하게 되는 효과가 검증되기도 하였다(Imel, 1989). 이에 창업교육을 기업가정신 교육 내부로 받아들여 기업가정신 함양 교육을 통해 산출될 수 있는 다양한 결과물 중 매우 큰 비중을 지닌 성과로 창업(start-up)이 도출될 수 있다는 매커니즘으로 이해해야 하기에 [그림 2-2]와 같은 기업가정신 함양 교육의 프로세스와 지향점 모형을 제시할 수 있다.

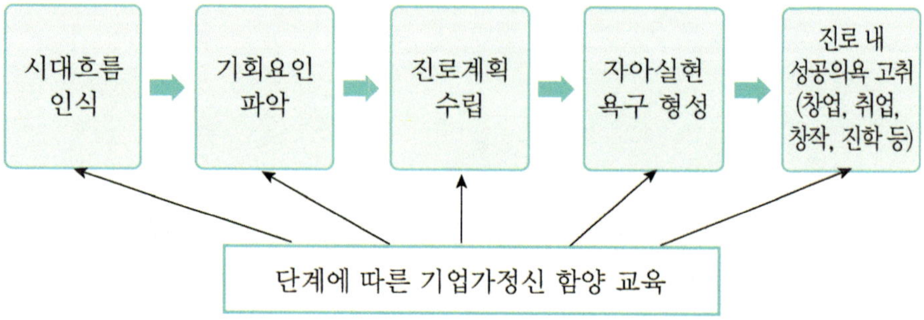

그림 2-2 진로수립에 목표를 둔 기업가정신 함양 교육의 프로세스와 지향점

그렇다고 창업교육의 중요성이 강조되지 말아야 한다는 의미는 아니다. 분명 창업교육을 통해 창업 실패율을 감소시킬 수 있고(Ibrahim and Ellis, 2002), 창업의 성공은 기본적으로 창업가가 가져야 할 바람직한 속성과 능력, 기업가정신을 체계적인 학습과 교육을 통해 습득이 가능하기 때문이다.

CHAPTER 3

기업가정신의 연구와 함양

제 1 절 기업가정신 함양을 위한 학제적 접근과 이해

기업가정신이 다양한 시각에서 유행처럼 제각기 접근하다 보니 필연적으로 환원주의적 사고(다양한 현상을 하나의 기본 원리로 설명)로 기업가정신이 묘사(Gartner, 1985)되기에 설명의 한계, 해석의 오류가 발생한다. 이에 경제, 경영, 사회, 심리, 교육, 인류학 등 학제적(multi disciplinary) 접근의 필요성이 공감대를 얻고 있다.

먼저 전략, 인사조직 분야에서는 비즈니스 현실에서 일어나는 기업가정신과 창업 관련 활동과 그 결과를 일종의 사회과학적 현상으로 간주하여 경영학에서 제시한 기존의 분석의 틀로써 접근하였다(Stevenson and Jarillo, 1990). 하지만 벤처창업 과정에서 나타나는 복잡다변한 동태적 현상을 기존 분석의 틀로 제대로 측정하기엔 한계가 발생한다. 따라서 다양한 분석 수준과 시계열적 변화, 그리고 기업가의 의사결정이나 특정행동을 제대로 분석하기 위해서는 배경적 맥락 상황이나 환경을 함께 고려해야 함이 강조되고 있다(Molina-Azorin et al., 2012). 한편 1980년대 후반 개념적 프레임워크로 기업가정신 연구 성과를 정리한 결과, Gartner(1985), Covin & Slevin(1990), Lumpkin & Dess(1996) 등에 의해 주요한 구성개념(조직 환경, 프로세스, 기업가적 지향성)이 제시되었고 21세기 이후 도메인(domain)에서는 기회(Opportunity) 개념을 중심으로 발견, 창출, 활용으로 연구의 방향이 모색되고 있다.

| 표 3-1 | 기업가정신 연구 분야의 변화[9]

19~20세기 초반	
경제학적 관점(Economic Context)	**행동과학관점(Behavioral Science)**
• 경제학자 중심 (20세기 초, 슘페터 등) • 기업가정신이 시장기능의 하나로 다루어짐 • 기업가들의 행동이 시장에 어떠한 영향을 가져올 것인가?	• 조직학자, 사회학자 중심(20세기 중반, McCelland 등) • 기업가의 개인적 특성에 초점 • 기업가는 어떠한 특성을 가진 사람들인가? • 기업가가 되려는 동기는 무엇인가?
20세기 중 후반	
기업가적 프로세스(Entrepreneurial Process)	**사회적 환경(Social Context)**
• 경영학자, 전략학자 중심(20세기 후반, 피터드러커 등) • 경영과학(경영학) 관점 • 단순한 기업가적 현상의 묘사가 아닌 창업준비-성장- 소멸에 이르는 기업가적 총체적 과정	• 경영학자, 사회학자, 유럽학자 중심 • 기업가적 생태계연구 • 기업가적 행동 양태의 표현이 아닌 기업가적 활동에 이르게 되는 맥락(환경요소)차원의 연구

| 표 3-2 | 기업가정신 연구에 대한 학제적 접근[10]

구분	경제학적 접근	심리학적 접근	사회문화적 접근	경영학적 접근
MICRO (개인수준)	• 4번째 생산요소로서 기업가의 기능 • 기업가의 이윤 관련 이론 • 불확실성 하의 직업선택이론	• 속성이론(자질론) • 심리동태이론	• 사회적 소외이론 • 역할이론 • 네트워크 이론	• Leibenstein X 효율성 이론 • 기업가의 행동이론 • 기업가가 되는 양상
MESO (기업수준)	• 거래비용이론		• 네트워크 이론 • 인큐베이터이론 • 진화이론	• 신생기업의 성공과 실패 양상 • 사내기업가정신
MACRO (지역·국가·국가수준)	• Schumpeter의 경제발전이론 • 내생적 지역발전	• Kirzner의 기업가이론	• Weber의 경제발전이론 • 사회변화이론 • 제도이론	

9 김영환, 2017

10 Veciana, 2007

따라서 기업가정신은 특정 학문영역에 종속 혹은 관련성에 의미를 부여하기보다는 다학제적(multi-disciplinary), 간학제적(inter-disciplinary)이라는 측면에서 독립성을 확립할 필요가 있으며 기업가적 행위가 일어나는 맥락적 상황에 대해 이해할 필요가 있다.

제2절 기업가정신 연구의 세부 주제

앞서 제시한 바와 같이 기업가정신 영역은 기존 학문 영역에 종속되거나, 특정분야를 넘어 학제적(multi-disciplinary) 접근이 요구되는 상황에서 기업가정신의 주요한 분야에 따른 세부 주제의 구체성을 확립하는 것은 중요한 이슈가 아닐 수 없다. 김영환과 양태용(2013)은 기업가정신 전문 학술지의 게재 논문을 분석하였고 그 결과 기업가정신의 연구 분야별 다음과 같은 세부주제를 제시하고 있다.

표 3-3 기업가정신 연구분야별 세부 주제

연구분야	세부 주제
1. 기업가 및 기업가정신 일반	기업가의 유형 및 특성, 창업팀, 기업가적 의도, 인지 및 동기부여
2. 기회	기회포착, 사업계획서
3. 자금조달 및 벤처 캐피털	기업가의 자금조달, 벤처캐피탈, 엔젤 및 비공식 투자자
4. 기업가적 전략 및 성장 프로세스	기업가적 전략 및 계획, 기업가적 지향성, 창업기업의 성장 프로세스, 인수합병, 제휴 및 조인트벤처, 마케팅 및 상업화 전략, 기업가의 위험
5. 벤처기업 성과 성공 및 실패	수확전략, 벤처기업 성과, 성장 및 생존, 기업폐업 및 파산
6. 경영관련 이슈	학습 및 훈련, 기업지배구조, 조직관련 이슈, 평가, 보상 및 인센티브, 기업가 의사결정 프로세스, 공급체인 및 고객관리, 품질관리, 생산 및 공정관리, 회계, 환경경영
7. 기업가 네트워크	네트워크 및 사회적 자본
8. 기업가의 창업환경 및 경제발전	클러스터, 산업단지 및 해비타트, 창업 및 기업 역동성, 대학 기업가정신, 창업보육 및 지원시스템, 기업가와 경제 관련이슈, 기업가와 지역관련 이슈, 산업 관련 이슈, 분야 간 협력
9. 기업가정신 관련 정책 및 정부 지원 프로그램	공공정책, 제도 및 규제, 정부 지원 프로그램

연구분야	세부 주제
10. 다양한 기업가정신	여성기업가정신, 소수 인종 및 이민자 기업가정신, 인터넷 기업가정신, 가족기업, 프랜차이즈
11. 사내기업가정신 및 사회적 기업가정신	사내기업가정신, 사회적 기업가정신
12. 국제 기업가정신	국제기업가정신, 수출
13. 기업가윤리	기업가윤리
14. 기업가정신 교육	교수법, 기업가정신 교육 역사 및 경향, 기업가정신 교육과정 및 내용, 기업가정신 프로그램
15. 기업가정신 연구	기업가정신 연구 역사 및 경향, 연구방법론 및 기업가정신 이론, 사례연구, 기업가정신 연구자 관련
16. 기술 경영 및 혁신	기술경영일반, 연구개발, 신제품 개발, 기술이전, 습득 및 수용, 혁신, 특허 및 지적재산권, 지식 경영 및 전파

제3절 기업가정신 함양 및 활성화 방법론

기업가정신은 현재의 위기와 위험에 대한 두려움을 최소화하고 도전과 창조정신으로 새로운 가치와 기회를 발견함으로써 더 나은 미래를 준비할 수 있도록 하는데 방향과 목적이 있다. 또한 기업가정신을 통해 기업 생태계의 근간인 개인의 창업과 벤처기업을 성장, 발전시킴으로써 미래 성장의 원동력을 확보할 수 있으며, 고용창출, 노동생산성에 매우 중요한 영향을 미치기도 한다. 이에 기업가정신은 경제적 부(富)를 이루는 근간일 뿐만 아니라 국가의 생존과 직결되는 문제로 인식하여 개인, 기업, 사회, 국가의 총체적인 핵심역량(이명숙·원상봉, 2013)이자 국가의 경쟁력을 형성하는 핵심동력(driving force, 세계경제포럼, 2009)이기에 그 활성화의 중요성은 아무리 강조해도 지나치지 않다.

한편 최신 기업가정신의 개념은 '기회(opportunity)'에서 시작하기에 기회인식의 근원을 찾아내어 이를 함양하기 위한 방법론이 요구된다. 기회란 다양한 자원을 창의적으로 조합하여 우수한 가치를 만들고 이를 통해 시장의 요구와 관심을 충족시킬 수 있는 가능성(Kirzner, 1973)을 의미한다. 기회인식은 아이디어를 창출하고 문제를 발견하여 해결하는 과정에서 창업 등의 의도로 연결되기도 한다. 이는 개인의 기회발견과 기회인식을 위한 인지적 사고 과정이 의사결정에 영향을 미치게 되는 원리로, Dyer et al. (2008)은 인지적 관점에서 기회발견을 위한 행동으로 질문, 관찰, 실험, 탐색, 아이디어 네트워킹 등을 제시하였다.

① 질문 : 현 상태를 변화시킬 수 있는 질문, 문제해결을 위해 필요하거나 도움이 될 수 있는 내용에 관한 질문, 관련 문제 해결을 위한 지속적 질문, 타인과 비교하여 질문을 많이 하는 정도로 파악

② 관찰 : 아이디어 탐색을 위해 자신의 주변을 세밀히 관찰, 주변 사람들이 어떻게 사용해서 문제해결 하는지에 대한 관찰 정도, 주변 사람들이 사용하는 제품 및 서비스의 이용 방법의 관찰정도, 일상생활에서 얻을 수 있는 경험 및 관찰 정도

③ 실험 : 자신이 마음속에 설정한 가설을 현실에서 실험하고 탐색하는 빈도. 새로운 방법으로 시도하는 실험 탐색을 좋아하는 정도, 경험하지 못한 일, 놀이, 제품, 지식 등의 경험정도, 새로운 아이디어를 실현하기 위한 실험 및 응용정도

④ 아이디어 네트워킹 : 다양한 배경과 관심을 가진 사람들과 아이디어를 찾고 검증. 다양한 관점에서 아이디어를 얻을 수 있는 네트워크(멘토, 고수, 전문가, 커뮤니티) 정도, 아이디어 네트워킹을 위한 다양한 수업 및 모임에 참석하는 정도, 아이디어를 얻을 수 있는 사람들과 상호작용할 수 있는 네트워크 형성 정도

표 3-4 기회인식 영향 요인

기회인식 영향 요인	내용	연구자
1. 사전지식이나 정보	개인의 사전지식과 정보는 선별적으로 가능한 기회를 탐색하고 선택할 수 있도록 도움	Ardichvili and Cardozo, 2000; Ardichvili et al., 2003; Shane, 2000
2. 기업가의 기민성	사업기회의 가능성을 보다 빠르게 인식할 수 있는 기업가의 중요한 능력	Ardichvili et al., 2003; Tang et al., 2012
3. 학습유형	수렴적 사고 및 분사적 사고를 통해 기회인식 및 평가의 차이가 존재	Gemmell et al., 2012 등
4. 창의성과 통찰력	창업기회의 발견에 필수적 역할. 창의적 사고가 높으면 다양한 사업아이디어 개발 인식	Ardichvili et al., 2003; Dimov, 2007 등
5. 환경변화인식	외부적 환경 변화에 대한 인식 여부	Shane, 2003 등
6. 사회적 네트워크	네트워크 및 지지세력	Ardichvili et al., 2003 등
7. 개인적 특성	낙관주의, 위험감수성향, 자기효능감 등	Baron, 2006 등

한편 아이디어 자체는 기회는 아니지만 아이디어 없이 어떠한 기회도 존재하기 어렵기에(Hayton and Cholakova, 2012) 기회창출을 위해서는 아이디어가 필수적인 가운데 아이디어는 '사전경험'과 '새로운 경험'으로 생성 가능(Shane, 2000)하며 기회를 인식하는 데는 다음과 같은 요인들이 영향을 미치는 것으로 나타나게 된다.

이와 같이 기업가정신의 시작은 기회를 인식하는 것이기에 상기 요인들을 함양하기 위한 교육 내용 구성이야 말로 기업가정신의 핵심 주제이자 내용이 될 것이다.

제 4 절 기업가정신 핵심이론

기회의 발견은 기회를 이용할 수 있는 역량인 기회인식으로 이어져 의도를 고취시키게 된다. 즉 발견은 인식으로, 인식은 의도로, 의도는 행동으로 표현되는 메커니즘(발견 → 기회인식 → 의도 → 행동)에서 Ajzen(1991)의 계획행동 이론(theory of planned behavior)과 Shapero(1985)의 기업가적 사건모델(theory of entrepreneurial event)을 통해 이러한 프로세스가 설명될 수 있다.

1. 계획행동이론(theory of planned behavior)

태도와 행동 사이의 관계를 설명하는 대표 이론으로, 의도는 목표행동에 대한 전념을 의미하며 행동의 실행 여부를 정확히 예측할 수 있다. 또한 의도는 행동에 대한 태도, 사회적 규범, 지각된 행동통제력 등에 영향을 주기에 결과적으로 행동을 설명하는 변수가 된다. 이에 창업과 같은 기업가적 행동을 이루기 위해서는 먼저 행위의도가 고취되어야 하고 의도는 행동에 대한 태도, 주관적 규범, 지각된 통제감에 영향을 받게 된다.

1) 행동에 대한 태도

만일 창업이라는 행동을 한다면, 창업에 따른 긍정적인 결과가 나타날 것이라는 신념과 그 신념에 대한 평가를 통해 태도가 생성되기에 자신의 행위에 대한 신념과 평가를 높이는 노력이 필요하게 된다.

2) 주관적 규범

행위자 주변 사람들의 평가로 사회적 영향력 및 사회적 압력으로 표현되기도 한다. 창업이라는 행동을 높이고자 한다면 그 행위자 주변의 사람들이 창업에 대한 긍정적인 인식을 공유하고 이를 격려해 주는 문화가 요구되는 것이다.

3) 지각된 통제감

자신이 대상 행동을 실제로 얼마나 잘 수행하고 통제할 수 있는지에 대한 주관적 평가를 의미한다. 만약 창업의지와 행동을 고취시키고자 한다면 당사자는 스스로의 능력에 대한 확신이 선행되어야 한다.

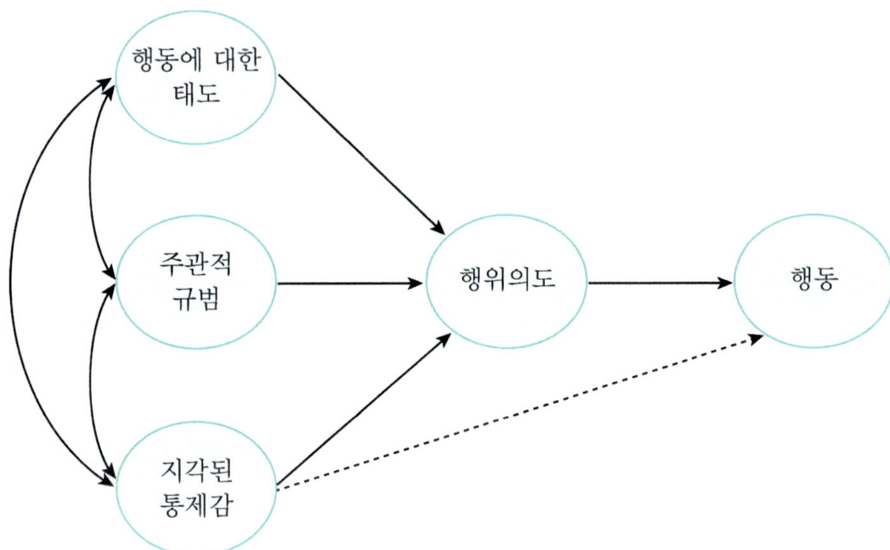

【그림 3-1】 계획행동이론의 모형

2. 기업가적 사건 모델(theory of entrepreneurial event)

Shapero에 의해 개발된 모델로, 창업실행과 같은 기업가적 의도에 이르게 할 수 있는 요인으로 인지된 바람직함(perceived desirability), 행동성향(propensity to act), 인지된 실현 가능성(perceived feasibility) 등이 제시된다.

1) 인지된 바람직함

태도, 가치 및 감정에 영향을 주는 기업가정신의 바람직함에 대한 개인의 인식을 의미한다.

2) 행동성향

이용 가능한 자원에 대한 개인의 인식과 관련된 것으로 특정 행동을 수행하기 위한 개인의 인식 능력을 측정한다.

3) 인지된 실현가능성

의사 결정의 의도적 측면을 반영하여 의사 결정에 영향을 미치는 개인적인 성향을 의미한다.

이와 같이 계획행동이론에서는 인간의 행동을 이끌어 내기 위해서는 의도를 높여야 하고 의도는 자신의 행동에 대한 긍정적 태도, 주변 사람들의 긍정적인 영향력, 자신의 능력에 대한 확인이 있을 때 고양됨으로 설명한다. 기업가적 사건모델에서는 창업과 같은 기업가적 의도를 높이기 위해서는 개인적으로 이를 실행하는 것에 대한 바람직함, 행동성향, 실현가능성을 제시하고 있다. 이에 기업가정신 함양 교육에서는 창업을 잘하기 위한 기법과 기술 중심의 교육도 필요하지만 보다 근본적으로 개인의 태도, 의도 그리고 행동에 영향을 미친다는 메커니즘에 근거하여 커리큘럼을 구성할 필요가 있고, 그 구성개념의 증진을 이끌어 낼 교육 방법론이 제시되어야 할 필요가 있다.

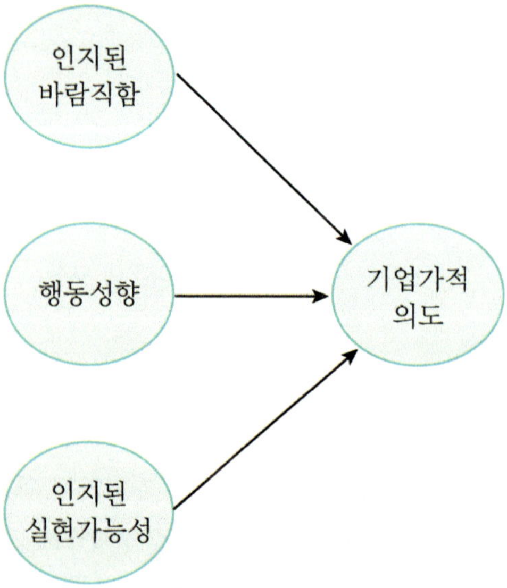

그림 3-2 기업가적 사건 모델 모형

제5절 창업의도(의지) 결정요인

비록 기업가정신이 창업과 동일한 개념이 아니라는 것이 여러 선행연구 등을 통해 제시되었지만, 기업가정신의 중요한 결과물 가운데 하나로 창업에 대한 인식을 하지 않을 수는 없다. 이에 창업을 목표로 기업가정신 교육에 참여하는 사람들에게는 다음과 같은 창업의도에 영향을 미치는 요인에 대한 이해와 교육이 제공되어야 할 것이다. 한편 창업기회를 발견하고 인식하는 능력은 선천적으로 타고난 것이 아니라 후천적 교육을 통해 길러질 수 있고, 기회 발견과 인식은 창업교육에서 중요한 과정으로 교육을 통해 개발될 수 있는 역량이다(조병주, 1998). 이와 관련하여 De Tienne & Chandler(2004)는 기회 식별학습을 받은 학생들이 사업아이디어 수와 아이디어의 혁신성이 높아짐을 발견하기도 하였다.

창업의도를 고취하기 위한 초기 연구는 기업가 자체의 특성과 특질을 파악하는데 주력하였다. 하지만 이러한 특성 연구는 (1) 왜 그 특성이 창업의지에 영향을 미치는지 이론적 근거가 미약(Gartner, 1988)했고 (2) 이러한 특성은 창업과정을 이해하기 위해 개발된 것이 아닌 다양한 상황에도 적용될 수 있도록 개발된 일반적 개인성향이기에 창업동기와 의지를 규명하는데 유용성이 떨어진다는 비판에 직면하게 된다(Robinson, Stimpson, Huefner, and Huntet, 1991). 이에 개인의 특성은 환경과 상호 작용한다는 주장이 대두되었다(Greenberger and Sexton, 1988). 즉 일부 학자들은 경제적 환경 특징, 개인의 삶이나 경력 환경 특징, 개인의 성향으로 창업의도에 영향요인을 파악하고자 하였고(Reynolds and Miller, 1992), 이를 보다 단순화하여 창업의지에 미치는 영향에 대해 개인특성요인과 환경요인으로 구분하여 제시되기도 한다(윤방섭, 2004).

1) 개인특성요인

① 경력지향성 : 자신의 재능, 자신의 욕구와 동기, 자신의 태도와 가치 등이 어우러져 형성된 직업과 관련된 자기 이미지로 여러 가지 삶의 경험과 다른 사람들로부터의 피드백 등을 통해 형성된다(Schein, 1978).

② 창업자기효능감 : 자기효능감(self-efficacy)은 특정한 과업의 수행 능력에 대한 개인의 믿음(Bandura, 1986)으로 목표달성을 위한 행위에 영향을 주는 가장 중요한 요인 중 하나다. 효능감이 높으면 개인이 지닌 직무상황이나 대인관계에 능숙하게 대처할 수 있다는 믿음이 높고 과업이나 상황을 통제하거나 영향을 줄 수 있다는 자신감이 향상된다(Conger and Kanungo, 1988). 또한 창업자기효능감이 높으면 창업의 상황이 가져다 줄 다양한 도전과 위험을 능숙하게 대처하고 통제할 수 있다는 믿음이 있으며, 환

경 속에서 기회를 찾아 활용할 수 있다는 믿음으로 창업의지에 긍정적 영향을 준다(Krueger and Brazeal, 1994).

| 표 3-5 | 자기효능감 형성요인

형성 요인	자기효능감의 표출
① 성공 경험 및 활동적 성취 (enactive attainment)	숙달의 경험과 성공의 경험은 자기효능감을 높이는 요소
② 모델링 또는 대리경험 (vicarious experience)	다른 사람의 성공 경험을 보면 자기효능감은 높아지는 반면, 실패 경험 목격시 낮아짐
③ 사회적 언어적 설득(verbal persuasion)	다른 사람들의 격려는 자기효능감을 높이지만, 의욕을 꺾는 말은 이를 낮추게 됨
④ 생물학적 요인 : 스트레스를 받아들이는 태도	스트레스 상황에서 떨림, 피로, 공포 등의 감정이 발생할 경우 자기효능감이 낮은 사람은 자신의 능력이 없음으로 이해하지만 높은 사람은 이를 정상적이며 당연한 것으로 인지

2) 환경요인

① 개인적 환경요인 : 역할모델(role-model)과 사회적 지원 세력

- 역할모델 : 창업자 부모는 자녀들에게 역할모델의 과정을 통해 자녀들에게 창업 결정에 영향을 받게 된다(Ronstadt, 1984, Scott and Twomey, 1988). 창업자로서 성공한 부모의 존재가 사회적 학습과정을 통해 자녀들에게 창업에 대한 자신감, 창업경력에 대한 기대, 창업가가 되기 위한 교육훈련에 대한 욕구를 높여줌으로써 자녀들은 창업을 선호하게 된다(Schere, Adams, Carely, and Wiebe, 1989). 이외 친지, 멘토, 교사, 현직 혹은 전직 회사의 창업주, 유명한 기업가 등인 성공적 역할모델이 되어 창업의지를 높일 수 있게 된다.
- 사회적 지원세력이 존재할 경우 정서적, 기술적 도움을 받을 수 있다는 확신으로 창업에 영향을 주게된다(Churchill, Carsrud, Gaglio, and Olm, 1987; Gnyawali and Fogel, 1994). 사회적 지원세력은 ① 지원과 동기부여, ② 사례와 역할모델, ③ 전문적 조언과 상담, ④ 기회 정보 자원에의 접근성을 제공하게 된다(Manning, Birley, and Norbuen, 1989).

② 사회적 환경요인

창업이 국가와 사회에 기여한다는 사회적 인식 그리고 기업가에 대한 긍정적인 사회적 인식은 창업에 대한 개인의 긍정적 태도 형성에 영향을 주어 결국 개인의 경력 선택으로서 창업을 적극적으로 격려하고 결정하는데 영향을 미친다. 반면 창업자에 대한 부정적 사회적 인식은 창업을 저해하게 된다(Gnyawali and Fogel, 1994).

이처럼 창업의지를 고취하는데 자신의 경력을 개발하고자 하는 경력지향성, 창업 등을 먼저 수행한 역할모델 및 지원 세력, 긍정적인 사회인식은 창업의지를 고취하는데 도움이 되는 것으로 나타난다. 따라서 창업교육을 제공하는 학교나 기관 혹은 기획자들은 이런 요소들을 제공하기 위한 교육의 방향과 목표를 구체적으로 정립할 필요가 있다.

제 6 절 문제해결 및 가치창출 기업가정신

기업가정신의 성과물로 그 대표적인 것이 '창업'이기는 하지만 모든 사람이 창업을 할 수 있는 상황에 있는 것은 아니기에 창업이라는 결과 외에 다른 성과를 기업가정신 함양교육을 토대로 표출할 수 있어야 기업가정신 함양 교육의 필요성이 사회적으로 확대될 것이다. 이에 최근 기업가정신의 개념과 필요성이 대학, 사회적 기업, 공공기관, 기존 조직으로 확산되면서 그 중심에는 '사회적 혹은 생활 속의 문제를 어떻게 기회로 인식하여 이를 해결할 것인가?'인 문제해결 및 가치창출형 기업가정신이 주목을 받고 있다. 문제해결 및 가치창출형 기업가정신은 [표 3-6]에서 보는 바와 같이 문제 및 현상에 대한 인식 → 원인 분석 → 해결방안제시(목표 및 비전설정) → 실행 → 가치창출의 프로세스라는 각 단계마다 개인이 기업가적 역량을 지속적으로 조합, 활용하는 형태로 표출된다(김영환, 2017).

표 3-6 문제해결 및 가치창출과정에 따른 기업가적 역량

문제해결·가치창출 과정	기업가적 역량	
사회문제/현상	① 개인적 배경 • 교육 및 학습경험 • 배경지식 (노하우) • 경력(관련 분야, 경험) • 생활환경	② 사회를 보는 시각 • 사회공감능력 • 특정 사회문제에 대한 관심 • 사회문제에 대한 인식 능력

<table>
<tr><th>문제해결·
가치창출 과정</th><th colspan="2">기업가적 역량</th></tr>
<tr><td>원인분석</td><td>① 기회포착능력
• 사회적 환경 변화에 대한 인식
• 창의성 및 혁신성
• 문제에 대한 대안 제시 능력</td><td>② 가치관/철학
• 내재적 가치관 (자기주도성, 동기부여, 사명감, 소명의식, 신념 등)
• 사회적 가치관(사회적 책임, 기업윤리 등)
• 대안 우선순위 설정 능력</td></tr>
<tr><td>해결방안제시
(목표 및 비전 설정)</td><td>① 자원배분 및 활용
• 인적네트워크
• 자본 조달 능력
• 정부 정책 등 외부 환경과 연계 능력</td><td>② 기업가적 성향
• 리더십
• 위험감수 및 도전 정신
• 실행 방안 수립에의 적극성</td></tr>
<tr><td>실행</td><td rowspan="2">① 지속가능성
• 추진력(끈기/열정)
• 균형노력(이윤추구노력, 사회적 가치창출의 효과적 양립)</td><td rowspan="2">② 대응력/인식 전환
• 실패경험에서의 피드백
• 위기관리능력 및 효과적 대응력
• 사회 가치 창출에 대한 인식의 전환</td></tr>
<tr><td>가치창출</td></tr>
</table>

제 7 절 기업가정신 함양 통합 모델

위와 같은 여러 선행연구를 종합적으로 분석하여 다음과 같은 기업가정신 함양을 위한 통합모델을 정립할 수 있다.

먼저 선행연구의 흐름을 보면 기업가정신의 개념에 대해 기업가는 누구인가라는 질문에 기반한 기업가적 특성론이 제시되었지만 워낙 다양한 특성이 소개되면서 이를 종합하면 기업가는 일반인(ordinary people)에 불과하다는 비판에 직면하게 된다. 이에 Gartner (1988)는 기업가의 특성보다 중요한 것이 기업가는 무엇을 하는 사람인가?(행태론)에 대한 답을 찾는 것이라고 강조하였고 그에 따라 기업가는 기회를 인지, 발굴, 포착하는 사람으로 표현할 수 있다. 한편 Drucker가 기업가정신에 대해 후천적 훈련과 학습을 통해 함양될 수 있는 역량(competency)으로 제시한 내용을 수용하여 기업가정신은 기회를 인지, 발굴, 포착하는 개인의 역량으로 정의될 수 있고 이를 함양하기 위해서는 다음과 같은 범주 내에서 훈련과 학습이 이뤄져야 한다.

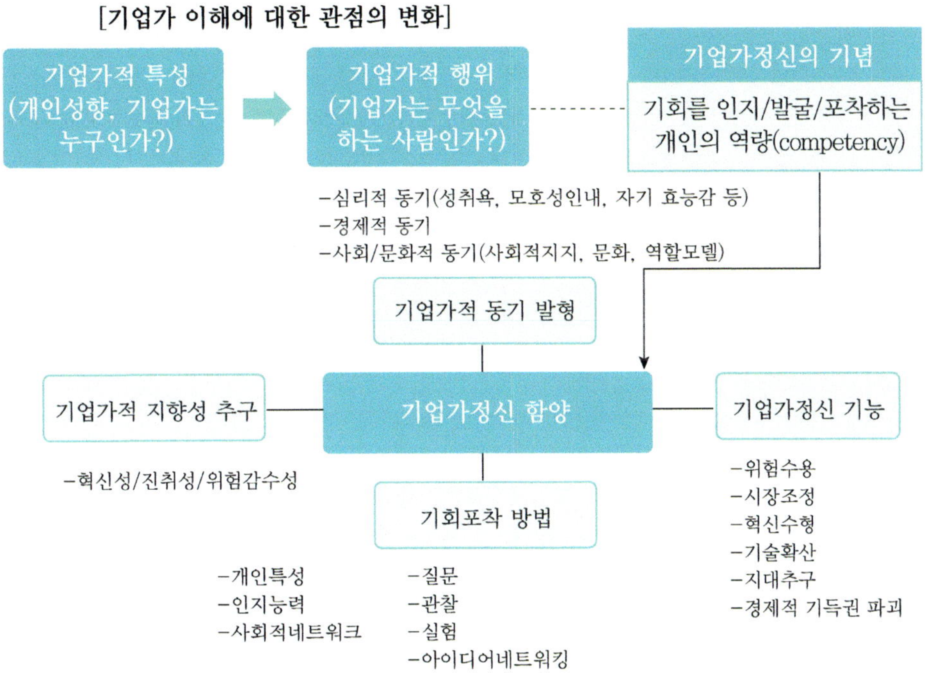

그림 3-3 기업가정신의 개념과 함양을 위한 통합 모델

먼저 자신의 기업가적 동기가 발현되기 위해서는 심리적으로 성취욕, 모호함에 대한 인내, 자기효능감 등을 함양해야 한다. 또한 기업가정신이 어떠한 기능을 갖고 시대적으로 역할을 하는지에 대한 파악은 기업가정신을 함양하는데 도움이 된다. 즉 기업가정신은 위험을 수용하게 하고 시장의 불균형 상태를 조정하며, 혁신을 수행하게 되어 궁극적으로 사회를 진일보하게 하는 기능을 갖고 있다. 또한 기업가정신을 구성하는 개념인 기업가적 지향성은 혁신성, 진취성, 위험감수성으로 이러한 지향성이 높은 개인 및 조직에서는 기업가정신이 높은 수준을 발현된다. 마지막으로 기업가정신의 핵심 개념인 기회를 인지, 발굴, 포착하는 개인의 행동패턴은 질문, 관찰, 실험, 아이디어 네트워킹 등으로 제시될 수 있고 이는 개인의 특성(불확실성에 대한 인내, 낙관주의, 자기효능감 등), 인지능력의 차이, 사회적 네트워크의 구축 정도에 따라 달라지게 된다(임진혁 & 권혁, 2020).

PART 2

1차 산업혁명과 기업가정신

CHAPTER 4

1차 산업혁명의 진행 및 파급효과

제1절 1차 산업혁명의 의의 및 발생 배경

1. 1차 산업혁명의 의의

인류는 1만 년 전 수렵사회에서 농업사회로 바뀔 때 사냥을 위해 이동하면서 생활하는 것이 농작물을 재배하기 위한 정착 생활로 변화를 하였다. 이로 인한 생활패턴의 변화, 주거의 변화, 사용하는 도구의 변화 등 다양하고 근본적인 변화를 하였고, 이를 농업혁명이라고 한다. 원래 혁명이란 운영하고 있는 방법, 제도, 조직, 시스템 등이 근본적으로 변화하는 것을 의미하는데 인류는 정착생활을 시작한 이후에도 농업 생산성 향상을 위한 농업도구의 개발, 농업방법 및 농작물의 개선 등을 지속적으로 하여 변화를 가져왔다.

16세기와 18세기 영국에서는 해외 식민지에서 가져온 감자, 옥수수 등 새로운 작물의 도입과 목초재배기술의 발달, 신경작법 및 윤작법 등의 신 농업경영 방법의 발달로 인하여 농업생산력이 비약적으로 증대하였다. 이와 같이 농업생산력의 증대는 중농이상의 농가의 부를 늘려 영국의 농업을 봉건제 농업에서 상업적 농업으로 변모시켰다. 중농이상의 농가들은 지주가 되어 자신들의 이윤증대를 위해 새로운 농법의 도입과 함께 농업노동자를 고용하여 토지생산성을 높여나갔다. 이와 같은 활동으로 영국의 지주들이 막대한 부를 축적하였으며, 축적된 자본력이 산업혁명에 필요한 산업자본이 되었다. 반면 소농들은 몰락하여 지주들의 농업노동자로 전락하거나 도시로 떠나게 되었다. 이들이 농업사회에서 산업

사회로 전환되는데 커다란 역할을 하게 되었다.

산업사회로 영국에서부터 시작되어 전환이 되었고, 짧은 기간 내에 근본적인 변화가 일어나기 때문에 산업혁명이라는 말을 사용한다. 산업혁명은 기술의 혁신과 함께 일어난 사회적, 경제적 구조의 커다란 변화를 말하며, 새로운 제조 방법으로 전환되는 공장제도로의 변화를 의미하는 것으로 볼 수 있다.

산업혁명이란 용어는 1844년 프리드리히 엥겔스가 처음 사용하였으나, 산업혁명이 영국 근대경제사의 기본개념으로 확립된 것은 토인비가 1884년에 출간한 "18세기 영국 산업혁명 강의"라는 저서에서 비롯되었다. 토인비는 산업혁명에 대해 1760~1830년 사이에 나타난 급격한 경제적 변화로 인한 근대경제사회로 전환하는 것으로 보았고, 산업혁명의 특징을 자유로운 경쟁과 공장제의 도입을 들었으며 이로 인해 발생된 부의 급속한 증가와 분배의 불평등 등의 문제점도 나타났다. 이후 1906년에 프랑스 역사학자 망뚜의 저서인 "18세기의 산업혁명"을 통해 오늘날에 '산업혁명'이라는 단어가 일반적으로 사용할 만큼 널리 보급되어 있다.

영국에서 시작된 산업혁명은 그동안 인간의 노동과 가축의 노동을 이용하여 생산하는 것을 증기기관이라는 새로운 동력원이 발명되면서 급속하게 생산성이 향상된 경제구조와 산업구조의 커다란 변화를 가져온 중대한 사건이다. 경제적인 측면에서 보면 전통적인 전근대적인 경제에서 근대자본주의 경제로 전환하는 과정으로 볼 수 있으며, 산업구조 측면으로 보면 생산기술 및 생산조직의 혁신을 통해 공장제의 도입을 들 수 있다. 이로 인해 선순환 구조로 전환되어 공장의 생산성은 급속하게 높아지게 됨에 따라 1인당 실질소득이 지속적으로 성장하는 공업화 경제로 전환되었다.

영국 산업혁명에서의 핵심적인 생산 기술혁신은 면직공업에서의 방적 및 방직기를 석탄을 에너지로 하는 증기기관의 활용이었다. 이에 맞게 생산조직은 가내수공업에서 공장제로 전환되었으며, 공장에서 나타난 기술혁신과 생산시스템의 혁신은 경제적으로는 물론 사회적으로도 커다란 변화를 가져오게 되었다. 공장제로 전환된 공업의 발달은 근대적 교통시스템과 유통조직을 발달하게 하였고, 새로운 금융제도를 도입될 수 있게 하였다. 이 결과 영국의 많은 지역에서 공장들이 생겨나고 연관된 다양한 분야의 산업들이 발전하게 되었다.

공장제의 도입은 영국을 농업 중심 국가에서 공업 중심 국가로 전환시키는 결과를 가져왔다. 또한 농업 사회에서 지주와 농민의 수직적 관계가 자본가와 노동자라는 관계로 바뀌게 되었다. 자본가와 노동자의 관계는 농업 사회의 종속적 관계가 아닌 계약적 관계로 전환되었고 이로 인해 농민들이 도시로 이동하는 결과를 초래하였다. 도시의 인구는 증가하였고 이로 인해 생활양식과 의식수준도 함께 바뀌게 되었다. 공장제로의 전환과 도시화의 진전 등으로 인한 공업화 사회로의 전환은 근대 자본주의의 기틀이 되었다.

영국에서 처음으로 시작된 산업혁명은 전 세계로 확산되었다. 영국과 인접해 있는 프랑스, 독일 등 유럽과 미국으로 확산되었고, 이 후 러시아, 일본 등으로 확대가 되었으며 전 세계로 확산하게 되었다. 영국에서 시작된 산업혁명은 유럽, 미국 등 서구사회를 농업사회를 공업사회로 전환시키는 계기가 되었고 전 세계가 근대 산업사회로 진입하는 결과를 가져왔다. 1차 산업혁명의 공업화는 2차 산업혁명과 3차 산업혁명으로 이어지는 혁신의 출발점이 되었다.

2. 1차 산업혁명의 발생 배경

1차 산업혁명은 1760~1830년 사이에 영국을 농업국가에서 공업국가로 전환시킨 중요한 사건이다. 무슨 까닭으로 유럽의 많은 나라 중에 영국에서 먼저 산업혁명이 일어났을까? 그 이유는 우선 산업혁명 발생 전에 농기구의 개발, 농업방법의 개선 등으로 농업생산성이 높아지게 되어 풍부한 식량으로 인구가 급격히 증가하게 되었다. 풍족한 식량은 정치적 안정을 가져오게 하였으며, 명예혁명으로 제정된 권리장전으로 왕의 권한을 제한하고 의회가 정치의 중심이 되는 결과를 가져왔다. 이처럼 경제적, 정치적 안정은 학자, 과학자, 예술가 등 사회문화적인 발전을 가져오게 하였다.

이 무렵 경제학자 아담 스미스는 자본주의 사상을 뿌리 내리게 하는 "국부론"을 발간하였다. 국부론에서는 국가의 부를 늘리기 위해서는 개인의 이익 추구를 허용하여야 하며 이를 위해 자유로운 경제활동을 보장해야 한다는 주장은 사업가 및 일반 대중의 사고를 변화시키게 하였다. 그 결과 사업가 및 일반 개인들은 경제적 부를 얻기 위해 사업과 새로운 기술 개발에 노력을 하였다. 산업혁명 당시 유행했던 면직물의 생산을 효율적으로 하기 위해 신기술이 도입된 방적기나 방직기 등을 발명하였다. 영국의 산업혁명의 기폭제가 된 제임스 와트의 증기기관이 발명되어 면직물 등 제품 생산에 활용되었다.

공장에서 사람이 하던 일을 증기기관을 사용한 기계로 대체하게 되었다. 이로 인해 영국에서는 수공업 공장에서 증기기관을 활용한 공장으로 급속하게 전환되었다. 그 당시 영국에서는 풍부한 석탄과 철 등 지하자원이 풍부하게 저장되어 있어 증기기관이 더욱 쉽게 전환되었다. 또한 증기기관은 교통수단에도 영향을 미치게 하였다. 스티븐슨은 증기기관차를 발명하고 풀턴은 증기선을 개발하여 영국에서 생산된 대량의 제품들이 전 세계로 빠르게 퍼져나갔다.

1) 농업혁명

유럽에서는 경작지의 변화에 따라 경제, 사회문화의 중심지가 변화하였다. 로마가 지중해를 기반으로 하여 오랫동안 유럽의 중심지가 되어 세력을 유지한 것은 이탈리아 등 남유럽이 농작물이 잘 자랄 수 있는 온도, 습도 등 기후 때문이었다. 그러나 유럽 기후에 변화가 생기기 시작했다. 700년경부터 1200년경 사이에 서유럽의 평균기온이 이전보다 1℃ 정도 올라가게 되어 농업을 할 수 있는 좋은 환경으로 바뀌게 되었다. 농작물이 자라기 좋은 환경으로 변한 서유럽에서는 농업기술도 함께 발전을 하여 농작물 생산이 크게 증가하게 되었다. 이로 인해 경작 중심 지역이 지중해로부터 북서유럽으로 이동하게 되는 결과를 가져오게 되었다. 먹을 것이 풍부해진 서유럽의 인구는 급증하게 되었다. 1050년에서 1300년까지 250년 동안 서유럽의 인구는 3배 정도 증가하여 유럽의 중심지가 로마에서 프랑스, 영국 등 서유럽으로 바뀌게 되었다.

당시 서유럽에서는 농작물이 잘 자랄 수 있는 기후 변화와 함께 농기구의 발명과 생산 방법을 3포제로 도입하여 서유럽 지역의 농업은 급속하게 발전하였다. 남부 유럽과 달리 서부 유럽은 농지가 척박하고 딱딱하여 경작지를 일구는데 가벼운 쟁기로는 쉽지 않아 깊게 땅을 뒤집을 수 있는 무게가 많이 나가는 쟁기를 개발하였다. 이처럼 무거운 쟁기의 개발과 함께 쉽게 이동할 수 있도록 바퀴가 달린 쟁기를 개발하여 경작을 편리하게 하였다. 농기구의 개발 외에 혁신적인 농업방법인 3포제를 도입하였다. 3포제의 도입으로 서유럽을 포함한 유럽 지역의 농작물 생산을 크게 증가시키게 되었다. 3포제는 경작지를 3개 지역으로 구분하여 경작지의 3분의 1은 농작물을 심지 않는 휴한지로 정하고, 3분의 1은 가을에 씨를 뿌려 여름에 수확하는 농작물을 심는 추경지로 하고 나머지 3분의 1은 봄에 씨를 뿌려 가을에 수확하는 농작물을 심는 춘경지로 사용하는 것을 말한다. 3포제 이전에는 전체 농경지의 반 이상을 휴한지로 하고 반 정도만 농경지로 활용하였으나 3포제로 인해 휴한지를 2분의 1에서 3분의 1로 줄여 농작물 생산을 증가시키는 중요한 변화를 가져왔다. 3포제의 도입으로 중세시기에 유럽 농업은 혁신적인 변화를 가져왔다.

또한, 1492년 콜럼버스가 신대륙을 발견하게 되고 스페인 정복자들이 금과 은을 찾기 위해 남미로 가던 중에 페루에서 처음으로 감자를 발견하게 된다. 돌아가는 배에서 먹을 식량으로 감자를 사용하면서 자연스럽게 감자는 스페인으로 전해지게 되었다. 이후 척박한 땅에도 잘 자라는 감자는 스페인을 비롯한 전 유럽으로 순식간에 퍼져 중요한 식량자원이 되었다. 중세유럽에서 시작된 농업혁명으로 농작물의 수확량이 증가하였으나 영국에서는 농업생산성을 증가시키기 위해 또 다른 농업혁명을 시작하였다. 16세기와 18세기에 걸친 영국의 농업혁명은 농작물이나 목초재배기술의 개량, 휴경지의 활용, 신경작법, 윤작법 등의 농업의 신기술들이 개발되고 새로운 농업 방법이 도입하게 되어 농작물의 생산은 비약적으로 증가하였다. 지주들은 자신의 농지에서 곡물 생산을 늘리기 위해 농민들을 노동자로 고용하는 방식으로 농업 생산 체계를 변화시켰다. 이는 봉건적 토지소유제에서 근대적 토지소유제로 전환하는 결과를 가져왔다. 그리고 농업기법의 변화 중에 가축사육을 결합한 혼합농법은 농업과 가축사육을 같이 하는 방식으로 가축에서 나온 배설물을 비료로 사용하게 되어 농작물의 생산성을 더욱 증가하였다.

풍부한 농작물은 가축의 사료로 이용하게 되어 가축들이 늘어나게 되었다. 이처럼 혼합농업은 농작물의 생산 증가와 가축의 증가가 같이 이루어지는 선순환 구조를 만들었다. 중세시대에 농업혁명이 시작된 이후 영국에서 실시한 신경작법, 혼합농업 등의 신기술들은 농업의 혁명적인 변화를 가져오게 하였다. 영국에서 시행된 새로운 차원의 농업혁명 결과 1801년에서 1841년 사이에 1,500만 명이던 인구가 2,700만 명으로 40년 사이에 1,200만 명이 급속하게 증가하였다. 이 무렵 영국에서 해외 식민지 개척과 더불어 양털로 가공한 모직산업이 급속하게 성장하게 되어 양모 가격이 급등하는 일이 발생하게 된다. 지주들은 농작물을 경작하는 것보다 목장으로 전환하여 양을 사육하여 양모를 판매하는 것이 수익성이 높아 많은 지주들은 자신들이 보유하고 있는 농지를 양 사육 목장으로 바꾸게 된다. 이 결과 농지가 사라진 많은 농민들은 일자리를 찾아 도시로 이동을 하게 된다. 산업혁명으로 증가하는 인력을 충당할 정도로 많은 인원들이 도시로 이주하여 산업혁명에 이끈 원동력이 되었다.

자본론에서 나타난 18세기 영국의 농촌상황

농민들로부터 그들의 토지를 빼앗는 마지막 과정은 이른바 토지 청소라는 것으로, 그것은 사실상 토지로부터 사람들을 쓸어내는 것이었다. …… 18세기에는 토지에서 쫓겨난 스코틀랜드 원주민을 아무 곳이나 이주할 수 없게 하였는데, 이는 그들을 강제로 글래스고나 그 밖의 공업 도시로 이주시키기 위해서였다. 19세기에 널리 유행한 방법 중 하나를 예로 들자면, 서덜랜드 공작부인의 청소로 충분할 것이다. …… 경제에 관해 많은 것을 알고 있었던 그 여자는, 이미 그와 같은 과정에 의해 그 지역 전체를 목양장(牧羊場)으로 만들기로 결심하였다. 1814년에서 1820년까지 이들 1만 5천 명의 주민, 약 3천 가구가 조직적으로 내쫓겨 한 명도 남지 않게 되었다. …… 1825년에는 이미 1만 5천 명의 스코틀랜드 주민이 13만 1천 마리의 양으로 바뀌어 있었다.

- 마르크스의 "자본론" -

2) 정치적 안정

1600년대의 영국은 왕의 절대적인 권력을 가지고 있었던 절대주의 시대이었다. 경제발전을 위해 상공업을 장려하는 정책을 펴고 해외 식민지를 개척하는 일에 집중하여 국가의 재정수입이 증가하였다. 이러한 정책에서 얻은 조세수익을 충성심 높은 공직자와 군대에 집중하여 투자한 것이 절대주의 시대가 되는 배경이 되었다. 그러나 인간의 권리를 찾고자 하는 사상인 계몽사상 등이 유럽 사회에 널리 퍼지면서 권리와 자유를 위한 시민혁명이 발생하기 시작하였다.

시민혁명 중에서 1688년에 영국에서 발생한 명예혁명은 대표적이라고 볼 수 있다. 명예혁명으로 입헌제도가 정립되었고, 권리장전의 공포를 통해 국가의 주권이 의회에 돌아가게 되었다. 이로 인해 국왕과 의회 사이의 투쟁은 의회 측의 승리로 끝나고, 국가의 주권을 의회에서 행사를 하게 되었다. 1689년에 공포된 권리 장전은 의회의 승인없이 법을 제정할 수 없다는 조항과 의회의 승인 없이 세금을 부과할 수 없다는 조항, 의회의 선거는 자유롭게 실시하며 토론도 자유로워야 한다는 조항 등으로 실질적인 권한이 의회에 있다는 명문화된 조항이다. 권리장전은 의회가 정치의 중심이 되는 커다란 사건으로 정치적으로 안정을 가져온 중요한 계기가 되었다.

권리장전

1689년 12월에 영국에서 제정된 법률로 최초의 의회 제정법이다. 권리장전이 채택되어 영국에서는 입헌군주제가 실시되었고 미국의 독립 선언, 프랑스 인권선언에도 영향을 끼쳤다. 권리장전의 내용은 다음과 같다.

1. 의회의 승인 없이 법을 제정하거나 법의 효력을 정지시킬 수 없다.
2. 의회의 승인 없이 과세할 수 없다.
3. 의회의 승인 없이 상비군을 유지할 수 없다.
4. 의회의 선거는 자유로워야 한다.
5. 의회 내에서의 토론은 자유로워야 한다.
6. 의회는 자주 소집되어야 한다.
7. 법은 공정하고 적절하게 운영되어야 한다.

3) 풍부한 지하자원

15~17세기에 해상 강국으로 이름을 떨치고 있었던 영국은 해외 식민지 개척과 스페인, 프랑스 등과의 해상전투를 하기 위해 많은 배가 필요했으며 선박을 만들기 위한 엄청난 나무가 소요되었다. 16세기 무렵에는 브리튼 섬의 산림이 대부분 소실될 정도로 심각하였다. 부족한 나무는 다른 나라에서 수입해서 충당해야 하는 상황이었다. 하지만 영국에서는 노천 탄광이 많아 가정에서도 석탄을 나무대신 연료로 사용할 정도로 석탄이 풍부하였다. 증기기관을 가동하기 위해 필요한 석탄은 산업혁명의 토대가 되었다.

석탄의 채굴이 증가하면서 갱도를 파고 지하에서 채굴을 하게 되었다. 영국의 기후는 해양성 기후로 강수량이 많아 갱도에 물이 고이기 때문에 그 물을 퍼내기 위한 기술들이 개발되었다. 뉴커먼의 증기기관은 탄광의 갱도에서 고인 물을 끌어올리기 위해 발명된 것이다.

또한 당시 영국에서는 충분한 양의 석탄과 함께 철광석의 매장량도 풍부하였다. 철광석을 용광로에서 녹여 철을 생산하기 위해서는 목탄을 사용하고 있었다. 하지만 목탄은 높은 온도를 유지하기 어렵다는 단점이 있었으며, 이외에도 부족한 나무로 인해 목탄을 구하기 어렵게 되어 구하기 용이한 석탄을 사용하는 방법을 연구하였다. 하지만 용광로에 연료로 석탄을 직접 사용하는 경우 생산되는 철에 불순물이 섞여 들어가 쉽게 부러지는 문제가 있었다. 이러한 문제를 해결한 것이 에이브러햄 다비(1778~1717)가 개발한 코크스였다. 코크스는 석탄을 고열로 구워서 황과 같은 불순물을 제거하여 얻어지는 것이다. 코크스의 보급으로 용광로에서 사용했던 연료로 목탄을 대신해서 코크스를 사용하기 시작하게 되었다. 그리고 에이브러햄 다비는 코크스를 개발하고 코크스에 활용하기 적합한 용광로를 제작하였다. 코크스를 사용한 코크스 제철법으로 대량의 철을 생산하는 방법을 알게 되었다. 코크스 제철법으로 영국의 철강공업은 급속도로 발전하여 산업혁명에 필요한 막대한 양을 공급할 수 있는 계기가 되었다. 코크스를 개발한 다비 가문에서 1779년에는 영국 서번 강에 세계 최초의 철교인 아이언브리지를 건설하였다. 이후 지속되는 철 수요의 증가는 영국의 철강공업의 발전을 가져오게 하였고 영국이 세계의 공장으로 지위를 확고하게 하는데 커다란 기여를 하였다.

4) 기술혁신

영국의 산업혁명은 새로운 기술의 도입과 혁신으로 본격화되었다. 노천에서 손쉽게 얻을 수 있는 석탄을 활용하여 제임스 와트가 증기기관을 발명하여 에너지를 효율적으로 사용할 수 있게 되었으며, 석탄을 가공한 코크스의 개발로 철의 생산성을 높여 철의 생산을 급증시켰다. 또한 당시 영국이 집중하고 있었던 산업은 모직 산업이었으나, 인도에서 수입하는 면직물의 가격이 저렴하고 사용하기 편해 선풍적인 인기를 끌면서, 모직물에서 면직물로 수요가 바뀌게 되어 면직물 산업이 발전하게 되었다. 면직물의 원료인 원면은 인도에서 손쉽고 저렴하게 구할 수 있게 되어 면직 산업은 영국의 맨처스터 지역을 중심으로 발전하였다.

인도에서 직수입하는 면직물과 가격경쟁력을 갖기 위해 실을 뽑을 때와 실로 면직물을 만들 때 빠르고 비용이 적게 드는 새로운 방적기와 방직기 들이 개발되었다. 이로 인한 면직물 산업의 발전은 공장제의 도입을 확산시키게 되었다. 공장에서는 면직물의 생산을 보다 많게 하기 위한 방법으로 분업이 도입되어 공장운영을 하게 되었다. 분업은 공장의 생산성을 증가시키는 방법으로 확산되었다. 또한 운송 분야에서도 혁신적인 발명품이 나오게 되었다. 스티븐슨의 증기기관차 개발과 증기선의 등장은 운송수단에 획기적 변화를 가져오게 되었다. 이처럼 다양한 분야에서 기술혁신은 영국의 산업혁명을 확산시키고 영국을 세계의 공장으로 만드는데 기여를 하였다.

이러한 기술혁신은 산업혁명이 나타나기 전에 이루어진 과학의 발전에 기반을 두고 있고, 면직물 산업의 발전 및 제철산업의 발전 등 사회적 변화에 기초하였다고 볼 수 있다. 예를 들어 제임스 와트가 개발한 증기기관의 경우 증기의 작동원리에 대한 기초적인 이론들이 있었으며, 기초이론을 근거로 하여 1712년 뉴커먼이 개발한 증기기관이 있었다. 제임스 와트는 대학에서 과학의 기초이론을 학습하고 뉴커먼의 증기기관의 작동원리를 연구하면서 뉴커먼이 개발한 증기기관이 증기를 크게 낭비하고 있다는 사실을 알고 이를 개량하기 위해 발명한 것이 제임스 와트의 증기기관이다. 사회적 변화로 면직물 산업의 발전은 새로운 방적기와 방직기를 개발하게 하였으며 발명된 증기기관을 이용함으로써 어느 곳에서도 공장을 설립할 수 있게 되었다.

이처럼 기술 간의 융합을 통해 더욱 발전하게 되었다. 또한 코크스의 개발로 인한 제철산업의 발전은 공장의 설립과 산업의 발전을 할 수 있는 기초가 되었으며 증기기관차를 사용하는 철도의 개통은 생산된 제품을 쉽게 운송할 수 있게 되었다.

영국의 산업혁명은 과학의 발전과 사회적 필요성에 따른 기술혁신이 주도하였으며 새로운 기술은 다른 산업에 긍정적인 시너지 효과를 가져 오게 함으로써 영국의 산업혁명은 더욱 더 확산되었다.

표 4-1 산업별 기술혁신

면직물	면직물 산업의 발전은 카트라이트의 직조기, 크롬프턴의 뮬 방적기 등이 개발되어 면직산업과 방직산업의 획기적인 발전을 하였다.
증기기관	와트가 발명한 증기기관은 처음에는 광산 갱도에서 물을 퍼내는 데 이용되었지만 1780년대부터 공장에 사용되었다. 이 기술의 보급으로 수력을 이용하는 공장들의 지역적 한계를 극복하게 되어 어느 지역에서도 공장의 설립을 가능하게 하였고 에너지를 효율적으로 활용하게 되었다. 이를 통해 공장의 급속한 발전을 가져오게 되었다.
제철	철강 산업에서 목탄으로 철 제련을 하였으나 석탄을 가공한 코크스의 개발로 제철산업은 급성장을 하게 되었다.
교통	조지 스티븐슨이 개발한 증기기관차와 철도의 개통은 운송을 획기적으로 개선하는데 기여를 하였으며, 증기기관차는 철도망의 확충과 철도 운송의 중추적인 역할을 하였다.

5) 자본주의 체계 전환

초기 자본주의는 16세기 이후 상업적 농업 발달로 시작되어 17세기 영국에서 상업 자본주의가 본격적으로 발달하였다. 면직물 공업의 발달로 산업혁명 이후 공장제 기계 공업이 정착되고 자본주의적 생산 방식이 출현되었다.

아담 스미스의 "국부론"은 최초의 근대적인 경제학 저서로 경제학에 대한 기초와 용어들을 만들었고 경제활동에 대한 자유를 중요시 하였다. 또한 분업이 생산성 확대의 방법이라고 하였으며, 시장경제의 중요성에 대해 제시하였다.

아담스미스 국부론

• 분업을 통해 생산성 240배 증가

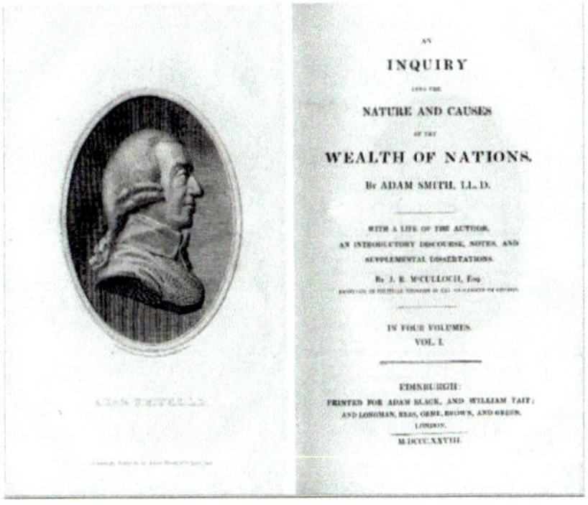

국부의 원천은 생산량을 늘리는 것인데 어떻게 하면 생산량을 늘릴 수 있을까? 아담 스미스는 동일한 노동력을 투입하여 더 많은 생산을 하는 생산성에 관심을 가져 분업을 옷핀 생산 공장을 예로 들었다. 한 사람의 노동자가 제조 공정 전체를 맡아 옷핀을 만들면 하루에 스무 개 정도를 만들 수 있지만 10명의 노동자가 옷핀의 생산 공정을 18단계로 나누어 작업을 하면 하루에 4만 8천 개의 옷핀을 만들 수 있다는 것이다. 분업으로 생산성이 240배가 증가할 수 있다고 하였다. 그러나 분업이 가져올 수 있는 문제점에 대해서도 지적을 하였다. 분업이 확대되면 대부분의 노동자가 한두 가지의 단순 작업을 하면서 생애를 보내게 된다. 그런 사람들은 자신의 이해력을 발휘하지 못하고 창의성도 상실하게 되어 우둔하고 무지한 상태로 지내게 된다.

출처: 국부론

그리고 국가의 부를 늘리기 위해서는 개인의 이익추구가 국가 전체의 이익을 늘린다는 사상으로 자유주의 체계로 전환을 하게 하였다. 공업이 발달한 영국의 경제상황을 연구했던 아담 스미스는 부를 늘리기 위해서는 공업생산을 해야 한다는 주장을 하여 산업화로 변화하는데 사상적 기초가 되었으며, 자본주의 체계의 이론적 토대가 되었다. 이로 인해 영국에서는 중상주의적 관세와 보호제도를 철폐하게 하고 자유무역제체를 확립시켰다. 1860년 영국과 프랑스가 통상조약을 체결함으로써 영국을 중심으로 한 자본주의가 성립되었으며 전 세계에 영향을 미쳤다.

제2절 1차 산업혁명의 진행 과정 및 핵심 산업

1. 1차 산업혁명의 진행 과정

영국 산업혁명은 인류 역사상 신석기시대의 농업혁명 이래 가장 중요한 혁명적인 변화이다.

신석기시대의 농업혁명은 인류가 수렵생활에서 정착생활을 하게 한 획기적인 변화이며 영국에서 발생한 1차 산업혁명은 농업혁명 이후 농업을 중심으로 생활하고 있던 인류가 산업사회로 진입하게 한 전환점으로 농업 중심사회에서 공업 중심사회로 전환하게 되는 중요한 변화이다. 전 세계에 엄청난 영향을 미친 영국의 산업혁명이 어떤 과정을 거쳐 진행되었는가를 살펴보는 것이 필요하다.

영국과 프랑스가 1337년부터 1453년까지 양모 산업으로 유명한 플랑드르 지역의 지배권을 두고 전쟁과 휴전 등을 반복하면서 계속된 백년전쟁에서 프랑스가 최종 승리하게 된다. 이에 따라 영국은 더 이상 생산된 양모를 수출할 수 없게 되어 양모를 직접 가공하여 완제품을 만드는 모직물 산업이 발전하게 된다. 이런 과정 속에서 모직물 산업의 주원료인 양모의 수요가 증가하여 영국에서는 양모 생산을 위한 양 사육 목장이 증가하게 된다. 지주들은 농작물을 재배하여 얻는 수익보다 양 사육목장을 운영하는 수익이 많아 농지를 양 사육 목장으로 전환하게 된다. 부족해지는 농지로 생활의 터전을 잃은 많은 농민들은 생활에 어려움을 겪게 되고 어쩔 수 없이 일을 찾아 도시로 이주하게 된다. 농민들이 도시로 이동한 농민들은 공장 노동자로 일하게 된다. 모직물 산업이 발전하고 있을 때 동인도회사를 통해 인도에서 수입한 면직물이 모직물에 비해 가격이 싸고 세탁도 수월하여 많은 사람들이 면직물을 선호하게 됨에 따라 모직물에서 면직물로 수요가 바뀌게 되고 영국의 모직물 산업은 점차 축소하게 된다.

인도에서 수입한 면화를 원료로 하여 면직물을 생산하는 면직물 산업은 맨체스터 지역을 중심으로 발전하게 된다. 하지만 인도에서 직수입한 면직물에 비해 영국의 면직물 공장에서 생산한 제조원가가 높아 면직물 제품을 판매하는데 어려움이 있게 된다. 면직물 공장에서는 원가를 절감하여 가격경쟁력을 높이기 위한 방법을 찾게 되는 과정에서 면화로 실을 뽑는데 소요되는 시간을 줄일 수 있는 방적기 기계를 개발하고 면화실로 면직물을 빠르게 만들 수 있는 면직물 방직기가 발명되었다. 리처드 아크라이트(1732~1792)는 1769년에 특허를 받은 면직물 방직기로 1771년에 더비셔 크롬포드 지역에서 수력을 이용한 면직물 공장을 세워 생산을 시작하였다. 당시 상황을 이스트 앵글리아 대학의 로버트 클락은 "이전에 인력으로 수백 시간이 걸리던 일을 기계 하나가 한 시간 안에 해냈다."는 말을 할 정도로 새로 개발된 면직물 기계의 성능이 우수하였으며 크롬포드에 생긴 면직물공장이 공장제의 출발을 알린 신호탄이 되었다.

영국의 산업혁명은 제임스 와트가 발명한 증기기관이 공장에 도입되고 본격적으로 확산되었다. 제임스 와트가 증기기관을 발명하기 이전의 증기기관은 뉴커먼이 1712년에 개발한 뉴커먼 증기기관이 있었다. 뉴커먼 증기기관은 석탄 갱도에서 물을 끌어올리기 위해 사용되었으나 에너지 효율이 낮고 작동시간이 많이 소요되어 다른 분야로 확산되지 못하고 있었다. 뉴커먼 증기기관의 문제점을 해결하기 위해 연구를 한 제임스 와트(1736~ 1819)는 열효율이 뛰어나고 연속적으로 회전운동을 할 수 있는 새로운 증기기관을 발명하게 된다. 특허를 취득한 증기기관을 개발할 수 있는 자금이 부족하여 다른 일을 하던 중에 사업가 볼턴의 동업 제안을 받고 새롭게 시작을 하게 된다. 제임스 와트는 자신이 개발한 증기기관을 상용화시킬 방법을 연구하여 성공을 하게 된다.

새로운 증기기관이 1780년대 중반부터 본격적으로 생산을 하게 된다. 처음에 출시된 제임스 와트의 증기기관은 탄광의 갱도에서 물을 끌어올리는데 사용을 하였으며 매우 효과적이라는 평가를 받기 시작하였다. 열효율이 좋고 빠르게 작동하는 새로운 증기기관은 면직물 공장에서도 사용을 시작하여 탄광을 포함한 면직물 공장으로 확산되기 시작했다.

탄광 및 공장에서 사용하고 있는 제임스 와트가 개발한 증기기관의 가치가 널리 알려지기 시작하여 다른 분야에도 적용을 하게 되었다. 운송수단에도 적용을 하기 시작하였다. 스티븐슨은 증기기관차를, 풀턴은 증기선을 개발하여 육상은 물론 해상운송에 증기기관을 사용하기 시작하였다.

또한 증기기관을 이용한 면직물 공장이 늘어남에 따라 기계의 수요도 증가하였다. 기계를 제작하기 위해서 많은 양의 철이 필요하게 됨에 따라 철강 산업도 발전하게 되었다. 당시 영국에는 석탄과 철 등 지하자원이 다량으로 매장이 되어 있어 석탄을 채굴하는 탄광과 철강 산업이 발전을 하고 있었으나 늘어나는 철의 수요를 충당하기에는 부족하였다. 철을 생산하기 위해 용광로에 높은 온도로 가열할 때 목탄을 사용하고 있었으나, 당시 영국에서는 식민지 개척을 위해 많은 선박을 만들게 되어 나무가 부족하게 되었다.

해외에서 목재를 수입하는 정도로 나무가 부족함에 따라 철을 생산하기 위해 원료로 목탄 대신 석탄으로 대체하여 사용하였다. 하지만 철을 생산하는 과정에 석탄을 직접 사용하면 석탄에 있는 불순물이 철에 포함되어 철이 쉽게 부러지는 문제가 발생하였다. 철의 품질 문제를 해결한 것은 석탄을 가공해서 만든 코크스이다. 영국의 철강 산업은 용광로에 열을 가할 때 사용하는 원료를 목탄대신 효율성이 높은 코크스를 개발하게 되어 철의 생산성이 대폭적으로 증가되었다. 이로 인해 산업혁명에 필요한 철을 공급할 수 있게 되었으며, 이는 영국에 매장된 풍부한 석탄이 있어서 가능하였다. 또한 석탄은 증기기관을 사용하는데 가장 중요한 동력으로 활용되어 석탄이 근대 산업의 발전을 위한 가장 중요한 에너지원으로 사용되었다. 석탄 산업과 철강 산업의 발달은 운송수단의 혁명적인 변화를 가져왔다.

영국에서 선박에 대한 연구를 한 펜실베니아 출신인 풀턴은 미국에 건너가 증기선을 개발하여 상용화 시켰으며, 영국의 스티븐슨은 1830년에 리버풀과 맨체스터 간 철도를 개통시키는 증기기관차를 발명하였다. 증기기관차와 증기선은 산업혁명에 필요한 원료, 면직물 등 제품의 수송과 사람의 이동을 자유롭게 하고 대량운송을 가능하게 하여 산업발전에 커다란 기여를 하였다. 이로 인해 영국에서 생산된 제품이 유럽과 미국 등으로 퍼져나갔다.

2. 1차 산업혁명의 핵심 산업

1) 면직물 산업

양모를 가공한 모직물 공업이 중심이 되었던 영국에서 인도산 면직물이 들어오게 됨에 따라 모직물에서 면직물로 수요가 변하게 되었다. 면직물은 모직물에 비해 옷을 만들기 편하고 다양하게 염색이 가능하여 많은 사람들에게 호평을 받았다. 또한 가격이 저렴하여 일반 서민들도 면직물로 만든 의류를 쉽게 구입하였다. 따라서 자연스럽게 모직물 산업에서 면직물 산업으로 바뀌게 됨에 따라 맨체스터를 중심으로 면직물 공장들이 세워지게 되었다.

영국에서 생산한 면직물이 인도에서 직수입한 면직물과 가격에서 경쟁력이 낮아 생산원가를 낮추어 가격경쟁력을 확보하기 위해 새로운 면직 기계 및 방적기들이 개발되었다. 1733년 존 케이가 개발한 "날으는 북"이라는 직조기계는 조작이 쉽고 능력적인 생산을 하는 직조기였다. '날으는 북'이라는 직조기는 1명의 직공이 여러 명의 작업을 대신 할 수 있는 자동화된 기계였다. 혁신적인 직조기의 개발로 실이 부족해지게 되었다. 실의 부족현상을 해결하기 위해 제니 방적기 등 다양한 방적기 들이 개발되었다. 1760년대에 하그리브스가 '제니 방적기'를 발명한데 이어 1769년에는 아크라이트가 수력방적기를 발명했다.

1779년에는 크럼프튼이 이 두 개의 장점을 살린 '뮬 방적기'를 발명하였다. 실을 만들어 내는 방적기의 혁신적인 개발품인 뮬 방적기로 인해 실의 공급은 급격하게 증가하게 되었다. 실의 생산량이 천을 만들어 내는 직조기의 생산량을 초과하게 되어 실의 재고가 쌓이게 되었다. 이를 해결하기 위해 1784년 카트라이트의 직조기가 발명되었다. 뮬 방적기와 함께 카트라이트 직조기의 발명은 영국의 면직물 산업의 획기적 발전을 가져오게 한다. 또한 기계화된 방적기와 직조기의 동력을 수력에서 증기기관을 이용하게 되어 생산성이 더욱 높아지고 다양한 장소에서 공장이 세워지게 되었다. 증기기관이 면직물 산업에 도입되어 그동안 인력과 수력으로 가동하던 공장이 혁신적으로 변화를 가져오게 하였다.

면직물 산업에서 자동화 기계의 발명과 증기기관의 이용은 공장의 혁신적인 발전과 생산방식의 변화를 가져오고 근대적인 공장을 출현시키게 하였다. 수공업으로 생산하는 면직물 공장이 새로 개발된 기계를 이용하는 공장으로 변화되는 데는 시간이 걸렸다. 공장이나 기계를 구입하기 위해서는 많은 자본이 필요하기 때문에 단기간에 공장제 생산으로 변하지 못하였으나 나폴레옹 전쟁이 끝난 후 30년 동안 대부분의 수공업 공장들이 새로운 공장제 생산으로 전환되었다. 공장제 생산으로 대량생산이 가능해지고 해외에 수출이 가능하게 되었다. 이로 인해 면직물 산업은 영국의 주요 산업으로 자리 잡고 비약적인 발전을 하게 되었다. 영국의 면직물 산업을 포함한 섬유산업은 영국의 주력산업으로 19세기 초에는 영국의 국민소득의 10%를 넘기 시작하였다.

2) 제철 산업

면직물 산업의 발전으로 방적기 공장, 직조기 공장 등 다양한 지역에서 공장들이 설립되었다. 공장에서 생산을 위해 필요한 기계의 수요도 증가함에 따라 기계 제작에 필요한 철의 수요가 증가하였다. 부족한 수요를 맞추기 위해서 제철산업이 발전하게 되었다.

영국의 제철산업은 17세기 말까지 철을 생산하기 위한 용광로에 목탄을 사용하였다. 당시 영국은 해상강국으로 배를 생산하기 위해 엄청난 나무가 필요하여 산림이 황폐화되어 연료로 사용할 나무도 수입할 정도였다. 이러한 상황에서 철의 생산을 위해 사용한 목탄대신 노천에서 쉽게 구할 수 있는 석탄을 사용하였다.

하지만 석탄으로 철을 생산하게 되면 철에 석탄의 부산물인 황 등 불순물이 들어가게 되어 쉽게 깨지는 문제가 있었다. 이를 해결하기 위해 에이브러햄 다비는 석탄에서 불순물을 제거한 코크스를 개발을 하게 된다. 효율적인 코크스를 이전까지 사용한 원료인 목탄대신 사용하기 시작하였다. 코크스는 목탄에 비해 높은 온도에서 오랫동안 연소하고 석탄을 사용할 때 문제인 불순물이 들어가지 않기 때문에 철의 생산량은 급속도로 증가하였다. 하지만 높은 온도에서 생산된 철은 탄소함량이 높아 유연성이 떨어지는 문제가 발생하여 연철이나 강철을 생산하기 위해서는 망치로 두드리는 2차 가공작업이 필요하였다. 그러나 헨리 코트는 용광로에 철과 연료를 분리하게 하여 철을 완전하게 녹게 함으로써 불순물을 분리시키는 한편 녹은 철을 공기에 노출하게 하여 탄소를 제거하는 방법을 개발하여 연철 생산량을 급격하게 증가를 시켰다. 이처럼 에이브러햄 다비가 개발한 코크스와 헨리 코트의 철과 연료가 분리된 용광로의 개발로 영국의 제철산업은 급속하게 발전하게 되어 산업혁명에 필요한 막대한 철의 공급을 가능하게 하였다. 특히 코크스를 개발한 다비 가문에서 1779년에는 영국 세번강에 세계 최초의 철교인 아이언브리지를 건설하였다. 영국의 철 생산과 수출은 급속하게 증가하여 1850년대에는 전 세계의 철 생산량의 50%를 생산하여 공급하게 된다.

3) 증기기관과 교통 산업

면직물 산업의 발전은 제철산업의 발전을 가져왔고 산업발전에 기초가 되는 증기기관의 발명으로 석탄의 수요가 급격하게 증가하게 된다. 증기기관은 물을 끓이면 올라오는 증기를 동력으로 사용하는 기관으로 고대 그리스 시대에도 존재하였다. 하지만 효율적으로 이용할 수 없기 때문에 증기의 원리만이 학술적으로 존재하였고 종교적 목적 등 특수한 용도에만 사용이 되었다. 이후 1663년 최초의 공업용 증기기관이 에드워드 서머셋 우스터 후작이 개발하였으나 사용하지 못하였다.

1698년 토마스 세이버가 에드워드 서머셋 우스터 후작이 개발한 증기기관을 개량하여 광산 채굴용으로 증기기관을 제작하였다. 영국의 뉴커먼이 이전의 증기기관을 개량하여 1705년에 대기압식 증기기관을 발명하여 광산에서 물을 끌어 올릴 때 사용하였다. 하지만 뉴커먼이 개발한 증기기관도 열효율이 낮은 문제점이 있었다. 이런 비효율성을 개선하여 제임스 와트가 마침내 1765년에 경제적이고 효율적인 증기기관을 개발하여 탄광, 공장 등에 보급하게 된다. 제임스 와트의 증기기관의 발명은 영국의 산업혁명의 원동력이 되는 중요한 사건으로 인류 역사에 기록되는 위대한 발명이다. 제임스 와트의 증기기관을 이용하여 1807년 미국인 로버트 풀턴이 최초로 상업용 증기선을 개발하였고 조지 스티븐슨이 1814년 최초로 증기기관차를 만들어 석탄을 운송하는데 사용하였다. 이후 철도 운송의 가능성을 보고 증기 기관차 전용 철도를 부설하기 시작하였다. 스톡턴-달링턴 철도를 개통하고 석탄 등을 운송하였다. 이후 스티븐슨은 시간과 비용이 많이 소요되는 문제 등 어려운 여건을 이겨내고 1829년 리버플-맨처스터 철도 노선을 개통하였다. 이때 리버플과 맨체스터의 기업가들에게 자신이 개발한 증기기관차의 우수성을 알리기 위해 레인힐 기관차 경주대회를 열었다.

이 경주대회에서 스티븐슨의 증기기관차인 로켓호가 우승하고 승객과 화물 운송을 맡게 되었다. 이 철도가 세계 최초의 근대적 철도로 알려지게 되었다. 이후 철도 노선이 급속하게 증가하여 육상운송은 증기기관차를 이용하게 되었다. 이러한 육상운송에 증기기관차의 활용과 함께 내륙에 있는 운하에서 증기선이 사용됨에 따라 운송이 원활하게 진행이 되었다. 공장에서 제품을 생산하는데 필요한 원료 및 연료 등이 신속하게 공급하고 생산된 제품이 시장에 원활하게 수송되어, 교통의 발전은 경제와 산업발전을 가져왔다.

제3절 1차 산업혁명의 결과 및 파급 효과

영국 산업혁명은 인류가 수렵시대를 끝내고 농업시대로 전환한 농업혁명 이후 가장 커다란 변화로 볼 수 있다. 농업시대는 고대, 중세시대를 거쳐 영국에서 발생한 산업혁명이 있기 전까지 지속적으로 농업을 발전시켜왔다. 농업혁명은 농작물의 생산성 향상을 위해 농기구의 개발과 농사방법의 개선 등을 통해 이루어졌다. 인류사적으로 볼 때 농업시대를 산업사회로 변화시킨 사건이 바로 영국의 산업혁명이다. 산업혁명으로 시작된 산업사회는 농업사회와 달리 획기적인 산업의 발전을 가져오게 하였다.

산업의 발전으로 지속적으로 경제성장을 달성하였으며, 인류에게 빈곤에서 탈출하여 풍요롭게 생활할 수 있는 기반을 가져왔다. 농업화 시대에서 공업화 시대로 변하여 인류가 필요한 공산품이 풍요롭게 공급되었다. 증기기관의 발명으로 수작업으로 생산하고 있는 공장에서 자동화된 기계의 도입으로 면직물 등, 생활에 필요한 제품들의 생산량이 급증하게 되었다. 또한 철의 생산 확대로 대규모 공장들이 세워지고 교통수단도 변하게 되었다. 교통의 발전은 더욱 산업의 발전을 가져왔으며 전 세계로 확산하는데 기여를 하였다. 영국과 인접한 유럽을 시작으로 미국과 일본 등으로 퍼져나가 영국의 산업혁명이 세계의 산업혁명으로 변하게 되었다.

1. 경제적 변화 및 공업화 사회로의 전환

농업사회인 영국에서 상업적 농업제도로 전환되고 지역에 맞는 특화된 농업을 발전시킴에 따라 지주들과 함께 농민들의 소득이 증대되었다. 소득의 증대로 식료품, 의류, 생활용품 등 가정에 필요한 제품의 소비 증가로 이어지고 수요 충족을 위한 제품 생산이 요구되었다. 결국 소득 증가가 수요를 증가시키고 수요를 충족시키기 위한 제품 생산기술 발달로 변화되는 선순환 구조가 되었다. 당시 영국의 GNP규모를 보면 소득증가의 추이를 알 수 있다.

| 표 4-2 | 국민소득의 변화(1688 ~ 1812)

(단위 : 100만 파운드)

구분	GNP	GNP 중 수출액	국내시장	인구 (100만명)	1인당 수출액 (파운드)
1688	50	5.0	10.5	5.5	10
1770	128	9.5	34	7.0	170
1812	250	40	90	11.0	313

자료 : D.E.C. Eversley, "The Home Market and Economic Growth in England.

산업혁명 초기인 1688년에 50백만 파운드에서 산업혁명이 본격화되는 1770년에는 2.4배인 128백만 파운드로 증가하였다. 이처럼 소득증가는 산업혁명을 위한 수요를 창출하고 생산 확대를 위한 기술개발의 동력이 되었다. 산업혁명 시기인 1770년에서 40년 후인 1812년에는 약 2배에 해당하는 250백만 파운드로 급증하였다. 산업혁명 이전에는 국내시장의 규모가 1688년에 10.5백만 파운드에서 1770년엔 3.2배인 34백만 파운드로 증가한 반면 수출은 5백만 파운드에서 9.5백만 파운드로 1.9배가 증가하였다. 산업혁명 시기에는 국내시장이 1770년 34백만 파운드에서 1812년 90백만 파운드로 2.6배가 증가한 반면 수출은 같은 기간 동안 9.5백만 파운드에서 40백만 파운드로 4.2배가 급증하였다. 위의 자료를 볼 때 산업혁명 시기를 계기로 해외 수출이 본격적으로 증가하고 있음을 알 수 있다. 수출의 증가는 경제성장률의 증가로 이어지게 하였으며, 공업생산이 해외 수출을 주도하였다. 이에 따라 산업혁명 시기에는 공업생산의 성장이 두드러지게 나타나고 있다.

| 표 4-3 | 영국 산업혁명기 부문별 성장률 추이

(단위 : %)

구분	실질생산		공업생산	농업생산
	총생산	1인당 생산		
1700～1760	0.69	0.66	0.71	0.60
1760～1780	0.70	0.65	1.51	0.13
1780～1801	1.32	2.06	2.11	0.75
1801～1831	1.97	3.06	3.00	1.18

출처: British Economic Growth during the Industrial Revolution , Oxford, 1985.

산업혁명 이전시기인 1700~1760년 동안에는 실질 생산증가율 중에 공업생산 0.71% 증가, 농업생산 0.6% 증가로 차이를 보이지 않았으나 산업혁명 시기인 1760년부터 공업생산 증가율이 농업생산 증가율에 비해 현격하게 차이를 보이는 것을 알 수 있다. 산업혁명 초기인 1760년~1780년에는 농업생산 증가율이 0.13%인 반면 공업생산 증가율이 1.51%가 증가하였으며 1780년～1801년의 공업생산 증가율은 2.11%, 1801년～1831년에는 3%의 공업생산이 증가하였다. 공업생산의 증가로 인하여 산업혁명 시기에 영국경제는 농업위주에서 공업위주의 경제로 전환하였다. 공업의 발전은 공장에서 생산성 향상을 위한 새로운 기계의 도입으로 인력에 의존하는 공장에서 기계에 의한 공장으로의 전환에서 비롯되었다. 공장들은 신기술과 혁신 기계의 도입으로 대규모의 물량을 생산하는 체계로 변하여 영국을 공업국가로 변모하였으며 근대 산업사회로 전환되는 바탕이 되었다.

2. 정치, 사회적 변화 및 자본주의 성립

영국의 공업화로 인한 국민소득의 증가는 인구의 증가로 이어졌다. 18세기 유럽의 정치, 경제학자들은 인구의 중요성에 대해 깨닫고 있었으며 "인구는 국력이다."라는 구호 하에 인구 증가정책을 추구하였다. 당시 영국에서는 농업혁명으로 인한 농업생산성 향상과 더불어 공업생산 증가로 인한 국민소득의 증가와 함께 인구가 급속하게 증가하였다.

| 표 4-4 | 영국의 산업혁명 발생기의 인구 추이

(단위 : 명, %)

연도	총인구	연평균증가율
1601	4,109,981	-
1651	5,228,481	2.4%
1701	5,057,790	-0.3%
1751	5,772,415	1.3%
1801	8,664,490	4.1%
1851	16,736,084	6.6%
1871	21,500,720	2.5%

출처: 김종현(2002), "영국 산업혁명의 재조명" 참고.

산업혁명이 본격적으로 전개되는 1750년 무렵부터 인구의 증가는 급증하고 있는 모습을 알 수 있다. 특히 산업혁명이 확대되는 1800년 이후 인구의 증가율이 급증하는 것을 볼 때 소득증가의 영향을 받아 출산율이 급격하게 증가한 것으로 보인다. 인구가 증가하는 17~18세기에 영국에서는 인클로저 운동이 발생하여 농촌에서 농민들이 도시로 이주하는 상황이 발생하였다. 당시 모직산업의 발달로 지주들이 농지를 양모생산을 위한 목장으로 전환시키기 위해 자신들의 사유지 및 사용하지 않고 있넌 황무시까시 돌담 등으로 울타리를 표시하는 인클로저 운동이 발생하여 그곳에서 농사를 짓던 농민들이 도시로 이주하게 되었다. 또한 제2차 인클로저 운동이 다시 시작되어 도시로 이동하는 농민들이 더욱 많았으며, 도시로 이주한 농민들은 도시 공장에서 일하는 노동자가 되어 산업혁명에 필요한 인력이 되었다.

산업혁명을 전후로 하여 도시인구 변화를 보면 1600년에 도시 인구가 8.3%에서 1700년에 17%, 1800년에 27.5%로 급격히 변화되는 것을 보면 당시 농민들이 얼마나 많이 도시로 이주한 것을 알 수 있다. 17세기에는 대부분 런던으로 이주하였으나 산업혁명이 본격적으로 진행되는 1750년대부터는 5천 명 이상이 도시로 이주하는 인구가 많다는 것을 알 수 있다. 도시 인구 증가는 산업에 필요한 풍부한 노동력을 제공해 주었으며 도시노동자들의 수요 증가로 기업의 생산량은 더욱 증가하는 결과를 가져왔다. 이처럼 영국 경제는 선순환의 구조로 변하게 되고 산업이 더욱 발전을 하게 되었다. 이처럼 공업화가 이루어지는 변화와 함께 사회구조와 사회계층의 변화도 있었다. 영국의 사회계층 구조는 국왕 아래 귀족, 중산층, 하층으로 구성되어 있었다.

| 표 4-5 | 산업혁명 전후 영국의 도시인구 변화

(단위 : 천명, %)

	1600	1670	1700	1750	1801
총인구	4,110	4,980	5,060	5,770	8,600
런던	200(5.5)	475(9.5)	575(11.5)	675(11.5)	960(11.0)
5천명 이상 도시	135(3.3)	205(4.0)	275(5.5)	540(9.5)	1,420(16.5)
도시 총인구	335(8.3)	680(13.5)	850(17.0)	1,215(21.0)	2,380(27.5)

출처: E. Anthony Wrigley, "Urban Growth and Agricultural Change.
주: ( )안은 총인구에 대비 도시인구의 비율.

귀족 밑에 있는 중산층은 자신의 영토를 경작하고 있는 자경농민과 상인, 제조업자, 교육자, 군 장교 등 정부관리 등으로 구성되었으며 하층에는 농민과 도시노동자, 광부, 선원, 군인 등으로 구성된 계층사회이었다. 표에서 볼 때 산업혁명이 시작되기 전과 본격적으로 산업혁명이 진행되는 동안 계층의 변화는 별로 없었다는 것을 알 수 있다. 1688년 귀족은 1.2%에서 1803년 1.4%로 증가하였으나 동 기간에 중산층은 31.7%에서 31.6%로, 하층계급은 67.1%에서 67%로 변화가 거의 없었다. 단 소득은 귀족이 증가하였고 하층계급은 구성비의 변화가 없었으나 전체 소득에서 차지하는 비율이 2%가 감소한 것으로 볼 때 산업혁명 시기에는 계층 간의 소득격차가 더욱 더 벌어지고 있다는 것을 확인할 수 있다.

| 표 4-6 | 영국 산업혁명 전 · 후기의 사회계층 변화

(단위 : %)

구분	1688년		1803년	
	가족수	소득	가족수	소득
귀 족	1.2	14.1	1.4	15.7
중산층	31.7	59.1	31.6	59.4
하 층	67.1	26.9	67.0	24.9
합 계	100.0	100.0	100.0	100.0

자료: Harold Perkin, The Origins of Modern English Society 1780-1880, London,1969, p.21.

이로 인해 하층민들의 불만이 인클로저 반대운동과 기계파괴운동 등으로 표출되어 전개되었다. 산업혁명 시기에 공장을 운영하면서 막대한 부를 얻고 대규모의 토지를 장만하여 신분상승을 한 계층을 젠트리라고 하였다. 영국 신사를 의미하는 젠틀맨의 어원이 되는 젠트리는 귀족과 중산층의 중간에 있는 낮은 귀족계급을 의미하는 말이다. 젠트리는 보유하고 있는 토지를 임대하여 토지임대소득으로 생활을 하면서 지방의 공직에 참여하거나 의원으로 활동하였다.

의회를 장악한 젠트리는 국가 운영의 핵심 축으로 자리 잡고 전쟁에도 자발적으로 나갔으며 귀족으로 혜택을 받은 만큼 윤리적 의무도 다하여 영국의 지배계층으로 자리를 잡았다. 지주로서 활동하고 있는 젠트리는 자유주의를 표방하여, 정부가 취하고 있는 모든 규칙과 통제가 그들의 경제활동을 방해한다는 입장에서 규제를 철폐하기 위해 많은 노력을 하였다. 그 결과 젠트리의 요구대로 정부의 규제들은 점차 폐지되고 자유주의 경제체계가 구축이 되었다. 영국에서 실시되고 있는 자유를 기반으로 하는 자본주의 경제체제는 산업혁명의 전파와 함께 전 세계로 확산이 되었다.

CHAPTER 5

1차 산업혁명 시대의 기업가와 기업가정신

제1절 1차 산업혁명의 확산

1. 유럽의 산업혁명

산업혁명이 유럽대륙에 널리 확산된 것은 영국의 발전이 유럽 각국에서 큰 자극제가 되어 프랑스, 독일 등 전 유럽으로 확산이 되었다. 프랑스에서는 1789년부터 1794년까지 5년에 걸쳐 일어난 시민혁명과 1830년 7월에 발생한 혁명까지 정치적으로 불안하여 영국에서 진행된 공업화를 군수물자 등 일부 산업에만 도입하고 있었다. 프랑스에서 본격적으로 산업혁명이 시작된 것은 영국의 산업혁명에 자극받은 프랑스 정부가 1830년 7월 혁명 이후에 국가에서 주도하여 상공업을 육성하게 되었다. 초기에는 증기기관을 도입하여 공업화를 이룩하였으나 1880년경에 개발된 가솔린을 사용하는 내연기관과 전기의 활용으로 비약적인 발전을 하게 되었다. 또한 금융업의 발달로 전 산업에 자금지원이 원활하게 진행되어 대대적인 철도건설과 철강, 화학 부문의 공장 생산이 급속하게 증가하였다. 철강 산업의 전성기를 반영하듯 1889년 프랑스 혁명 100주년과 만국박람회를 기념하기 위해 에펠탑을 건립하였으며 파리에서 개최된 만국 박람회는 새롭게 개발된 자동차, 엘리베이터 등 신기술들이 선을 보였다.

독일에서는 정치적 분열과 경제적 후진성으로 프랑스보다 산업혁명이 늦게 시작되었다. 당시 독일은 38개의 독립된 연방으로 구성된 독일 연방이었다. 1834년 독일의 연방들 중 프로이센의 주도로 창설된 관세동맹이 출현하였으나 독일 연방들의 이해관계로 인해 활발하게 진행되지 않았다. 그러나 1840년대에 실시한 교통산업의 투자, 특히 철도 건설이 독일 경기를 선순환 구조로 전환을 시켰다.

철강 소비량이 1834년 12만 톤에서 1847년 41만 톤으로 거의 3배가 되었으며 철로를 포함한 기관차들이 자국 제품으로 사용하면서 공업의 발전이 본격적으로 진행 되었다. 1851년부터 1857년까지 석탄 생산량과 철 소비량이 2.5배 증가하였으며, 면사 생산도 100% 이상 증가하여 본격적인 산업화가 진행되었다. 산업화로 독일 관세 동맹 지역을 새로운 사회로 변모시켰으며, 폭발적인 인구 증가로 인한 식량 부족현상이 발생한 농민들이 도시로 이주하는 계기가 되어 독일의 산업화를 더욱 촉진시켰다.

러시아의 산업혁명은 1860년대 철도업과 관련 산업으로 시작되었다. 철도는 정부의 적극적인 지원 하에 주로 민간 기업에 의해 건설되었다. 러시아 정부가 국립은행에서 주식회사에 자금을 지원하여 철도 건설을 할 수 있도록 하였고 철도업의 발전은 기관차, 철도레일 등의 대형 공장들을 설립할 수 있게 하였다. 이와 더불어 석탄, 철강 산업이 발전하였고 방직공업의 기계화로 인한 생산시스템을 갖추게 되었다. 1860년대 이후 러시아는 정부의 주도로 본격적으로 공업화가 시작되었다. 30년 동안 비약적인 발전을 하여 1890년대에 연평균 89%의 높은 성장을 기록하고 공업국의 입지를 구축하였다.

자동차산업 독일이 최고가 된 이유

영국	독일
• 자동차 규제법 제정 영국은 최초로 자동차를 상용화한 나라이지만, 마부(귀족 권력자)들이 위기를 느끼고 자동차 규제법을 만들어서 규제함으로 오히려 프랑스보다 산업발전이 늦은 독일에게 자동차산업을 내어 주게 되었다.	• 최초의 가솔린 자동차 벤츠 개발 1870년 독일을 통일한 프로이센의 재상 비스마르크는 보호무역주의를 내세워 국내 산업의 경쟁력을 기를 수 있는 발판을 마련한 독일은 정부가 앞장서서 공업화를 이루었으며, 국민교육을 통하여 영국이 100년에 걸쳐 이룬 성과를 50년 만에 달성하였다.

• 결과

1865년 만들어진 붉은 깃발법 등의 규제가 30년 동안 이어지면서 영국의 자동차 기술자 및 다른 산업 기술자들이 독일로 떠나버리게 됨으로써 영국은 산업혁명 이후 중요한 산업들을 잃게 되는 결과를 초래하였다.

지금도 영국 자동차 산업은 롤스 로이스(Rolls Royce), 벤틀리(Bentley), 아스톤 마틴(Aston Martin), 재규어(Jaguar) 등 전설적인 명차들이 많았지만 이 회사들도 대부분 독일의 폭스바겐, 미국의 포드 등의 회사로 넘어갔다.

출서: 억사로 배우는 산업혁명

2. 미국의 산업혁명

영국의 식민지였던 미국이 1776년 독립을 선언하여 독립전쟁에서 승리한 후 1783년 독립국가로 탄생하였다. 정치적인 안정을 찾은 미국은 남부 지역과 북부 지역이 각각 서로의 지역에 적합한 방향으로 발전하였다. 남부 지역은 면화를 재배하는 농업 중심의 사회가 되었고, 북부 지역은 공장에서 제품을 만드는 제조업이 발달하였다. 남부 지역의 농산물과 북부 지역의 공산품을 대량으로 운송 가능한 증기기관선이 1807년 로버트 풀턴에 의해 발명되었다.

미국은 내륙에서 대서양으로 흘러드는 큰 강이 미시시피강 외에는 없어 강을 연결하는 대규모 운하가 건설되었다. 1825년에 대서양과 5대호를 직접 연결하는 이리 운하는 총연장 320마일로 5대호에서 뉴욕까지 운송비를 대폭적으로 줄이게 되었다. 그 결과 이리 운하 주변에는 많은 공장들이 들어서고 운하 주변 도시들이 크게 번창했다. 산업이 발전하면서 늘어나는 인력은 유럽의 이주민들로 해결이 되었다. 1830년을 전후로 흉년으로 기근에 시달리던 아일랜드 사람들이 1년에 수십만 명씩 미국으로 건너와 일부는 북부 공장지대로, 일부는 서부로 새로운 일자리를 찾아 나섰다. 북부 공장에서는 저렴한 임금으로 노동자를 채용할 수 있어 물건을 보다 싼 값에, 대량으로 생산할 수 있게 되었다.

1830년에 볼티모어와 오하이오 사이에 철도가 처음 건설되었으며, 1850년대 무렵에는 철도가 운하를 제치고 주된 운송 수단으로 자리를 잡게 되었다. 1850년부터 10년 동안 미국 전역에 2만 마일의 철도가 새로 건설되었고 특히 미시시피강 서쪽 지역에 집중되었다. 이후 철도망이 서부로 급속도로 확장되었다. 무엇보다 미국 산업혁명에 결정적인 역할은 한 것은 새로운 기계와 생산 기술의 발명이었다. 이 시기에 면화 채취기 개발로 면화 생산을 급격하게 증가시켰으며, 자동 수확기, 탈곡기 등 농기구들의 발명으로 농업 생산성이 크게 늘게 되었다. 농업을 기반으로 하는 남부와 공업을 중심으로 하는 북부 간에 관세로 인한 갈등도 발생하였다. 남부에서는 면화 수출을 위해 낮은 관세를 원했으나 북부에서는 관세를 높여 제조업을 보호하려고 하였다. 또한 노예문제로 인한 갈등이 발생하였다. 남부에서는 농장일을 위해 노예제도를 유지하려고 했고 북부에서는 공장노동자 확보를 위해 노예제도를 반대하였다. 1861년 노예제도를 반대하는 링컨이 미국 대통령으로 당선된 후 남북전쟁이 시작되고 1865년에 북군이 승리하여 노예제도가 폐지되었다.

남북 전쟁이 끝난 이후 미국은 빠른 속도로 산업화가 전개되었다. 그 결과 미국 사회는 농업 사회로부터 완전하게 공업 중심적이고 도시 중심적인 사회로 변하였다. 1890년에 공업 부문이 차지하는 총생산이 농업 부문에서 생산하는 총생산보다 높다는 사실로 알 수 있다. 그리고 공업화와 도시화의 과정을 통해 자유에 대한 가치가 국민생활 속에 펴져 나가 자본주의 기틀을 확립하였다. 미국은 유럽의 다른 나라에 비해 빠른 속도로 산업화가 진행이 되었다. 그 이유는 영국으로부터 독립하여 정치적 안정을 가져왔고 유럽에서 많은 이민자들이 들어와 풍부한 노동력이 공급되었으며 미국은 광활한 토지에 풍부한 지하자원을 보유하고 생산한 제품을 판매할 수 있는 넓은 국내 시장이 있었기 때문이다. 이에 따라 수출보다는 내수 위주의 산업화가 진행되었다.

3. 일본의 산업혁명

아시아에서 처음으로 산업화를 시작한 일본은 문호를 개방하면서 시작되었다. 미국의 무력적인 개방요청에 굴복하고 1854년에 문호를 개방하였으나, 개방 과정에서 체결한 조약이 막부의 독단적인 행동으로 생각한 막부 반대세력이 들고 일어나 막부 세력이 패배하게 되었다. 하층 무사들이 중심이 된 막부 반대세력은 메이지 천황을 복귀시키고 1868년 메이지 유신시대를 열게 하였다. 이후 일본은 중앙집권 체제로 부국강병 정책을 펼치기 시작하였다. 구미 근대국가를 모델로 하여 정부주도로 일방적인 자본주의 육성과 군사력 증강을 위해 노력하였다, 메이지 유신으로 일본은 근대적 통일국가가 되었으며 경제적으로 자본주의가 성립하였고 정치적으로는 입헌국가가 되었다.

일본의 근대산업은 메이지 정부가 1870년대 초에 실시한 산업진흥 정책을 토대로 공부성이 중심이 되어 철도를 부설하고 광산을 개발하는 등 부국강병의 경제적 기반을 마련하였으며, 1873년부터는 내무성에서 방적, 운송, 축산 분야에서 민간의 경공업을 육성하였다. 이와 아울러 철도, 항만, 통신 등 사회적 기반시설에 투자를 하였다. 이러한 메이지 정부의 노력으로 1880년대 후반부터 눈부신 성과가 나타났다. 대규모 방적회사가 설립되고 정부소유의 관영사업들을 민간 기업으로 넘기면서 미쓰비시와 같은 재벌기업들이 나타나기 시작하였다.

메이지 유신으로 근대화에 성공하면서 대외진출을 시도하였다. 이 과정에서 조선을 둘러싸고 일본과 청나라 간의 권력 다툼으로 시작된 청일전쟁에서 사전에 철저히 준비한 일본이 청나라에 압도적으로 승리하였다. 일본의 승리로 동양패권이 청나라에서 일본으로 넘어오는 계기가 되었고, 청일 전쟁의 승리로 막대한 배상금을 청나라에게 받아 일본은 금본위제를 채택하게 되었다. 금본위제로 구미 제국과 자유로운 교역을 하게 되었다. 또한 조선 및 중국시장의 진출이 용이해지면서 일본 경제는 호황을 맞이하게 되었다. 일본 각지에 면직물 등 섬유공장과 제철 공장들이 설립되었고 각종 산업이 발전하였다.

제2절 1차 산업혁명 시대의 기업가

1. 리처드 아크라이트

영국의 방적 기계 발명가이며 면방적 공업의 창시자로 알려져 있는 리처드 아크라이트는 랭커셔 프레스턴의 가난한 가정에서 출생하여, 처음에는 이발사를 하였으나 면방적 공장에 설치된 기계에 관심을 갖고 기계 제조 사업을 시작하였다. 당시 1767년에는 하그리브즈가 개발한 다축방적기가 많이 보급이 되고 있었으나 실을 생산할 때 품질문제가 발생하고 반복 작업이 어려운 결함을 가지고 있었다. 그는 이런 문제점을 개선하여, 연속 작업이 가능하고 작동이 용이한 방적기를 발명하여 노팅검에 위치한 공장에 설치하였다. 발명한 기계로 특허를 획득하고, 1771년에 크롬포드 밀에 대규모 공장을 설립하였다.

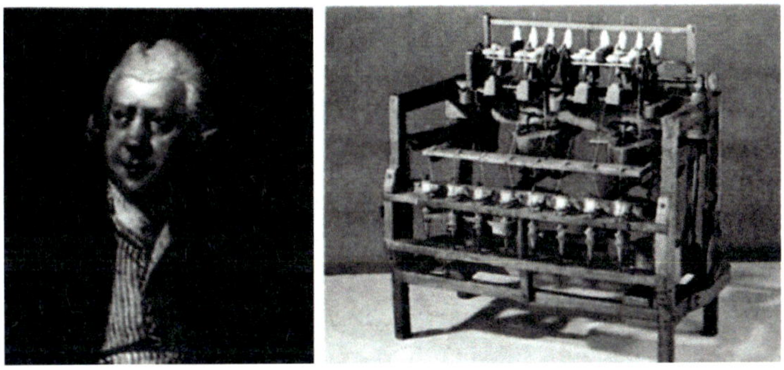

그림 5-1 아크라이트 (좌)초상 (우)그가 발명한 수력방적기(런던과학박물관 소장)

또한 1775년 개량된 기계로 특허를 추가로 받았으나 이미 개발된 다른 방적기들을 교묘하게 결합하여 발명한 것으로 밝혀져 1785년 패소판결을 받아 다른 면방적 공장에서도 사용할 수 있게 되었다. 그러나 리처드 아크라이트의 공장은 이미 수력을 이용한 대규모 공장을 운영하고 있었기 때문에 타격은 별로 받지 않고 사업을 지속하였다. 이 무렵 대부분의 면방적 공장에 도입된 자동화 기계는 많은 방적공의 일자리를 잃게 하고 공장에서 쫓겨난 대다수의 방적공들이 폭동을 일으켜 기계를 파괴하는 사건이 발생하였다. 기계가 노동자를 실업자로 만든다는 생각에 기계를 파괴하자는 러다이트 운동이 전개되었다. 이때 그의 공장도 대부분의 기계들이 파괴되어 막대한 피해를 입었다. 그러나 다시 복구하여 공장을 계속 운영하였다. 리처드 아크라이트(1732~1792년)가 크롬포드 밀에 세운 면방적 공장은 당시에 혁신적인 생산방법을 갖춘 대규모 공장이었다. 한 공장 안에 새로운 기계가 작동하는 모습과 노동자들이 일하는 모습을 한 눈에 파악할 수 있도록 넓은 공간을 가졌다. 또한 동력으로 수력을 활용하고 있었다.

그가 크롬포드 밀에 세운 공장은 수력을 이용할 수 있고 안정적으로 공업용수를 공급받기 위해 강가 옆에 위치하였다. 공장의 규모도 길이가 30미터가 되는 5층짜리 단순한 구조를 가진 대규모 공장이었다. 4년 후인 1776년에 첫 번째 공장 인근에 7층 높이의 길이가 36미터가 되는 공장을 추가로 세운다. 대규모 공장에서 생산된 면직물이 영국 각지에 공급하여 리처드 아크라이트는 막대한 부를 얻게 된다. 그의 크롬포드 밀 방적공장은 최초로 대규모의 산업형태를 갖춘 공장시스템이 시작된 곳이다. 더웬트 강을 따라 면 방적공장들이 많이 설립되어 이 지역이 산업도시로 발전을 하였다. 리처드 아크라이트의 공장을 포함한 다른 면 방적공장들이 역사적, 기술적 가치를 인정받아 2001년 유네스코 세계문화유산으로 지정이 되었다.

리처드 아크라이트는 발명가뿐만 아니라 유능한 기업 경영자였다. 그는 대규모 공장을 가동하기 위해 필요한 면화와 직물시장에 대해 정확하게 파악하고 있었으며 시장에서 품질의 중요성을 인식하고 제품을 표준화하고 규격화시키는 작업을 하였다. 이처럼 혁신가, 발명가, 기업가인 리처드 아크라이트는 영국의 산업혁명을 대표하는 기업가가 되었다.

2. 제임스 와트

1) 생애

증기기관을 발명한 제임스 와트는 1736년에 영국 스코틀랜드 지방에서 태어났다. 아버지는 선박 기술자이며 상인으로 활동하였고 할아버지는 수학 교사였다. 이러한 가정환경이 제임스 와트가 어릴 적 수학과 과학에 관심을 가지게 된 배경이 되었다. 아버지가 운영하는 사업장에서 제임스 와트는 자신이 관심 있는 분야인 기계 만드는 일에 몰두하고 앞으로 훌륭한 기계 제작자가 되는 꿈을 가지게 되었다. 기계 제작을 하기 위해서는 7년 이상의 도제기간을 거쳐야 하지만 18세에 어머니가 돌아가시고 아버지도 건강이 나빠져 도제기간을 끝내지 못했다. 하지만 제임스 와트의 능력을 인정한 글래스고 대학 교수의 배려로 대학에서 연구를 할 수 있게 되었다. 대학에서 앤더스 교수에게 증기기관에 대한 작동원리에 대해 교육을 받았다. 당시 대학에서는 토마스 뉴커먼이 개발한 증기기관을 연구하고 있었다. 뉴커먼 증기기관은 수증기를 사용하여 실린더의 압축과 팽창을 반복하게 하여 피스톤을 왕복운동시키는 방식이었다. 수업용으로 사용하고 있는 뉴커먼 증기기관은 자주 고장이 발생하였으나 이때마다 앤더슨 교수는 손재주가 좋은 제임스 와트에게 수리를 요청하였다.

2) 기회 포착

제임스 와트는 뉴커먼 증기기관을 수리하면서 열효율이 떨어진다는 문제를 확인하고 어떻게 하면 개선시킬 수 있을 것인가를 고민하였다. 뉴커먼 증기기관은 1712년에 영국의 뉴커먼이 개발하여 실용화시킨 기계이었다. 뉴커먼 증기기관의 작동원리는 열을 가열하는 보일러 위에 수직 실린더를 두고 실린더에 피스톤이 장착되어 있는 구조이었다. 실린더의 피스톤 밑에 물을 가열하여 수증기로 피스톤을 올리고 피스톤에 물을 부어 식히게 되면 피스톤이 내려가는 구조였다. 피스톤의 왕복운동을 펌프와 연결시켜 탄광 지하에 있는 물을 끌어올리는데 사용을 하고 있었다.

제임스 와트는 뉴커먼 기관이 가지고 있는 문제에 대해 고민하기 시작하였다. 뉴커먼 기관은 실린더 안에 있는 물을 가열하면 증기의 힘으로 피스톤이 올라가지만 내릴 때는 피스톤에 물을 부어 식혀 증기가 사라지게 함으로 내려가는 구조였다. 뉴커먼 기관은 내려간 식은 실린더와 피스톤을 다시 가열하는데 많은 양의 석탄이 필요한 것이 문제였다. 결국 뉴커먼 기관은 에너지를 비효율적으로 사용하고 실린더 왕복운동에 많은 시간이 소요된다는 문제가 있었다. 이런 문제를 해결하기로 생각한 제임스 와트는 본격적으로 해결책을 찾아 연구를 시작하였다.

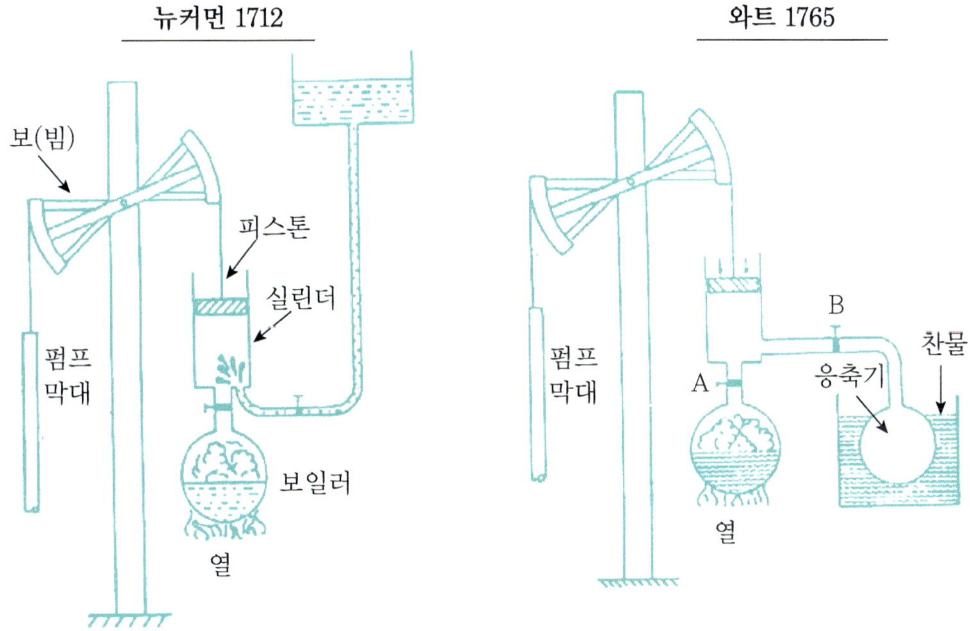

출처: 과학기술 발전의 발자취

그림 5-2 뉴커먼과 와트의 증기기관의 구조비교

3) 결단 및 실행

제임스 와트는 뉴커먼 기관의 문제에 대해 “만일 물로 실린더를 냉각시키지 않아도 된다면 실린더의 열을 그대로 보존하고 다음 작업을 수행할 수 있게 된다. 그러면 석탄 사용량이 절반으로 줄어들 것”으로 생각하였다.

제임스 와트는 이런 문제를 어떻게 하면 해결할 수 있을까? 라는 생각에 몰두한다. 고민 끝에 실린더 안에 있는 수증기를 별도의 관을 설치하여 외부로 빼내면 해결이 될 것으로 생각하고 분리된 응축기를 별도로 만드는 것을 고안하였다. 뉴커먼의 증기기관은 실린더 안에서 직접 냉각시키는 반면 제임스 와트가 고안한 방법은 실린더에 있는 수증기를 밖으로 빼내 외부에서 냉각시키는 방법이었다. 제임스 와트는 자신이 고안한 방법으로 분리응축기를 사용하면 열효율이 대폭적으로 증가할 것으로 예상하였다. 이에 제임스 와트는 자신이 고안한 방법으로 1765년에 증기기관의 모형을 설계하고 이듬해인 1769년에 로벅과 함께 특허를 취득하였다. 하지만 제임스 와트가 고안한 기계를 제작하기 위해서는 상당한 자금이 있어야 하고 설계된 내용대로 제작하기에는 기술도 부족하였다. 특허를 취득하였지만 증기기관을 생산할 수 없는 상황이 되어 이미 취득한 측량사 자격증으로 스코틀랜드에서 8년 동안 운하를 건설하는데 시간을 보내게 되었다.

제임스 와트는 로벅과 동업자 관계를 유지하고 특허도 공동으로 취득하였으나 로벅이 1772년 도산을 하면서 로벅의 특허 지분을 유명한 사업가인 볼턴에게 매각을 하였다. 증기기관의 상업적 가치를 간파한 볼턴은 제임스 와트에게 파격적인 제안을 하였다. “와트 씨, 용기를 내시오. 당신의 발명이 성공한다면 세계 여러 나라의 모든 공장, 광산 및 기업가들이 대단히 기뻐할 것이오. 동시에 그들은 그 놀라운 힘을 가진 기계를 서로 다투어 가며 사려고 할 것이오. 돈은 얼마든지 내가 댈 테니 우리 공장에서 연구를 계속하시오.” 제임스

런던의 세인트폴 성당에 있는 제임스 와트 상(像) 옆에 걸린 기념비 문구의 일부다. “독창적 천재성의 힘을 발휘하여 증기기관을 개선해 조국의 자산을 확장시키고 인간의 힘을 향상시켰으며, 가장 영광스러운 과학의 꽃들 가운데에서도 탁월한 위치에 올랐다. 그는 세상을 진정으로 이롭게 했다.” - 작가 올더스 헉슬리 -

| 그림 5-3 | 런던의 세인트폴 성당에 있는 제임스 와트 상

와트는 볼턴의 제안에 대해 대단히 기뻐하며 전격적으로 수락하였다.

제임스 와트는 증기기관을 상업화하기 위한 증기기관을 제작하는데 매진하여 1776년 3월에 분리응축기가 설치된 증기기관을 개발을 하게 된다. 만들어진 새로운 증기기관은 블룸필드의 탄광 지하에서 물을 끌어올리는데 사용을 하였다. 열효율이 뛰어나고 작동이 빠른 증기기관은 좋은 평가를 받게 된다. 그 후 제임스 와트와 볼턴은 탄광뿐만 아니라 면방적 공장, 제철 공장 등 다양한 용도로 사용할 수 있는 증기기관의 연구를 지속적으로 하였다.

공장이나 제철소 등에서 증기기관을 사용하기 위해서는 상하 왕복운동을 회전운동으로 바꾸는 장치가 필요하였다. 제임스 와트는 머독의 도움을 받아 회전운동으로 변환할 수 있는 기어가 있는 장치를 개발하여 문제를 해결하였다. 새롭게 개발된 증기기관으로 상하 왕복운동은 물론 회전 운동까지 가능하게 되어 방적공장, 제철소 등에 필요한 기계를 작동하는 동력기관으로 바뀌었다. 이에 멈추지 않고 제임스 와트의 증기기관의 혁신은 지속되었다. 1782년에 피스톤 상하운동의 동력을 모두 활용할 수 있는 복동식 증기기관을 개발하고 1783년에는 실린더 두 개를 사용하는 회전식 증기기관도 발명을 하였다.

이후에도 제임스 와트는 보다 성능이 우수한 증기기관을 만들기 위해 노력을 지속적으로 하였다. 증기기관의 속도를 자동으로 제어하는 장치를 개발하고 실린더 내부 압력을 확인할 수 있는 압력계도 개발하였다. 이처럼 제임스 와트는 보다 완벽한 증기기관을 만들기 위해 꾸준한 노력을 하여 지속적으로 혁신적 증기기관을 개발하였다. 제임스 와트의 증기기관은 1780년대 중반부터 본격적으로 보급되어 만능동력원으로 호평을 받았다. 당시 상황을 동업자인 볼턴은 "나라 전체가 와트의 증기기관에 미친 상태"라고 하였다. 볼턴의 말처럼 제임스 와트의 증기기관은 영국을 뒤바꾸어 놓았으며 산업혁명의 가장 중요한 원동력이 되었다.

3. 매슈 볼턴

1) 생애

영국 버밍엄 출신인 매슈 볼턴은 금속제품 공장을 운영하는 가문의 장남으로 태어나 영국에서 가장 큰 금속제조 공장을 운영하는 사업가로 성장하였다. 금속제품 공장을 운영하는 부모에게 상당히 많은 유산을 받았으나 결혼을 통해 더욱 큰 부자가 되었다. 부유한 집안과 결혼하여 10년 만에 아내가 사망하고 처제를 다시 부인으로 들여 얻은 자금과 매슈 볼턴의 자금을 모아 영국에서 가장 큰 공장을 설립하였다. 수력으로 운영되는 이 공장은 금속 트로피, 금속 단추, 주화를 주력으로 생산하는 영국에서 최대로 큰 금속 제조공장이었다.

영국 50파운드 지폐 뒷면에 제임스 와트와 함께 있는 매슈 볼턴은 제임스 와트가 증기기관을 개발하는데 결정적인 역할을 하고 증기기관을 전국적으로 보급하는데 가장 큰 기여를 한 기업가였다.

2) 기회포착

매슈 볼턴이 운영하고 있는 영국 최대의 금속제조 공장은 수력으로 가동을 하고 있었다. 수력으로 움직이는 공장은 물이 부족한 봄에는 가동을 제대로 하지 못하는 문제가 있었다. 공장 가동을 이상 없이 하기 위해서는 별도의 동력이 필요한 시기에 제임스 와트가 특허를 낸 증기기관에 관심을 갖게 되었다. 제임스 와트는 뉴커먼 기관의 문제를 해결하기 위해 10여 년 연구하여 혁신적인 방법으로 개선하여 1769년 로벅과 함께 특허를 취득하였다. 제임스 와트는 개발자금과 특허를 낸 증기기관을 만들 수 있는 기술이 부족하여 측량 기사를 하고 있을 때 제임스 와트와 공동으로 특허를 받은 로벅이 1772년 도산을 하게 된다.

매슈 볼턴은 수력으로 가동하고 있는 자신의 공장에 물이 부족할 때 사용할 수 있는 동력에 대한 필요성과 증기기관의 미래 가능성을 보고 로벅이 가지고 있는 특허 지분을 인수하게 된다. 로벅 지분의 특허권을 소유한 후 증기기관에 대해 큰 관심을 갖게 되어 증기기관을 실제 개발하고 특허권을 가지고 있는 제임스 와트에게 사업 제안을 하게 된다. 증기기관을 개발할 수 있는 모든 자금을 지원하고 부족한 기술에 대해 조언해 줄 수 있는 당대 최고의 기술자들을 지원 하겠다고 제안을 한다.

3) 결단 및 실행

사업가인 볼턴은 제임스 와트에게 제안한 모든 내용을 실천에 옮겼다. 제임스 와트가 개발에 성공할 수 있도록 자금 지원은 물론 기술 지원을 하고 세심한 분야까지 지원을 아끼지 않고 도와주었다. 전폭적인 지원을 한 결과 1776년 3월에 분리응축기가 설치된 증기기관의 개발에 성공하였다.

그림 5-4 **제임스와트와 매슈 볼턴(영국 50파운드 지폐)**

볼턴은 특허 연장에 집중하여 제임스 와트가 받은 14년의 특허 시한을 17년 추가하여 31년으로 늘렸다. 또한 볼턴은 증기기관의 상하운동을 회전운동으로 전환할 수 있는 장치가 필요하다는 제안을 하고 당대 최고의 기술자들이 와트를 도와줄 수 있도록 지원을 하였다. 회전운동이 가능한 새로운 증기기관은 과거 뉴커먼 기관에 비해 석탄 소비량이 4분의 1로 줄었고 출력은 높아졌다.

볼턴은 개발한 증기기관의 보급을 확대하기 위해 혁신적인 마케팅 방법을 도입, 운영하였다. 고가인 증기기관을 구매하기 어려운 탄광 소유자에게 부담없이 구매할 수 있도록 증기기관 사용으로 인해 절감되는 석탄에 해당되는 금액을 할부로 받았다. 혁신적인 마케팅으로 뉴커먼 기관을 사용하고 있는 탄광은 앞 다투어 새로운 증기기관으로 교체하게 되었다. 볼턴과 와트가 동업으로 세운 볼턴앤와트 회사가 1800년까지 대형 증기기관을 450여대를 판매하였다. 4마력짜리 증기기관이 327파운드이고 50마력짜리 증기기관이 1,727파운드라는 비싼 가격에도 불구하고 주문이 잇따랐다.

영국 전역에 보급된 증기기관은 산업 전반에 엄청난 파급효과를 가져왔다. 가장 많이 보급된 산업은 방직업 분야로 114대의 증기기관으로 생산된 면직물이 전 세계 의류시장을 장악했으며, 갱도 배수용으로 증기기관 56대가 설치된 탄광에서는 연간 1억 5,000만 톤의 석탄을 생산하였다. 당시 유럽 전체 생산량의 다섯 배에 달할 정도로 엄청난 양의 석탄을 채굴하였다. 막대한 양의 석탄은 철강 산업과 기계 산업의 발전을 가져왔다. 이외에도 철강 공장에 37대와 제분 및 맥주공장에 39대가 설치되었다. 볼턴이 운영하고 있는 금속제조 공장에도 증기기관을 이용한 프레스 작업으로 영국을 포함한 러시아, 동인도회사 등의 주화를 발행하였다. 1809년 8월 17일 81세 나이로 사망한 볼턴은 당시 영국에서 손꼽히는 부자로 이름이 알려져 있었다. 볼턴은 산업혁명 시기에 증기기관의 미래를 보고 실천에 옮긴 기업가로 진정한 벤처사업가로 평가받고 경제사에 전해진다.

출처: 서울경제신문 2016.8.17.

4. 스티븐슨

철도의 아버지라고 불리고 있는 스티븐슨(1781~1848)은 탄광 기관부의 아들로 태어나 가난한 어린 시절을 보냈다. 학교도 제대로 다니지 못한 그는 탄광을 놀이터삼아 어린 시절을 보냈다. 16세에 부친이 근무하는 탄광에서 증기기관 수리공이 되어 증기기관과 기계 작동원리에 대해 습득하는 계기가 된다. 시계 수리 등으로 학비를 벌어 야간에 학교를 다녔으며, 성실성을 인정받아 20대에는 탄광의 주임기사가 되었다. 증기의 힘으로 운행하는 기관차에 관심이 많아 개량을 위한 연구를 지속적으로 하였다. 자신이 다니던 킬링워스 탄광주를 설득하여 개량된 증기기관차를 제작하고 1814년 탄광 갱도에서 시운전을 성공적으로 하였다. 이후 스티븐슨은 1823년에 영국에서 최초로 증기기관차 공장을 뉴캐슬에 설립하고 1825년 스톡턴에서 달링턴까지 운행하는 세계 최초의 여객용 철도를 개통하였다. 이때 자신의 공장에서 개발, 제작한 로커모션호라는 이름을 가진 증기기관차를 운행하게 하여 철도 수송의 시대를 열었다.

| 그림 5-5 | 영국 5파운드 지폐

1829년에는 증기기관차의 소음, 사고발생 위험, 환경 파괴 등 많은 반대를 극복하고 리버풀~맨체스터를 운행하는 철도를 부설하게 된다. 철도를 개통하고 증기기관차의 운송효과를 알리기 위해 유명한 레인힐 기관차 경주대회를 개최한다. 5대가 출전한 증기기관차 경주대회에서 스티븐슨의 로켓호가 우승을 하게 되어 리버풀~맨체스터 구간에 운송을 맡게 된다. 로켓호는 증기기관차 제작의 모범이 되고 유럽 등 선진국에 전파되었다. 1830년대부터 프랑스, 독일 등 대부분의 선진국들이 앞 다투어 증기철도를 건설하였다. 스티븐슨도 철도부설 사업에 직접 참여하여 증기기관차의 보급에 지대한 영향을 미쳤다. 1847년 증기 철도와 관련된 기술자들이 모여 창설한 세계 최초의 기계학회 초대 회장으로 스티븐슨이 선출되었다.

(증기기관차와 레인힐 기관차 경주대회)

스티븐슨은 1813년부터 증기기관차에 대해 본격적으로 연구하기 시작하였다. 당시 스티븐슨이 근무하고 있던 킬링워스 탄광에서 석탄을 운반하기 위한 용도로 증기기관차가 필요했기 때문에 만들게 되었다. 1814년 7월에 블뤼허라는 이름을 가진 증기기관차를 개발하여 성공적으로 운행을 하였다. 8량의 석탄을 실은 화차를 달고 시속 6.5km로 탄광에서 부두까지 무사히 운행을 하였다. 블뤼허호가 최초의 상업용 증기기관차로 기록되고 있다. 하지만 마차철로에서 시범을 보였으나, 목재와 주철을 사용한 철로가 기관차의 무게를 지탱하지 못하는 문제가 발생하였다.

문제해결을 위해 스티븐슨은 기관차의 무게를 견딜 수 있는 연철로 만든 레일을 개발하였다. 그리고 기관차의 무게를 견딜 수 있도록 개량을 하였다. 이후에도 피스톤과 바퀴를 직접 연결하여 속력을 높이는 장치를 개발하고 배출가스를 다시 사용하는 장치 등을 개발하는 등 지속적으로 증기기관차에 대한 개량 연구에 몰두하였다. 스톡턴~달링턴 철도회사에서 스티븐슨에게 증기기관차 제작을 의뢰하게 됨에 따라 스티븐슨은 1823년에 뉴캐슬에 기관차 제조공장을 설립하였다. 스티븐슨 공장에서 제작한 로커모션이라는 증기기관차로 1825년 9월에 영국에서 처음으로 여객용 철도를 운행하게 된다.

▎그림 5-6 ▎ 레인힐 기관차 경주 대회 전경

증기기관차 제작에 이름이 알려진 스티븐슨에게 1824년에 리버플과 맨체스터를 운행하는 철도사업에 참여해 달라는 제안을 받는다. 당시 이 지역의 운송은 마차와 운하를 이용하고 있어 철도부설로 선박주, 마부 등 이해관계자의 심한 반대에 직면하게 되었다. 결국 1826년 5월에 의회의 승인을 받아 철도 부설사업을 진행하였다. 어려운 상황을 극복하고 리버플~맨체스터 철도는 1830년 9월에 드디어 개통을 하게 된다. 개통을 앞두고 있을 때 스티븐슨에게 기관차를 팔 목적으로 철도 건설에 참여했다는 소문과 함께 스티븐슨이 만든 기관차는 새로 개통하는 철도에 사용을 반대하는 사람들이 많았다. 이 문제를 해결하기 위해 스티븐슨은 기관차 경주대회를 개최하여 가장 우수한 성능의 기관차를 사용하자는 제안을 하게 된다. 1829년 10월에 500파운드의 우승 상금을 걸고 레인힐 기관차 경주대회를 개최하였다.

레인힐 기관차 경주 대회는 리버플, 맨체스터 철도회사의 주관으로 1829년 10월에 일주일간 개최되었다.

• 사이클롭드(Cycloped) 호

사이클롭드호는 증기를 이용한 기관차가 아닌 말을 이용하여 동력을 얻는 기관차이었다. 벨트 위에서 말이 달리면 움직이는 기관차였다. 대회 규정을 증기기관으로 한정하지 않았기 때문에 참가는 하였으나 말이 폭주하여 기관이 망가지게 되어 중간에 포기하였다.

• 노블티(Novelty) 호

증기를 이용한 증기기관차로 대회 첫날 시속 45km로 운행을 하여 기대를 많이 하였으나 다음 날 기관에 고장이 발생하여 결국 포기를 하였다.

이 기관차는 개량을 하여 몇 년간 운행을 하였다. 현재 이 기관차는 맨체스터의 박물관에 전시되어 있다.

• **퍼서비어런스(Perseverance) 호**

증기 기관차인 퍼서비어런스호는 대회 참가를 위해 오는 도중 사고가 발생하여 대회 기간 중 5일 동안 수리하여 마지막 이틀만 출전하였다. 시속 16km로 운행했으나 완주에는 실패하였다. 대회 참가상으로 25파운드를 받았다.

THE PERSEVERANCE of Mr. Burstall of Edinburgh

• **산 파레일(Sans Pareil) 호**

산 파레일호는 2개의 실린더를 이용한 증기기관차로 140kg을 싣고 운행을 하는 도중 기관 고장으로 중도에 포기를 하였다. 이 기관차는 개량을 하여 볼턴, 레이흐 구간에서 운행을 하였다. 이 기관차도 노블티호와 함께 맨체스터의 박물관에 있다.

• **로켓(Rocket)호**

로켓호는 조지 스티븐슨과 그의 아들이 공동으로 만든 기관차로 피스톤을 직접 바퀴에 연결시켜 동력을 전달하는 구조이고, 증기를 효율적으로 이용하기 위해 25개의 증기이동관을 설치한 기관차이었다. 이 대회에서 로켓호는 13톤의 중량물을 싣고 최고 시속 48km, 평균 시속 22km로 우승하여 500파운드의 우승상금을 받았다. 빠르다는 의미의 로켓의 유래가 된 로켓호는 월등한 성능을 인정받아 리버풀-맨체스터 철도를 운행하는 기관차로 채택되었다. 1830년 9월 15일 개통식을 하고 여객 및 화물 운송을 시작하였다, 리버풀-맨체스터 철도가 세계 최초의 근대적인 철도로 이름을 알리게 되었다.

THE ROCKET of Mr. Robert Stephenson of Newcastle

제3절 1차 산업혁명 시대의 기업가정신

영국에서 발생한 산업혁명 시기에는 기업가정신에 대해 학술적으로 연구하고 정의한 내용은 없으나 환경변화 속에 기회를 포착하고 혁신하고 실천하기 위해 회사를 설립하는 등 실제 기업가정신의 주요 특징들을 가지고 있다. 또한 산업 간의 관계를 설명하는데 있어서 산업혁명과 기업가정신을 잘 이해할 수 있다. 기업가적 행동은 경제적 진보와 기술적 변화를 일으키거나 잠재력이 발휘되며, 기업가들은 자연스럽게 새로운 기술, 신흥 시장으로부터 나오는 기회를 포착하여 행동한다. 기업가는 어디에서든 가장 높은 보상을 위해서 가장 창의적이고 노력을 집중한다. 산업혁명 당시의 영국에서는 기업가들이 활발하게 사업을 할 수 있도록 문화, 규범과 제도, 네트워크, 신용의식 등이 구축되어 있었다.

1. 신사문화

영국의 산업혁명을 이끈 기업가정신이 성공할 수 있는 원천을 영국의 문화로 보고 있으며, 기업가정신을 발휘하기 위한 바탕으로 문화가 작용했으며 창의력으로 행동할 수 있는 배경에 문화가 있다고 보고 있다.

산업혁명 이전 수십 년 동안 의미 있는 것은 서로 자유로운 경쟁 활동을 통해 보상을 얻는 것이 자연스러운 일로 일련의 사회적 규범들이 성장한 것이다. 따라서 기업가들은 사회변화에서 기회를 포착하려는 생각들이 많았으며, 기업가적인 활동을 더 매력적으로 만들었다. 결국 산업혁명은 기술적 진보에 의해 이루어졌지만 기업가적 사고를 바탕에 두고 성공을 하게 된 것이다. 기업가, 엔지니어, 상인, 금융가 등 서로 협력하여 자신들이 사업을 추진하려는 일종의 사회규범으로 문화가 자리 잡고 있었다.

이것을 영국에서는 신사문화 또는 기업가문화로 불릴 수 있다. "신사"라는 개념의 문화적 중요성은 많은 사람들의 주제가 되어 왔으며, 신사문화가 기업가정신을 가질 수 있는 토대가 되었다. 신사의 기원은 봉건제도까지 거슬러 올라간다. 중세에 토지를 소유하고 있는 귀족들과는 다르게 무역 등 새로운 사업을 통해 신흥부자로 자리 잡은 계층들이 사회의 낮은 다른 계층과 달리 신사적인 행동 규범을 하도록 요구되었다. 신사처럼 행동하는 것은 일관성과 성실성을 가지고 행동해야 하며, 무엇보다도 의무에 대해 책임지는 자세로 행동해야 한다는 것이다. 당시 영국에서는 사업가의 가장 중요한 자산은 그의 명성이었다. 이러한 신사의 문화로 인해 서로 신뢰할 수 있는 분위기가 조성되었고 명예를 중시하는 문화가 기업가정신을 발휘하기 위한 기초가 되었다.

신사문화로 나타난 주요한 것이 18세기 신용이었다. 시장 교환경제는 교환수단에 의존했다. 영국에서도 다른 곳과 마찬가지로 상거래는 신용과 현금을 혼합하여 대금지급이 되었다. 그 당시 사업의 활성화를 위해 신용은 매우 중요하게 생각하였다. 약속을 반드시 지키고자 하는 신사적 행동이 사회규범처럼 자리 잡게 되어 기업들은 신용으로 지급해도 된다는 생각이 강하게 되었다. 소설가 데번트는 1695년에 "신용보다 더 환상적이고 좋은 것은 없다."라고 기술했으며, 다른 작가들도 "무역의 보석"이라고 하였다. 이처럼 신뢰를 바탕으로 한 신사문화는 기업가들이 활동하기 좋은 분위기를 조성하였다.

2. 규범과 제도

영국에서 기업가가 혁신적인 활동을 자유스럽게 할 수 있는 배경에는 다른 어느 곳에 비교하여 유리한 규범과 제도가 있었기 때문이다. 정부의 법률과 같은 공식적인 제도 및 지적재산권의 권리보호 등으로 인해 혁신적인 기업가정신을 발휘할 수 있도록 하였고 서로 갈등이 발생하였을 경우 규범을 통해 해결을 하였다. 비공식 규범과 행동 규범은 법의 공식적인 규칙으로 중요하며, 사업의 당사자들 간의 도덕이나 명성에 대한 우려로 인해 사회적 규범 내에서 협력하여 행동하는 것이 관례가 되었다. 어떤 문제를 해결하기 위해 설득할 때도 사회적 규범을 기준으로 설득을 하게 된다. 규범으로 해결할 수 없는 문제들은 법적인 제도를 통해 해결되었다. 합법적인 행동을 할 수 있는 제도가 공신력과 권력의 지위를 확보한 의회에서 결정되었다.

18세기 영국의 제도적 발전은 대체로 다른 나라보다 기업가정신에 더 도움이 되었고, 영국의 제도가 당시의 상황으로 표준이 될 정도로 분명히 경쟁에 앞서 있어, 영국에서 기업가들에게 더 나은 기회를 제공하였다. 재정적, 사회적 성공을 거둘 수 있는 기회를 갖게 되어, 해외에서 창의적이고 성공적인 기업가들이 영국으로 들어와 인재들이 많아지게 되었다. 또한, 기술적으로 유리한 제도로 인해 기술발달에 많은 공헌을 하였다.

제도적 환경은 영국이 주도권을 행사할 만큼 충분히 우수하였고, 다른 유럽 국가들에 비해 기술변화에 신속하게 대처하였다. 또한 18세기 영국에는 젊은 노동자들이 입국하는 데 공식적 또는 비공식적 장벽이 적어 인재확보에 용이하였다. 영국의 다른 제도적 장점은 그것이 신뢰할 수 있는 사회라는 점이었다. 제도의 신뢰는 불안감 없이 사업을 추진하는데 커다란 동력이 된다. 서로 신뢰를 바탕으로 자신의 사업을 키우기 위해 노력하게 된다.

3. 네크워크

산업혁명 시기에 기업가는 모든 것을 할 수 있는 다양한 방면에 능력있는 사람이 아니었기 때문에 기술, 경영 등 자신이 부족한 분야를 파악한 후 협력할 수 있는 능력을 확보해야만 했다. 협력을 통해 긴밀한 파트너십이나 전문적인 종업원 채용방식으로 해결하지만 신뢰할 수 있는 감독 엔지니어, 관리자를 찾는 것은 중요한 과제였다. 따라서 자신이 보유하고 있는 네트워크를 통해 검증된 인재를 찾아야 했다. 서로 신뢰할 수 있는 사람들의 공동체의 일원이 되는 네트워크를 형성하여 자신의 문제를 해결하기 위해 활용하였다. 또한 네트워크를 통해 사업가의 가장 중요한 자산은 명성을 얻게 되면 사업을 할 수 있는 많은 기회가 나타나게 되었다. 산업혁명 당시 영국에서는 네트워크가 사업을 성공하기 위해 중요한 역할을 하였다.

출처: Entrepreneurship and the Industrial Revolution in Britain, Joel Mokyr, Tel Aviv University revised, April 2006.

PART 3

2차 산업혁명과 기업가정신

CHAPTER 6

2차 산업혁명과 기업가정신

제 1 절 2차 산업혁명의 의의, 특징 및 기업가정신

1. 2차 산업혁명의 의의

기계화로 그 특징이 대표되는 1차 산업혁명의 파장이 전 세계 곳곳을 휩쓸었고 그 결과 본격적으로 대량생산이 가능케 되는 2차 산업혁명의 시점까지는 대략 100년 정도의 시간이 필요했다. 이른바 1870년부터 1970년까지를 대략 그 기간으로 본다. 길다면 길다고 할 수 있는 한 세기가 필요했던 이유는 1차 산업혁명을 견인한 정치, 경제, 사회, 문화 등 인류의 삶과 관련된 곳곳에서 자유와 평등의 가치라는 본질적인 변화가 수반되었기 때문이었다. 비유하자면 신 물결이 기존 체제라는 거친 협곡들을 지나며 침식하고 과거에 없던 길을 내면서 대양으로 합쳐지는 과정이었다.

그 결과 번영의 시대를 구현하기 시작한 것이 2차 산업혁명이라고 할 수 있겠다. 정치 분야에서는 프랑스 혁명을 통해 인권의 토대를 세움과 함께 경제, 사회적으로 지주와 자본가의 독주를 견제하며 노동자의 권리 보호 개념도 등장하였다. 그러한 과정에서 수립된 공동체의 시너지가 기업의 궁극적 발전에도 도움이 된다는 점을 이해하게 되었다. 이러한 경제, 사회적 발전을 구가할 수 있었던 것은 무엇보다도 과학과 기술의 눈부신 성과가 있었기에 가능했을 것이다. 르네상스 이후 신학을 넘어 인간 중심의 합리적 사고와 경험을 객관화하고자 하는 사고의 틀이 과학과 수학, 의학, 물리학 등 기초과학을 견고하게 하였고 1차 산업혁명의 기계화를 거치며 현실에 응용하면서 그 농축된 총체적 에너지가 폭발하여 2차 산업혁명의 도화선이 되었다.

다시 정리해서 1차 산업혁명이 기계화 혁명이었다면 2차 산업혁명은 자원에 의한 에너지와 동력 그리고 신소재의 혁명이라 할 수 있다. 그러한 관점에서 2차 산업혁명의 대표적인 사례로는 석유와 전기/전자 그리고 플라스틱 산업의 도약이 있었다. 그 토대 위에 우리 생활 전반에서 지금도 함께 하는 제품 대부분을 탄생시키며 인류 번영의 금자탑을 차곡차곡 쌓아온 중요한 시기였다. 이 시기의 기술혁신과 그 주요 제품은 백열등과 형광등, 건전지, 모터전동기, 컨베이어벨트, 강철, 영화, 라디오, 전화기, 텔레비전, 에어컨, 냉장고, 세탁기, 플라스틱/합성고무, 자동차, 비행기, 화학비료 등이 있다. 다음의 장에서 주요 제품들과 그 기술적 성과를 경제적 기회로 이끌었던 주요 사례들을 선별하여 설명하고자 한다. 2차 산업혁명기에서 또 하나 간과하지 말아야 할 점은 정치적 이데올로기 대립의 극대화와 그에 의한 전쟁, 그리고 경제적 관점에서 심화된 빈부의 격차 그리고 성장의 그늘인 환경오염 등의 뿌리가 내려졌다는 점이다. 또한 그 결과적 현상인 인간 소외문제의 부상이다. 인류가 번영할수록 그 이면에는 상당수의 인류가 위축되고 가난해지며 힘을 빼앗기는 모순은 오늘날까지 잔존하는 현상이라 할 수 있다.

2. 2차 산업혁명의 특징

1) 산업 및 시장 관점

2차 산업혁명은 신대륙의 미국과 유럽대륙의 독일을 주축으로 이뤄졌고 또한 러시아 일본 등이 차례로 약진하는 양태였는데 이전 민간이 주도했던 영국의 산업혁명과는 다르게 국가 주도하에 기간산업을 육성하고 발전의 방향을 제시하는 형태로 나타났다. 이러한 2차 산업혁명기의 메인스트림 국가들이 강한 영향력을 발휘할 수 있게 한 이 시기의 중심 사건으로는 두 차례의 세계대전이었다. 1914년 7월 ~ 1918년 11월의 1차 세계대전 당시 소모적인 전쟁으로 대표되는 몇몇 전투에서 여실히 드러났듯이 아이러니하게도 사람을 대량살상하는 것 자체가 목적인 양 전선이 왔다 갔다 하면서 전사자, 부상자들의 숫자만 쌓여갔다. 참전국들은 바로 그 무기와 장비 및 기타 군수품 개발을 위해 더 빠르게 또 더 많은 양의 생산이 가능한 체제를 갖추고자 혈안이 되었다. 당시 기술의 고도화가 얼마나 그 당시 국민들의 생존에 필수 불가결한 국력의 표상이 되는지 알게 해주었다.

이후 1939년 9월 ~ 1945년 9월의 2차 세계대전에서도 재차 그 위력을 확인할 수 있었다. 국력은 한편 국가를 흥하게 하는 원동력이기도 했지만 반대로 힘의 충돌이 잘 제어되지 않았던 당시 서로의 치킨게임에서 준비가 소홀했던 나라를 한순간에 망하게 한 원인이 되기도 했다. 그럼에도 불구하고 그 긍정의 효과는 지대하여 비록 패전국이 되었을지라도 기계화 기반기술이 있었기에 독일과 일본 등의 나라들은 외부기회에 편승하여 바로 다시 일어설 토대가 마련되기도 하였다. 이후 승전국인 미국과 소비에트연합(소련)은 경쟁적 군축을 통해 본격적인 동서 냉전의 회오리 속에서 세계를 호령할 지위를 거머쥘 수 있었던 WINNER TAKES ALL 방식의 Hegemony(헤게모니)를 차지하기도 했다. 던 것이다. 이렇듯 2차 산업혁명의 주요한 특징으로는 다음의 두 가지로 요약해 볼 수 있다. 이전의 1차 산업혁명과는 다르게 첫째, 산업 및 시장 관점에서 대량생산이 본격적으로 실현되었고 둘째, 이후 시장의 대중화 및 다변화가 태동하였다. 시장이 커지고 다양한 시장이 생겨나는 현상은 기술과 과학의 발전에 따라 보편적 인류의 삶을 양질로 변화시킬 수 있다는 대중들의 체험과 믿음에 기반하고 있다.

과거에는 공장의 생산이 제한적이어서 새로운 제품을 만들어 내면서도 특별한 계층이나 집단에만 그 용처가 해당하는 것으로 여겼으나 대량생산이 가능해짐에 따라 경제학의 기본 원리인 수요·공급곡선을 타고 가격이 내려감으로써 대중의 품에도 그 편의가 안겨지게 된 것이다. 그 기저에는 석탄 대신 석유가 등장했고 또 전기가 보편화 되는 등 에너지의 혁신적 변화가 있었고 컨베이어 시스템을 기반으로 하는 분업 등 생산공정의 대 전환이 실현되었기에 가능했다고 평가된다. 기존의 공장에서는 상상으로나 가능했던 산업 기반의 변혁이 기업가로 하여금 역동적 기회 창출의 가치를 꿈꾸게 했고 나아가 시장에 부족했던 공급을 충족시킬 수 있었다. 그뿐만 아니라 그러한 시장에 대한 확신은 또한 새로운 시장의 수요를 창조해 가는 방향으로 이끄는 단초가 되었으리라 추측해본다.

2) 기회 관점

기회의 요소에는 문제와 그 문제해결 능력의 차원에서 환경과 자원의 두 가지 주요 관점으로 조명되었다(Ardichvili et al., 2003). 환경은 시장의 수요 측면 그리고 자원은 시장의 공급 측면의 시각으로 볼 수 있다(정연대, 기업가정신의 연구 분류 체계에 대한 탐색적 연구, 2019). 기업가라는 입장에서 시장의 수요는 제품을 만들어야 할 이유 또는 사명으로 볼 수 있는데 기업가가 처한 태생적 또는 후천적 환경이 그러한 이유와 사명을 갖게 하는 원천이 되기 때문이다. 또 한 공급은 그 수요에 대처하기 위한 기업가의 자원조달 및 운용의 결과물로 볼 수 있기 때문이다. 이러한 수요와 공급이 일치하지 않는 불완전 시장이라야 환경과 자원이 서로 미스매칭(정보 비대칭) 함으로 빚어지는 기회의 여지가 생기는 것이다. 다시 말해 수요와 공급이 일치하는 완전경쟁 시장에서는 가격이 안정화되고 그 과정에서 누구나가 그 가격과 관련된 정보들을 차별 없이 대등한 수준에서 취득할 수 있음을 가정하기 때문에 소위 기회가 가지는 특성인 독점적 수익의 여지가 사라지는 것이다. 기회에 대한 이런 속성을 주목해볼 때, 2차 산업혁명의 시기에는 공급의 절대 부족에 따른 '미래 시장 확장의 기회'와 기업가가 수요를 창조하여 시장을 이끌어 갈 수 있는 '새로운 시장을 통한 기회'의 창출이라는 특유의 두 가지 기회 특성이 함께 존재했다. 예를 들면 공급 부족의 특성을 띠는 시장 확장의 기회란 모직물을 대체하게 된 면직물에 대한 일반적 수요는 충분했는데 수공업으로 하던 것이 기계화를 거쳐 대량생산 체제가 되면서부터 일반 국민의 삶 구석구석까지 전파된 현상을 들 수 있다. 즉 많은 사람들이 필요로 하지만 공급이 부족하여 값이 비쌌거나 구하기 힘들었던 제품을 기술개발이나 공정혁신으로 확장된 시장의 수요에 부응할 기회를 말한다.

다음으로 수요를 창조하여 새로운 시장을 이끄는 기회 창출의 사례는 과학의 급진적 발전이나 기존 기술의 혁신을 통해 기존에는 없던 제품을 만들어 시장에서 사람들의 필요를 유인하는 경우를 말하는데 이는 석탄 대신 석유를 보급했던 것과 또 전기를 전 국민에게까지 공급하는 등 공공재 성격의 재화뿐만 아니라 2차 산업혁명 시기를 거치며 탄생한 다양한 가전제품들이 민간 영역에서 충분히 많은 사람들의 수요를 끌어낸 사례들이 그것이다. 다시 말해 당시 한 가지 새 컨셉(concept)의 가전제품이 세상에 등장하면 국내는 물론 세계적인 붐을 일으켜 어얼리버드(early-bird) 소비자가 줄을 서서 구매하는 현상이 바로 수요창조를 통해 창출된 기회라 할 수 있다. 이렇듯 기회는 매우 다양한 형태로 나타나고 이는 시장의 수요와 공급이라는 변수 또는 환경과 자원의 불균형이라는 상식을 넘어서는 특별한 조합을 거쳐 기업가의 눈에 또는 다른 감각을 통해 인지되는 것이라 할 수 있다.

| 표 6-1 | 기회 관점의 특성과 사례

기회의 원천 유형	특성	사례
공급 부족	• 자원 측면의 원인 • 이미 형성된 시장의 수요에 맞춰 공급을 늘려가는 기회	• 면직물 시장에서 기계화 및 대량생산 체제를 통해 공급 확대
수요 창조	• (시장) 환경 측면의 원인 • new concept의 제품이 새로운 시장의 수요를 끌어 냄	• 공공 : 석탄 대신 석유, 전기 등장 • 민간 : 다양한 새 가전제품 등장

3) 인간 관점

2차 산업혁명 시대를 거치면서 기업가들은 다양하고 많은 기회를 창출하고 세상을 눈부시게 변화시켜왔다. 반면 그 과정에서 축적된 에너지의 충돌이 빚은 두 차례의 세계대전을 거치면서 참으로 끔찍한 그리고 뜻하지 않은 결과를 불러오기도 했다. 즉 기간산업 및 군수

산업을 기반으로 한 각국의 대량생산 능력은 다시 인간을 대량으로 살상할 수 있는 무자비한 무기들과 비행기, 잠수함, 탱크, 장갑차 등의 양산을 불러왔고 그 결과 두 차례의 세계대전을 통해 인간은 수천만 명을 넘어 1억 명 이상이 희생[11]되는 공업화, 기계화, 산업화의 짙은 그림자도 함께 불러왔다. 이러한 최대 희생의 대상이 되는 직접적이고 분명한 연관성은 차치하더라도 너무나 급변하는 사회와 문화적 굴레 속에서 인간 자신은 아직 그 변화의 속도에 적응하지 못하는 간접적 피해 상황도 짙게 나타난다. 새로운 기술과 가치는 폭발적 혁신을 통해 겉에서 보기에는 인간 삶의 질을 급성장시키고 경제가 전반적으로 안정됨에 따라 물질적 풍요가 확산 되어 갔다. 그러나 사회 곳곳에는 그 변화만큼 아니 그 이상의 혼란이 야기되고 있었으나 규범이나 제도가 뒷받침되지 못하고 있었다. 또 한편에서는 신구의 가치관들이 상충하고 붕괴하면서 사회적으로나 개인적으로 불안정한 사람들이 나타나기 시작했다. 이러한 '풍요 속의 빈곤' 현상은 일부의 사람들에게는 보편적 삶의 가치와 목적의식을 상실하게 하였고 때로는 무력감과 자포자기로 심하면 자살에 이르는 등 심각한 사회문제를 불러왔다. 대중사회를 일괄 수용한 거대 도시 내외에서 나타난 크고 작은 사회 해체가 인간 사이에 하나의 커다란 문제로 등장하게 되었다. 이른바 아노미(Anomie) 현상으로서 밝은 빛이 비치는 무대 뒤에는 막에 가려진 그늘이 있듯이 거대해진 도시에서 할렘 가와 같은 범죄나 비행, 매춘, 부랑, 마약, 자살 등이 판치는 반사회 또는 비사회적 공간들이 함께 자라게 되었다.

또한 새로운 경제 계층화가 부각되면서 날로 커져가는 빈부 격차에 의한 인간소외는 다양한 형태의 사회 부작용으로 대두되었다. 이에 이 시기의 산업혁명이 불러온 경제적 급성장이라는 긍정적 충격을 인간의 관점에서 재평가해볼 필요가 있다. 이러한 점들을 반면교사로 삼아 미래에도 기업가정신이 인류발전에 분명한 촉매 역할을 할 것이지만 동반하여 뜻하지 않게 몰려오게 될 부정적 결과를 다양한 관점에서 조명, 예견하여 인간의 삶에 미칠 영향을 신중히 검토하면서 중요한 경계는 지켜가야 할 부분도 있을 것이라 판단된다. 오늘날 급부상하고 있는 인공지능의 딥러닝은 인간이 저질러 온 그릇된 가치관까지도 데이터화하여 차곡차곡 학습하고 있다고 하니 어떤 분야이든 가치를 판단하는 기준을 다룰 때 인간이 인간을 스스로 존중하지 않는 차원에서 하는 판단들은 미래 인공지능의 기계적 판단에 의해서도 똑같이 답습됨을 깨달아야 하지 않을까?

11 제1차 세계대전의 전사자 9,381,551명, 부상자 23,143,015명으로 사상자 합계 32,524,566명이며, 민간인 사상자 19,174,355명 포함 시 51,698,921명임. 제2차 세계대전의 전사자 민간인 포함 50,000,000명 ~ 70,000,000명으로 추산됨. 출처 위키 백과

4) 2차 산업혁명 시대의 특성 요약

표 6-2 2차 산업혁명 시대의 특성

구분	특성	적용사례
기술	전기를 기반으로 한 대량생산 체제	면제품, TV, 냉장고 등
	통신의 발달	전화
과학기술	의료산업의 눈부신 발전과 수명 연장	건강 관련 제품, 의료기기
정치	냉전의 심화와 국가주도 군비 경쟁	방위산업제품(첨단무기 등)
사회	민주주의의 심화/다각화(인종, 성 평등)	노예해방, 여성해방
경제	자본주의의 본격적 성장	산업자본화 및 금융 산업
자원	기간산업의 활성화	석유 및 광산자원 개발
종교	세계대전의 후 독립국가간 갈등의 원인	중동, 이란/파키스탄 등
세계화	교통수단의 발달에 따른 국경 없는 시장	글로벌 경쟁

3. 2차 산업혁명기의 기업가정신 고찰

2차 산업혁명에 큰 역할을 했던 기업가정신을 분석하고 탐색하는 과정에서 더 합리적인 프레임워크를 적용하고자 한다. 그것은 새로운 개념을 창조하는 면과 그것을 구체화하고 사업화하는 면으로 나눠 생각하는 것이다. 다시 말해 전자는 컨셉 디자인(Concept design) 관점으로, 후자는 프로세스 디자인(Process design) 관점으로 구분하여 전개하는 것이다. 먼저 컨셉 디자인은 고객에 대한 면밀한 관찰과 이해를 전제로 한다. 그러한 기초에서 다양한 패턴을 종합하고 그 중심을 꿰뚫는 궤(통찰, insight)를 뽑아내는 것이다. 그것은 번득이는 단편의 아이디어일 수도 있고 지속 축적된 시스템이나 라이브러리의 결과물일 수도 있다. 다음 단계인 프로세스 디자인 관점은 그러한 관념적인 내용을 시각화(Visualization)하는 단계로 설명할 수 있다. 시각화를 거쳐 우리는 문제의 본질을 더 잘 이해할 수 있으며 급기야 그 시제품이나 하나의 모델(Prototype)로 구체화할 수 있다는 것이다. 이쯤에서 기업가정신의 정의를 다시 떠올려보자면 수요와 공급의 불일치를 통해 기회를 인식하고 환경과 자원을 연결하여 독점적(기업가적) 수익을 구현하는 것이다. 기업가가 구현하는 독점적 수익이란 기존의 시장에는 존재하지 않았던 새로운 개념의 제품이거나 아니면 새로운 개념의 서비스 일 가능성이 높다. 그래야만 그러한 기회가 발생할 것이기에 그러하다. 따라서 새로운 컨셉을 설계(design)하는 역량과 재능의 관점이 중요할 것이라 판단된다.

다음으로는 그러한 역량과 재능을 실제 재화(제품이나 서비스)로 구현할 수 있는가의 문제인 논리회로(logical thinking) 즉, 실행 방법론 차원에서 프로세스를 설계하는 역량과 재능의 관점을 파악해 가고자 한다. 세계적 경영 컨설팅 회사 중 하나인 Mc Kinsey & Company는 과거 2006년을 대비해야 할 10가지 트렌드라는 보고서를 발표했는데 지금에도 경종을 울리는 일부 내용이 포함된 다음과 같은 보고서가 실렸다. "경영은 예술에서 과학으로 발전해갈 것이다. 규모는 더 커지고 복잡해진 기업들이 회사를 관리하고 운영할 새로운 도구가 필요할 것이다. 이에 발맞춘 향상된 기술과 통계관리 도구들은 초대형 기업을 경영할 수 있도록 하는 새로운 접근방법을 제공했다.

직관 또는 직감에 의한 경영방식의 세대는 이미 지난 지 오래되었다. 현재 또는 미래의 비즈니스는 자신들의 조직을 운영하는데 알고리즘에 근거한 의사결정 기법들을 겸비한 리더를 요구하고 있으며 또한 그 리더들은 매우 섬세한 소프트웨어의 활용능력을 갖추고도 있어야 한다."며 직관만 의존하는 경영은 예전 방식으로 치부하고 있었다. 맥킨지뿐만 아니라 BCG를 포함한 경영전략 컨설팅 회사는 물론이고 국내에서도 LG전자 등에서 전사적 식스 시그마 광풍이 전 부서에 현실화되었고 그 능력이 있는 사람은 당연히 주요보직을 두루 거쳐 승승장구하고 있었다.

하지만 그것만으로는 직관에만 의존했던 것과 마찬가지로 혁신적이고 새로운 비즈니스 디자인을 창출할 수 없었다. 지식관리 시스템이 기업 내부의 지식 들을 총괄하여 어느 정도는 체계화할 수 있겠지만 상상력을 총동원한 유일하며 독특하고 unique한 돌파구를 제시하지는 못한 것이다. 대표적인 사례로 식스 시그마(Process)의 대표 주자이던 모토로라가 직관 경영(Concept)의 상징인 애플의 '아이폰'이라는 강한 대항마를 이기지 못하고 쓸쓸히 퇴장한 것을 지켜볼 수 있었다. 그러니 과학적 경영 또는 로지컬 씽킹이라는 프로세스에만 매몰되는 것도 지극히 위험한 일이며 이 둘의 조화가 매우 필요하다는 결론에 이를 수 있다. 보충설명 하자면 철도 프로세스가 완전해질수록 초고속 열차를 위한 궤도를 더 강화해야 할 것이라 주장하는 사람들을 뛰어넘어 레일이 필요 없는 자동차나 비행기가 대체재로 능장해 온 역사를 돌이켜 보면 되겠다. 이런 배경에서 이후 이 두 관점에서 2차 산업혁명기의 기업가정신을 분석하고 나아가 대표적 기업가정신의 유형과 인물들을 연결해 봄으로써 보다 입체적인 시각에서 살펴보고 나아가 사례별 수익 창출의 특성까지 탐색해 보고자 한다.

제2절 2차 산업혁명의 해부: 컨셉디자인과 프로세스디자인

1. Concept design 관점 - 핵심기술

1) 전등(백열등)

2차 산업혁명을 대표하는 제품으로부터 시작해보자. 전등은 우리 인류의 삶에 밤의 공포를 극복하고 보이지 않아 무력했던 시간을 돌려 자연에 대한 도전과 활력을 불어넣어 줌으로써 작게는 개인의 생활영역에서 크게는 산업현장에도 역사적인 전환의 기회를 제공한 제품에 해당한다. 태양이 지고 나면 아무것도 할 수 없는 순응의 방식에서 어떻게든 밤을 밝혀보려는 노력이 급기야 만족할 만한 결과로 나타나게 된 것이었다. 신화 속에서 불을 처음 인류에 전했다는 프로메테우스의 애정 어린 구원에 대한 메시지가 어둠과 강자로부터 인류에게 안정을 구현한 현대적 작품이 전등이라 하겠다.

이제는 흔들리고 바람에 불안한 불빛이 아니라 사용이 쉽고 또 계속해서 빛이 쏟아지는 전등 즉 당시의 관점으로는 획기적이었던 40시간이나 지속할 수 있는 전구를 통한 빛의 재창조 제품은 말 그대로 '오랜 노력의 결실로 발명'된 것이었다. 이 과정에 1760년부터 시작된 전기에너지를 통해 빛을 얻으려는 무수한 과학자들의 연구로부터 1897년 12월 탄소로 된 실 형태의 필라멘트를 사용하고, 유리 전구 속에 산소를 제거한 후 전류를 흘려보니 40시간 동안 빛을 유지하는 전구를 발명하기까지 130년이 걸렸다. 하나의 컨셉 디자인을 향한 지난 한 프로세스 디자인이 축적된 산고의 작품이었다 할 수 있다.

흔히 에디슨이 전구(light ball)를 발명한 것으로 알려져 있지만 실제는 다르다. 동그란 구(球) 안에 불빛을 담고자 했던 것은 훨씬 오랜 역사를 갖고 있다. 등잔만 떠올려도 이해할 수 있다. 그러나 등잔은 밝기에서 약하며, 또 계속하여 원료(기름)를 보충해야 하고, 유지성(바람, 접촉 등에 꺼짐) 측면의 단점 때문에 전기에너지를 통해 빛을 얻고자 노력해 온 과학자들의 본격적 시도는 앞서 서술한 것처럼 1760년부터였다. 그 과정에서 전류가 전선에 흐르면 필라멘트 소재가 가열되고 그 결과 빛이 발생함을 알아냈고, 1802년에는 진일보하여 영국 왕립 연구소에 의해 얇은 금속 선에 전류가 흐르면 빛이 생성되는 원리를 발견하는 데 성공했다.

또 한 이후 19세기에 들어서도 다수의 과학자는 금속성 소재의 필라멘트를 통해 전구 수명을 늘리고자 노력을 다했지만 기대하는 만큼의 성과가 이어지지는 않았다. 이윽고 1874년에 캐나다 출신의 헨리 우드워드와 매튜 에번스는 탄소봉 램프를 만들었고 특허까지 취득했지만 나아가 상품으로 성공하기에는 실패했다. 탄소막대의 유용성은 인지했으나 무산소 진공을 만들어 내기가 쉽지는 않았기 때문이었다.

하지만 여기에서 그의 기업가정신이 발휘되는 순간이 왔다. 에디슨은 실패된 특허에 유독 주목한 인물이었다. 평소에서부터 에디슨은 물체에 전기가 통하면 물성의 온도가 올라 결국에는 타버리고 마는 현상을 보며 깊은 호기심을 이어가고 있었는데, 헨리 우드워드의 아이디어는 그 문제를 해결하는데 중요한 단초가 되었고 이에 바로 특허를 인수하였고 본격적으로 연구하기 시작했다. 그리고 필라멘트가 타서 소진되는 원인이 '산소'임을 감지하고, 산소를 없애기 위해 다양한 방법을 강구했다. 에디슨이 가장 먼저 시도한 것은 종이로서 이는 종이를 태워낸 재를 필라멘트로 사용했다. 그러나 역시 진공이 충분히 되지 않아 10분 정도를 버티다 꺼져버렸다.

다양한 소재를 통한 실험이 이어졌고 그 누적된 실패는 2,000번을 상회했다. 주변의 동료나 지인들은 무모한 도전이라며 비웃었으니 사실 에디슨 자신도 무모한 도전이라 생각이 들었을 것이다. 그렇지만 그는 포기하지 않았다. 그는 불에 한 번 탄 재-탄소 체가 전기에 통할 때 완벽한 무산소 환경만 된다면 빛이 지속될 것으로 확신하고, 필라멘트의 소재 발굴과 무산소 진공 유지에 온 힘을 쏟았다. 그리고 마침내 탄소를 실 형태화하여 필라멘트를 만들었고, 또 유리 전구 내부에 무산소 상태를 달성하여 전류를 통하자 이윽고 40시간이나 지속되는 전구의 탄생에 성공하였고 비로소 1897년 12월 3일 전구에 대한 그의 발명이 세상에 빛을 내게 된 것이다. 미국의 모든 국내 언론들은 당시 '프로메테우스에 이은 인류 역사상 두 번째 불의 발견'이라며 멘로파크 에디슨 연구소의 성과를 극찬했다.

하지만 그의 질주는 거기서 멈추지 않았고 다음 단계로 더 오래 빛의 지속성이 담보되는 탄소 소재 필라멘트를 찾고 있었다. 그의 생각은 모든 건물에서 전구가 사용되는 것이었고 그러려면 전구의 수명이 더 길어야 했다. 그 목표를 위해서는 필라멘트 질의 향상이 절실했고 또 중요했다. 그런 노력은 1880년 부분적으로 성과를 이루었고 그것은 대나무가 좋은 성과를 낸다는 점이었다. 이후 대나무 산지인 중국이나 인도, 일본에 이어 중앙아메리카까지 접촉했고 최종 일본 교토 인근의 야와타산 대나무로 귀결되었다. 결과적으로 대나무 숯을 필라멘트로 사용하는 방안인 것이다. 그뿐만 아니라 전구와 함께 필요한 발전기, 소켓, 퓨즈 및 배전반 등 그 보급에 필요한 각종 주변 장치를 함께 만들어 비로소 전개될 전구 시대를 차근차근 개척했다.

에디슨이 지금까지도 발명왕으로 칭송되는 이유는 바로 그러한 종합적 사고가 가능한 차별성 때문이라 생각된다. 단지 전구 개발에 그치지 않고, 모든 가정에 전구의 도입이 가능하다는 착안을 했다는 점과 나아가 그것이 실현될 수 있도록 전체 시스템의 완성한 점에 있다. 물론 30년이 지난 후 그의 대나무 필라멘트는 텅스텐으로 바뀌었고 그 과정에서 밝혀진 기술의 진보 덕분에 전구는 더 높은 온도에서도 수명이 연장됐고 그 밝기도 개선됐다.

1960년대에는 할로겐이 최근에는 그 골치 아팠던 필라멘트 대신 LED를 거쳐 자발 광원인 OLED까지 눈부신 발전을 이뤘지만, 이 모든 전구 역사의 시작점에 에디슨이 있었음은 모두가 인정할 수밖에 없다. 그의 위대한 업적이 칭송받는 이유는 전구구조와 필라멘트 소재 물성을 비롯한 주변장치 하나하나의 연결에 이르기까지 무에서 유를 창조한 전구 발명이 새로운 컨셉 디자인의 결과물이었기 때문이리라 본다.

에디슨의 그런 기업가적 노력에 힘입어 각 가정에 불이 들어오고 밤이 낮과 같이 밝아지는 과정에서 전 산업 및 총체적 경제부문의 혁신이 이루어지게 된다. 다름 아닌 생산현장의 시간이 길어지게 된 점이다. 대량생산이 가능해진 기계화 및 자동화와 더불어 멈추지 않는 컨베이어벨트에서 하루 16시간 이상의 노동을 쏟아부으며 이룩하게 된 대량생산체제가 전등의 발명에 기인하고 있음을 제시한다. 밤낮없이 제품을 만들어 시장의 확장에 목표를 두었던 기업가의 머릿속엔 전등의 발명이 완전히 새로운 산업환경을 불러오게 된 획기적인 변화였다. 그들의 관점에서는 전등의 Concept이 그렇게 새롭게 디자인되어 현실에 적용되고 있었다.

2) television

2차 산업혁명 시대를 대표하는 또 하나의 제품으로는 텔레비전을 들지 않을 수 없다. 단어의 뜻 그대로 멀리서도(그리스어 τῆλε) 영상(라틴어 visio)이 전해지는 원거리 통신 대중 매체라는 의미를 담고 있다. 전등이 산업 전반의 틀을 흔들어 놓은 프레임 체인저라고 한다면 텔레비전은 제3차 산업혁명으로 이어질 수 있는 정보화의 총아를 탄생시킨 역사적인 사건이라 평가할 수 있겠다. 바야흐로 세상을 연결하는 새로운 창(窓)의 개념으로 부자들만의 전유물로 끝나지 않고 시골 구석구석까지 값비싼 전자제품이지만 할부제(installment plan)를 통해서라도 구입할 수밖에 없도록 한 근대사에서 가장 매력적인 제품 중의 하나로 자리매김하게 되었다. 인터넷이 보편적으로 보급된 현대적 통신수단 이전, 사람이 전언할 수 있는 이전의 방법으로는 편지나 telex, fax, telephone(전화)의 단계로 발전해 왔다. 눈에 보이는 또는 지금 들리는 사실이나 현상을 다양한 방식으로 전하고자 시도해왔으나 사람에 따라 또는 상황의 정도에 따라 어떻게 설명해야 하는지에 대한 한계를 분명히 가지고 있었다. 사람의 감각으로 비유하자면 모든 감각 기관의 합이 100이라면 그 가치가 90에 이른다는 속담이 있을 정도인 눈을 통해 보는 감각에 소리까지 함께 듣게 해주는 공감각 데이터를 텔레비전을 통해 먼 거리의 어디서든 접할 수 있다는 점에서 획기적이라 하지 않을 수 없다.

이 텔레비전의 탄생에는 시장을 창출하는 기업가의 천재적인 아이디어가 접목되어 있음을 발견하게 된다. 1873년 Willoughby smith라는 아일랜드 출신의 전신기사가 셀렌의 광전효과를 발견한 이후 1875년, 이를 응용한 미국의 조지 케리는 비로소 영상을 보내기 위하여 전기 신호로의 전환이 성공하게 되었다. 그는 많은 광전지를 만들었고 이를 각 전구에 연결하였고 이후 판 앞으로 위치하자 대상 물체의 윤곽이 나타나는 것을 발견하였다. 이 방식은 너무도 많은 전구와 전선이 있어야 좋은 영상을 얻을 수 있는 단점이 있었지만 중요한 시작점이 된 사건이었다. 이 단점을 보완하며 독일의 파울 고틀리베 닙고프가 생각한 영상의 재생 방법은 영화를 보는 것과 같이 기술적 관점에서 볼 때 빛에 의한 순차적(Sequential) 이미지 재현이라 하더라도 잔상 효과로 사람들은 이를 한 번에 전체 이미지로 파악한다는 것을 이용한 것이다. 이후 1929년 BBC에 의해 시도된 세계 최초 텔레비전 방송은 기계식 송출 방식이었다.

이에 앞서 1897년 카를 브라운은 음극선관을 발명하였고 이는 바야흐로 전자식 텔레비전의 시작을 불러왔다. 이후 전 세계적으로 텔레비전 방송 송출에 관한 법규와 제도 등을 정비해 오던 중 독일은 특허권을 구비 하는 등 과정을 거쳐 1935년 세계에서 처음으로 텔레비전 방송을 통해 1936년 베를린 올림픽을 생중계했다. 이어서 컬러 TV, 디지털 TV 등의 기술들이 이어지면서 세상의 창이라는 기능은 급기야 최고조로 정교해져 화려한 색상과 음향을 구현하는 고품질 방송이 가능해졌다. 하나의 제품 컨셉이 한 번 시도 후 소멸하는 것이 아니라 지속 연결되면서 성장 진화해 가는 것이다. 이같이 2차 산업혁명 시대에는 기술의 발전과 사업의 기회가 공존하고 지극히 협력하는 즉 과학자와 기업가가 동전의 양면과 같이 오버랩(overlap)되는 현상이 자주 등장하곤 했다.

3) 냉장고

인류가 최초로 인공적 얼음을 만들게 된 사건은 1748년 윌리엄 컬렌까지 거슬러 올라간다. 몸에서 땀이 나면 피부의 열을 빼앗아 몸의 열을 낮추는 사실에 착안하여 에틸에테르를 반 진공 상태에서 기화시켜 인공적으로 얼음을 얻는 기술을 개발하게 된다. 또 하나의 제품 컨셉이 형성된 순간이다. 생각을 구현할 기술이 개발되고 한 단계 업그레이드되기까지는 보통 많은 시간이 필요하다. 처음 얼음이 만들어진 후 100년 이상이 경과 한 1862년이 되어서야 영국의 제임스 해리슨이 최초의 냉장고를 발명하게 된다. 이어 독일의 인데가 냉매로 암모니아를 적용하여 압축 식 휴대용 냉장고 모델을 발명하면서 크기가 획기적으로 작아지게 되었다.

이후 1911년에 와서 미국의 GE(General Electric)사가 최초의 가정용 냉장고를 개발하며 이제 온 가정에 보급됨으로써 식생활에 큰 변화를 불러일으키게 된다. 1920년이 되자 듀퐁사는 암모니아보다 안전성에서 뛰어난 프레온 가스를 씀으로서 더욱 진보된 시스템을 갖추게 되었다. 바야흐로 냉장고는 식품에 국한하지 않고 약품이나 산업용 원료 등을 부패하지 않도록 저온에서 보관하고나 적정 사용온도를 유지하게 함으로써 산업 전반에 다양한 분야와 조건에서 새로운 개념의 제품을 시도할 수 있게 하였다. 하나의 컨셉이 등장하면 이를 응용하여 용처를 발굴하고 새롭게 적용하는 형태로 산업은 다양해지고 기술의 깊이가 확장되는 형태를 보인다. 이러한 현상의 중요한 동력이자 주체는 바로 기업가이며 이들이 관여하게 되는 세상의 빈틈들이 결국 기회라는 이름으로 화려하게 변신하는 것이다.

4) 세탁기

세탁기는 인류의 발전에 있어 여성의 사회진출을 열어준 혁신적 가치의 신제품으로 각광을 받았다. 인터넷보다 더 위대한 발명품으로 주장하는 사람들도 있다. 그 찬사의 근거가 고작 빨래를 대신해 주는 기계 정도가 아니라 행동경제학파의 분석에 따르면 여성의 가사노동이 획기적으로 줄어들게 된 주부들이 미래를 위한 준비에 시간을 쓰고 공부를 더 할 수 있게 되었고 이후 본격적으로 사회에 진출함으로써 전반적 사회 구조 및 여권 향상으로 이어진 계기가 되었기 때문이다. 이러한 명품이 탄생하기까지 세탁기는 120년 정도의 변천사가 있었는데 원시적인 형태로는 그 이전에도 다수가 있었지만 현대적인 세탁기와 연결 지을 수 있을 만한 양산 제품은 1900년대 초 등장했다. 최초라 볼 수 있는 세탁기의 발명은 1691년 영국에서, 이른바 현대적 개념의 세탁기는 미국의 제임스 T. 킹의 1851년 발명품으로 볼 수 있다.

본격적으로 양산품으로서의 그것은 1900년대로 보았고 독일이 개발에 뛰어들면서 기술이 급격히 도약하게 되었으며 대중 역시 저렴한 가격으로 구매할 수 있는 여지가 생기게 되었다. 재미있기도 하며 또 당연하기도 한 것은 세탁기의 유형이 고객의 니즈에 맞춰 성장해 온 역사에 있다. 미국은 용량이 큰 봉형 세탁기가 주를 이뤘고 물이 귀한 유럽에선 물 사용량이 적은 드럼식 세탁기가 발달했으며 동아시아에선 전력 소모량이 최소인 와류식 세탁기가 대세를 이뤘다. 2000년대 이후 고성능 드럼세탁기의 시대가 열리면서 모든 면에서 뛰어나 각광을 받기 시작했다. 이제는 각 가정에 한 대 없어서는 안 될 필수 가전제품이 되었다. 여성의 일반적 사회진출의 계기뿐만 아니라 CEO가 여성인 '여성의, 여성에 의한 그리고 여성을 위한 기업' 나아가 그들의 실제 경험들이 녹아있는 제품들이 이후 크게 성장하는 발판이 된 제품이 세탁기라 할 수 있다.

5) 자동차

자동차는 가히 2차 산업혁명의 총아라고 해도 과언이 아닐 만큼 인류가 구현해 낸 모든 기술의 유기적 집합체이다. 내연기관 자동차의 부품수가 3만여 개[12]에 달한다고 하는 데 그

12 전기자동차는 한국표준산업분류상 내연기관의 핵심 장치인 엔진, 변속기, 클러치가 필요 없기 때문에 부품 수가 1만 개 수준으로 줄어들 것이라 한다.

기술과 소재 하나하나의 기원에서부터 당시까지의 모든 기술, 소재, 자원 요소들이 모두 망라되고 결집하여 창조된 최고의 발명품 중 하나로 칭송된다. 그 이유는 그 주요 구성품들을 보면 바로 이해될 수 있다. 바퀴, 헤드라이트 전구의 전기장치, 구동장치인 엔진 및 조향장치 등의 기계공학, 타이어 및 카시트, 브레이크 페달 등에 적용된 특수 섬유공학, 에너지 원료인 가솔린과 디젤 등 석유화학, 움직이는 라디오 및 오디오 장치의 전자통신, 음향학을 비롯해 모두 열거하기도 어려운 테크놀로지의 집합체이다. 특히 가장 기본이 되며 근본적인 컨셉은 이동 수단으로서의 자동차이다. 말 없는 마차라는 막연한 컨셉 디자인이 멋지게 구현된 것이라 할 수 있다.

원시시대부터 적용되어오던 바퀴를 통해 사람의 힘에서 동물의 힘 더 나아가 동력의 힘으로 시속 수백 킬로미터의 이동을 가능하게 한 점에서 이른바 인류 역사 그 자체가 될 수도 있다고 하겠다. 곧 다가올 미래에는 인공지능과 빅데이터의 힘까지 더하여 사람의 운전과 작동이 필요 없는 자율주행 자동차 시대가 열릴 것이고 그 동력인 에너지에 측면에서도 지구 환경을 보존할 수 있는 다양한 바이오 연료(전기 및 수소 등)로 바뀌고 있으니 참으로 광속의 발전이라 하지 않을 수 없겠다.

자동차(automobile)의 의미는 그리스어 autos(스스로), movere(움직이게 하다)에서 어원이 왔다. 앞서 언급과 같이 자동차에는 최초라 불릴 만한 것들이 많이 포함되어 있다. 과거로부터 차례로 자동차의 역사를 조명해 보자면, 동물을 동력으로 탈것의 의미를 부여하게 된 것은 BC 3500년경으로 추정된다. 다름 아닌 메소포타미아 유적에서 '나무 바퀴'가 나왔는데 이는 인류가 고대로부터 동물의 힘을 이용했으리라 짐작할 수 있게 하는 점이다. 이후 철기 시대 또는 고대 잉카 유적지 등에서도 나무 및 금속으로 만든 바퀴가 발견되었다. 가장 빠르고 체력이 뛰어난 말과 결합하여 마차가 등장했다. 이후 획기적인 변화가 있었던 단계는 근대의 자동차로 볼 수 있는 레오나르도 다빈치의 태엽 자동차인데 1482년 그는 우연히 시계의 태엽을 감다가 이를 응용하여 태엽 자동차 컨셉을 스케치했지만 너무 자주(15분 정도마다) 태엽을 감아야 해 실제 원활한 주행은 불가능했다고 한다. 이후 1599년 네덜란드 물리학자 시몬 스테빈에 의해 돛을 단 자동차인 풍력 자동차가 등장하기도 했지만 바람의 방향과 양이 일정

그림 6-1 레오나르도 다빈치가 설계한 태엽 자동차

치 않아 신통치 않았다.

현대의 자동차는 내연기관 또는 엔진 발전의 역사와 그 궤를 같이 한다. 이와 관련한 최초의 자동차는 증기기관을 활용해서 만든 것인데 이는 제임스 와트 이전부터 존재했다. 이전의 증기기관은 내부 기관이 수증기의 열에 의해 생긴 힘으로 왕복하는 단순한 원리로 기관의 동력이 뛰어나지는 않았고, 에너지를 발생 순간과 응축 순간의 갭이 커 진동이 심했으며 열에너지의 낭비가 컸다. 그런데 제임스 와트는 이를 개선하여 직선운동을 기관의 회전 동력으로 전환하는 데 성공했다. 이 기관을 통해 발생된 에너지는 열기를 응축하고 또 양쪽의 피스톤에 번갈아 보내는 교대 송출 방식으로 에너지를 안정적으로 만들어낼 수 있었다.

1769년 프랑스의 군인이었던 니콜라스 퀴뇨(Nicholas Joseph Cugnot)가 이 기관을 응용, 군수용 대포를 끌기 위한 삼륜차를 만들고자 시도했다. 하지만 시속은 5km에 불과하여 사람이 걷는 수준이었다. 이 자동차는 그 나름대로 형태도 갖췄고 스스로 움직이는 말 그대로 첫 번째 자동차(自動車)였지만 제동 장치가 없어 파리 교외의 한 내리막길에서 벽에 추돌하는 '최초의 자동차 교통사고'를 낸 기록을 갖기도 했다. 이후 1800년, 영국의 리처드 트레비딕(Richard Trevithick)이라는 광산기술자에 의해 비로소 제동 장치까지 갖춘 최초의 승용차가 등장했는데 13km/h로 주행하는 데 성공하기에 이르렀다. 증기기관 자체는 당대로서는 혁명적에 가까운 것이었다 하지만 사람들의 마음속엔 더 작고, 더 가벼운 반면 더 효율적인 동력장치를 끊임없이 원했다. 그 결과 각고의 노력이 빚어낸 것이 휘발유를 원료로 하는 엔진을 장착한 3륜 자동차이다. 1879년 독일의 카를 벤츠(Karl Benz)는 가솔린 엔진을 발명하고 이후 1885년, 1기통 4엔진을 장착한 안정적이고 조용한 삼륜차를 만들기에 성공했다. 이후 1886년에는 관련 특허를 획득했다.

디젤 엔진은 1894년, 독일 엔지니어 루돌프 디젤에 의해 발명되었고 그의 이름이 품명이 됐다. 바야흐로 현대적 자동차 형태는 1900년대 초, 혁명적인 변화로부터 시작되었다. 다양한 자동차 회사가 생겨나 성장했고 나름의 브랜드가 성장하기 시작한 이때에 함께 자동차의 형태 및 구조에 대한 기준도 하나씩 정립되어 갔다. 이 이전의 자동차는 쉽게 말해 마차에 엔진을 얹은 형태에 가까웠다고 할 수 있다. 많은 자동차 제조사가 경쟁을 시작하면서 이전의 주 이동 수단이던 마차는 빠른 속도로 사라지게 되었다. 이 무렵의 회사 중 1908년 헨리 포드(Henry Ford)는 포드 자동차의 브랜드에서 역사적인 '모

그림 6-2 포드 모델 T

델 T'를 출시했다. 그의 모토는 이랬다. "자동차 가격은 노동자나 서민이 구매할 수 있을 정도로 낮아야 한다." 이런 정책의 포드사는 공장 자동화를 통해 혁신적 조립라인을 구축하였고 나아가 원가 절감에 성공하며 자동학의 대중화에 큰 성공담을 남기게 되었다.

영국의 철학자 Roger Bacon은 미래에 동물에 의지하지 않고 스스로 달리는 자동 수레가 지구를 누빌 것이라는 예언을 한 바 있다. 이후 이러한 예상이 현실로 구체화되기 시작했는데 레오나르도 다빈치는 태엽의 힘으로 움직이는 자주차를, 시몬 스테빈은 풍력으로 움직이는 수레를, 아이작 뉴턴은 증기 추진 자동차를 고안했었다. 이런 과정들은 유관기술로 축적되었을 뿐 실현되지는 못했었다. 최초의 자동차 발명으로 인정되는 모델은 니콜라스 조셉 퀴뇨(1725~1804) 라는 프랑스 군사기술자의 것으로서 육중한 대포를 쉽게 운반할 방법을 연구하던 중 1765년 영국 제임스 와트가 고안한 증기기관을 접목하게 되었다. 1769년 보일러에서 물을 끓여 바퀴를 돌리는 즉 증기의 힘으로 만들어진 직선운동을 바퀴를 돌리는 회전운동으로 전환 시키는 최초의 증기자동차가 발명된 것이다. 그런데 브레이크가 없던 첫 시범 운전에서 전술한 바와 같이 담벼락을 부수는 최초의 교통사고를 일으키기도 하였다.

그럼 그런 역사를 딛고 휘발유 엔진을 장착한 현대식 자동차는 언제 발명된 것일까? 바로 독일의 칼 프리드리히 벤츠(1844~1929)에 의해 페이턴트 모터 바겐이라는 모델로 그 위업이 달성되었다. 1883년 최초의 수작업 자동차 공장이 세워졌으나 그 장인들의 수작품은 귀족과 부유층만이 그 문명의 이기를 누릴 수 있었다. 이후 미국의 헨리 포드는 1903년 자동차 공장을 설립했고 1911년 최초의 컨베이어벨트 시스템을 도입하여 대량생산 체제를 구축함으로써 25만대를 생산하며 일반인들에게도 자동차를 보급할 수 있게 되었다. 그는 5%가 아닌 95%의 사람이 이용할 자동차를 만들어야 한다는 철학이 그러한 기업가적 발상을 가능하게 하였다. 자동차를 통해 기업이 세워지고 지금까지 세계 최고 수준의 기업가치를 누리는 회사들은 쉽게 발견할 수 있다. 그만큼 많은 기업가가 도전했고 실제 추종을 불허할 만한 어마어마한 성과를 일궈낸 산업 분야이기도 하다.

2. Process design 관점 - 전개 시스템

토마스 에디슨이 남긴 명언으로 '1%의 영감과 99%의 노력이 일궈낸 결과'의 의미를 살펴볼 때 1%의 영감은 기회를 인식하는 기업가의 컨셉 디자인(Concept design) 능력이고 이를 제품으로 구체화하는 것은 기업가의 프로세스 디자인(Process design) 능력으로 정리할 수 있다. 여기에서 기업가의 프로세스 디자인 관점의 요지는 주어진 환경을 극복하고 관련된 모든 자원을 동원, 기회를 실현토록 하는 체계적인 방법론이라 할 수 있다. 이 개념에는 기회의 발견, 기회를 실현하기 위한 창업 및 성장 그리고 출구전략을 포함한 실패를 딛고 재도전하는 연속적 창업의 모든 형태를 망라한다. 이와 관련하여 Gartner(1985)는 사업의 기회를 발굴, 필요한 자원을 축적하고 제품과 서비스를 마케팅하며 제품을 생산, 조직을 구축함으로써 사회와 정부에 대응하는 것을 말한다고 했다. 기업가적 기회가 불균형, 불일치, 불안정한 시장의 특성을 기반으로 하는 메커니즘이지만 기업가의 프로세스 관점은 기회와 연결될 수 있는 모든 자원과 환경을 융합하는 체계적이고 구체화 된 시스템이다.

1) 프로세스 디자인을 성공시키기 위한 요소들(KFS: key factors for success)

Moore & Bygrave(1994)는 기업가적 프로세스를 규명하기 위해 다음의 단계들을 정립하였다. 혁신(Innovation), 촉발 사건(Triggering event), 실행(Implementation), 성장(Growth)이라는 4단계로서 각 단계별 특징들을 [표 6-3]에서 종합, 요약하고 있다. 각각의 단계는 선형적(linear)이며 또 현실적으로 중복(overlap)되면서 상호작용한다. 프로세스의 각 단계에서는 성공요소와 발생 문제별 솔루션도 다르기 때문에 각각 다른 기술(skill)들이 요구되며 이 기술의 확보가 기업가의 프로세스 디자인 성공에 주요하다 하겠다.

표 6-3 기업가적 프로세스 4단계에 대한 요약

단계	설명
1단계: Innovation	아이디어와 혁신을 발생시키고 시장의 기회를 식별하여 정보를 탐색, 실현 가능한 아이니어를 끌어낼 위치를 찾아 제품 개발
2단계: Triggering event	비즈니스의 시작 동기와 준비 작업을 포함함. 프로세스를 결정, 비즈니스 계획을 구체화, 요구되는 자원을 식별, 위험을 평가, 자원의 획득, 조합
3단계: Implementation	창업과 법인설립, 사업 초기 및 벤처의 시작과 관련, 비즈니스 전략, 사업계획의 이행, 자원의 배치와 벤처 관리를 통한 성공
4단계: Growth	이익의 극대화, 성과를 높이고 다른 기회를 포함하는 벤처의 지속적인 성장

(1) 기업가적 프로세스 제 1단계에서 요구되는 기술(Skill)

기업가적 프로세스에서 1단계는 시장에 존재하는 다양한 경제적 기회의 발견과 식별이다. 기회 인식 없이는 기업가적 성공을 기대할 수 없으므로, 기회 인식은 당연히 비즈니스가 형성되기 전의 주된 활동이다.

① 아이디어 취합(Getting the idea)

Robertson et al.(2003)은 처음 아이디어를 모으는 것과 새로운 기업을 시작하는 것은 강한 상관관계가 있음을 주장했다. Rwigema & Venter(2004)는 단순하게 가능성이 있는 아이디어의 개념을 넘어 장애물을 피하고 극복하는 방법을 찾고 도전하는 것으로 설명했다.

② 기회의 식별(Opportunity identification)

Kirzner(1973)는 기업가적 기민성(alertness) 이론을 통해 다른 사람들이 간과하는 기회의 발견 및 개발 능력으로 설명하였다. Hisrich & Peters(2002)는 대부분의 비즈니스 기회가 단순히 나타나는 것이 아니라 가능성에 대한 기민성의 결과로서 기회 식별 및 평가는 매우 어려운 작업임을 강조했다.

③ 기회의 개발(Opportunity development)

Morris & Zahra(2000)는 인지된 기회를 갖는 것은 실제로 시장이 필요로 하는 것을 쫓아 시기적절하게 대응한 것이며 이는 곧 새로운 벤처 성공의 핵심이 된다. Kodithuwakhu & Rosa(2002)는 식별된 시장의 기회를 추구하기 위한 자원의 조합 과정으로서 기회 개발을 정의하였다. Markman & Baron(2003)은 잘 팔리는 아이템을 형성할 수 있는 잠재적인 기회를 위해 아이디어를 수정하기 위한 체계적인 연구를 강조했다.

④ 기회의 평가(Opportunity evaluation)

Ucbasaran et al.(2004)는 기업가적 프로세스에서 중요한 요소는 기회의 선별과 평가임을 강조하였고, Hisrich et al.(2005)도 기회에 대한 전문적 수행 평가는 특정 제품이나 서비스가 투자의 위험 감수를 정당화할 수 있을 만한 수익이 존재하는가의 여부에 대한 것이라고 단언하였다. 기회 평가 계획(opportunity assessment plan)은 제품이나 서비스에 대한 설명과 기회 평가, 기업가 및 팀 평가, 비즈니스 벤처가 기회로 전환하는데 필요한 자원, 그리고 초기 벤처뿐만 아니라 성장을 가능케 하는 재정적 자금을 포함한다.

⑤ 기업가 팀에 대한 평가(Assessment)

좋은 기회가 나타남에도 불구하고, 확실한 기술을 가진 팀에 의해 개발되지 않는다면 성공적인 비즈니스를 만들 수 없음을 강조한다.

(2) 기업가적 프로세스 제 2단계에서 요구되는 기술

Bygrave et al.(1997)와 Carter et al.(1996)은 제2단계인 촉진단계(triggering stage)를 다음의 3가지로 구분하여 설명한다.

① 기업가가 되려는 동기(Motivation to become an entrepreneur)

Baron(2004)은 기업가적 프로세스에서 중요한 첫 관문으로 기업가가 되려는 동기를 설명하면서 push(추진, 필수)와 pull(유인, 기회)라는 특성이 다른 두 요소에 의해 자극되는(motivated) 이 동기는 비즈니스에서 성패를 거치며 긍정의 힘을 갖게 한다고 하였다.

② 사업계획(planning)

Wickham(2001)은 기업가가 전략을 배합하여 사업계획을 공식화한다고 했다. Hisrich (2005)는 적합한 사업계획은 기회를 개발하기 위한 필수이며, 요구되는 자원의 결정과 자원을 획득하고 성공적인 벤처 경영의 결과를 가져온다고 주장하였다.

③ 자원의 취합(Gathering resource)

Hellman(2007)은 기업가는 사업계획에 요구되는 자원과 전략을 세심하게 평가하고, 다음으로 기회를 포착하기 위해 필요한 자원을 취합한다고 하였다. Gartner et al.(1999)도 역시 자원의 발견뿐만 아니라 자원 획득도 언급했다. 또한 혁신자원의 존부는 기업가적 활동의 성패를 결정한다고 하였다.

(3) 기업가적 프로세스 제 3단계에서 요구되는 기술

3단계는 자원을 획득한 후에 기업가가 비즈니스 계획을 실행하고 목표에 따른 구체적인 행동을 하는 단계를 말한다(Hisrich et al., 2005). Rauch & Frese(2000)는 목표 개발과 목표 재정립, 세부 계획, 품질 대응, 계획의 모니터링, Feedback 과정과 미래의 비전 개발을 구체적인 행동(action)이라 정의하였다. 이 단계는 기업가가 Process Design을 '실행(Implementation)' 하는 과정인데 이는 idea를 실제 현실로 구현함을 특징으로 하며 여기서 수행되는 과업은 다음의 4가지 주요 범주로 설명할 수 있다(Wickham, 2001).

① 관리(management)

② 계획(planning)

③ 조직화(organizing)

④ 지휘와 통제(leading and control)

(4) 기업가적 프로세스 제 4단계에서 요구되는 기술

4단계는 비즈니스 성장 단계이다. 성장 전략으로서 필요한 요소는 다음과 같다.

① 전체적 성장(Generic growth)

시장점유율의 상승, 신제품 개발, 신시장 진입 등 각종 성장지표들과 관련된다.

② 수직적 통합(Vertical integration)

가치 사슬(value chain) 내의 활동들 중 기업 영역 안에서 실행되는 활동을 말하며, 후방 수직통합과 전방 수직통합으로 나눈다.

③ 수평적 통합(Horizontal Integration)

가치사슬의 동일한 수준에 있는 사업군을 인수/합병하는 것을 말한다.

④ 측면적 통합(Lateral Integration)

위험과 변동을 줄이기 위해 다각화하는 활동이며, 동일 업종의 기업 합병 등이다. 기업가는 기업의 성장 과정에서 문제와 기회의 해결 능력이 필요하다. 광범위한 노하우가 필요하고 발생할 문제와 기회를 넓은 관점에서 전망할 시야가 있어야 한다.

다음으로 성장 과정에서 수행되는 활동의 사례는 다음의 5가지로 설명될 수 있다. 시장 확대(market expansion), 기술적 변화(technological change), 자원의 축적(garnering resources), 운영(operation), 조직 개발(organizational development) 등이다.

2) 기업가적 벤처 창업 프로세스

단계 (1) 기업가의 의지
단계 (2) 기업가적 전략(사업 아이디어 개발)
단계 (3) 벤처 창업
단계 (4) 벤처 경영과 성장

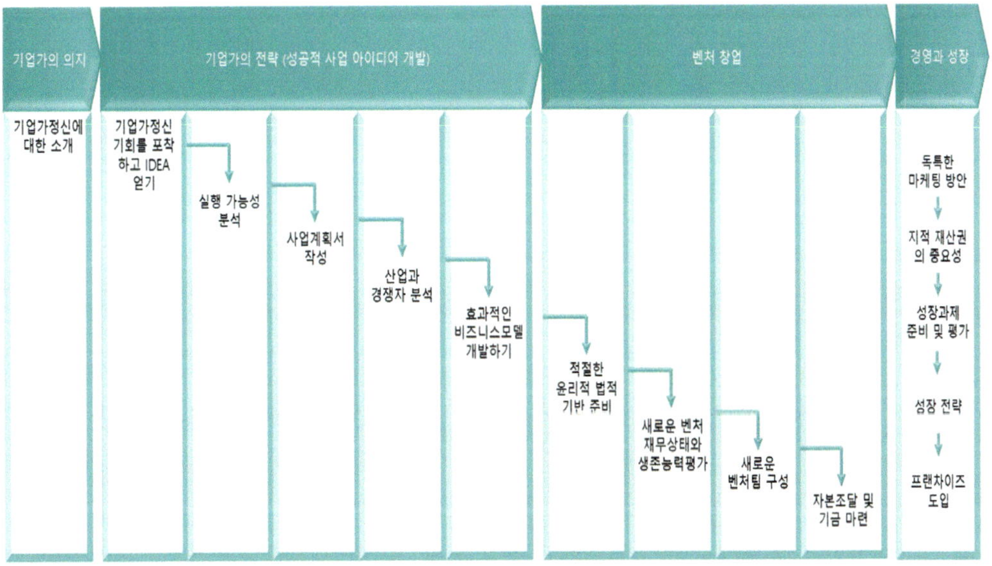

그림 6-3 프로세스 디자인 전체 흐름도

(1) 기업가의 의지

이 단계 (1)에서는 먼저 기업가가 되고자 하는 의지가 중요하다. 그것은 어떠한 대가를 감수하고서라도 이루거나 달성하고 싶은 목표가 있고 그 가능성에 대한 신념이 있어야 하며 남다른 성취 욕구가 선행되어야 한다는 것이다. 사업을 위한 모든 외부적 준비(아이디어, 자금, 인력 등)가 되어 있다고 하더라도 아무나 기업가가 되는 것은 아니다. 반대로 당시는 아무런 준비가 없더라도 기업가정신이 충만한 후보 사업가는 남다른 추진력으로 문제들을 해결하며 기업을 세우고 이끌어갈 가능성이 더 높은 것이다. 따라서 벤처 창업 프로세스의 첫 단계는 무엇보다 기업가의 의지가 중요하다.

(2) 기업가적 전략 (성공적 사업 아이디어 개발)

단계 (2)에서 기업가가 사업 아이디어를 성공적으로 개발 구현하기 위한 5개의 세부 전략 전개 절차로 구성된다.

① 사업기회 발굴과 아이디어 구상

중요한 부분은 단순한 아이디어와 기회의 차이점에 대한 이해이다. 아이디어는 흥미롭고 그 가능성으로 의욕을 높일 수는 있지만 실제로 모든 아이디어가 기업가적 기회의 원천이 되는 것은 아니다. 이를 이해하기 위해 기회와 관련된 외부환경 요인이나 조건 등에서 기업가가 기회를 포착하는데 사용하는 접근법의 정리가 필요하다.

보통 기업가가 기회를 인식하고 성공적인 비즈니스로 연결시키는 과정은 신제품에 대한 니즈를 만들어 내는 주변 상황을 중심으로 이루어진다. 이때 아이디어에 흥분하기에 앞서 이를 기회로 연결하기 위해서는 다음의 3가지를 충족해야 한다.

- 트렌드 분석 : 경제적 동향(경제상태, 소득수준, 소비자의 소비 행태 등), 사회적 동향(사회 문화 인류학적 변화, 사람들의 생각변화 등), 기술진보(신기술, 유망기술, 재래기술의 새로운 활용 등), 정치 및 규제의 변화
- 문제 해결 : 문제의 발견과 인식이 곧 해결의 출발점이고 해결 방안 강구 과정에서 사업의 기회를 찾게 된다. 문제는 직관적으로 혹은 뜻밖의 발견이나 또 사람들이 생활에서 직면하는 다양한 문제들을 깊이 관찰함으로써 인식된다. 예를 들어 종이컵에 담긴 커피가 너무 뜨거워 이를 자신의 무릎에 쏟아 본 경험을 통해 컵 슬리브를 개발하여 Java Jacket은 10억 개 이상의 컵 슬리브를 판매했다.
- 시장에서의 Gap 발견 : 한 아이디어가 기회로서의 니즈에 맞고 그 기준에 적합한지를 객관적으로 판단하는 것이 매우 중요한 것이다. 상기 예에서 커피 잔이 뜨거운데도 사람들이 그 불편함을 감수하고 있다는 문제점과 컵 슬리브라는 해결책인 아이디어와의 Gap에서 시장의 기회를 발견한 것이다. 단순한 아이디어와의 사업상 기회의 차이를 명확히 이해하는 것이 꼭 필요한 것이다.

② 타당성 분석

타당성 분석은 사업 아이디어가 실현 가능한지를 결정하는 과정이다. 아니 제품이나 서비스에 대한 아이디어의 잠재적인 사업성을 엄격하게 평가하는 것이다. 가장 효과적인 사업 프로세스는 사업아이디어 인식, 아이디어의 실현 가능성 분석, 사업계획 작성, 창업 순이다. 만약 사업 아이디어가 타당성 분석의 하나 이상을 충족시키지 못한다면 그 사업은 탈락시키거나 반드시 재고해야 한다. 많은 기업가들이 사업아이디어를 확인하고 이에 대한 지원을 얻기 위해 바로 사업계획 수립 단계로 넘어가는 실수를 저지른다. 대부분의 불행이 이런 경우에 발생한다. 이 장에서는 제품·서비스 타당성, 산업·시장 타당성, 조직 타당성, 재무 타당성의 4가지 주요 영역으로 구분하여 타당성 분석 방법론을 제시한다. 타당성 분석을 위해 산업 전문가 인터뷰, 미래 고객의 설문, 산업 동향 연구, 재무 등에 관한 면밀한 조사 등을 필요로 할 수 있다.

| 표 6-4 | 타당성 분석의 주요소와 그 내용

타당성 분석	주요 내용
제품·서비스	제품·서비스의 전반적 매력도 평가, 시장의 수요 파악과 수요 충족도
산업·시장	해당산업 및 목표시장 전반의 매력도 평가 ① 산업 매력도 : 일반적으로 생명주기의 초기단계, 집중보다는 분할, 성장성, 필수품, 확장성, 영업이익률, 핵심 원자재 의존도, 산업의 장기건전성, 틈새시장 창조 잠재력 등. 이를 위해 환경과 Biz 트렌드 인식이 중요. ② 목표시장 매력도 : 신생기업의 전체 시장 접근 어려움(자원 부족 등). 특화된 시장 분석이 더 난해함. 목표시장을 위하여 다수의 산업이나 시장 정보를 합성할 필요 있음.
조직	경영전문성, 조직 역량, 필요자원의 보유여부 판단, 신생기업에 ① 경영적 기량 : 기업가의 전문성, 사회적 네트워크, 경험 및 지식 ② 충분한 자원 : 비 재무적 자원으로서 전문 인적 자원 및 지적 재산(보호 능력)
재무	현금 총액과 유사 비즈니스에서의 재무적 성과, 비즈니스 전반에서의 재무 매력도, 초기 예상치 이므로 너무 세부적일 필요는 없음. ① 초기 현금총액 : 첫 매출 달성에 필요한 현금 총액(자본과 운전자금) 투자나 대출 등 자금 조달관련 세부 설명 필요. ② 유사 비즈니스의 재무적성과 : 재무 타당성의 대략적 판단에 필요 ③ 신규 비즈니스의 전반적 재무 매력도 : 추정재무제표(1~3년)를 통한 시장 틈새의 명확성(초기의 안정적 성장 여부), 경상수익율과 매출의 재생 안전성, 지속성장을 위한 내부자금 보유 및 기회 기반 투자자의 현금 조달 능력 등

③ 사업계획서 작성

사업계획서는 무엇보다 작성 형식과 구성 내용이 중요하다. 그 작성하는 가이드라인과 개별 구성부에 대한 설명을 할 것이다. 또한 사업계획서를 효과적으로 표현할 수 있는 전략을 포함한다.

• 사업계획서

사업계획서에 포함되는 내용은 계획서로서의 실용성과 벤처 설립의 타당성에 대한 확신을 주어야 한다. 대부분 잠재적인 신규 벤처투자의 장점으로 나타나게 된다.

- 사업계획서의 목적 : 사업계획서의 주된 목적은 잠재적 투자자(investor), 공급자(supplier), 사업파트너, 핵심인재 등에게 물적, 인적 자산의 투자 가치를 느끼게 해야 한다. 사업계획서는 벤처에 대한 신뢰감을 기본으로 과거 및 현재의 기업 세부 정보를 알려 주는 것뿐만 아니라 그 기업가가 그리고 있는 미래의 비전까지 보여 줄 수 있어야 한다. 결과적으로 사업계획서는 투자자들의 호응을 끌어낼 수 있어야만 의미가 있는 것이다.

• 사업계획서의 작성 가이드 : 사업계획서의 형식으로서 그 구조 및 내용

- 사업계획서의 구조 : 사업계획서는 전형적인 틀을 따라야 한다. 일반적으로 투자자는 쉽고 빠르게 중요한 정보만 보기를 원한다. 그 구조적 형식을 위해 간혹 컨설턴트나 외부전문가를 활용하기도 하지만 내용의 선별은 결국 창업자의 몫이다. 특히 사업을 둘러싸고 있는 가능성이나 비전 등은 창업자 당사자가 제일 잘 알기 때문이다.
- 사업계획서의 내용 : 사업계획서는 새로운 벤처의 분명하고 명확한 정보를 가능한 모든 측면에서 제공해야 한다. 따라서 어려운 점은 그 양의 설정이다. 자세하면 좋지만 독자의 흥미를 위해서는 간략해야 한다는 것이다. 대부분 대략 25~35페이지 분량이다. 본 사업계획서 작성 전 요약본은 10~15페이지 정도가 적당하고, 내부용은 회사의 운영을 위한 청사진 또는 가이드라인으로서 보통 40~100페이지이다.

• 사업계획서의 개요

구체적인 사업계획서의 작성 구성은 사업 및 창업자의 특성에 따라 다르며 반드시 모든 요소를 포함하는 것은 아니다. 공통적으로 표지에는 회사명, 목차, 주소, 전화번호, 이메일, 날짜, 홈페이지 등을 포함한다.

- 요약 : 주로 본론의 짧은 개요로서 행간 띄어쓰기 없이 2페이지 이내이다. 섹션 단위로 요점을 설명하면서 사업계획서 순서와 같이 작성하는 것이 좋다. 이는 통상 마지막에 작성하는데 사업계획서 자체가 계속 수정·보완되기 때문이다.
- 산업 분석 : 사업이 진입할 산업의 규모, 성장률, 판매 예측치 등에 대한 정보를 작성

한다. 사업과 연관된 산업 및 목표시장을 정하고 주 성공 요인을 밝히는 것이 중요하다. 결론적으로 투자자가 산업에 참여하고 싶은 의욕이 들게 해야 한다.

- 회사 소개 : 일반적인 회사의 정보로 시작하고 회사연혁은 요약하되 본 사업의 아이디어 도출 연관성과 사업 시작의 원동력을 설명해야 한다. 미션은 회사의 존재 이유와 그 열망이다. 제품 소개 후 현재 상황은 마일스톤 관점에서 회사의 현재 위치와 나갈 방향을 설명한다. 기타 소유권 분배 현황과 주요 협력관계 등을 소개한다.
- 시장 분석 : 시장 분석은 산업분석과는 확연히 다르다. 시장 분석은 회사가 진입하려고 하는 목표시장(Target)을 정하고 시장 세분화(Market segmentation)를 하는 것이다. 시장 분석의 마지막 단계는 회사의 연간 판매량과 시장점유율 예측이다.
- 사업의 경제성 분석 : 사업의 재무 분석으로 시작한다. 사업에서 이익 창출과 손익분기점과 수익 시점을 설명한다. 중요한 지표는 매출원가, 공헌이익, 변동비용, 고정비용, 영업 레버리지 등이다.
- 마케팅 계획 : 시장 진입 및 판매 전략이다. 마케팅 계획은 소위 4P가 기본과 핵심을 다룬다. 일반적으로 목표시장에의 포지셔닝과 차별화 전략으로 마무리된다.
- 디자인 개발 계획 : 개발 방향과 관련된 개발 노력에 대한 구체내용을 포함해야 한다. 개발 단계별 설명(프로토 타입 등), 특허, 상표, 저작권, 영업비밀 등에 대한 계획과 전략이 필요하다.
- 운영 계획 : 사업 운영에 대한 전반적인 기술로서 가급적 핵심만 간략하게 서술하는 것이 좋다.
- BoD와 조직 : 창업자와 주요 관리 임원의 소개이다. 구성원의 간략한 프로필로서 직위, 의무와 책임, 기존경력이나 성공 경험, 학력 등이다. 또 이사회와 자문위원회가 있다면 이들의 자격과 역할을 설명한다. 조직도를 활용하면 효과적이다.
- 전체 스케줄 : 사업 성공의 주요 마일스톤의 일정 개요이다. 조인트벤처, 장비렌탈, 재무, 제품생산, 제품판매 등의 계획으로 구성된다.
- 재무 계획 : 사업계획서의 마지막 섹션은 재무 계획이다. 자금의 출처와 사용에 대한 계획으로 필요자금의 규모, 투자 출처, 자금 사용처 등을 포함한 추정재무제표이다. 이를 통해 ROA(Return on Asset), ROS(Return on Sales) 등 주요 재무 수치를 밝힌다.
- 부록 : 본문에 제외된 내용을 부록으로 간단하게 포함시킨다. 최고경영진의 이력서, 제품 프로토 타입의 사진, 시장예측자료 등이 있다.

| 표 6-5 | 사업계획서 개요

I	요약		제품, 가격, 판촉, 유통
II	산업 분석		판매과정(또는 사이클)
	산업사이즈, 성장률, 판매예상		판매 방법
	산업 구조	VII	디자인 및 개발계획
	참여자들의 특성		개발 현황 및 업무
	주요 성공 요인		개발 비용
	산업 트렌드		지식재산권 이슈(특허, 상표, 저작권, 라이센스, 브랜드명)
	장기 예측		
III	회사 소개	VIII	운영 계획
	회사 연혁		일반적 운영 계획
	미션		사업장 위치
	제품과 서비스		설비 및 시설
	현재 상황	IX	BoD와 조직
	법적 지위 및 소유권		구조
	주요 파트너십(있을 경우)		관리팀(스킬 포함)
IV	시장 분석		이사회
	시장 세분화 및 목표시장 선택		고문 이사회
	구매자 행동		회사 구조
	경쟁자 분석	X	전체 스케줄
	연간 판매 및 시장점유율 예측	XI	재무 계획
V	사업의 경제성		자금의 사용과 출처
	주 수입과 이익폭		추정 재무제표
	고정 및 변동비용		손익계산서
	영업레버리지와 미치는 영향		재무제표
	스타트업 비용		현금흐름표
	손익분기점 차트 및 계산		재무비율 분석
VI	마케팅 계획	–	-
	전반적 마케팅 전략	XII	부록

④ 산업분석과 경쟁자 분석

• 산업분석 : 회사가 창업하고자 하는 산업에 관하여 첫째, 새로운 벤처가 창업 가능한 산업인가? 둘째, 혁신이 필요하거나 서비스가 충분치 못한 부분이 있는가? 셋째, 산업 전반에서 없어져야 할 부정적 측면이 있는가?
  - 산업 트렌드 연구 : 환경 트렌드(경제, 사회, 기술적 진보, 정치 규제의 변화 등)와 사업 트렌드(외부 아웃소싱, 온라인 판매 가능성 등)
  - 5 force(산업구조 분석) 모델 : Michael Porter의 다섯 가지 경쟁력은 산업을 통해 각 기업의 수익성에 영향을 준다. 제품 매력도는 대체재 위험/신규 진입자 위험/기존 경쟁자 위험/공급자 교섭력/구매자 교섭력의 5가지로 분석한다.
• 경쟁자 분석 : 경쟁자 확인(고객이 동일한 직접 경쟁자, 대체재를 공급하는 간접 경쟁자, 당장 직간접 경쟁은 없으나 잠재 경쟁자)과 경쟁자의 세부분석 및 장단점 파악, 경쟁자의 (대응)전략 예측 등

⑤ 효과적인 비즈니스 모델(이하 BM) 개발법

BM이란 회사가 추구하고자 하는 방향에 대한 계획이다. 즉 회사가 어떻게 경쟁하고 자원을 활용하며 관계를 구조화하고 소비자들과 소통하며 지속 가능한 수익모델을 통해 가치를 창조할 것인가 하는 것이다. 성공적인 BM은 4가지 요소를 가진다.

• BM의 설정 : 경쟁력 있는 특정 모델이나 벤치마크는 없다. 장기적으로 성공하기 위해서는 시간에 따라 자사의 BM도 수정되어야 하며 이를 MB 혁신이라 한다. 이 혁신을 지속해 가야 한다.
• BM의 다양성과 중요성 : BM의 성공은 그 구성에 이어 올바른 선택과 효과적 이행을 필수로 한다. 이베이의 BM은 재화를 사고파는 가상의 공간 제공이다. 여기서 어떻게 고객 만족과 동시에 수익 창출을 하는가이다. BM의 다양성뿐만 아니라 BM 구체화의 중요성을 인식해야 한다.
• BM 구체화 : BM을 만들기 위해 가치사슬(Value Chain)이 활용되며 새로운 기회를 찾도록 해준다. 가치사슬은 상품이 원자재 단계에서 가공과 분배를 통해 최종 소비자에까지 이르는 전 과정을 담은 일련의 프로세스적 활동이다. 크게 우선순위 활동과 지원 활동으로 구분된다.
• BM의 효과적인 요소 : 성공적인 BM의 공통된 특성인 4가지(Gary Hamel)
  - 핵심전략(회사가 어떻게 경쟁할 수 있는가)
  - 전략적 자원(회사가 자원을 어떻게 획득하고 사용하는가)
  - 파트너십 네트워크(회사가 어떻게 파트너십을 구조화하고 발전시키는가)
  - 소비자 인터페이스(회사가 어떻게 소비자와의 접점을 찾아내는가)

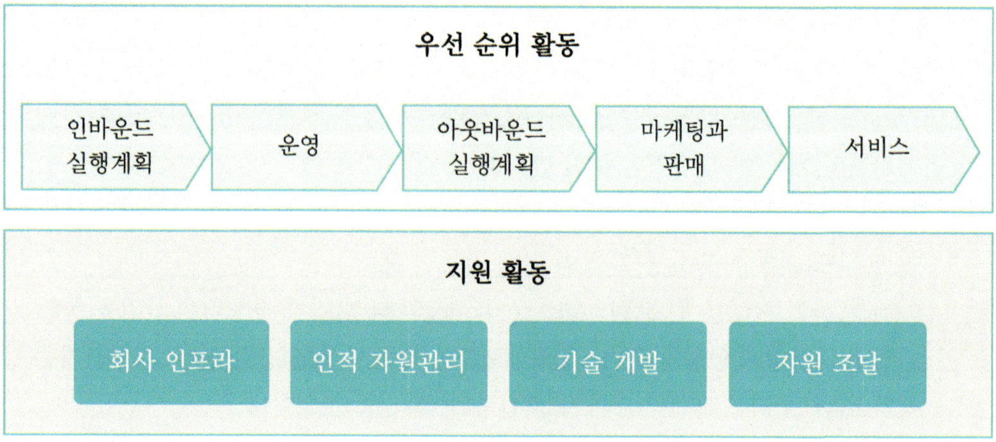

▌그림 6-4▐ Value Chain

(3) 벤처 창업

이제 단계 (3)으로서 사업을 구체화할 벤처는 어떻게 창업하는가에 관하여 세부적인 내용들을 단계별로 정리하면 다음과 같다.

① 적절한 윤리적·법적 기반 준비

- 신생기업이 직면하는 초기의 윤리적 법적 문제 : 초기에 이루어진 윤리적 법적 오류로 인해 장래에 매우 높은 비용을 초래할 수도 있기 때문에 철저한 준비가 필요하다.
- 법적 분쟁 방지 : 사업 초기 법적 분쟁을 피할 수 있도록 관행과 절차를 수립해야 한다.
  - 모든 계약 의무를 이행
  - 자금 부족 방지
  - 문서화(기밀 유지 협약 및 경쟁금지 조항)
  - 표준설정

② 신규 벤처의 재무적 건전성과 실행 타당성 평가

- 재무관리의 개요 : 성공한 기업으로의 성장은 기업가의 자금 가용성에 크게 좌우된다. 제품의 품질과는 별도로 재무관리 없이는 장기적인 성장이 불가능하다. 자금은 외부(투자자 및 대출)나 내부적으로 발생하는 이익을 통해 획득할 수 있다. 또한 회사의 주요 재무 목표로는 수익성, 유동성, 효율성, 안정성의 4가지가 있다.
- 재무제표 및 예측 : 보통 분기 및 연간으로 작성하며 상장기업은 공개의무가 있다. 추정 재무제표는 미래 2~3년간 예측치가 포함된다. 재무제표는 손익계산서(특정 기간의 회사 성과를 반영하며 수익과 비용을 기록, 기업의 손익 상황을 나타냄. 주요지표는 순매출, 매출원가, 운영비), 재무상태표(특정 시점의 회사의 자산, 부채, 자본을 보여주는 자

료로서 주요지표는 유동자산, 고정자산, 기타자산, 유동부채, 장기부채, 자기자본), 현금흐름표(특정 기간 동안의 현금 변화와 그 사유를 정리한 표로서 현금 보유 및 입출을 설명. 주요지표는 영업활동, 투 자활동, 재무활동), 비율분석 등이다.

- 추정재무제표 : 추정재무제표로 전략의 재고 및 조정이 가능하다. 추정재무제표를 통해 수익성 악화를 예측한 경우 회사는 가격상승이나 비용감축 등 운영상의 변화로써 수익성 악화를 방지할 수 있다.

③ 신규벤처팀 구성

신규벤처팀은 핵심창업자, 조언자 등의 그룹으로 신규벤처가 성장해 가도록 한다.

| 표 6-6 | 신규 벤처팀을 구성할 때 발생하는 보편적인 실수

신규 벤처팀을 구성할 때 발생하는 보편적인 실수
경영층 자리에 자격 없는 친구나 가족을 둠
다른 산업에서의 과거 성공이 본 산업에 자동적으로 적용된다는 가정
원맨팀 정신을 제공함 – 작은 그룹이 팀을 받치기 위해 계획 없이 모두 감투를 쓸 때
기업에서의 오너십을 공유하지 않는 최고 관리자를 고용함
경영팀의 스킬이나 역량 갭을 드러내지 않거나 말하지 않음
명백하게 존재하는 스킬이나 역량 갭을 채우기 위한 계획이 존재하지 않거나 모호함

- 창업자(들) : 창업자의 특징이나 그들의 초기 의사결정은 신규벤처팀의 구성 방법 등에 지대한 영향을 끼친다. 초기 그들의 지식, 스킬, 경험이 기업이 가지고 있는 가장 중요한 자원이기 때문이다. 새로운 기업은 대개 현재의 자산이나 성과보다 그들의 잠재력(미래전망)에 따라 평가된다.
- 이사회의 역할 : 새로운 벤처를 창업하면 이사회(기업의 경영을 감독하기 위해 기업의 주주에 의해 선출된 개인들의 패널)가 법적으로 요구된다. 이사회는 보통 사내이사와 사외이사로 구성된다. 기업의 이사회 수준이 기업의 성공할 잠재력을 평가한다는 시그널링 효과가 있다.

④ 자금 조달 및 투자 유치

- 자금 조달과 펀딩(Funding) 획득의 중요성 : 기업은 자금 조달 대안을 충분히 준비해야 하고 그 균형이 중요하다.
- 신규벤처기업의 자금 필요 이유 : 회사의 성장에 따라 현금증가는 자연 수반된다. 추가 매출을 올리기 전 장비를 구입하고 새 직원의 고용과 훈련을 해야 한다. 선투자 후 수익의 구조에서 신규벤처기업의 현금흐름 문제가 발생할 수밖에 없다.

- 개인 금융 : 창업자 개인의 투자는 개인 자금, 친구 및 가족, bootstrapping 등이다. 이중 부트스트래핑은 외부자금 조달의 필요성을 피하기 위해 창의성, 독창성, 검소함, 비용 절감, 보조금 취득 또는 다른 방법을 찾는 것을 말한다. 예로서 새 장비 대신 중고 구입, 구입 대신 임대, 고객에게 선 지불 받기, 개인경비 최소화, 다른 기업과 사무 공간 또는 직원 공유, 인턴 고용 등이 있다.
- 자기자본 조달 : 필요 자금의 규모 결정, 가장 적합한 자금 또는 펀딩 결정, 잠재 투자자 및 은행의 참여 전략 수립 등이다.
- 주식 조달 : 자본과 경영의 분리 하에 주식 소유권을 일부 타인에게 양도하면서 투자 자본을 구할 수 있다.
- 부채 조달 : 부채 조달은 대출 및 기업 채권 판매를 포함한다. 신규 기업이 회사채를 발행하는 것은 사실상 불가능하기 때문에 대출이 초점이다.
- 기타 : 신생 기업에게 자금 조달 및 투자 획득은 더 어렵기 때문에 임대차(고정비를 변동비화) 관리, 교부금제도, 전략적 파트너십 등을 활용한다.

| 표 6-7 | 주식투자에 관한 3가지 형태

구분	내용
비즈니스 엔젤	스타트업 회사에 직접 자금을 투자하는 개인을 말한다. 상대적으로 작은 규모의 투자도 가능한 점에서 벤처 캐피탈과 비교된다.
벤처 캐피탈	우수한 성장 잠재력을 지닌 신생 및 중소기업에 투자하는 전문적인 회사의 자금을 말한다. 벤처 캐피탈 회사는 창업 및 성장하는 회사에 투자하기 위한 펀드를 모으는 매니저들의 제한적인 파트너십이다. 이에 투자하는 투자자는 유한책임사원이다. 펀드를 관리하는 벤처 자본가는 무한책임사원이다. 첫 단계 투자가 완료되면 후속 투자는 라운드와 후속 자금의 형태로 주어진다. 투자과정의 잠재가치 및 사업계획의 핵심사안의 실사를 통해 투자 적합성을 증명한다. 사내 벤처 캐피탈을 통해 모기업 신사업에 투자하기도 한다.
기업공개 (공개공모)	기업공개는 대중에게 주식을 판매하는 것이다. 기업공개는 일반인에게 기업이 판매하는 처음 주식이다. 회사를 성장시키기 위해 새로운 형태의 자금을 유입하는 방법이 기업공개이다.

(4) 벤처의 경영과 성장

① 마케팅 이슈

기업이 목표시장을 정의하고 선택하는 방법과 브랜드 구축법을 알아본다. 신생벤처기업에게 중요한 4P 즉 제품, 가격, 촉진, 유통을 포함하여 고객과의 관계 및 판매를 완료할 때까지의 판매 Process를 정의한다.

- 시장 선택과 포지셔닝 : 신생기업이 성공하기 위해서는 고객 선정과 접근방법 관련 3단계 프로세스를 결정해야 한다. 즉 시장 세분화, 목표시장 선택, 그리고 목표시장 내 독보적인 위치선정이다.
  - 시장 세분화(market segmentation) : 목표시장 선정의 첫 단계로 해당 산업을 여러 잠재 목표시장으로 구분하는 것이다. 특히 설립 초기 제한된 자원과 역량을 집중하는 전략이 유효하기 때문에 시장 세분화가 중요하다. 시장은 지역, 인구통계학적 변수, 심리 변수, 행동변수, 제품 유형, 고객 유형 등으로 나눌 수 있다.
  - 목표시장 선정 : 특히 신생 벤처기업은 세분시장에서 성공적으로 타겟팅하는 것이 중요하다. 틈새시장(niche market)을 발굴하고 공략해야 한다.
  - 독특한 포지션 구축 : 목표시장을 선정한 다음 단계는 경쟁사 대비 차별화할 수 있는 위치를 점하는 것이다. 제품 속성 지도(product attribute map)가 유용하다.
- 브랜딩 : 브랜드란 기업과 연결되는 긍정적이거나 부정적인 속성이다. 브랜드관리를 통해 자사 브랜드의 고유성(integrity)을 모니터링 한다. 기업의 브랜드 구축은 고객이 기꺼이 비용을 지불하고자 하는 가치를 창출한다는 것이다. 결과적으로 강력한 브랜드는 기업에게 영향력 있는 자산이며 브랜드 자산(brand equity)은 다시 회사의 가치를 상승시켜 준다.
  - 브랜드 로열티
  - 인지도
  - 기업제품과 서비스 품질에 대한 인식
  - 품질 외에 브랜드로부터 연상되는 이미지(예 : 좋은 서비스)
  - 특허, 상표권, 우수한 동업자 등의 기타 독점 자산
- 마케팅의 4P : 기업이 목표시장을 정하고 포지션 확립 및 브랜드 구축을 하였다면 이제 마케팅믹스를 실행한다. 마케팅믹스란 목표시장에서 원하는 반응을 이끌어 내기 위해 사용하는 통제 가능하고 전술적인 마케팅 기법이다.
  - 제품(Product) : 기업이 목표시장에서 제공하는 재화나 서비스이다. 판매제품을 결정하는 것이 기업 마케팅에서의 핵심이다. 제품의 가장 중요한 속성은 고객의 마음속에 제품이 가치를 주는가이다.
  - 가격(Price) : 마케팅믹스 중 수익을 창출하는 유일한 요소로 나머지 다른 요소들은 비용이다. 가격은 궁극적으로 기업의 수입을 결정하기 때문에 매우 중요한 마케팅믹스의 요소이다. 원가기반 가격 결정과 가치기반 가격 결정 중 하나를 사용한다.
  - 촉진(Promotion) : 촉진은 자사제품의 장점을 목표시장에 전달하는 행동이다. 궁극적으로 촉진의 목표는 제품을 구매하도록 설득하는 것이다. 대부분의 신규벤처들은

자원이 제한되어 있기 때문에 촉진(홍보)활동을 신중하게 검토한다.

- 유통(Place 또는 Distribution) : 기업의 제품을 생산자로부터 구매자들에게 전달하는 모든 활동을 말한다. 유통채널에서 결정 사항은 직접 유통과 간접 유통의 선택이다. 대부분 양자가 가능하므로 보통 구매자의 선택 방식 따라 결정된다.

② 지식재산의 중요성

많은 신규벤처기업들은 가치 있는 지식재산을 보유하고 있다. 지식재산(intellectual property)은 인간이 하는 지적 활동의 산물로 무형적이지만 시장가치가 있음을 의미한다. 이는 인간의 상상력, 창의성, 독창성의 산물이므로 지식 재산이라고도 불린다. 과연 어떤 지식을 법적으로 보호할 것인가에 대한 결정이 중요한 이슈가 된다. 지식재산이 기업의 경쟁우위(competitive advantage)와 직접적으로 관련된 경우와 그 아이템이 시장에서 가치가 있는 경우에 해당한다. 제품 발명 후 그 제품에 대한 특허 출원과 관련하여 상당한 비용을 지불했는데 알고 보니 그 제품 시장이 없거나 있지만 규모가 너무 작을 경우 무의미해지기 때문이다. 지식재산권에는 특허, 상표권, 저작권, 영업비밀이 있다.

③ 기업 성장 전략

지속 성장을 위해 기존 전략의 틀을 벗어난 새로운 성장전략에 관심을 기울인다.

- 내부 성장 전략

  내부 성장 전략은 효과적이지만 한계도 있다. 기업 라이프사이클 상 성숙기 및 쇠퇴기라면 내부적인 수단을 통해 성장을 유지하는 것이 쉽지 않다. 내부의 고유성장 전략에는 신제품 개발과 기존제품의 시장 확장 전략(라인 확장, 지리적 확장, 해외확장) 등이 있다.

- 외부 성장 전략

  외부 성장 전략은 인수, 합병, 조인트벤처, 라이센싱, 프랜차이즈와 같은 제 3자와의 관계를 만드는 것이다. 이를 통해 해외시장에 진입하고 규모를 키우는 전략적 옵션으로 활용된다. 이는 내부 성장 전략보다 성장을 위한 더 빠른 속도와 협력을 불러온다. 그 예는 Disney와 손잡은 작은 규모의 애니메이션 스튜디오인 Pixar가 있다.

  - 인수 합병 : 많은 벤처는 인수 합병을 통해 성장한다. 합병은 2개 이상의 기업이 하나로 결합하는 지분 풀링(pooling of interests)의 방법이 많다. 인수는 한 회사가 다른 회사를 완전 흡수하는 것이다. 다른 기업을 인수하는 것은 생산라인을 확장하고 유통채널에 대한 접근성을 얻으며 규모의 경제를 실현하고 현 제품의 제고 및 향상 기술에 대한 접근성을 획득하며 핵심 직원을 얻는 등 다양한 기업의 니즈를 실현할 수 있다.

- 라이센싱 : 하나의 기업이 다른 기업에 특정한 형태의 지적 재산권을 사용하도록 허가를 주는 것이다. 실제로 기업은 특허, 상표권, 저작권으로 보호하는 지적재산권은 제3자에게 라이센스가 될 수 있다. 또한 라이센스는 새로운 제품을 개발했지만 생산능력, 유통네트워크 등을 확보할 자원을 가지고 있지 않은 기업이 이미 이런 자원을 확보한 다른 기업들과 협력할 때 유용하다.
- 전략적 제휴 : 전략적 제휴는 특수 목적을 달성하기 위해 만들어진 2개 이상 기업 사이의 파트너십이다. 기술적인 제휴나 마케팅 제휴는 가장 일반적인 형태이다. 기술 제휴는 연구 개발, 엔지니어링, 생산에서 협력을 대상으로 한다. 마케팅 제휴는 보통 제품이나 서비스의 질을 높이기 위해 판매 제품을 가지고 있는 기업과 유통채널을 가지고 있는 기업을 연결한다.
- 조인트벤처 : 조인트벤처는 독립적인 공동소유 조직을 만들기 위해 두 개 이상의 기업이 자원의 일부를 결합하는 형태이다. 코카콜라와 네슬레의 조인트벤처인 레버리지 파트너스 월드와이드가 그 예이다. 해외 시장에 대한 접근성 확보가 공통적인 이유로 나타난다. 그 이외의 대기업들이 활용하는 조인트벤처의 하이브리드 형태로는 유망한 신생기업의 지분을 인수하는 것이다. 적은 지분을 가진 대기업이 소기업을 인수하기도 하는데 이런 거래는 기업흡수(spin-in)이고 그 반대 개념은 기업에서 사업부 중 하나를 처분하여 독립적인 기업이 되게 하는 기업분할(spin-out)이 있다.

④ 프랜차이즈

프랜차이즈는 성공적인 제품이나 서비스를 이미 가지고 있는 기업(가맹주)가 상표권이나 비즈니스 방법을 초기 가맹비와 경상 로열티를 받고 다른 기업(가맹자)에게 라이센싱하는 비즈니스 조직의 한 형태이다. 프랜차이즈란 단어는 특권(privilege) 혹은 자유(freedom)를 의미하는 프랑스어의 오래된 방언에서 나왔다. 프랜차이즈는 긴 역사를 가지고 있다 중세 왕과 귀족은 그들의 영역에서 사냥하거나 상업의 형태를 영위하기 위한 프랜차이즈를 특정 개인이나 그룹의 주였다. 1840년대 독일의 양조장들은 술집들이 지역에서 맥주의 독점적인 유통업자가 되도록 하는 프랜차이즈를 주었던 것이 그 사례이다.

- 프랜차이즈 운영 방법

프랜차이즈 시스템에는 독특한 두 가지 유형이 있다. 그것은 제품 및 상표 프랜차이즈와 비즈니스 포맷 프랜차이즈이다. 먼저 제품 및 상표 프랜차이즈는 가맹주(franchiser)가 가맹자(franchisee)에게 제품을 팔고 상표를 사용할 권리를 주는 계약이다. 이 방법은 보통 하나의 제조자가 다수의 딜러나 유통업자의 네트워크와 연결 되는 것을 바탕으로 한다. 비즈니스 포맷 프랜차이즈는 프랜차이즈의 가장 보편적인 방법이고 창업자나 창업 벤처가 일반적으로 활용하는 방식이다. 비즈니스 포맷 프랜차이즈에서 가맹주는 훈련, 광고 등과 함께 비즈니스를 하는 방식을 가맹자에게 제공한다.

• 프랜차이즈 시스템의 구축

그 시스템 구축은 매우 신중하게 접근해야 한다. 다양한 형태의 변칙적 운영 등으로 프랜차이즈는 사업 확장에 상당히 엄격한 규제를 받고 있다. 그럼에도 불구하고 성장을 위해 선호되는 사업 형태이다. 프랜차이즈는 기업이 성장함에 따르는 상당한 양의 자금을 확보해야 하는 문제를 완화 시킬 수 있기 때문에 소매업과 서비스업의 신규 기업에게 특히 매력적이다. 확장에 필요한 자금의 대부분이 가맹자로부터 나온다는 것이 신생기업에게는 특히 매력적이다. 따라서 프랜차이즈는 기업이 강력하거나 잠재적으로 강력한 상표, 잘 설계된 비즈니스 모델, 성장에 대한 열망을 가지고 있을 때 적당하다.

• 프랜차이즈 장단점

프랜차이즈 시스템을 형성하는 장점과 단점을 보면 먼저 장점으로는 첫째, 조직의 라이프사이클에서 초창기에는 보통 자본이 부족하고 빠른 성장은 브랜드 인지도와 규모의 경제를 필요로 한다. 프랜차이즈는 가맹자가 다수의 자본을 제공하기 때문에 이것이 벤처를 빠르게 성장하는 것을 돕는다. 두 번째는 대리인 이론의 단점을 극복하고 매장에서는 실질적인 소유주이기 때문에 매장의 성공을 위해 자발적인 노력을 할 것이라는 점이다. 단점으로는 조직이 다른 사람들에게 그들의 상표나 비즈니스 모델로부터 이익을 얻도록 허락한다는 점이다.

CHAPTER 7

2차 산업혁명 시대의 기업가정신 전개과정 사례

| 표 7-1 | 기회 창출 및 실현의 구분별 사례

구분	불굴의 의지와 기회 창출의 전략 사례
개인 기업가형 (자수성가형)	① 한국 농심사 신춘호 ② 스페인 ZARA 오스카 페레즈 마르코트 ③ 이태리 Colnago 자전거 에르네스토 콜나고
가족 기업가형	① 독일 파버 카스텔 ② 일본 도요타

제 1 절 개인 기업가형(자수성가형)

1. 농심사 탄생 비화

1) 1단계: 아이디어 취합 및 기회의 식별과 평가

롯데 그룹의 로열패밀리 중 한 명이었던 신춘호 회장은 당시 롯데의 창업주 신격호 회장의 동생이면서 한국 내 책임자로 역할을 하면서 담당 사업 외 라면 사업에 대한 가능성을 남다르게 타진하고 있었다. 1950년대 한국전쟁 직후 먹을 것이라곤 눈을 씻고 봐도 구하기 힘들었던 시절 미군들이 먹다 남긴 찌꺼기들을 모아 끓여 팔던 꿀꿀이죽을 최고의 영양식으로 알았던 일반 서민들에게 제대로 된 한 끼 식사는 감히 언감생심이었다. 우리보다 한참을 앞서가던 대국 일본에서도 부족한 식량의 대안으로 라멘이 급부상하고 있었고 국내에서도 삼양이 이미 라면 시장을 독점하면서 아성을 단단히 하던 즈음이었다. 1965년 신춘호 회장은 당시 큰 형님으로서 자신에게는 사업의 신과 같이 여겨졌던 신격호 회장에게 라면 사업 진출에 대해 허심탄회하게 지원을 요청했다. 하지만 결과는 완전히 기대와는 반대로 격한 반대와 함께 큰 꾸지람을 듣게 되었다. 한 끼 식사로 라면은 인정받지 못했고 간식 정도로나 받아들여지는 라면 시장은 사업성이 없다는 강한 저지선에 부딪힌 것이었다. 하지만 신춘호 회장의 판단은 달랐다.

단순한 사업 아이템에 대한 관심에서 시작하고자 한 것이 아니라 일본에서의 성장 사례와 국내 독점 상황에서 '빨간 국물'을 통한 경쟁 우위를 점하면 충분한 기회가 있을 것이라는 판단은 확고하였다. 신춘호 회장은 자신의 이런 기회에 대한 신념을 지키기에는 자신이 가지고 또 누리던 많은 것들을 걸고 Risk-taking을 감수해야만 했다. 그 이유는 신격호 회장의 반대가 너무나 컸기에 자금에서부터 기존 회사의 인프라를 포기해야 했고 무엇보다 이미 출시해서 시장을 형성하고 있던 롯데라는 브랜드를 사용하지 못하게 된 점 등 모든 것을 처음부터 시작해야 하는 상황이었다. 더욱이 사업 초기 안정기에 들어가기까지 시장 확대, 품질, 자금 등 한 가지도 쉬운 것이 없었다. 그럼에도 불구하고 신춘호 회장에게는 이 기회가 그만큼 확고하였고 기업가가 되고자 하는 의지를 더욱 치솟게 하는 자극이 되었다. 그 결과 수십 년이 흐른 지금에는 롯데 그룹의 그늘을 벗어나 농심사를 하나의 특유한 가치 창출 대기업으로 우뚝 서게 했으며 라면 시장의 leading-company로서 전 세계인들로부터 그 맛을 인정받게 되었다. 이런 맛의 아성을 근간으로 2조 원 대의 라면 시장을 일으킨 장본인이 되었다.

2) 2단계 및 3단계: 기업가가 되고자 하는 의지 및 사업계획과 자원의 취합

호기롭게 롯데 그룹의 그늘을 벗어나 자신만의 기업을 일궈봐야겠다는 신춘호 회장의 의지는 그룹 내에서의 생활이 사실상 안정적이긴 했으나 반면 종업원의 역할에 그치는 자신의 입지에 만족하지 못하는 현실의 벽이 크게 와 닿았던 것이다. 자신만의 사업 감각을 살려 기업을 일으켜 보고자 하는 욕망이 끓어 넘치고 있었기에 사업을 전개하기 위한 계획을 차근차근 추진해 나갔다. 뜻을 같이하는 사람들과 조직을 꾸려 제품 개발을 위한 착수에 들어갔으나 드라마틱하게도 그의 친형인 신격호 회장은 최소한의 자금도 지원해주지 않고 냉혹히 그를 배신자 취급하였다. 계획에 없던 자금의 문제에까지 봉착하자 사채시장에까지 손을 내밀며 어려운 순간들을 넘기고 겨우겨우 회사의 형태를 갖춰가게 되었다.

3) 4단계: 성장단계

새우깡과 쇠고기 라면을 출시해서 롯데공업사로서 스낵과 라면 시장에서 드디어 자리를 잡아가던 무렵 신격호 회장으로부터 그룹과 길을 달리 가려면 롯데라는 브랜드를 떼라는 불호령을 들은 이후 1975년 쇠고기 라면을 농심라면으로 바꾸고 급기야 회사명도 농심사로 변경하게 된다. 이때부터 본격적으로 독자적인 회사의 성장을 위해 온 힘을 기울이게 된다. 경쟁사인 삼양라면은 닭고기 육수를 기본으로 했지만 농심 라면은 쇠고기 국물을 베이스로 해서 보다 차별화된 스프 개발이 필요하였다. 미래를 위한 중요한 시점이라 생각한 그는 안성에 스프 개발 전문회사를 설립하였고 이를 기반으로 하여 프리미엄 쇠고기 스프 맛 자매품인 너구리라면 등 많은 제품을 출시하였다.

삼양의 우지파동 등을 계기로 시장점유율은 변곡점을 지나며 급기야 그러한 치열한 경쟁 속에서 절대 우위를 차지하기에 이르렀다. 그 이후에도 고삐를 늦추지 않고 농심사는 한국인의 입맛에 맞춘 깊고도 매운맛 스프를 개발함과 함께 자신의 자부심을 담아 신춘호 회장의 성씨를 딴 신(매울) 라면의 등장은 농심을 바야흐로 한국을 넘어 세계시장에서도 독보적 위치로 이끌게 하였다. 격랑과도 같았던 환경 속에서 그의 기업가적 판단과 뚝심은 농심사라는 신생기업의 탄생과 세계 속에서 사랑받는 유일한 한국 라면 브랜드로 성장시킨 핵심이 아닐까 한다.

2. 스페인 ZARA 아만시오 오르테가(Amancio Ortega)

1) 1단계: 아이디어 취합 및 기회의 식별과 평가

자라(ZARA)는 1974년 설립된 스페인 국적의 세계 최대 규모의 종합 패션 및 의류 기업인 인디텍스의 중저가 SPA[13] 대표 브랜드이다. 1990년대 들어 패션계의 트렌드를 선도하는 Fast Move 전략으로 유명하다. 자라의 시스템은 제조로부터 유통까지 일원화하였고 앞으로 전개될 트렌드를 예측하고 합리적 가격에 속전속결의 제품 출시를 가능케 함으로써 Fast Fashion 열풍의 중심으로 급성장, 세계 각국에 매장 수를 늘려 나갔다. 이를 가능하게 한 것은 바로 아만시오 오르테가(Amancio Ortega) 인디텍스(Inditex) 회장의 성공적인 물류시스템 도입 덕분이었다. 좀 더 분석하자면 아만시오가 도입한 자라의 글로벌 마케팅에 있어 성

13 Speciality retailer of Private label Apparel : 의류기획 □ 디자인, 생산 □ 제조, 유통 □ 판매까지 전 과정을 제조회사가 맡는 의류 전문점을 말한다. 백화점 등의 고비용 유통을 피해 대형 직영매장을 운영, 비용을 절감시킴으로써 싼 가격에 제품을 공급하고, 동시에 소비자의 요구를 정확하고 빠르게 캐치하여 상품에 반영시키는 새로운 유통업체이다. 고객수요와 시장상황에 따라 1~2주 만에 '다품종 대량공급'도 가능한 것이 특징이며, SPA를 '패스트패션'이라고도 부른다(인구감소가 불러올 10가지 트렌드_인구충격의 미래한국_전영수).

공전략은 실용주의 디자인과 유행에 대한 민감하고 신속한 반응, 고급 이미지 및 브랜드 전략, 속도 우선주의, 생산 시간의 최소화, 다품종 소량생산 방식, 대규모의 자체공장 운영, 색다른(Unique) 매장 분위기 등 다양한 마케팅 촉진을 하나의 시스템으로 집약하고 그것이 어떤 경쟁사에 비해 효율성에서 앞서고 있다는 점이다. 이러한 경영전략은 SPA 경쟁사인 일본 유니클로의 소품종 대량생산, 외주 의존, 파견 품질관리, Simple, Basic, No brand 등과 전략적 차이점을 보여준다. 이런 관점에서 자라는 소비자의 Needs(요구)를 만족시키기 위하여 기존에 구축된 패션 비즈니스 체계를 일거에 혁신함으로써, 다시 말해 기업 내부 업무 경로를 회사의 전략에 맞게 뜯어고침으로써 소비자가 지닌 다양하고 빠른 욕구를 선도하고 충족시킬 수 있는 시스템을 구축하였다는 점에서 그 브랜드의 가치가 빛나고 있다.

2) 2단계 및 3단계: 기업가가 되고자 하는 의지 및 사업계획과 자원의 취합

아만시아가 도입한 SPA 분야의 새로운 물류의 혁신은 첫째 스페인에 모여 있는 그들의 물류창고에서 찾을 수 있다. 전 세계에 있는 공장에서 '스페인에 모였다 다시 흩어지는 방식'에 그 특징이 있다. 마드리드, 바르셀로나, 라코루냐, 사라고사 등에 있는 인디텍스 브랜드의 최첨단 물류 유통센터를 통해 세계의 공장에서 제품을 모았다가 다시 세계로 뿌리는 것이다. 인디텍스는 유럽과 아시아를 망라하는 대부분 지역에 공장을 배치하고(유럽 685개, 아시아 836개) 있다. 이 중에서 대부분은 가봉(假縫, basting) 공정 정도의 제조 담당 업체들이다.

인디텍스의 공장은 각 단계 및 공정별로 세분화되어 있다. 특히 주목할 만한 것은 공정의 후반부 단계인 염색, 프린팅, 마감 등 비교적 고부가가치 공정이 대부분 스페인 자국 또는 포르투갈, 모로코 등 스페인 인접 국가에서 처리된다는 점이다. 즉, 제조의 전반 단계로 중국, 방글라데시 등에서 만들어진 옷이 스페인으로 다시 모인다는 뜻이다. 이렇게 스페인 또는 인접국에 위치한 물류 유통 창고에 모인 의류가 각 브랜드별로 완성되어 다시 전 세계로 퍼져 나가는 방식이다. 이처럼 국가별 제조 공정에 따른 현지 공장을 따로 운영하는 것이 비용 절감 등 경영상의 효율성은 그 실적으로 증명되고 있다. 제도를 도입하고 안정적 성장을 이루던 2016년 기준 인디텍스의 매출은 2015년 대비 12% 상승한 233억 유로를 기록했고 순이익 또한 10% 상승했다.

또한 인디텍스는 JIT 시스템을 적극적으로 활용하는 것으로도 유명하다. 그중 특히 재고관리에 강점이 있다. 우리나라에서 흔히 보는 브랜드 상품들의 재고 방출행사에서 자라를 찾아보기는 매우 힘들다. 인디텍스 제품들은 정가의 80% 이상에서만 판매되는 것으로 통계적 데이터가 나타나고 있다. 인디텍스가 JIT를 잘 활용한 사례는 세계 최단기의 '디자인부터 매장 디스플레이까지의 주기(Design to Retail Cycle)'를 달성한 것으로도 판단할 수 있다.

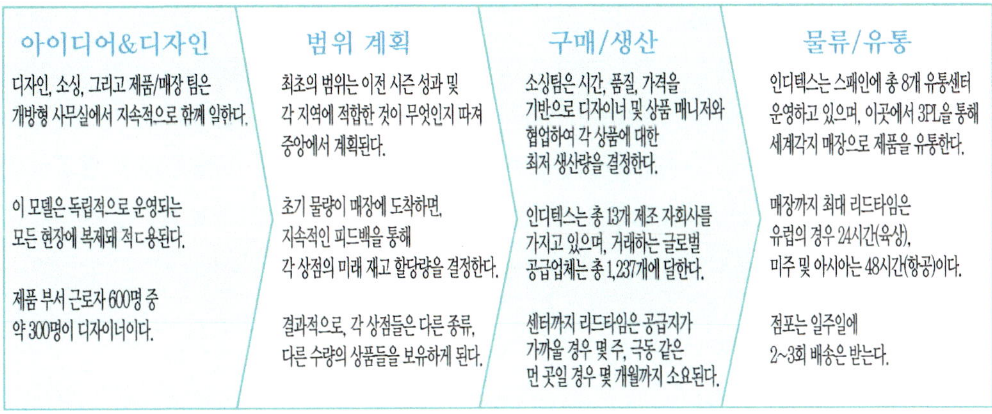

자료: Inditex Strategy Report, Bridge Consulting

| 그림 7-1 | 자라의 상품 제조 · 유통 과정

다른 경쟁 의류 브랜드의 주기가 최대 6개월인 것을 감안할 때 인디텍스는 빠르면 20일 길어도 5주 안에 디자인부터 디스플레이까지 이뤄지는 것이다.

이상의 Fast Fashion 전략이 가능했던 인디텍스만의 원동력을 알아볼 차례이다. 첫째, 인디텍스와 협력사 사이에 체결하는 계약에 있는데 인디텍스는 모든 협력사와 배타적(Exclusive) 계약을 맺는다. 즉, 협력사는 오직 인디텍스의 물량만 처리할 수 있도록 하는 대신 인디텍스는 협력사에게 충분한 물량을 제공할 뿐만 아니라, 협력사가 시스템과 및 제품 품질을 효과적으로 관리할 수 있도록 적극적으로 지원하기 때문에 협력사의 경쟁력은 오히려 높아지는 것이다. 여기에는 협력사가 시스템을 잘 활용할 수 있도록 하는 체계적 교육시스템까지 포함된다.

이 교육 효과는 쌍방적인데 이 과정에서 생기는 하나의 관리 코드 문화는 협력사에 대한 효과적 관리와 사고로 인한 지연 리스크(Risk) 비용 감소를 가능하게 한다. 한편 교육을 받은 협력사들 입장에서는 다양하고도 체계적인 교육과정으로 인해 생산 및 물류에 대한 역량이 높아짐으로 인디텍스와 거래가 중단되더라도 자연스레 경쟁사보다 품질 높은 생산력을 갖추게 된다. 둘째, '가시성'의 확보에 있다. 인디텍스의 모든 협력사는 인디텍스의 유통관리 시스템(ERP)을 채택하여, 재고, 제조, 출하, 물류 등 모든 것을 함께 관리한다. 이를 통해 인디텍스가 강조해 마지않는 공급망의 추적(Traceability of Supply Chain)이 비로소 가능해진다. 인디텍스는 IT 기술을 바탕으로 해 한 제품을 제조하는데 필요한 원단과 자재들이 언제, 어디서 어떻게 가공되는지, 가봉이 완료된 제품이 스페인에 소재한 브랜드별 물류센터에 잘 입고되었는지를 쉽고도 빠르게 확인할 수 있다. 인디텍스는 산하 모든 공장과 물류 과정을 신속하고도 정확히 파악하고 제어한다. 셋째, 자동화된 물류센터이다. 인디텍스의 물류센터는 IoT, 인공지능, 머신러닝, 공장자동화 등의 집약 기술의 결과물(스마트 팩토리)이다. 인디텍스는 의류의 특성에 맞게 물류센터 전 시스템을 자동화했다. 전 세계시장의 매장마다 MD 및 코디네이터가 주문한 신규 제품은 인디텍스 각종 브랜드별로 구분된 물류센터로 자동으로 배정되며, 물류센터는 매주 두 번씩 제품을 제조하여 출하한다. 결과적으로, 유럽 등 물류센터 근처의 매장은 24시간, 기타 지역에는 48시간 이내에 신상품이 도착할 수 있다.

3) 4단계: 성장단계

Amancio Ortega는 인디텍스(Inditex)를 1972년 설립하고 스페인의 한 지방인 라코루냐에서 여성복 특히 나이트가운을 판매하기 시작했다. 3년이 지난 1975년 인근에 자라 브랜드로 남성 의류에서 아동복까지 판매 전선에 포함했다. 자라라는 이름은 우연한 기회에 생겨난 것으로 매장의 이름을 짓기 위해 Ortega는 고전 영화인 Zorba el Griego를 본 후 Zorba를 검토했으나, 그것은 이미 Zorba라는 신발 상표가 있었고 어쩔 수 없이 고민 끝에 Zara라는 이름을 등록했다. 이렇게 탄생한 Zara의 초기 비즈니스 모델은 '비싸지만 인기를 누리는' 브랜드 캐릭터를 갖는 것으로 처음에는 타사의 디자인을 모방하여 의류 제작에 뛰어들었고 이는 시장에서 좋은 반응을 이끌었다. 이어 갈라시아(Galicia) 전역에 Zara는 성황리에 매장을 확대해갔고 이후 스페인 전국적인 영역으로 커나갔다. 이렇게 Zara를 기반으로 하여 성장한 모기업인 인디텍스(Inditex)는 1985년 공급업체 및 외부 Outsourcing 등 모든 회사의 활동을 통합해 나갔다. 이어 Zara가 포르투갈 Oporto에 최초의 해외 매장을 연 것은 1985년이었다.

이후 1990년에는 미국에 이어 프랑스에도 진출한다. Zara의 성장 전략에 있어 매장 개설 도시를 선택하는 데 있어 매우 신중한 전략에 기반하고 있었다. 1992년에는 멕시코, 1993년에는 그리스, 벨기에, 스웨덴 1998년은 베네수엘라 이어 2000년대에 들어 2005년 필리핀, 코스타리카 및 인도네시아에 진출했고 2008년에는 드디어 한국에 상륙했다. 2010년에는 인도, 2011년 남아프리카공화국과 호주, 2016년엔 니카라과 및 중국, 모로코, 에스토니아, 헝가리 및 루마니아까지 확장하였다. 이렇듯 2005년부터 인디텍스를 운영하는 최고경영자인 Pablo Isla는 2011년 국제화 전략 및 새로운 매장(오프라인의 시설 및 온라인 판매 플랫폼)을 계속 발전시켜 나갔다. 새로운 Zara 매장은 이제 전체적으로 88개국 2162개에 달한다. 특별히 2017년에는 Zara가 세계에서 가장 가치 있는 스페인 브랜드로 인정받았다.

성장을 위한 마케팅전략으로써 인디텍스는 매장 등에서의 경험한 것들을 최대한 마케팅에 응용하고 또 활용한다. 대부분의 명품 브랜드는 그 명성을 유지하고 매출 상승으로 이어가기 위해서는 시즌마다 엄청난(천문학적) 금액을 온/오프라인 마케팅에 투자한다. 그러면서도 매장에 입장하는 진성 고객의 비중을 높이기 위해 실제 구매력을 가진 소수 고객에 집중 한다. 그러나 인디텍스는 마케팅에 큰 비용을 들이지 않을 뿐만 아니라 프로모션에도 집중하지 않는다. 그 대신 많은 유동 인구를 중시하며, 어떤 잠재 고객이든 매장에 들러 제품을 접할 기회를 제공하는 것을 중요하게 여긴다. 이처럼 인디텍스는 마케팅의 절감 비용을 오히려 제조·물류·유통 시스템을 선진화하는데 투자한다. 이른바 이익(Revenue)은 가격(Price)과 물량(Quantity)의 함수(R = P × Q)임을 실천하는 것이다. 이러한 방식으로 전 세계를 유기적으로 연결하여 트렌드를 선점하고 그 신선한 트렌드가 반영된 신제품을 빠르게 고객에게 제공하고 그 반응을 소통하기 위함이다. 즉 수익성이 높은 제품을 많이 팔아야 고 수익이 발생하는데, 이를 위해 같은 돈을 쓰더라도 비용을 효율화하는 것이 중요하다.

재차 강조되듯이 인디텍스는 이 당연한 명제를 실천으로 보임으로써 그 중요성을 증명하고 있다. 인디텍스의 후임 회장이 된 파블로 이슬라(Pablo Isla)는 CEO로서 이 방식을 적극적으로 적용하여 운영비용을 통제함으로써 단 단위를 넘어 십 단위의 성장을 지속하고 있다. 이러한 노력에 기반하여 인디텍스는 과거 수십 년 동안 'Fast Fashion','Instant Fashion' 이라는 기업 미션을 현실에 구현할 수 있었다. 물론 인디텍스도 이런 완벽함이 모든 면에서 나타나는 것은 아니다. 일일 수만 명의 고객이 방문하는 Zara 매장에서 직접 일을 경험해 사람들의 말을 빌리면, Zara의 온라인 쇼핑몰이 개점한 이후 오프라인 매장에서 발생하는 여러 가지 문제들을 볼 때 인디텍스에도 아직 개선해야 할 점들이 남아 있다. 예를 들어 교환이나 반품에 있어 사이즈 착오나 고객의 변심으로 온라인 구매 제품을 교환하는 과정이 불편했고, 또 오프라인 매장은 재고 부족 사태가 발생하는 경우도 종종 있다. 이점은 아마도 스페인에 소재한 물류센터와 다양한 매장 사이의 물리적 거리에 기인한 문제일 것이다. 하지만 위기가 닥쳤을 때 가능한 피해를 줄이고 긍정적 방향에서 신속한 대처를 할 수 있는 기업은 의외로 드물다. 인디텍스는 해외 진출이 시작된 1988년부터 유통 및 물류시스템을 최적화해 위기 상황에 대한 준비가 잘 되어있었을 뿐만 아니라 그들의 경영 철학 자체도 위기 상황에서 더욱 돋보일 것이다. 바로 Zara의 'Fast Fashion' 전략은 전 세계 매장에서 앞으로도 오랫동안 빛날 수 있지 않을까 판단된다.

출처: http://clomag.co.kr/article/2375, 누구보다 빠른 자라(ZARA)의, 남들과는 다른 물류, 남동현, 2017.7.15.

3. 콜나고(Colnago) 자전거의 성장 비화

1) 1단계: 아이디어 취합 및 기회의 식별과 평가

콜나고(Colnago)는 1952년 에르네스토 콜나고가 설립한 이탈리아의 대표적 자전거 브랜드이다. 또한 콜나고는 자전거 史(history)에서 굵직하고 큰 획을 긋고 있는 혁신적인 기업이다. 콜라고 자신이 밝혔듯이 "나는 자전거를 만들기 위해 태어난 것 같다."는 말처럼 그는 10대에서부터 글로리아라는 자전거 제조사에서 견습생 과정을 겪었다. 이어 직접 사이클링팀의 선수로도 뛰었고 이때에도 사이클에 대한 무한한 열정과 애정을 스스로 발견하게 된다. 이런 경험을 바탕으로 스스로 공방을 차리고 특별한 자전거를 만들고자 했는데 바로 '사이클 선수들을 위한 자전거'를 생산하자는 점이었다. 그는 선수로서의 경험이 있어 선수들의 마음을 더 잘 이해할 수 있었던 만큼 우수한 프레임을 만들고자 했고 그만큼 제조 기술이 향상되어 결과적으로 성능 갑의 자전거를 완성하게 되었다. 그러한 가운데 그의 명성은 고공행진을 거듭했고 1963년에는 미캐닉(기능공)으로서 MOLTENI 팀에서 전속 활동하며 전설이라 불리던 선수 에디 멕스의 자전거를 제작해 주기도 했다.

그 전인 1960년 루이지 아리엔티 선수가 콜나고 자전거를 선택해 로마 올림픽에서 금메달을 쟁취하게 되며 콜나고는 성공 가도를 달리는 계기를 갖게 된다. 그로부터 10년 후인 1970년에는 밀란-산레모 레이스의 영웅 미켈레 단첼리 선수는 감격적인 우승을 거두었고 이 이후로부터 승리를 의미하는 로고인 클로버 문양을 사용하기 시작했으며 지금까지도 이어져 오고 있다. 최고의 사이클 선수 에디 멕스와 최고의 미캐닉이면서 개발자인 에르네스토 콜나고의 인연은 이후에도 지속되며 이른바 커스텀 프레임 빌딩(Custom Frame Building)[14]을 통한 다수의 우승과 세계 신기록을 작성하게 된다. 이후 콜나고는 스틸은 물론이며 나아가 티타늄, 알루미늄, 카본 등 다양한 재료/원료를 자전거 제조에 활용하기 시작했으며, 이를 통해 핵심적 카본 기술개발을 위해 페라리와 협력을 구축하며 기술적 진보를 달성해 낼 수 있었다.

2) 2단계 및 3단계: 기업가가 되고자 하는 의지 및 사업계획과 자원의 취합

사이클 선수로 활동하던 에르네스토 콜나고는 1950년 코파 칼디롤라 대회에서 우승을 경험하고 이후 레이스에서 사고로 다리 골절상을 입고 선수 생활을 그만둔 뒤, 좁은 7평 남짓한 공간에 '시클리 콜나고(Cicli Colnago)'라는 이름을 붙인 공방을 설립한다. 그가 만든 자전거는 '트릭을 쓰지 않은 기술적으로 뛰어난 자전거'로 인정받게 되었는데, 그 자신만의 장인정신과 사업가적 긴 호흡과 의지로 자전거의 명품을 만들고 세계 최고 수준의 선수들이 인정하고 찾는 브랜드를 이어온 것이다.

콜나고는 사업의 제 1순위 모토를 '강력하지만 동시에 안전한 자전거'로 생각했다. 이를 위해 부단히 연구하고 노력하던 중 지난 30년 동안 페라리와 협력으로, 콜나고-페라리의 한

14 고객(라이더)의 요구에 맞게 제작하는 수제 프레임 과정을 말함. 라이더 개인의 신체적 특징을 반영한 지오메트리 설계(현가장치의 중심점 설계), 러그 타입(lug type: 밸브의 한 종류)의 유려한 브레이징 필렛(brazing fillet: 경 납땜 나사 조임) 방식을 통한 튜빙(tubing)의 자연스런 결합 등을 추구함.

정(Limited)판 자전거를 생산하였고, 급기야 페라리의 포뮬러 1(자동차 그랑프리 레이스)의 기술을 사용하여 자전거 업계에 혁명을 일으켰다. 1986년과 1987년에 처음으로 카본 프레임을 선보였다. 그는 끊임없는 1등 제품의 목표달성 의지에 병행하여 안전에 대한 사명도 추구했다. 카본 프레임은 페라리가 뛰는 포뮬러 1의 경주 환경에서 가져왔다. 비싸더라도 경기력과 안전 두 가지를 충족시킬 수 있었기 때문이었다.

그는 항상 협회의 6.8kg 무게 제한에도 저항했으며 계속 가벼워져야 한다는 일반인의 의견에도 저항했다. 자전거의 프레임은 사람의 심장과 같기에 파워가 넘쳐야 하지만 안전함도 갖춰야 한다고 항상 주장했다. 기술과 소재의 발전으로 자전거의 무게를 750g까지 낮출 수도 있었으나 그 결과 안전에는 취약하다. 컴포넌트(동작을 묶는 시스템의 모듈식 부분)와 휠셋(자전거 바퀴를 구성하는 부속들의 조합)을 최적으로 구성해야 모든 힘을 제대로 쏟아부을 수 있는 경주에서 경량에만 치중하는 프레임은 바보 같은 행위라 여겼다. 비즈니스로서 자신의 제품이 명성을 얻어가는 길에는 반드시 선수의 생명을 지키는 일도 같이한다는 장인정신이 그를 긴 안목의 진정한 사업가로 우뚝 서게 해주었다.

3) 4단계: 성장단계

콜라고는 13세 때부터 '글로리아 바이시클'의 용접공으로 일하며 쌓은 기술력이 토대가 되었다. 조르지오 알바니, 파우스토 콥피 같은 전설적인 선수들의 휠 빌딩을 시작으로 1954년에는 프로팀 전속 미캐닉으로 활동하게 된다. 이어 1955년, 콜나고는 지로 디 이탈리아라는 회사에 팔리에로 마지의 보조 미캐닉으로 근무하게 되었는데 이는 피오렌초 마니 선수의 자전거 문제를 해결해 주었던 일이 좋은 기회를 가져다 주었던 것이다.

20년 가까이 내공을 키운 끝에 1972년 멕시코 대회에서 에디멕스가 세계 기록을 세웠던 자전거를 만들었고 1974년 지로 디 이탈리아 대회에서 쟌 바티스타 바론첼리를 위하여 콜나고 자전거가 처음으로 프로 싸이클 대회인 프로 펠로톤에 등장했다. 그 이후, 싸이클 역사에서 가장 위대한 라이더들 다수가 Ace of Clubs의 클로버 로고가 장식된 콜나고를 탔으며 대회에서 경쟁 했다. 1990년대에는 마페이 팀이 콜나고를 통해 경기를 지배했으며, 라보뱅크와 밀람 역시 콜나고를 타고 수많은 승리를 가져왔고 세계 기록을 수립했다. 이렇게 캄파놀로의 창업자인 툴리오 캄파놀로와 함께 Scic, Alfa Lum, Molteni, Mapei, Del Tongo 등의 명문 팀과 함께 일하며 1970~90년대 약 30년에 걸쳐 이탈리아 사이클의 역사적인 전성기를 구가한 자전거를 제작한 주인공이 바로 콜나고였다.

이러한 기록적인 유산들이 전시된 콜나고 박물관은 소위 자전거 루브르 박물관에 비견될 만하다. 그 박물관에는 50년에 걸쳐 제작되었던 수많은 콜나고 자전거들이 전시되어 있으며, 하나하나 사이클링 역사의 단면들을 속속들이 알려준다. 콜라고 스스로 역사상 가장 중요한 자전거로 생각하는 것은 에디먹스가 신기록을 수립했던 모델과, 1982년 사로니가 세계 챔피언을 차지했던 모델, 그리고 1990년대 이탈리아의 타임트라이얼 에어로 바이크와 파리-루베를 정복했던 모델 C40를 많은 후보 중에서 어렵게 선정 한 바 있다.

출처: http://colnago.co.kr/?p=26604, 에르네스토 콜나고의 역사적인 자전거 컬렉션. Colnago_news 2018.5.4.

제2절 가족 기업가형

1. 파버 카스텔(Faber-Castell)의 성장 비화

1) 1단계: 아이디어 취합 및 기회의 식별과 평가

인류 연필 역사의 산증인이자 연필 구성요소 대부분에 대한 기준(굵기, 길이, 심의 강도 등 제원과 품질)을 제시해 주고 있는 기업이 260여 년 전통의 파버 카스텔이다. 'Companion for Life'라는 모토 아래 어린이부터 성인에 이르기까지 다양한 상품으로 130여 개국의 소비자로부터 사랑받는 브랜드이다. 연필로부터 만년필까지 그것을 사용하는 사람들의 손에서 느끼는 감(feel)이나 자신의 작품 완성도를 높이는 기능적 측면에 있어서나 전통과 가치에 있어서 뭐 하나 손색이 없을 만큼 최고의 명성을 누리는 제품 즉 명품으로 인정하고 있다. 독일 프랑크푸르트 괴테의 거리에 있는 세계적 명품 shop 밀집 지역에 당당히 자리하고 있는 독일의 대표 장수기업인 것이다. 8대째 이어오고 있는 전통적 가족기업으로서 하루하루 최선을 다하는 자세로 자사의 제품을 발전시켜오고 있는 그들의 신중한 그리고 꾸준한 문화에서 오늘날의 명성이 탄생하고 성장하게 한 원동력을 느끼게 하고 있다. 그렇다면 파버 카스텔은 사업의 초기 어떤 모습을 하고 있었을까?

1660년대 독일 뉘른베르크에 연필 생산업자들이 처음으로 생겨나기 시작하였고 특히 슈타인 지방에 수많은 장인들이 상점을 차리기 시작했다. 캐비닛 제조업자였던 카스파르 파버 역시 그들 중 하나였는데 처음에는 무역업자들을 위해 일하며 자투리 시간에 연필을 생산했었다. 그리고 스스로 연필을 생산할 수 있게 되었고 즉시 1761년 자신의 사업을 시작하게 되었다. 회사 등록일 기준으로 보면 현존하는 대형 필기구 생산업체 중 가장 오래된 회사로 기록되기도 한다. 이 무렵 독일에서는 괴테와 베토벤이 함께 성장하고 있었다. 연필과 함께 그들의 예술적 토대가 단단히 굳어져 온 것이 아닐까? 캐비닛보다는 연필의 사업 확장성이 당대로서는 블루오션의 기회로 여겨졌을 것이고 카스파르 파버는 이렇게 수백 년 이어갈 사업기회에 대한 통찰의 모태를 창출하였다.

2) 2단계 및 3단계: 기업가가 되고자 하는 의지 및 사업계획과 자원의 취합

카스파르 파버가 세상을 떠난 후 안톤 빌헬름 파버(1785년~1819년)는 번창하고 있던 부친의 사업을 계승했다. 안톤은 연필 사업 성장 기회를 선점하고자 슈타인 경계 지점에 공장과 함께 땅을 사들였고 이후 수년 내에 번성한 제작소를 형성했고 지금까지도 이어져 파버카스텔의 본사가 그곳에 자리 잡고 있다. 이렇게 성장한 회사는 3대째인 게오르그 레온하르트 파버(1788년~1839년)의 시대에 와서 환경의 급변함 속에 정치 경제적으로 힘든 역경의 시기를 보내게 된다. 그럼에도 불구하고 게오르그는 계속 회사를 운영해 갔다.

하지만 전통적 방식으로 연필을 제조하는 방식은 세상의 수요변화와 공급방식 혁신을 따라갈 수 없었다. 특별히 프랑스의 신규 흑연제조법과 영국 산의 우수한 품질의 제품과 경쟁할 수 없었다. 그런 이유로 파버의 사업은 날로 쇠퇴할 수밖에 없는 처지에 놓였다. 그럼에도 불구하고 게오르그는 외국의 다양하고 새로운 경험이 회사의 미래를 바꿀 수 있다는 생각에 이른 그는 아들 로타르와 요한을 각각 런던과 파리로 보냈다. 몇 년의 투자 끝에 장남인 로타르는 새로운 아이디어를 개발하였고 급기야 슈타인 공장을 국제적인 기업으로 일으켜 세웠다. 이 무렵 프랑스는 프랑스 혁명(1789년)으로 모든 게 바뀌던 격동의 시대였다.

3) 4단계: 성장단계

4대째로 넘어와 회사는 비로소 본격적인 성장의 단계로 들어섰다. 유학파 로타르 폰 파버(1817년~1896년)는 1839년 부친이 타계하자 22세의 젊음을 바탕으로 귀국하여 사업에 대한 강한 의지를 불살랐다. 기필코 세계 최고의 품질을 개발하여 업계 최고가 되겠다는 목표를 가지고 공장을 현대화하였고 시베리아의 흑연 광산에서 1등급 원자재를 확보하는 데 우선순위를 두었다.

'A. W. Faber'라는 상표로 최초의 필기도구 브랜드화가 시작되었고 그 기본은 그가 이룬 최고의 품질에 있었다. 1837년 그가 최우선 순위로 투자하고 몰입하기 시작했던 생산 공장의 현대화가 주요했다. 로타르는 가업을 승계한 직후 건물을 새로 짓고 생산 과정을 현대화하기 시작했다. 직원들의 입장에서 건강한 환경을 고려하였으며 일에 대한 동기부여를 제공하기 위해 작업의 합리화 및 효율화를 추진하였다. 그도 그럴 것이 이런 관점에서 회사의 굵직한 방향을 "직원이 행복해야 좋은 연필이 나온다."로 정하고 1856년에 독일에서는 최초로 직원 아이들을 돌볼 사내유치원을 설립했고 직원용의 500채가 넘는 사택을 짓기도 했다. 이런 구체적인 직원들의 인권을 근간으로 하는 노동자 권리 보호 차원에서 근로자 보험제를 도입하기도 한 뛰어난 경영자가 로타르 폰 파버였다. 회사를 중심으로 한 지역주민들의 가족들이 대를 이어 근무하는 특성이 문자 그대로 가족회사의 특성으로 이어지는 것이다. 이런 지역주민의 신뢰를 돈독히 하는 차원에서 교회를 설립하여 직원의 경제뿐만 아니라 그 가족과 지역사회의 종교와 신뢰 문화까지 지원하는 직원 삶의 기둥과 같은 회사가 된 것이다. '아침에 일찍 일어나 나오고 싶은 회사'라는 이상적인 이미지를 직원들로부터 획득한 파버 카스터, 그 명품회사의 조건은 유학파 사장이 이끈 '사람' 중심 경영에서 본격적으로 나타나게 되었다. 점토와 흑연, 나무 공정 등의 힘든 업무는 남성들이 담당했고 광내기, 도장작업, 출하건의 포장업무는 여성들이 담당하게 하였다. 또 외부적 환경변화에도 적극적으로 대응하면서 로타르는 산업화로 인해 야기되는 사회적 부작용과 문제들을 잘 파악하고 있던 그는 바바리아 지역 최초로 직원들을 위한 제도들을 정립하였고 이후 기업 건강보험 제도 등은 기업 건강보험 제도의 표준이 되었다. 5년 후에는 직원들을 위한 저축은행을 설립했고 연금제도를 도입했으며 또 직원들이 저렴하게 식품구매를 할 수 있는 소비자 협회도 설립했다. 또 아파트 단지를 세웠으며 그로 인해 직원들은 당시 비교적 높은 생활 수준을 누릴 수 있었다. 한편 로타르는 교육을 중시했다.

그는 사회가 줄 수 있는 악영향에서 어린이들을 보호하기 위해 유치원 건립 및 유지에 투자를 많이 했으며 직원들의 교육을 생각하며 도서관 및 여러 교육기관에 후원을 아끼지 않았다. 또 그는 사업에 임할 때도 더욱 철저한 대비를 해나갔다. 최고급 연필이 된 자신의 제품에 A. W. Faber라는 문구를 로고로 새겼다. 그러나 상표로 진입장벽을 확인시켜주려는 순간 모조품들이 여기저기 생겨나기 시작했다. 그리하여 그는 왕실 의원의 한 사람으로서 이런 값싼 모조품에 대응하기 위해 재산권 보호에 관한 법률안 통과를 위한 청원서를 제출했고 이 법안은 1875년 비로소 시행되기에 이르렀다. 1894년이 되자 본격적인 해외시장 정복을 위해 뉴욕에 지사를 개설하였다. 로타르는 아들이 하나뿐이었다.

그래서 그를 이을 상속자는 빌헬름 폰 파버(1851년~1893년)였다. 그는 스위스에서도 경영관리를 공부했으며 1873년 회사의 일원이 되어 3년 후 책임자가 되었다. 그러나 그는 사업보다는 예술적 성향이 강한 사람이었고 운명도 순탄치 않아 두 아들을 모두 병으로 잃었고 그 자신도 42세의 나이로 요절했다. 어린 3 딸 중 장녀인 오틸리에 본 파버가 오랜 직원들과 다음 세대까지 회사를 운영해갔다. 그녀는 1898년 알렉산더 카스텔 뤼덴하우젠 백작과 결혼하였다. 그로부터 2년 후 알렉산더는 회사의 경영에 참여했다. 하였다. 파버 카스텔은 이렇게 두 가문의 이름을 따(당시는 상속녀의 성을 변경하는 것은 왕실의 허락을 받아야 할 어려웠던 일) 생겨났으며 알렉산더의 경영하에 번창하였다. 이 시기 유명한 녹색의 '카스텔 9000' 연필과 말 타는 중세기사 로고의 현대적 이미지가 탄생하였다.

알렉산더는 회사의 대표가 되자 얼마 되지 않아 경쟁력 있는 연필심으로 '카스텔'이란 고급 연필을 만들었고 이는 신규 제조과정을 통한 것이었다. 연필의 경도 또한 매우 다양해졌다. 이에 한발 더 나아가 성공 가도를 이어갈 수 있었던 '폴리크로모스' 색연필의 시작에 기인한다. 이 색연필은 수채색상 60색에 맞춰 구성되었으며 이는 미술가들에게 최고의 품질로 인정받았고 지금까지 그 명성을 유지하고 있다. 1911년 창사 150주년 되는 해에 직원들이 우선적으로 배려되는 현대적이고 조명과 통풍 등이 우수한 작업환경을 제공하였고 2,000명의 근로자들과 200명의 기술자 및 관리직원들이 소속되어 있으며 전 세계에 약 10만 명의 고객을 보유한 거대 기업이 되어 있었다. 이후 만년필과 샤프펜슬, 볼펜, 지우개, 연필깎기 이후 색조화장품 등으로 제품을 확대하였고 고객층도 다양화하는 등 현재까지 성장을 지속하고 있다.

2. 도요타의 성장 비화

1) 1단계: 아이디어 취합 및 기회의 식별과 평가

1867년 일본 코사이에서 태어난 도요타 사키치는 가난한 환경에서 아버지 일을 도와 목수 일을 시작했다. 집단을 중시하는 일본의 문화 '和'의 정신을 이어 그는 세상에 도움을 주는 일을 하고자 마음을 먹고 18세가 되던 무렵 우선 특허법을 배우며 발명의 꿈을 꾸기 시작했다. 그러던 어느 날 그의 모친이 힘들게 수작업으로 목면을 짜는 것을 보고 면포 생산의 효율을 높여 저렴한 가격에 공급할 방법에 대해 모색하고자 했다. 함께 일하던 부친의 반대에도 발명에만 몰두했던 그는 마침내 1890년 목재로 된 자동 방직기를 발명하게 되고 그다음 해인 1891년에는 그의 최초 특허권을 취득하게 되는데 불과 24세의 일이었다. 그의 발명품은 높은 생산성과 완성도로 대중들에게 큰 호평을 불러왔고 이를 기반으로 방직회사를 세우게 된다. 하지만 그의 이런 천재성에도 호기가 따라야 하는데 당시 일본의 경제 상황이 등락을 거듭함에 따라 그 역시 흔들릴 수밖에 없었다. 1924년에 발명한 신형 방직기를 만들었고 이는 세계에서도 가장 뛰어나다는 평가를 받았었다.

큰 성공을 불러왔던 이 제품은 외국으로부터도 많은 관심을 이끌었다. 자동차 산업에 장래성을 본 사키치는 1929년에 자동 직기 특허권(G형)을 영국의 플래트에게 양도하였고 이때 받은 대가를 그의 아들 도요타 키이치로(도요타 자동차 창립자)에게 주며 자동차 회사를 건립할 것을 당부하는 유언을 남겼다. 비슷한 시기에 일본 정부에서도 자동차 산업에 대한 지원 정책을 펴기 시작했다. 이 기회를 잡아 키이치로는 1933년 도요타 방직에 자동차 사업부를 만든 것을 계기로 1935년 최초의 도요타 트럭 G1을 출시했고 1936년 도요타 최초의 세단 AA를 만들었다. 이를 근간으로 1937년 자동차 사업부를 드디어 도요타 자동차 회사로 독립시켰다.

2) 2단계 및 3단계: 기업가가 되고자 하는 의지 및 사업계획과 자원의 취합

오너의 이름인 Toyoda에서 지금의 이름인 Toyota로 개명한 것은 1958년이었다. 일본 시장에서는 급성장하며 좋은 시작을 알렸으나 일본이 태평양전쟁에서 패배하고 난 1949년 다찌 라인이라는 초 긴축정책의 영향을 직격탄으로 받아 위기에 몰려 법정관리에 들어가게 되었다. 하지만 성공하는 기업에는 기회가 따르는 것일까? 20일 후에 터진 한국전쟁으로 인해 미국으로부터 트럭을 발주 받으며 기사회생하게 된다. 한국의 불행이 도요타의 천운에 비길 행운이 되었다니 참으로 아이러니하다.

3) 4단계: 성장단계

일본의 담을 넘어 해외시장에 도전하게 된 도요타는 당시 잘라가던 GM이나 Ford와 경쟁하며 저렴한 가격으로 공략할 계획으로 1958년 크라운을 개발하여 미국 시장에 진출했으나 그 호기는 무너지고 첫해 300대에 머물며 고전하였다. 이후 3년간 고전으로 1960년 기준으로 미국 시장에서만 162만 달러의 적자를 보게 되었다. 크라운의 실패 원인은 도로에 있었다. 일본의 비포장도로에 맞게 천천히 달리는 경우에는 발견되지 않던 결함이 미국의 포장도로의 고속에서는 차량에서 과열과 심한 떨림 현상이 발생함으로써 문제가 되었다.

이 실패는 이후 1966년 코롤라를 개발하며 연비, 성능, 가격 면에서 모두 훌륭한 톱 모델을 만들게 하였다. 이는 미국 시장에서 불티나게 팔리며 큰 성공을 도요타에게 안겨주었다. 더욱이 1973년 오일쇼크로 인해 더욱 작고 연비 좋은 차가 인기를 끌던 무렵 더 각광받게 되었고 이듬해에는 급기야 세계에서 가장 많이 팔린 차로 등극하게 되었으며 2019년 현재까지 4,500만 대 이상 팔린 세계의 베스트셀러 모델이 되었다(이는 매 40초당 한 대씩 팔린 결과이며 일렬로 줄 세우면 지구를 다섯 바퀴 도는 물량임). 이렇게 히트 친 도요타는 수프라, 캠리, 프리우스, MR2 등 수 많은 모델을 히트시키며 1987년에는 렉서스로 고급 차 시장까지 진출하여 최고가 되어가고 있다. 세계에서 가장 많이 팔린 차 도요타.

전 세계 시가 총액 1위를 차지하는 자동차 회사로서 Lexus, Daihatsu, Hino 등의 브랜드를 보유한 것뿐만 아니라 Subaru 지분의 16.7%와 Isuzu의 지분도 보유하고 있으며 36만 명의 임직원을 거느린 초대형 군단으로 성장했다. 그 명성에는 연구개발비로 2018년 기준 100억 달러를 쓰고 있으며 이는 시간당 12~13억 원을 쏟아붓는 수준이라 할 수 있다. 모태가 되었던 도요타 방직은 도요타 산업 내에서 사업을 이어가고 있고 지게차 분야도 세계 시장점유율 1위를 유지하며 다양한 포트폴리오를 갖춘 입체적 회사로 성장하고 있다.

포춘 2019에 의하면 세계시장에서 매출 순위 9위와 10위에 해당하는 기업이 자동차 제조사이다. 단일 브랜드인 도요타를 한 끗 차이로 앞서고 있는 선통석인 유럽의 명자 폭스바겐은 그 휘하에 무수한 명차 군단을 이끌고 시장을 확장해왔다. 자사 브랜드 위주로 세계를 누려온 도요타와는 달리 폭스바겐은 아우디, 포르셰, 벤틀리, 람보르기니 등의 세계적 초호화 브랜드 경쟁자들을 인수합병 함으로써 절대 강자의 자동차 회사로 성장해가고 있다.

출처: https://news.joins.com/article/23539333 중 일부 인용.

| 그림 7-2 | 세계 매출 순위 top 10 기업(포춘 2019년)

제3절 시대를 빛낸 기업가와 특별한 이야기

하나의 위대한 기업가가 탄생하기까지 그를 최고의 위치에 이르기까지 맷돌의 어처구니처럼 꼭 필요한 역할을 감당했던 조력자 또는 촉진자 역할이 있었던 경우가 많다. 한편으로 보면 기업가의 필수 요건 중에 환경의 영향을 받고 주변의 네트워크로부터 적재적소의 자원을 공급할 수 있는 역량이 있다. 그것이 자의에 의한 것이든 저절로 갖춰진 것이든 긴 시대를 빛내고 있는 위대한 기업가의 숨어있던 조력자 또는 촉진자 역할에 대하여 생각해 보고자 한다. 우리도 기업가를 꿈꾸지만 힘든 순간이 오면 주변의 이런 역할을 막연히 기다리고 있는 것은 아닌가?

1. 벤츠와 다임러 메르체데스 그리고 베르타 벤츠의 이야기

1888년 인류 역사상 최초의 자동차 로드 트립(road trip) 테스트를 하기도 했던 베르타 벤츠의 도움과 지원이 없었다면 오늘날의 벤츠도 잉태되지 못했을 것이다. 1871년 벤츠가 설립한 Iron foundry and Mechanical workshop이라는 회사가 경영난을 겪고 있을 때 약혼자였던 그녀는 아버지로부터 결혼자금을 미리 융통하여 칼 벤츠의 회사에 주식으로 자본 출자를 했다. 일단 위기는 넘겼지만 계속되는 어려움 속에 둘의 지분을 계속 처분하여 급기야 5% 정도로 떨어지게 되었다. 투자자들에게 자동차 관련 핵심 기술들에 대한 인정도 받지 못하게 되는 일이 많아지면서 벤츠는 드디어 1883년 자신의 이름을 딴 Benz&co.라는 회사를 차려 독립하였고 자신의 꿈대로 말이 없는 마차를 만들어 보는 시도를 할 수 있었다.

자신이 좋아하던 자전거에서 힌트를 얻어 페이턴트 모터 바겐 모델을 만들었고 최초의 자동차 특허까지 완료하였다. 100 킬로그램 밖에 안 나가는 경량의 자동차로 최대 시속 16 킬로미터에 불과했지만 지금도 적용되는 몇몇 기술이 반영되어 있었다고 한다. 하지만 운전을 하기가 쉽지 않았고 시 운전 중 사고도 발생했다. 완벽주의자였던 칼 벤츠의 연구 속에 후속 모델의 공개는 계속 지연되고 있었다. 그러나 이때 반대의 성격이던 베르타 벤츠의 실행력이 가동되기에 이르렀다. 그의 완벽한 후속 모델이 나오기를 조바심내며 기다리던 그녀는 두 아들을 미완성작인 벤츠 페이턴트 모델 3에 태우고 남편 몰래 친정집으로 직접 운전하여 나들이를 떠난다. 당시 연기 나는 괴물로 불리던 제품을 그녀는 실생활에서 사용하기에 아무 문제가 없다는 생각을 가졌었고 이를 증명해 보이기 위한 시도였다. Mannheim에서 Pforzheim까지 장장 104 킬로미터의 거리에 해당하는 당시로는 장거리 여행이었다.

지금과는 다른 환경에서 그녀와 두 아들이 길 위에서 접한 어려움은 상상할 수 없는 것이었고 하나하나 해결해 가면서 답을 만들어야 했다. 예를 들어 자동차 전용도로가 없었던 울퉁불퉁한 자연 그대로의 길에서 느꼈을 다양한 승차감부터 연료탱크를 가득 채워도 19 킬로미터 밖에 가지 못하는 상황에서 주유소도 없이 빨래할 때 세제로 쓰던 리그로인(휘발유의 종류)을 약국에서 약사에게 오해를 받아가며 10 리터를 연료로 구입하여 연료통이 비어갈 때마다 부어가며 104 킬로미터를 전진해야만 했다. 어려움은 거기에 그치지 않았는데 10 킬로미터를 갈 때마다 엔진을 식혀야 했고 오르막길에서는 다 내려 밀어야 했다. 또 한 내리막길에서는 나무로 된 브레이크가 파손되어 대장장이에게 가죽을 덧대도록 수리를 요청해야 했다. 이것이 최초의 브레이크 수리 및 자동차 정비가 된 셈이다.

이외에도 순간순간의 어려움을 해쳐가며 친정까지의 여행을 마칠 수 있었다. 이런 과정에서 익힌 학습효과로 돌아오는 길은 훨씬 수월하게 돌아왔다고 한다. 이 브레타 벤츠의 여행에서 칼 벤츠는 구동 체인과 저속기어를 추가했고 그 부인의 여행이 알려지며 자연스레 유명세를 타기 시작했다. 이런 홍보 효과로 대중들에게 모델 3가 머릿속에 자리 잡게 되었고 세계 자동차 산업이 성장할 수 있는 씨앗이 되기도 했다. 지금의 벤츠라는 브랜드가 있기까지 여자라는 이유만으로 대학교도 가지 못했던 브레타 벤츠의 이런 신선한 도전이 없었더라면 완벽만을 추구했던 칼 벤츠 혼자서는 아마 불가능한 성공스토리가 되지 않았을까 생각된다. 이처럼 하나의 기업가를 탄생시키기까지 빵을 부풀리는 효모처럼 꼭 필요한 조력자(trigger)가 있었다는 점에 주목할 필요가 있겠다.

2. 아디다스 스토리

Adolf Dassler라는 설립자에서 ADIDAS라는 이름 유래되었다. 아돌프의 애칭이었던 Adi와 다슬러의 Das를 합쳐서 만든 것이다. 아돌프 다슬러는 1900년 11월 3일 독일의 Herzogenaurach라는 한 시골에서 태어났다. 이 마을은 신발 제작으로 유명한 마을이었는데 주민 3,500명 중 112명(3.2%)이 신발 만드는 일을 하고 있었다. 그의 부친인 크리스토프 다슬러도 그중 한 명이었다. 그의 모친은 세탁소를 운영했다. 그의 가족은 무척 가난하여 아돌프는 어려서부터 모친의 세탁소 일을 도와야만 했다. 그의 별명은 세탁 소년으로 친구들 사이에 놀림을 받았다. 하지만 그런 일에 신경 쓸 시간도 없을 지경이었다.

부모는 신발산업이 그리 전망이 좋지 않아 그가 제빵사가 되길 원했으나 고등학교를 마치고 제과점에서 견습생으로 일했지만 그 일에 별로 관심이 없었던 아돌프는 대부분의 시간을 운동하면서 보내게 되었다. 친한 친구였던 프리츠 젤린과 함께 축구, 육상, 복싱, 아이스하키, 스키 등의 스포츠를 즐기는 스포츠맨이었다. 급기야 제과점 견습생을 마친 그는 제빵사가 되지 않기로 결심하고 부친에게서 신발 바느질을 배우기 시작하게 된다. 그러던 중 평소 운동을 좋아하던 그는 운동을 잘하기 위해 신발의 디자인에 변화를 주는 등의 시도로 운동능력이 향상된다는 점을 깨닫게 되었다. 러닝화, 축구화, 농구화 등 스포츠를 위한 신발이란 개념 자체가 없었던 때였다. 이렇게 그는 스포츠를 위한 특수한 신발을 만들어야겠다는 생각을 하게 되었다.

하지만 1918년 1차 세계대전이 발발했을 때 18세가 되지 않았던 아돌프는 징집되어 독일군에 편입된다. 스포츠 신발에 대한 일념을 갖고 1919년 전쟁의 후유증으로 불황이 경제계를 덮치게 되자 모친의 세탁소도 문을 닫게 되는데 그는 자신만의 혁신적인 스포츠화를 구체화하기 위해 세탁소 공간을 자신만의 작업장으로 사용하게 되었다. 아무것도 없는 상황 속에서 그는 동네 사람들의 신발을 수리하는 일부터 시작했다. 그것과 함께 마을에 흩어져 있던 전쟁 폐기물들을 모으기 시작했다. 헬멧과 파우치 등에서 가죽을, 낙하산에서 실크를, 군복, 포대자루, 타이어 등에서 신발을 만드는데 필요한 소재가 될 만한 것들은 모조리 쓸어 담았다. 심지어 자전거를 개조하여 신발 제조에 쓰일 페달 구동 식의 가죽 밀링 머신을 만들기도 했다. 이런 과정들을 통해 조금씩 경험을 쌓아가던 아돌프는 지역 스포츠 센터에 시제품을 만들어 좋은 반응을 얻어냈으며 급기야 주문이 쏟아지기 시작했다.

상황이 이렇게 되자 아돌프의 형제들이 합심하여 신발공장을 차리게 된다. 공부를 더 많이 했던 형 루돌프 다슬러는 동생의 사업에 가능성을 알아본 것이다. 1924년 7월 1일 최고의 스포츠 선수들에게 최소의 스포츠화를 제공한다는 사명을 가지고 회사를 설립했다. 아돌프는 신중한 개발자 스타일이고 루돌프는 외향적이고 카리스마 넘치는 사업가 스타일로 둘은 크게 달랐지만 도자기 공장과 가죽공장에서 일했던 경험을 살려 각각 개발 생산과 영업을 담당했다. 당시 그 공장에서는 12명의 직원이 하루 50켤레의 신발을 가내수공업으로 제조했다. 그러다 보니 초창기에는 큰 재정적 압박을 견뎌내야 했다. 먼저 운동장 트랙용 신발을 만들었는데 이는 캥거루 가죽, 상어 가죽 등 여러 가지 재료를 시험해 보고 소가죽을 택하게 되고 또 신발 밑창엔 금속조각으로 뾰족한 나사를 박아보기도 하는 실험정신이 충만했다. 드디어 숱한 세인들의 혹평 속에서도 굴하지 않고 1925년 스파이크를 박은 러닝화를 개발하여 특허를 얻기에 이르렀다. 이듬해부터 수요가 크게 증가하자 규모가 큰 헤르츠겐아우라흐 근처 공장을 인수하여 직원과 매출을 두 배 수준으로 키웠다.

1928년 암스테르담에서 하계 올림픽이 개최되고 아돌프는 자신이 개발한 6개의 스파이크가 박힌 신발을 독일 육상 대표 선수인 리나 라드케에게 주었는데 이를 신고 8,000미터 경주에서 2분 16초라는 세계 신기록을 기록하며 금메달을 차지했다. 이는 스포츠에 신발의 중요성이 입증되는 순간이자 자신의 생각이 맞았다는 확신을 갖게 한 순간이 되었다. 그 후 1936년 베를린 올림픽 육상경기에서 유력한 우승 후보였던 제시 오웬스에게 자신의 육상화를 권유하게 되는데 이를 신은 오웬스는 금메달을 4개나 따며 세계적으로 아돌프를 홍보하는 효과를 거두게 되었다.

그러던 와중 제2차 세계대전이 발발하고 이를 기준으로 많은 것들이 변화하게 된다. 심지어 두 형제의 관계를 틀어지게 하였는데 그 이유는 분명하게 밝혀지진 않았지만 가장 신빙성이 있는 이야기는 1930년대 다슬러 형제의 신발공장이 성장해 가는 시기에 독일 노동당인 나치당에 가입을 강요받게 되는 일이 있었다. 1933년 나치 당원이 되면서 사업은 더 번창하게 된 것이었다. 이 과정에서 루돌프는 나치 사상에 심취하게 되었지만 아돌프는 여전히 신발밖에 몰랐다. 2차 세계대전으로 경기가 어려워지고 문을 닫을 위기에 처해 지게 되자 둘의 가치관이 본격적으로 부딪히게 된 것이다. 아돌프는 신발 개발이 최우선이었고 루돌프는 현금 흐름과 수익성을 중요시했다. 1943년 루돌프만 군대에 징집되면서 그의 아내를 대신 회사 운영에 참여할 것을 제안했지만 아돌프는 거절하였다.

차선책으로 편지를 교환하면서 함께 운영하자는 제안까지 거절하게 되었고 1943년 공장이 생산중단 명령을 받게 되었을 때 아돌프는 형이 자신까지 군대에 징집시키기 위해 그 일을 도모했다고 생각했다. 그들의 신발공장은 전쟁이 끝날 때까지 전쟁부품을 만드는 역할을 수행해야만 했다. 전쟁이 끝난 뒤 1945년 7월 루돌프는 미군에게 나치 친위대로 오해받고 연합군 수용소에 1년간 감금되는 일이 있었는데 이번에는 아돌프가 꾸민 일이라고 루돌프는 생각했다.

더욱이 석방된 이후 루돌프는 유대인 친구를 숨겨줬던 일을 두고 동생을 나치 협력자로 밀고하는데 그 때문에 2년간의 보호관찰을 받게 되었다. 이렇게 두 사람의 관계는 돌이킬 수 없게 멀어지게 되고 각자의 길을 걷게 된다. 그리하여 아돌프는 자신의 이름의 애칭인 아디와 성인 다슬러의 다스를 합쳐 아디다스를 만들고 루돌프는 자신의 후원자인 직원들과 함께 나와 회사를 설립하게 되는데 이것이 지금의 푸마였다. 씁쓸한 이 두 형제의 새로운 브랜드 경쟁은 고향 마을에서 시작되는데 마을 주민 중에 누가 아디다스를 신었는지 또 푸마를 신었는지 큰 관심사가 되기까지 했다고 한다. 지금까지도 두 회사의 본사는 공동의 고향 독일 히르초겐아우라흐에 있다. 1949년 8월 18일 아디다스라는 이름으로 사업자등록을 하였고 한편 초기 신발들은 발을 안정적으로 감싸기 위해 가죽으로 된 두 개의 줄무늬를 두었는데 새로운 회사를 위한 로고로 사용하고자 줄 하나를 추가하여 3선 로고를 갖게 되었고 지금까지 바뀌지 않은 아디다스의 상징이 되고 있다.

1939년 아디다스는 서독 축구 대표 팀의 공식 납품업체가 되었고 1954년 스위스 월드컵에서는 아디다스 축구화 때문에 당시 세계 최강이자 우승 후보팀이던 헝가리를 이기는 사건이 발생하였던 것이다. 변수는 그날의 날씨였는데 폭우가 쏟아지는 그라운드의 진흙탕 속에서 서독 대표 선수들이 신고 있던 스터드를 교환할 수 있는 기능이 탑재된 축구화는 미끄럼을 방지하고 중심을 잡아주는 커다란 역할을 한 것이었다. 2대 0으로 지고 있던 경기를 하프타임 때 선진 축구화를 공급한 아디다스의 공로로 3점을 넣어 서독은 역전 우승할 수 있었다. 이를 계기로 아디다스는 탈부착 식 스터드 축구화로 세계적인 인기를 끌게 되었고 나아가 축구화에만 그치지 않고 세계적인 축구 전문 브랜드로 급성장 할 수 있었다.

이를 불러온 탈부착 식 축구화를 만들 수 있었던 비결은 아돌프의 철저한 고객 친화적 마인드에서 출발한 것인데 서독이 본 월드컵에 나가기 전부터 대표 선수들과의 많은 교류를 통해 축구 경기력이 날씨에 따른 그라운드의 상태가 주는 변수가 크다는 것을 알게 되었고 그들의 요구를 수용할 방법을 찾아내었던 것이다. 즉 아돌프에게는 고객이 불편한 현상을 지나치지 않고 불편함을 해결하는 것에서 자신만의 기회를 찾을 수 있다는 남다른 기회포착 능력과 그것을 기필코 완수해 내는 문제해결력이 있었다. 이 두 가지는 하나의 기업가가 성공하게 되는 대표적이고 필수적인 역량조건임을 다시 한번 검증하게 해주었다.

3. KFC

1,008번이나 거절당하고도 기어코 계약을 따낸 의지의 기업인. 그리고 전 세계에 20,400개 이상의 프랜차이즈 매장으로 그 수에서 세계 4위의 기업이 KFC이다. 커넬 샌더스가 그 주인공인데 KFC의 대표적인 이미지 마크인 하얀 수염의 할아버지가 바로 그다. 한마디로 그의 삶은 다사다난했다.

그는 1890년 9월 9일 미국 인디에나 주 헨리 빌 부근의 시골 마을에서 태어났다. 5살이 되던 1895년 여름날 부친의 급작스러운 죽음으로 가정 형편은 급속도로 나빠지게 되었다. 모친은 가장으로서 토마토 통조림 공장에서 일하게 되었고 7살에 불과한 시절부터 샌더스는 2명의 동생을 건사하며 집에서 요리를 시작하게 되었고 그가 만든 호밀 빵은 동생들뿐만 아니라 모친의 공장 동료들도 맛있게 먹을 만큼 꽤 실력을 인정받았다. 그가 12살이 되던 해에는 모친 마가렛이 재혼을 했는데 그의 새아버지는 성질이 고약한 사람이었고 가정 폭력을 일삼았다. 그러더니 샌더스 형제에게 80마일이나 떨어진 농장으로 보내지게 되어 이모 집에 얹혀살게 된다. 그런 환경에서 그는 학교에 다니기는 했지만 학업에 집중하지 못하고 뒤처지게 되었고 급기야 학교에 가는 것 보다는 하루 종일 일하는 것이 낫겠다는 생각에 7학년 도중 자퇴를 하였다. 그리고 13살 되던 해 가출까지 하여 온전히 독립적 삶을 살기 시작했다.

집을 나온 샌더스는 불운의 아이콘처럼 삶이 구불구불 굴곡지게 된다. 손에 잡히는, 할 수 있는 일은 다 하기 시작했다. 15세에는 인디애나 남부에서 농장 일을 했고 16세가 되어서는 철도 쪽에서 일하시던 삼촌의 도움으로 전차 차장으로 일할 수 있게 되었다. 그러던 어느 날 전차에서 군대 징집 관들을 만나게 된다. 샌더스는 나이를 속이고 육군에 자원입대하지만 얼마 지나지 않아 나이가 발각되어 너무 어린 나이로 인해 퇴역되어 삼촌 집으로 돌아왔다. 다시 한 번 삼촌의 도움으로 열차 엔진에 붙어있는 석탄재 긁어내는 일을 하기 시작했다. 17세 무렵에는 열차 엔진에 불을 때는 fireman이 되었다.

1908년 조세핀 킹을 만나 결혼을 하게 된다. 1남 2녀의 가장이 된 샌더스는 직장에서 동료와의 다툼으로 해고까지 당한다. 직장을 잃은 후 여러 가지 일을 해보려 많은 시도를 하지만 꾸준히 하지 못하고 중도에 그만두는 경우가 파다했다. 결국에는 가정 형편이 점점 어려워지자 아내 조세핀은 아이들을 데리고 친정으로 가버렸다. 힘겨운 날들을 보내던 1920년 샌더스는 투자자들을 모아서 오하이오 강에서 선박을 운영하는 페리 회사를 차렸고 급기야 어느 정도 성공의 가도에 오르게 된다. 일정 규모의 회사로 성장했을 때 샌더스는 페리 회사의 주식을 팔아 당시 22,000달러 현 시세로 4억 원 정도의 금액을 아세틸렌 램프 사업에 투자하였다.

그런데 얼마 뒤 델코일렉트로닉스에서 전기 램프를 출시하여 과도기 제품 격인 아세틸렌 램프는 큰 실패를 불러 전 재산을 잃게 되었다. 1920년대 후반에는 켄터키주의 캠프 넬슨에 살면서 미쉐린 타이어의 세일즈맨으로 일했다. 이 일을 하면서 당시 최고급 자동차였던 맥스웰 차량을 영업용으로 타고 다녔는데 샌더스가 지나가던 다리가 무너지면서 자동차가 강 속에 침수하는 사고를 당하고 말았다. 다행히 그는 목숨을 구할 수는 있었지만 차가 사라지면서 일자리도 잃어버리게 되었다. 그런 식으로 40세가 될 때까지 제대로 된 직장 하나 없고 모아둔 돈도 없던 그는 정말 불운의 아이콘이라는 자괴감에 빠질 수밖에 없었을 것이다.

1930년 어느 날 또 다른 새로운 일을 할 기회를 얻게 된다. 지인들의 도움으로 켄터키로부터 약 25마일 떨어진 코빈(Corbin)이라는 곳에서 Shell Oil 주유소를 임대하여 운영할 수 있게 되었다. 당시 아직 전기도 들어오지 않던 오지 동네였는데 플로리다와 주변 북부 주들에서 여행을 하는 사람들이 자주 지나다니는 길목에 있었던 터라 샌더스의 주유소에는 손님들이 점차 많아지기 시작했다. 샌더스는 이제까지의 여러 일을 하면서도 즐기는 취미가 있었는데 그것은 바로 요리였다. 어려서부터 워킹 맘의 빈자리를 채우느라 할 수밖에 없었던 요리가 자신만의 레시피로 요리하는 취미이자 특기가 되는 전환점이 되었던 것이다. 주유소 옆 창고로 쓰던 빈 방을 치우고 식탁을 들여놓았다. '샌더스의 서비스 스테이션 앤 카페'라는 이름으로 가게를 오픈했다. 주변 헛간 건물의 벽면에 홍보를 했고 지나던 배고픈 여행객들은 이 간판을 보고 제법 찾아오곤 했다. 샌더스는 아내 조세핀과 함께 스테이크, 햄, 그레이비를 얹은 감자, 옥수수로 만든 그리츠(grits) 그리고 갓 구운 비스킷을 만들어 등을 팔았고 이어 기름에 튀긴 치킨 요리를 판매했다. 샌더스는 튀긴 치킨 요리가 북아메리카의 대접용 음식이라 생각했고 좋은 치킨 요리라면 그 누구라도 다시 먹으러 올 것이라 판단했다. 이 점은 적중하여 샌더스의 가게는 여행객들에게 큰 인기를 얻으며 켄터키 맛집으로 소문나기에 이르렀다.

하지만 치킨 요리는 30분 정도의 긴 시간을 요 했기 때문에 판매량에 제한이 컸다. 그래서 그는 조리시간은 줄이고 맛은 높이기 위해 계속해서 치킨 요리를 연구하기에 이르렀다. 한편 그의 주유소 부근에서 주유소를 경쟁 운영하던 매트 스튜어트라는 사람이 있었는데 샌더스의 가게를 시기하여 샌더스의 광고를 지우고 자신의 주유소 광고로 바꿔버렸다. 이에 손님이 줄자 샌더스는 직원들과 함께 스튜어트를 찾아갔다. 언쟁 끝에 스튜어트는 흥분하여 샌더스 가게의 매니저인 로버트 깁슨에게 총을 쏴 살해했고 이를 본 샌더스는 스튜어트를 향해 총을 쏴 스튜어트의 어깨에 부상을 입히는 것으로 총격전은 다행히 그치게 되었다. 그 결과 스튜어트는 살인 혐의로 징역 18년을 받게 되었다. 본의 아니게 경쟁자가 사라진 샌더스의 가게는 점점 더 손님들이 증가하였다.

1936년 주지사인 루비 라프는 켄터키주의 지역 음식을 만드는데 큰 기여를 하고 여러 지역 봉사에 앞장선 샌더스에게 공로를 인정하여 코넬이라는 켄터키 최고 명예 훈장을 수여했다. 이에 고무된 샌더스는 프랜차이즈 사업을 본격적으로 하고자 했고 1937년 주유소의 가스 펌프를 없앤 후 레스토랑 샌더스 코트 앤 카페를 열었다. 그리고 그해 여행객들이 편히 쉬어갈 수 있는 작지만 럭셔리한 모텔도 함께 운영하였다. 그러던 1939년 11월 그의 레스토랑과 모텔에 불이 나면서 그의 건물들은 허망하게 사라지게 되었다.

불운의 사나이 샌더스는 다시 한번 마음을 다잡고 140석의 레스토랑과 모텔을 새로 짓고 더불어 요리에 대한 연구도 쉬지 않고 계속 이어갔다. 1940년 어느 날 신문물이 압력솥을 접하고 높은 온도와 압력을 이용하여 채소를 요리하는 기구였는데 이를 닭고기를 빠른 시간에 튀기는 곳에 유용하게 쓰일 것인가 의문을 가지며 압력조절 밸브를 달아 기름을 넣고 튀겨도 안전할 수 있게 만들게 되었다. 이후 Berta(샌더스가 붙인 압력솥의 애칭)를 이용해 불의 온도, 튀김 기름, 여러 종류의 밀가루와 시즈닝, 다양한 양념장 등을 여러 해 동안 실험하고 또 실험했다. 1940년 7월 마침내 단 8분 만에 닭고기를 맛깔스런 골드 브라운 색상으로 노릇노릇 튀겨내는 자신만의 시스템을 개발하는데 성공했다. 소금과 후추를 포함한 11가지 허브 등을 이용한 비밀 레시피도 만들어 냈다. 또한 치킨을 튀긴 후 남겨지는 튀김 가루를 이용해 크래클린 그레이비 소스도 발명했다. 샌더스의 치킨은 그 맛이 유명해지며 고객이 크게 증가했다. 한편 1941년 어느 날 켄터키의 컴벌런드 호수에서 운행하던 보트 여행객을 대상으로 500인분의 치킨을 주문받게 된다. 평상시처럼 튀기기만 해도 되었지만 샌더스는 이번에야 말로 개발된 새로운 레시피를 테스트할 좋은 기회라는 생각을 하였다. 이 손님들은 단골도 아닐뿐더러 기존 치킨의 맛도 모르니 새로운 양념을 시도하더라도 자신의 전과 후 맛 차이에 대한 리스크 부담이 없다는 점을 캐치 한 것이다. 그렇게 새로운 레시피 반죽으로 치킨을 튀겼고 그날 그렇게 튀긴 치킨이 샌더스 인생의 최고의 치킨이 되었고 이후 레시피를 절대 바꾸지 않았다고 한다. 샌더스 가게를 찾았던 과거 손님들도 이 치킨을 즐기기 시작했고 이를 샌더스의 원래 이름인 '할랜드 샌더스의 켄터키 프라이드 치킨'이라 부르기 시작했다.

샌더스는 이 켄터키 프라이드 치킨 덕분에 안정적인 생활을 할 수 있게 되었다. 1941년 12월 7일 52세가 된 샌더스는 가족과 둘러앉아 라디오로 음악을 듣던 중 일본이 진주만을 공격했다는 소식을 듣게 된다. 그러면서 미국은 2차 세계대전에 참전하게 된다. 그렇게 전쟁의 영향으로 샌더스의 가게에는 손님들의 그림자도 비춰지지 않게 되었고 가게 경영은 점점 기울어 샌더스는 또다시 위기를 맞이했다.

전쟁이 끝난 뒤 샌더스에게는 많은 변화가 일어났다. 먼저 아내 조세핀과 헤어졌고 2년 뒤인 1949년 오랜 동안 자신의 비서로 있었던 클라우디아 레딩턴과 재혼을 하였다. 같은 해 켄터키 주지사로부터 다시 한번 더 코넬이란 호칭을 부여받게 되는데 이때부터 그는 자신을 코넬 샌더스라고 이름을 바꿔 부르게 되었다. 그리고 켄터키 스타일의 넥타이가 달린 검은 버크 양복을 입고 자신의 이미지 스타일을 세우기 시작했다. 이때부터 은퇴 이후의 삶을 준비해가기 시작 했다. 샌더스가 오랫동안 운영해 왔던 주유소 사업은 프랜차이즈 형태로 운영 중이던 사업체였기 때문에 그는 자연스럽게 프랜차이즈 사업의 개념을 깨닫게 되었고 자신이 개발한 치킨 요리를 프랜차이즈화 한다면 노년의 안정적 삶이 가능할 것이라 생각했다. 그렇게 그는 자동차 트렁크에 맞춤형 보일러, 향신료, 밀가루, 기름, 닭고기를 담은 아이스박스를 싣고 아내와 함께 켄터키 지역을 여행하며 레시피를 팔러 다니기 시작했다. 그는 여러 식당을 돌아다니며 직접 요리를 시범 보이며 레시피 제휴 계약을 제안했지만 그 당시는 압력 프라이기가 너무 위험해 보였고 유지보수도 많이 필요해 보였기 때문에 번번이 거절당했다.

아마도 이 이야기가 과장되면서 1,008번 거절당했다는 이야기가 나왔으리라 추측되며 1979년 샌더스의 부인인 클라우디아가 Trinity National Broadcasting과의 인터뷰에서 밝힌 바에 의하면 600~790번 사이 정도는 될 것이라는 해명이 있었다. 아무튼 프랜차이즈 계약을 위해 켄터키를 넘어 전 미국을 통해 여행하던 샌더스는 1951년이 되자 잠시 여행을 멈추고 프랜차이즈 사업이 잘 안될 것을 대비하며 노후를 위해 켄터키주 상원의원 선거에 출마했지만 근소한 차이로 낙선의 고배를 마셨다. 그러나 이 고배는 그로 하여금 프랜차이즈 사업을 더더욱 포기할 수 없게 만들었다.

1952년 62살의 샌더스는 시카고 대학에 있는 레스토랑 단기 코스를 듣게 되었는데 같은 반의 한 젊은 동기인 피트 하먼을 눈여겨보았다. 다른 학생들은 수업이 끝나고 파티나 클럽에 놀러 가기 바빴는데 하먼은 담배나 술을 안 할 뿐 아니라 그와 마음이 잘 맞는 편이었다. 수업이 끝나면 샌더스는 하먼과 맛 집 투어를 다니며 식품사업에 대한 토론을 이어갔다. 그렇게 단기 수업 코스를 마치고 연락을 주고받던 둘은 하먼의 매장(드라이브 인 레스토랑)개업 소식에 유타 주의 솔트레이크 시티를 방문했다. 그 자리에서 하먼에게도 샌더스는 자신의 시크릿 레시피에 대해 말했는데 12년간의 그간 경험에서도 한 번도 치킨 요리를 팔아본 적 없던 하먼은 듣는 둥 마는 둥 했다. 멀리서 찾아온 샌더스에게 저녁 식사를 대접하려고 했는데 샌더스는 대신 자신이 자신의 레시피로 치킨 요리를 하면서 하먼의 가족과 직원들에게 평가해줄 것을 제안했다. 그리고는 프라이드 치킨, 그레이비 소스와 으깬 감자, 그리고 비스킷을 요리했다.

모두 마지막 한 조각까지 맛있게 먹는 것을 본 샌더스는 하먼의 가게에서 팔아볼 것을 권유했다. 하지만 하먼은 거절했고 다른 볼일을 위해 호주를 다녀오면서 며칠 후 다시 하먼의 가게에 들르게 되었다. 그때 샌더스는 눈알이 빠질 만큼 놀랐다. 'Something new, Something different, Kentucky Fried Chicken'이라는 약 2미터 높이의 간판이 떡 붙어있었고 그것을 사기 위한 사람들의 줄이 엄청나게 길었기 때문이었다. 하먼은 그야말로 8개의 압력솥을 사용하여 치킨을 미친 듯이 튀기고 있었던 것이다. 문제는 샌더스에게 말 한마디도 없이 몰래 그 일을 시작했다는 것이었다. 그는 이 치킨이 잘 팔릴지 안 팔릴지 궁금해서 한번 시작해 봤다는 핑계를 댔다. 잘 팔렸던 관계로 본격적으로 시작하다 보니 경황이 없었다고 했다. 이때 광고를 했던 켄터키 프라이드 치킨은 샌더스가 한 번도 하먼에게 이야기하지 않았던 내용인데 우연의 일치로 같은 작명을 한 것으로 밝혀졌다. 모든 것은 좋게 귀결되었고 프랜차이즈 계약을 맺고 한 마리당 5센트의 수수료에 모든 비밀 레시피와 제품명을 사용할 것을 허용했다.

이것이 켄터키 프라이드 치킨의 1호점이 되었다. 하먼의 가게는 첫해에만 매출이 3배 증가했고 이 과정에서 많은 것을 느낀 샌더스는 본격적으로 프랜차이즈 사업의 체계를 갖추기 시작했다. 1955년 상표등록과 압력 튀김기에 대한 특허 등록을 취득했다. 때마침 연방도로법을 제정하고 250억 달러의 지출이 결정되고 곳곳에 고속도로가 건설되면서 미국은 점점 발전 일로에 들어갔다. 그런데 새로운 고속도로가 들어서면서 샌더스의 가게를 빗겨가는 길 때문에 점점 손님은 줄어 식당운영에 타격을 입게 되었다. 이 때문에 코빈(Corbin)에 있는 식당은 팔아서 그간의 빚들을 갚아야 했다. 66세의 샌더스는 좀 여유로운 은퇴 이후의 삶을 꿈꿨지만 그에게 남은 건 매달 105달러의 연금과 하먼으로부터 매달 받는 프랜차이즈 수수료 10달러 정도가 전부였다. 마지막으로 남은 것은 켄터키 프라이드 치킨 매장을 늘리는 것뿐 다른 방법이 없었다. 그것을 위해 연금을 쏟아 부어가면서 인디에나 주와 오하이오주를 여행하면서 그는 그의 트레이드마크인 하얀색 정장을 입었고 레시피를 팔러 다녔다.

이때 데이브 토마스를 만났고 계약을 따냈다. 토마스는 초기 프랜차이즈 사업에 많은 영향력을 끼치게 된다. 특히 그들이 사용하던 큰 컵을 회전 광고판으로 쓰는 아이디어를 냈고 나중 그는 웬디스 프랜차이즈의 창업자가 되기도 했다. 샌더스의 이 홍보 여행이 32만 킬로미터에 달한다고 하니 그의 노력도 가히 대단했다고 아니할 수 없다. 이렇게 1960년도에 200개, 1963년에는 600개로 무섭게 성장해 갔다.

켄터키 프라이드 치킨의 트레이드마크에는 먼저 패밀리 버킷이 있고 이는 초기 멤버인 하먼이 우연히 제품들을 외판원에 의해 구입한 버킷에 담아서 판매하면서 매출이 오르는 것을 캐치하여 만들어낸 아이디어이고, 이것이 주부들 사이에 빅히트하면서 KFC의 가장 큰 상징중 하나가 되었다. 또 하나는 It's finger licking good이라는 문구이다. TV광고를 찍던 중 뇌졸중을 앓던 하먼이 뒤쪽에서 광고에 참여하기로 했었는데 자꾸 손가락을 핥던 장면이 회자 되면서 제품의 박스에 오르는 초기 대표 슬로건이 되었다. 다음으로는 Follow your Taste. KFC so good. 등으로 변천해 갔지만 부분적으로 계속된 슬로건은 처음의 It's finger licking good은 계속 사용되었다. 또 하나의 트레이드 마크는 샌더스의 얼굴인데 이도 얼떨결에 사용되게 되었는데 8천 달러나 주고 그린 자신의 얼굴이 아까워서 원치는 않았지만 로고로 쓰게 되었다고 한다.

불운의 사나이 샌더슨이 74세가 되었고 어느덧 성공한 프랜차이즈의 주인이 되었다. 규모가 이제 너무 커지고 나이가 들었다는 생각이 들자 브리태니커 백과사전으로 큰 성공을 한 사업가 브라운 주니어를 만나 회사 인수 이야기를 나눴다. 200만 달러를 요구했고 이에 1964년 잭 메시와 함께 공동 인수자에게 팔게 되었다. 이 조건에 한 가지가 더 있었는데 샌더스가 평생 홍보해줄 것과 직원을 교육해 줄 것을 통해 연봉 4만 달러를 받는 평생직장이 되었던 것이다. 공동 인수자를 통해 메뉴가 통일되었고 회사의 상징 색깔 등이 자리 잡게 되었다. 그 덕분에 매장 수는 가파르게 증가했고 1970년까지 전 세계에 3천 개의 매장이 형성되었다. 그러나 경영 내실의 문제로 1971년 7월 보드카로 유명한 휴블레인에 2억 8,500만 달러에 매각했다. 평생 현장에서 치킨 조리 교육에 힘쓰던 샌더스는 백혈병으로 1980년 12월 세상을 떠났다. 이후 회사는 최종 펩시코(지금은 YUM 브랜드 소속)에게 넘어갔다.

1991년 KFC라는 이름이 공식 등장하게 되는데 40년간 사용하던 이름을 바꾸게 된 것은 몇 가지 이유가 있었는데 1990년 켄터키 주에서 켄터키라는 주명을 상업적으로 사용할 경우 라이센스 비용을 요구했기 때문이 있었고 당시 비만이 사회적 문제로 대두되면서 프라이드라는 단어가 부정적으로 비쳤기 때문이었다. 그래도 여전히 KFC의 가장 큰 상징은 평생을 현장에서 발로 뛰던 CEO, 샌더스의 얼굴 로고이다.

CHAPTER 8
2차 산업혁명기의 기업가적 환경/자원/경영전략

제 1 절 기업가적 환경 고찰

1. 피터 드러커의 혁신을 위한 7가지 원천 관점

기업가들은 수요와 공급이 안정된 균형시장에서는 큰 빛을 발휘하지 못한다. 또한 아무리 선진적인 제품의 특성을 지녔다 하더라도 또 고객의 규모가 크다 하더라도 단순한 시장의 확장이나 성장에서 매력을 느끼기 보다는 퀀텀 점프가 가능한 획기적인 수익의 기회에 온 감각이 활성화된다. 이런 관점에서 기업가를 들뜨게 하는 기업가적 환경은 일반 경영환경과 다르게 해석되어야 할 것이다. 이 분야에 있어 단연 대가로서의 높은 식견과 실제 유수기업들을 대상으로 실전적인 데이터기를 반영된 역작인 '혁신과 기업가정신(Innovation and Entrepreneurship)'의 저자 피터 드러커의 관점을 주로 정리해 보고자 한다. 기업가정신을 발현 시키는 7가지 혁신의 원천이 그것인데 그는 경영혁신이란 기업가정신의 실천을 위한 구체적인 수단이 된다고 주장했다. 경영혁신은 기업이 확보한 또는 확보할 수 있는 자원(resource)과 부(Wealth)를 창출/창조할 수 있도록 하는 새로운 능력을 연결하는 활동이다. 기존의 방식에서 벗어나 자원이 보유하고 있는 부의 창출 잠재력을 개선하고 또 변화시키는 것이라면 그 무엇이라도 혁신이라고 했다.

또한 이 과정에서 기업가들은 체계적으로 혁신을 실천(practice)하는 방법을 취해야 하고 이 때 그 체계성을 갖춘 경영혁신(systematic biz innovation)은 다음의 내용을 내포해야 한다. 변화에 대하여 조직별/목표 지향적으로 탐색하는 과정이 필요하고, 그 변화가 이끌 경제적, 문화적, 사회적 혁신의 기회에 대한 체계적 분석 활동이라 했다. 혁신이 성공하기 위해서는 생각보다 훨씬 더 평범한 것에서부터 시작되고, 대부분은 그것들의 변화를 적절하게 활용한 결과로 보았던 것이다. 요약하면 피터 드러커는 경영혁신의 기본 원칙으로서 체계적인 현상 진단이 중요하다고 했으며 그 토대가 되는 원천으로서 다음의 7가지를 제시했다.

1) 예상치 못한 일(unexpected)

우연에 의존해서는 안 되며 탐색활동을 조직적으로 펼쳐야 한다. 예상치 못했던 성공을 운이 좋았다고 넘기지 않고 확실히 그 원인과 결과에 대한 구분을 드러내도록 조치해야 한다. 예상치 못한 실패에 대하여도 분석만 하고 넘어가서는 안 된다. '실패'는 언제나 혁신기회를 제공하는 징후라고 간주되어야 하며 직접 둘러보는 수고를 들여야 하며 경쟁자의 예상치 못한 성공 또는 실패도 마찬가지다.

| 표 8-1 | 예상치 못한 성공과 실패 사례

구분	사례
예상치 못한 성공	• 동물용 의약품을 개발한 스위스 제약회사(약은 인간을 위한 것이라 규제와 거부를 했지만 경쟁사만 성공) • 듀폰의 나일론 • 마츠시타의 TV(가난한 농부들은 TV를 구매하지 못할 것이라는 편견을 깨고 할부 판매제를 도입하여 가가호호 방문판매 성공)
예상치 못한 실패	• 포드사의 에드셀(1957년 오랜 설계와 최고의 품질을 반영했지만 Life-style별 시장 대체) • 미국의 기본주택(베이비붐 세대, 불황을 감안하여 작고 싼 주택을 공급했으나 현실은 첫 번째 좋은 자기 집을 원함)

2) 불일치(incongruity)

현재의 것과 당연히 그래야 하는 것 또는 실제 현실의 모습과 모두가 그래야 한다고 가정하는 현실의 모습 사이의 괴리이자 부조화다(미래사회를 이끌어가는 기업가정신, 피터 드러커). 불일치가 발생하는 이유도 모를 수 있지만 또 때론 그 차이조차 잘 못 느낄 수도 있다. 그럼에도 불일치 현상이 일어나면 그것은 경영혁신의 기회가 왔음을 알리는 징후인 것이다. 그런 불안정 상태에서는 상대적으로 작은 노력을 투입하여 큰 결과를 얻을 수 있는 기회가 숨어있다. 한 프로세스 상의 불일치를 파악하는 일은 단지 직감과 우연의 결과인가? 조직적으로 체계적으로 도출할 수 있다는 것이 저자의 견해이다.

┃표 8-2┃ 불일치 사례

구분	사례
일치 하지 않는 경제적 현실	• 미니밀 • 영국의 의료서비스 트라이이지(사적 건강보험) • 미국의 종합병원기능 해체(의료비 폭발적 상승 → 암치료센터, 외과수술센터, 신체재활원 등으로 세분화)
현실과 현실에 대한 가정 사이의 불일치	• 컨테이너선(화물이 多, 해운업계는 속도/연료효율만 고려했지만 비 운항 비용에 답이 존재 : 필요와 산업시설 인프라 사이의 불일치)
가치와 기계에 대한 소비자 인식과의 차이	• 일본의 TV 보급사례(단순 제품이 아닌 신세계와의 접촉 수단) • 소련의 자동차 보급사례(단순교통 수단이 아니라 자유와 이동성, 힘, 낭만의 상징) • 백내장 수술의 인대절개 대신 근육조직(인대)을 순간적 용해를 위한 효소가 안과 의사들의 거부감 해소. 이 계기는 효소를 보관할 수 있는 방부제의 개발이었음. (인대용해 효소 발견 사례에서 안과 의사들의 고충과 불편을 파악하는 과정에서 그 불일치를 발견하게 됨)

3) 프로세스상의 필요(process need)

다른 혁신의 원천들과는 다르게 내부 환경, 외부 환경을 구분하지 않고, 환경 변화 자체를 출발점으로 삼지 않는다. 이는 마땅히 해야만 할 일을 기초로 시작한다. 즉 상황보다는 과업 자체에 초점을 맞춘다는 것이다.

┃표 8-3┃ 프로세스 상의 필요 사례

구분	사례
약한 연결 (weak link)	• 백내장 수술 효소의 변질을 막는 방부제 • 자동주조 식자키=linotype(출판물의 폭발적 증가) • 자동 교환기(수작업 전화교환체제 하 미국의 모든 여성이 교환수로 근무할 지경) • 로봇(출산율저하에 기인) • 코닥의 사진기 유리판에서 대체된 셀룰로이드 필름
잃어버린 연결 (missing link)	• 20년 전 에디슨 발명 전력산업 발달로 전구가 발전할 것 예견 • 고속도로 반사경(일본)의 다몬이와사(고속도로 증설과 함께 급증하는 교통사고 방지) • 타임지(주간 칼럼 형식의 전국망 시장이 필요한 현실)
프로세스 상의 필요성을 이용하기 위한 단서	• 이해될 수 있고 해결을 위한 명세서를 규정할 수 있는가? • 해결하기 위한 필요한 지식이 있는가? • 일을 하는 방식과 하고자 원하는 방식간의 부합 : 변호사, 의사 등 전문가의 데이터뱅크

4) 산업구조와 시장구조의 변화(industry & market structure)

산업 및 시장구조는 흔히 오랜 기간 동안 현 상태가 유지되고, 매우 안정적인 것으로 여겨지기도 한다. 그런 면에서 한 산업에 종사하는 사람들은 그 직업이 운명적 선택으로 생각하기도 하며, 큰 변화 없이 앞으로도 그 산업이 지속될 것으로 무의식적인 확신을 갖기 쉽다. 그러나 실제 산업 및 시장구조는 생각보다 쉽게 변할 수 있다는 사례를 접하기도 했다. 하나의 아주 조그만 충격만으로도 산업 및 시장구조의 해체가 유인되기도 하며, 게다가 그 속도도 매우 빠르게 진행되기도 한다. 이런 일이 발생할 경우 해당 산업의 모든 구성원들은 그 대응을 신속하고도 정확히 하지 않으면 안 된다. 이렇듯 산업 및 시장구조의 변화도 역시 경영혁신에 적합한 주요한 기회이다.

| 표 8-4 | 산업구조와 시장구조의 변화 사례

구분	사례
자동차 산업 이야기	• 1900년 부자들의 사치품에서 수송수단으로 변화되어 매출 매 3년 마다 두 배 상승(롤스로이스), 장교를 위한 FIAT • 1908년 사치품 탈피로 대중화 1/5 가격인 헨리포드 모델 T • 1952년 윌리엄 듀런트의 GM은 역행했지만 다음 회장인 슬론이 미국 점유율 12%를 52%로 전환 시장을 압도하였음. 계속 모델 T 에 안주하던 포드에 맞서 소득수준과 취향에 맞는 선택 기회 부여함 • 1960~80년 국내탈피 글로벌 시장, 일본의 미국진출, 포드의 유럽 진출, FIAT의 유럽 대표화, GM은 미국 70% 전략, 볼보의 감각과 더 나은 가치, BMW의 젊음/성공/유망주, 포르셰의 속도 이미지 전략은 성공했으나 시트로앵은 실패했음
기회	• 1950년대 후반 미국 증권 산업의 구조 변화(도널드슨, 루프킨 & 젠레트 증권 중개회사) • 1960년대 초, 미국 병원, 부엌, 세탁, 건물수리를 위한 용역업체 • 1970~80년대 장거리 통신 할인요금제공 업체(MCI, 스프린트)
산업구조 변화가 임박함을 알려주는 4가지 지표	• 가장 믿을만하고, 쉽게 접할 수 있는 점은 산업의 빠른 성장임 • 빠른 성장의 한 산업에서 매출의 두 배가 성장할 즈음에는 시장 및 게임의 규칙이 변화됨 • 지금껏 다른 것으로 구분되었던 기술들이 통합되는 현상 • 한 산업내의 사업 방식이 빠르게 변화하기 시작
단순하고 구체적 전략	• 복잡하고 많은 것을 담은 경영혁신 전략은 특히 산업구조의 변화에 의한 기회의 활용 전략의 경우 실패할 확률이 매우 높음. • 폴크스바겐의 세계시장을 향한 대응실패 - 엔진품질을 위해 독일에서만 생산을 고집하다 세계 공급전략 실패

5) 인구구조의 변화(demographic change)

외부로부터의 모든 변화들 중 인구통계에 따른 변화로 정의되는 것이 가장 분명하다. 산업화 초기 인구구성의 변화가 급속하고 예상할 수 없을 만큼 큰 폭의 파장이 있어 그 충격이 매우 지대했다. 이처럼 20세기에 들어서도 인구구조는 무시할 수 없을 매우 중요한 경영혁신의 주요 지표로 삼아야 했다. 그 이유를 막론하고, 선진국이나 개발도상국 모두 20세기를 거치며 매우 빠르고도 근본적인 인구변화를 또한 경험하였다. 당시로서는 구체적인 예고나 준비가 부족한 상황이었다. 그러나 실제 인구 변화의 영향이 나타나기 전에 리드 타임이 있는데, 간과한 면이 크다. 향후 인구 변화는 다른 어떤 지표보다도 리드 타임을 통해 예측 가능하다는 것이고 이점은 경영혁신에서 매우 중요하다. 직접 현장에 나가 관찰하고 또 행동하려는 자세만 있다면, 인구구조의 변화는 매우 중요한 정보로서 취득될 가능성이 높으며 그 결과 생산성이 매우 높은 또한 매우 신뢰할 만한 혁신 기회로 된다.

표 8-5 인구구조의 변화 사례

구분	사례
교육대학	• 1970년 미국 취학 아동 수 25~30% 감소가 예측되었으나 미국 교육대학들은 무시했고 결과적으로 교사실업자의 양산 및 교육대학 대거 폐교 조치
구두체인점 멜빌	• 1960년대 초 베이비부머의 10대를 위한 신발 전략
뉴욕 시티뱅크	• 1970년대 여성노동력 창출 : 적극적 모집, 훈련, 대출담당 전국 파견
여행/휴가업계 CLUB MED	• 10대들을 오락장에서 자신만의 세계 여행지로 끌어냄

6) 인식의 변화(change on the perception)

지각상의 변화는 보통 본질은 그대로 이고 의미만 변하는 것이다. 예를 들어 한 사람이 자신을 '노동계층'으로 여기던 것이 스스로 '중산층'으로 생각하게 되었다면 그 의미만 변한 것이고 반면 원래 자신은 그대로인 것이다. 다만 이 경우 자신의 사회적, 경제적 지위를 중요하게 생각하게 된 것이다. 이러한 변화는 매우 빠르게 진행될 수 있다. 대체로 경영하는 사람들은 지각상의 변화에 기초한 경영혁신의 힘과 파괴력을 인정하는 경우가 많다. 그러나 그러면서도 도피하려는 면 즉 '현실은 다르다'며 애써 판단하며 주저하는 경향을 보인다. 지각상의 변화가 이끄는 혁신의 핵심적인 이슈는 무엇보다 타이밍이다. 지각상의 변화는 미숙하게 사용될 경우 오히려 더 위험할 수 있기 때문이다. 지각상의 변화를 혁신에 도입하는 경우, '창조적 모방'전략은 효과가 크지 않다. 이 경우 first-mover가 되는 것이 중요하다. 보다 정확히 말하자면, 지각상의 변화가 일시적 유행에 해당할지 또는 지속적인 변화에 따른 추세가 될지 불확실성을 갖기 때문에, 또 그 결과가 실제 어떻게 나타날지 모르기 때문에 주의할 사항이 많기는 하다. 그러므로 지각상의 변화에 기초한 혁신은 소규모로 출발하되 단호하고 강한 실천력이 필요하고 매우 구체적 시도여야 한다.

| 표 8-6 | 인식의 변화 사례

구분	사례
삶의 가치 및 개념	1960년대 초 이후 미국인들의 건강상태는 전례 없이 개선되었고 건강지표의 지속적 상승에 따라 건강과 관련된 아이템 부상 • 건강 잡지시장 창출 : 아메리칸 헬스 • 전통식품의 질병유발 우려, 식품가공회사 창출 : 셀레스티얼 시즈닝즈 • 조깅관련용품 및 실내운동기구 생산회사 성장 • 식사에 대한 인식이 생존을 위한 활동에서 더 나은 생활을 위한 요리 개념으로 변화 • 흑인들의 교육수준과 고용 승진 등 변화 및 흑인리더십의 생성 • 여성운동의 확산 및 여성참여 기회의 확대와 그 활용이 이슈 • 미국인 중 중산층이라는 인식의 확산과 브리태니커 백과사전 판매의 성장
타이밍	그 변화의 순간에서 단 1년이라도 머뭇거렸다면 시티뱅크나 포드처럼 성공할 수 없었을 것. 지각상의 변화를 미숙하게 이용하는 것은 더 위험. 1960년대 미국/유럽 국가들의 학생운동 주역들이 15년 후 출세지향 물질적, 전문직의 승진을 위해 물불가리지 않는 여피가 되었다는 현상을 보면 타이밍을 배제한 미숙한 변화 인식은 위험.

7) 새로운 지식(new knowledge)

지식에 기초한 경영혁신은 기업가정신을 발휘하는 방법 중 '최고의 혁신'에 해당한다. 이 최고 또는 '최상급의 혁신'은 지식에 기초한 만큼 변하기 쉽고 까다로워 더욱 관리력이 필요하다. 지식 기반 경영혁신은 다른 경영혁신의 종류 중 가장 리드 타임이 길다고 할 수 있다. 그 이유로 첫째, 새로운 지식이 출현하고 그것이 현실에서 적용될 만한 기술로 자리하기까지 통상 수십 년 정도의 긴 시간이 걸린다. 또한 그 신 기술이 제품이나 프로세스, 또는 서비스로 구현되어 제품으로서 시장에 등장하려면 추가하여 또 많은 시간을 필요로 한다. 둘째, 지식 기반 경영혁신들은 보통 한 가지 요인 또는 요소를 기반 하여 추진되는 경우는 거의 없으며, 과학적 · 기술적 지식뿐만 아니라 기타 여러 다른 종류의 지식들이(예를 들면 문화, 사회적 요소 등) 축적되거나 준비되었을 때 함께 진행된다는 점이다.

필요로 하는 모든 기술들이 함축되기 전까지는 지식기반 혁신은 미숙한 상태이고 그 결과 실패할 확률이 아주 높은 것이다. 대부분의 혁신은 그런 여러 가지 요소들이 사전적으로 알려져 있고, 공급가능한 수준이며, 이미 어딘가에서는 활용 또는 사용되어 검증된 경우에 실현 가능성이 높다 하겠다. 서둘러 시도하는 것은 무모하고 뜻하지 않은 함정에 빠질 가능성이 매우 농후하기 때문에 경영자 및 관리자는 검증의 폭을 조금이라도 더 높이고자 하는 것이다. 시간은 지식기반 혁신에 있어 같은 편이 아니다. 오히려 시간은 종속변수가 될 수 있다. 하지만 이 경우에도 high-risk, high-return이라는 명제는 같다. 특별히 지식기반 혁신가들이 결실뿐만 아니라 명성도 함께 획득하려면 산업이나 제품의 때를 잘 매칭(matching)해야 한다.

| 표 8-7 | 새로운 지식 사례

구분	사례
긴 리드 타임	• 1910년경 박테리아 같은 미생물을 이용한 화학요법을 개발하고 매독치료제 살바르산이 나온 것과 광범위 세균성 질병치료제인 설파제가 출시된 것은 25년 이후임. • 디젤이 엔진을 설계한 것은 1897년 인데 그것이 선박이나 기관차, 트럭 버스, 승용차에 도입된 것은 1935년이었음. • 0과 1을 이용한 2진법의 수학이론은 17세기이고 이를 계산기에 응용한 것은 19세기, 최초의 컴퓨터 적용까지는 1946년이 되어서임. - 단, 외부의 충격으로 그 기간이 급 단축된 사례도 있음. - 1906년 포러스트가 삼극 진공관을 발명하고 거의 즉각적으로 라디오가 출현할 단계에 있었음에도 1차 세계대전 전에는 진행이 되지 않았음. 대전 중 미국 정부가 무선 통신 개발에 관심을 갖고 촉진하여 1920년대 초 라디오가 등장하게 되었음. - 2차 세계대전이 페니실린과 컴퓨터 개발에 박차를 가한 사례. • 새로운 지식이 등장해 기술적 완성, 시장에 팔리기까지 걸리는 리드타임은 25~35년이 보통임.
여러 지식의 축적과 통합	• 신품종 옥수수는 잡종 강세현상과 멘델의 유전학의 재발견이 복합된 작품. • 라이트형제의 비행기도 벤츠와 다임러가 만든 최초의 가솔린 엔진과 글라이더 실험에서 개발된 기체역학의 합작. • 컴퓨터도 삼극진공관(과학), 2진법의 원리(수학), 논리학, 펀치카드의 고안, 프로그램과 피드백개념의 통합. • 금융업에서도 JP모건은 이른바 겸업은행의 개념을 세웠는데 영국식 저축은행과 페레이레 형제의 투자은행을 결합한 모델.
지식 관련 경영혁신이 필요로 하는 것	• 신중한 분석 • 전략적 위치에 초점을 맞추고 집중하는 것(완전한 시스템개발/시장/전략적 위치 확보) • 기업가적 경영관리를 배우고 실천하는 것
본질적인 위험	• 혁신의 성격상의 불안정함(지식기반 혁신은 긴 리드타임과 여러 기술의 통합 필요성으로 독특한 리듬 주기가 있음)
정리기	• 문호 개방기간이 끝나자마자 정리기가 시작됨
성공확률은 미지수	• 지식 기반 경영혁신들의 경우 대부분 성공할 확률은 알 수 없으며 더 설명할 여지가 적은 편. 다시 말해 지식 기반 경영 혁신은 '때가 되어야 한다.'

2. 기타 특수한 사회 문화 및 국가/사회적 제도 관점

일반적인 경영환경을 벗어나 기업가적 환경이란 다소 범상치 않은 조건에서 형성되기도 하므로 그러한 사례들을 검토해 보고자 한다. 전체적인 시각에서 기업가적 기회를 이끄는 환경의 특수성은 다음의 몇 가지를 포함하는 속성으로 정리해 볼 수 있겠다.

- 속도 : 신속하고 빠른 의사결정과 기민함(alertness)을 요구 한다.
- 정확도 : 많은 데이터를 최대한 분석하여 실현 가능성을 높이기보다는 패턴이나 경향(trend)을 통한 대강의 줄거리로 판단할 경우가 많다.

이러한 일반적 특성들을 지나 다음의 기업가적 특수한 환경들을 살펴보자.

1) 불확실성과 위험

불확실성과 기업가정신의 관계에 대하여 정(positive)인지 부(negative)인지 밝히는 논란의 연구들이 진행 중이다. 이 둘 간의 관계에서 크게 두 가지 흐름이 있다고 보는 이론에서 흐름 1은 인식된 불확실성의 양에 초점을 맞추는 것이다. 기업가적인 행동을 하려고 결정하는 사람과 그렇지 않은 사람을 구분하는데 있어 지식의 차이로 구분한다(예: Busenitz, 1996; Gaglio & Katz, 2001; Kaish & Gilad, 1991). 따라서 불확실성의 양은 장래의 기업가들과 기업가적 행동 사이에 장벽으로 여겨지기도 한다. 흐름 2는 불확실성을 감내하려는 마음을 강조하고, 보통 기업가적으로 행동할 것을 결정하는 사람들은 그렇지 않은 사람들과 동기, 태도, 혹은 위험감수성향에서 차이가 있다고 제시하고 있다(예: Douglas & Shepherd, 2000; Knight, 1921; Schumpeter, 1934). 이 구조에서는 불확실성을 기꺼이 감내할 마음이 없는 것은 장래의 기업가들이 기업가적인 행동을 하는 것에 방해가 되는 것으로 여겨진다.

개인은 근본적으로 기업가가 되기 위해 행동해야 하고, 행동은 지식과 동기를 포함하기 때문에(Higgins & Kruglanski, 2000), 우리는 각 흐름이 기업가적인 행동을 하려고 결정하면서 경험하는 불확실성의 다른 측면을 강조할 뿐이라고 제언한다(기업가이론에서 기업가적 행동과 불확실성의 역할, Jeffery S. McMullen & Dean A. Shepherd, 2017). 이처럼 불확실성은 분명 기업가에게도 두려움의 대상이고 다만 지식과 경험의 차이에 의해 감수할 수 있는 불확실성의 (양)범위가 달라진다는 점과 또 불확실성은 기업가적 행동에 장벽이 되는 것은 사실이나 그럼에도 기꺼이 감내할 마음이 있어야만 기업가적 행동이 유발된다는 내용이다. 불확실성을 선호하는 사람이 기업가를 선망하고 불확실성을 선호하지 않는 사람은 임금노동자가 되기를 선망한다(Khilstrom & Laffont, 1979).

위험에 대처하는 기업가의 태도에 대하여도 무조건 위험에 무모하리 만큼 도전하거나 돈키호테 같은 방식으로 접근하는 것과는 차이가 있음을 주지시키는 논문이 있다. 위험선호(Risk Preference)와 관련하여 Atkinson's Risk Taking Model이 있는데 이는 성취동기는 성공에 대한 기대에서 실패에 대한 두려움을 빼는 과정이라는 공식이다. 결과적으로 성취동기가 높은 사람(기업가)은 중간수준의 위험을 선호하며 그 이유는 달성 가능한 범위에서 달성에 대한 성취감을 중요하게 여긴다는 점이다. 반대로 성취동기가 낮은 사람은 아주 쉽거나 아주 어려운 과제를 선택하여 쉽게 성공하거나 실패에 대한 비난을 피해간다는 내용이다. 이처럼 성취동기가 직접 연계되는 것은 아니다. 이처럼 성취동기가 높은 기업가의 위험감수는 중간 정도의 위험에 기꺼이 대응하여 높은 성과를 높이는 형태로 대부분 나타날 것이라는 내용이다.

이와 관련된 기존 연구로는 기업가적인 직무를 가진 Manager들은 기업가적이지 않은 직무를 가진 Specialist보다 더 중간 수준의 위험선호도를 보인다."(Meyer, Walker, and Litwin, 1961). 성공한 기업가들은 중간 수준의 위험을 감수하는 경향이 있다"(Mancusi, 1975). 하버드 경영대학원이 주도하여 기업가 과목을 만들 시기만 해도 단지 기업가는 보통의 경영자보다 위험을 즐기는 다소 이상한? 사람이라는 생각이 보편적이었고 그 이후도 대부분 세인들의 평가에서 기업가는 '위험을 무릅쓰는 사람'이라는 경향이 많았다. 하지만 40년 동안 연구를 해온 결과 성공한 기업가들 중 '위험을 좋아하는 경우'는 거의 없었다. 물론 성격상 아주 또는 더 대담하거나 어떤 경우는 무모한 사람도 있기는 하지만 거의 대부분은 위험을 오히려 싫어했다. 다만 그들은 위험에 대한 두려움을 극복하려는 에너지가 있었고 위험한 곳을 향해 계속 나아가 극복하는 방법을 알고 있을 뿐이다(하워드의 선물, Howard H. Stevenson, 에릭 시노웨이, 메릴 미도우, 위즈덤 하우스, 2013)

2) 기업윤리와 문화

정당한 성취와 정당하지 않은 성취의 차이는 기업가와 사기꾼의 구별을 가능하게 할 수 있다. 하지만 어디까지가 정당하고 어디까지가 그렇지 않은지는 기업과 기업가의 순수한 가치관에 달렸다 해도 과언이 아니다. 매순간 모든 사안 사건이 모두 정당성으로 규제되거나 판결 받을 수 없고 그렇다 하더라도 결과론적이거나 사후약방문에 그칠 가능성이 높기 때문이다. 글로벌 시장이 형성되고 모든 시장이 인터넷이나 기타 네트워크로 연결되기 전에는 기업윤리도 가급적 준수되면 좋은 가치 정도로 여겨졌을 것이고 또 이미 얻은 이익에 비해 그 대가로 지불해야 하는 penalty의 규모가 작아 크게 걱정하지 않아도 되는 수준이었을 수도 있겠지만 작금에는 기업의 생존이 좌지우지되고 기업가 아닌 기업가 이상의 무엇이라도 해결할 수 없는 기업의 지속가능 경영의 필수 조건이 된 것이다.

과거의 존슨 앤 존슨의 타이레놀 사건과 엔론의 세계금융위기 촉발 사건은 이미 고전이 되었다. 외국의 사례를 따르지 않더라도 국내의 사례를 본다면 삼성증권사건, 한진그룹사건, 강원랜드사건 등등 기업 내 비리, 기업과 권력형 비리 등 끊임없이 기업윤리와 관련된 사건들이 줄을 잇고 있다. 우리나라에서도 오래지 않아 선진국 대열에 모든 시스템이 맞춰지려면 이런 점들의 개선이 시급하다 하겠다.

최근, 정부는 물론이고 우리 기업들의 윤리경영에 대한 인식은 매우 높아졌다. 비록 영리기업의 목적이 이익을 내는 것을 최우선으로 하는 것이라지만, 기업윤리란 어떻게 이익을 내야 하는가를 다루는 것이다. 마키아벨리즘 식으로 무슨 수단을 쓰든지 이익을 내면 된다는 식으론 이젠 지속가능한 경영을 할 수 없는 세상이 되었다. 규칙을 지키지 않는 거래나 상대방을 배려하지 않는 거래는 결코 오래 존속할 수 없기 때문이다. 특히 요즘과 같이 트위터, 페이스북 등 여러 종류의 SNS가 발달해 있는 사회에서는 한번 떨어진 신용은 급속히 확산될 뿐만 아니라 회복하기도 매우 어렵다. 이제 룰을 지키지 않는 기업은 사회구성원들이 용납하지 않는다.

얼마 전 한수원의 비리로 온 나라가 쇼크를 받은 바 있다. 불과 수천만 원의 불량 전기 케이블 때문에 수조 원짜리 원자력 발전소가 멈추고 국가에 전력난을 초래해서 끼친 손해액은 헤아리기조차 힘들다. 이를 몇몇 일부 임직원들의 개인적인 잘못으로 치부하면 결코 근본적인 해결 방법을 찾을 수 없다. 세계적으로 성공하는 기업들의 특징은 최고경영자부터 기업윤리에 대한 중요성을 확실히 인식하고, 최고경영자가 기업윤리에 대한 언급을 일상화하며, 구성원들에 대한 기업 윤리교육도 일선에 나서서 직접 담당한다. 신뢰가 없으면 구성원들의 몰입도 없다. 이러한 조직은 시한부 조직이다. 이것이 윤리경영이 지속가능경영의 필수 조건인 이유다(국가권익위원회 monthly business ethics brief, 2014.2월호, 주인기).

3) 풍요(richness 및 munificence)와 결핍(scarcity)

기업가가 기업가적 기회를 발견하고 기업가적 행동을 할 수 있는 환경은 그 풍요 때문인가 아니면 결핍 때문인가의 논쟁은 지금까지 이어져 오고 있다. 수대를 이어오는 부호 가문에서는 그들이 가진 부유함과 정보의 풍요로 기득권을 새로운 기회창출의 원동력으로 계속 유지하고 있으며 한편 아직도 가지지 못한 간절함이 남들과 다른 도전의 계기가 되고 더 높은 곳을 향해 돌진할 수 있었던 계기가 되는 성공담이 회자되는 것을 보면 참으로 정답이 없는 논제일 수도 있다. 이 논쟁의 중심에 풍요로운 사회로 가는 기회의 열쇠로 여겨지는 기업가정신이 있기에 풍성한 사례들 속에서도 정답에 대한 결핍을 더욱 느끼게 되는 것 같다.

(1) 풍요와 기업가정신

① 부의 풍요

노름판에서 자금이 든든해야 베팅을 잘 할 수 있다는 일견 세속적인 문구는 여유로움에서 과감한 투자와 더 모험적인 도전을 할 수 있을 것이라는 점을 비유하는 하나의 사례일 것이다. 그런 선진국의 지속적인 우주개발사업이 그랬고 사회저변에 필요한 기초학문에의 투자가 또 다른 기회들을 만들어 왔던 점, 또 그 힘이 지속적으로 선진국의 진입장벽으로 유지되고 있는 점에서 말이다. 분명 부유함(Richness)과 후함(Munificence)이 개인적으로나 사회문화적으로 하고자 하는 분야에 대한 모든 가능성에도 여유 있는 시도와 투자가 가능하게 하였을 것이다.

② 자원 및 정보의 풍요

Dubin(1978)은 기회 식별 이론의 여덟 가지 명제 중에서 다음과 같이 기업가가 기회를 발굴하기 위한 조건으로서 6가지 명제가 관련됨을 제시하고 있다. 그 내용의 핵심은 지식과 네트워크의 풍부함이 기회발견 및 개발에 도움이 된다는 것이다. 첫째, 성공적인 기회 식별은 약한 유대, 행동그룹, 동업자, 핵심층을 포함한 멀리 펼쳐진 사회 연결망(network)의 존재 여부와 관련이 있다. 이 요소들 중 하나라도 누락이 될 경우 성공의 확률은 낮아진다. 둘째, 성공적인 기회 식별을 위해서는, 특별한 관심분야의 지식과 산업 지식의 융합이 대단히 중요하다. 이러한 융합이 이루어 지지 않는다면, 성공의 확률은 낮아진다. 셋째, 시장에 대한 사전 지식은 성공적인 기업가적 기회 인식의 확률을 증가시킨다. 넷째, 고객문제에 대한 사전 지식은 성공적인 기업가적 기회 인식의 확률을 증가시킨다. 다섯째, 시장을 다룰 수 있는 사전 지식은 성공적인 기업가적 기회 인식의 확률을 증가시킨다. 여섯째, 기회 식별 과정은 기업가의 지식 베이스의 질을 높이고, 기민성을 증가시키는데, 결과적으로 미래 사업 기회의 식별로 이끌게 된다. 따라서 이전의 성공적인 기회식별 경험과 지식이 많을수록 미래의 성공적인 기회 식별 확률을 증가시킨다.

또한 Redundancy가 집단 창의성과 연계되어 있음을 발표한 연구결과(손태원, 2005)도 있으며 다양성(diversity)과 중복성(redundancy)을 기업가정신을 위한 새로운 기회와의 연결고리로서 강조한 주장도 있다. 이 관점에서 지식 경영의 세계적인 대가인 노나카(Nonaka) 교수는 "조직 학습은 물론 지식 창출의 중요한 촉진 요인은 중복성과 다양성을 어떻게 조화시키는가에 달려있다."라고 제시한다. 그에 따르면, 다양성은 조직 구성원들이 보유한 경험이나 전문 지식 면에서 서로 어느 정도나 차이가 있느냐 하는 이질성의 문제고, 반대로 중복성은 구성원들이 지닌 경험이나 지식이 서로 유사한 동질성의 정도를 의미한다. 구성원들 간에 경험이나 지식 면에서 동질성이 있으면, 각자가 가진 지식이나 사고 면에서 공통점이 많아 지식의 교환이나 커뮤니케이션이 효과적으로 이루어질 수 있다. 그러나 지나친 동질성은 구성원들이 하나의 사고 방향이 특정 방향으로 고정화되어 획일화될 가능성을 키워 창의성 발휘를 방해하기도 한다. 반면, 구성원들 간에 사전 경력이나 경험이 지나치게 이질적이면 커뮤니케이션이 효과적으로 이루어질 수 없다고 했다([www.lgeri.com] 기업가정신이 깃든 조직 만들기, 김현기 외, 2011.02.08.).

(2) 결핍과 기업가정신

결핍은 기업가정신의 발현뿐만 아니라 혁신이나 창의와 같은 유사분야에도 종종 그 촉진 원인의 하나로 소개되곤 한다. 결핍(scarcity)은 당연히 있어야 할 것이 없는 상황을 말한다. 야생의 초원에서 생존을 위해 목숨을 걸고 먹이를 사냥하는 야수들의 모습은 그들이 당연히 살아남아야 할 근성을 확인할 수 있게 해준다. 기업가정신은 보통의 사람들이 보통의 생각으로 전개되는 상황과는 다르게 보인다. 이렇듯 인류의 역사에서도 절대적 또는 상대적 결핍으로 인해 모든 역사적 사건들이 발생하며 그러한 과정에서 발전이 있어 왔다. 우리나라의 근현대사를 돌이켜 보면 좋은 사례들이 나타날 것이다. 무언가의 결핍, 다른 말로 더 가지고 싶은 욕심들의 대립에 의해 발발된 식민지와 전쟁의 폐허 속에서 또 생존을 위한 모든 것이 부족했던 우리 민족이 일궈낸 한국의 경제성장을 보며 피터 드러커가 극찬했던 바로 그 원동력이기도 하다.

4) 복잡성/역동성 등 기타 산업특성의 영향

복잡성 즉 복잡한 현상(A Complex Phenomenon)이란 단순히 뒤죽박죽 엉켜있다는 뜻이라기보다 복잡함을 보여주는 다양한 현상이 나타난다는 것이다. 이러한 복잡함의 근원으로는 다음의 3가지로 요약이 가능하다. 첫째, 현상에 관한한 구성요소와 종류가 많다. 둘째, 기존의 단순계적 시각에서는 현상에 관여된 구성요소들 각각의 행동 지배 법칙을 파악하기 어렵다는 것이다. 셋째, 현상에 관여된 구성요소들 간 서로 주고받는 다양한 영향을 통해 적응 및 진화가 이루어진다는 점이다. 이런 면에서 복잡계(complex system)의 개념과 정의는 자연과학과 사회과학의 다양한 분야에서 함께 발전해 왔기 때문에 일률적으로 통일된 것은 없다고 할 수 있다. 따라서 그 정의도 다양할 수밖에 없다(프랙탈 경영전략, 박찬정, pp.79-86). 또 다른 관점에서 Stacey(1995)가 복잡계 과학에 던진 의미 내에서 '복잡'하다는 의미는 다음과 같다. "비선형적이고 네트워크 피드백을 받는 시스템의 동태적 자산들과 관련된 과학 즉 복잡계 과학(The science of complexity)은 또한 대안적 시각으로 한데 묶기 위한 프레임워크에 상당수의 이질적인 아이디어들(예를 들어 패러독스, 순환적 인과론, 긍정적 피드백, 창조적 파괴, 즉흥적 자아-조직, 돌출)을 제공하는데, 이들은 전략 프로세스의 대부분이 기존 관점들 바깥에서 발견된다."

이것이 오늘날 기업가정신에 관한 실증적 연구가 보여주는 바이다. 이는 연구를 위한 상당수의 결과들을 지니는데, 특히 다음의 두 가지를 포함한다. 그것은 결정주의(Determinism)

와 예측불가성(Unpredictability)인데 각각 정의에 따르면, 복잡계는 매우 예측하기 어려운 방식으로 움직일 수 있고, 그들은 매우 초기 조건에 민감하다. 관찰의 정확성은 예측에 있어 기본적인 과제가 된다. 더 나아가, 우리는 고전적인 물리학 현상에 대조되는 시스템을 가지고서 학습하고 목표를 정립하고 창조하며 따라서 변화시킬 수 있다. 동시에, 기업가적 사건과 그 성과들을 예측해 왔던 기업가정신 현상의 수학적 모형을 구축할 수 있을 것이라는 확률은 매우 떨어진다. 이는 모든 종류의 기업가적 벤처의 사례에서 특히 그러한데, 그들의 희소성과 지금까지의 탐지와 관련한 어려움들이 존재한다. 복잡성의 고려 필요성에 대한 이러한 인식은 오늘날 전략경영 분야에서 존재한다. 역설적으로 매우 적은 신 가치 창출과 혁신(가령, 재생산이나 모방)과 관련한 사례를 위해서 우리는 현 상황 하에서 강한 타당성을 지닌 통계적 규칙성을 발견할 가능성이 있는 보통 현상들을 다루고 있다.

한걸음 더 들어가서 복잡계(Complexity) 이론으로써 벤처의 생태계적 접근에 대하여 설명 가능하다. 기존의 많은 물리학이나 자연과학에서는 자연현상을 1차원의 선형적인 질서로 이해하고 있으나 복잡계 이론에서는 자연현상의 비선형적이고 무질서한 현상에 관심을 기울이고 있다. 예들 들면 구름의 움직임이나 모양, 파도의 움직임은 우리가 여태껏 가지고 있던 기계적인 모델로는 설명하기 힘든 분야로서 복잡계의 주요 영역이다. 좋은 예로 나비효과(Butterfly Effect)는 자연의 변화에서 나타난 비선형적인 변화를 잘 보여준다. 북경 하늘의 나비 한 마리가 날개 짓 하면 그 다음날 뉴욕에서는 폭풍이 일어날 수 있다는 주장이다. 즉 우리가 일반적으로 말하는 '복잡(Complexity)'이라는 개념은 엄격한 기준으로 혼돈(Chaos)이라는 개념으로서 모호(obscure)하다는 것과는 구별되어진다.

벤처생태계의 접근에 있어 복잡계 이론을 도입하는 이유는 복잡계의 분석방법이다. 복잡계 이론의 현상분석방법은 요소분할 적 접근(Reductionism)이라기보다는 총체 주의적 접근(Holism)에 있다. 일반적으로 요소분할 적 접근은 문제가 되는 현상(phenomenon)을 이루는 핵심요인들(Determinants)을 찾아내어 각각의 요인을 치유·개선하게 되면 현상의 문제점을 바로잡을 수 있다는 것이다. 예를 들어 물(H_2O)은 섭씨 0.1도와 99.9도 사이에서는 온도를 낮추거나 높이더라도 혹은 외부로부터의 영향을 받더라도 어떤 변화가 일어나지 않는다. 이 온도 사이에서는 물을 구성하고 있는 핵심요인들 간에 변화에 대한 완충(buffering)을 하는 억압 작용(negative feedback)이 있기 때문이다. 하지만 섭씨 0도 이하 혹은 100도 이상에서는 요인들 간의 상호관계와 상승작용에 의한 물리적 변이(variation)가 일어나 얼음이나 수증기로 변하는 것이다. 마찬가지로 벤처육성방안 또한 벤처를 이루고 있는 각각의 핵심요소만을 고려하기보다는 벤처생태계를 창출하여 구성요소간의 관계와 상승작용을 통한 육성방안의 고려가 가능하다는 접근은 복잡계 이론을 통해 설명 가능하다. 이처럼 복잡계 이론은 각자 벤처생태계 창출의 당위성과 생태계 내의 구성요소간의 상호작용의 중요성을 설명하는데 유용한 이론적 근거들을 제공하고 있다.

5) 시장의 균형과 불균형

과거 기업가정신이 경제학의 한 분야에서 개념이 잉태되어 한동안 꽤 오랜 기간을 학문적 기초 없이 부표하였다. 경제학에서 말하는 시장의 원리에는 완전한 시장을 전제로 하여 모든 정보나 자원이 수요와 공급의 원리에 의해 스스로 자동적으로 균형을 향해 움직이고 있다는 가정이 잠재해 있다. 그러나 현실의 세계에는 분명 다양한 힘이나 제약에 의해 비대칭적인 정보나 불공정한 자원의 거래 그리고 독점적 자원의 경영이 합법적이든 그렇지 않든 존재하고 있다. 그러한 시장에서라야 만이 기업가가 특별한 Rent나 Arbitrage 등의 인센티브를 추구하는 기업가적 행동이 유발된다는 주장이 있어왔다. 즉 Jonathan T. Eckhardt & Scott. A. Shane(2003)은 기회와 기업가정신이라는 논문에서 기회의 역할과 기업가적 프로세스 측면에서 더욱 세부적으로 설명하였고 특별히 기업가적 기회의 특성과 그 기회의 존재에 주목하여 불균형 프레임의 중요성을 강조하고 있다. 다시 말해 기업가정신에 관하여 보다 좋은 설명을 위해서는 불균형(disequilibrium)에 대한 전제를 상정 한다고 한다. 그 이유에 대한 설명은 아래와 같다. 관련 연구자들의 의견은, 균형 모델의 완전경쟁시장에서는 참여자들에게 현재의 행동을 변화하게 하는 인센티브가 없다. 거래하는 가격과 양의 현재 조합에 만족하기 때문이다(Pearce, 1992). 경제학 용어로 균형이란 파레토 최적 상태이고 그 상황에서 거래로부터 얻을 더 이상의 이득이 없는 것이다(Mas-Colell, Whinston & Green, 1995).

균형 및 불균형과 관련된 연구가들의 의견을 살펴보자면 균형은 시장 경제에서 완전하게 인식되지는 않는다(Kirzner, 1985). 또는 개인들의 이윤추구 행동으로 인해 혼란이 간헐적으로 요동친다(Schumpeter, 1934). 균형이론과는 대조적 입장에서 기업가들은 기회를 필요로 하는 것으로 본다(Shane, 2000). 기업가들은 산업 초기의 정보나 자원취득의 독점적 지위에서 Rent-seeking의 인센티브를 기회로 인식, 새로운 시장을 개척해 나가는 사람들이라 볼 수도 있다.

3. 기업가적 자원 고찰

1) 기업가적 자원의 정의

기업가가 환경에 대응하여 기회를 발견, 실현하고 기업가적 성과를 얻기 위해 동원하는 물적, 인적, 사회적 자본을 말한다. 다시 말해 기업가가 사업, 조직 또는 기타 이니셔티브를 구축하는 과정에서 동원되는 유·무형자산을 통칭하며 기업가적 자원에는 신용 및 투자 자본과 같은 자금 조달, 특정 기술 및 지식과 같은 추상적 자원 또는 기업의 재정지원, 홍보 및 기타 수익증대에 필요한 네트워크 자원도 포함된다(Business Dictionary).[15]

2) 기업가적 자원의 중요성과 세부 항목

기업가적 기회를 발견하고 실현하는 과정에서 기업가의 역량을 비롯한 인적 자원과 조직구성 및 자본구축 등과 같은 물적 자원 그리고 기회를 둘러싼 에코시스템의 문제를 풀어줄 사회적 네트워크 등의 중요성은 기업가정신 연구에서 끊임없이 강조되고 있다. 많은 연구에서 기업가의 경력과 경험이 기업가적 성공에 결정적으로 중요한 요소임을 시사한다(Bruno & Tyebjee, 1985; Hisrich & Peters, 2002; Roberts, 1991; Sandberg & Hofer, 1987; Starr & MacMillan, 1990). 이러한 견해는 기업 성과에 대한 자원 기반 관점을 지지한다. 즉, 기업가적 자원(예: 인적 자본 및 금융 자본 또는 이러한 자본을 취득할 수 있는 네트워크에 대한 액세스)은 기업의 성공을 결정하는 주요 요소이다. 아래 [표 8-8]에서 기업가적 자원을 크게 인적 자원, 물적 자원, 사회적 자원으로 구분하고 이를 구성하는 세부 항목들을 정리하였다(정연대, 기업가정신의 연구 분류 체계에 대한 탐색적 연구, 2019).

표 8-8 기업가적 자원의 세부 항목 구분과 내용 설명

구분	항목	내용 설명
인적 자원	역량	특정 상황에서 직무를 효과적이고 우수하게 수행할 수 있는 개인의 내재적인 또는 결합한 특성을 말한다. 효과적인 수행자를 구분할 수 있는 차별되고 일관된 특성으로 행동 동기, 기능, 우수 인재의 벤치마크(Bench mark) 포인트로 보기도 한다(HRD 용어사전). 육성이 가능한 자원으로서 행동적 요소인 태도와 사고유형, 정신자세 등과 인지적 요소로서 지식과 기술적 기능 등이 있다.
	경험	어떤 사건을 직접 관찰하거나 행동으로 참가함으로써 또는 타인의 관찰이나 행동을 통해 간접적으로 얻어진 결과로서 축적된 역량, 기술, 지식 등이며 개인의 삶을 형성하는 의식적인 사실이다. 경험이 내포하는 역량, 기술, 지식 등이 활용 가능한 자원으로 인식된다.
	지식	학문이나 경험을 통하여 알게 된 명확한 인식이나 이해를 말하며 형식지와 암묵지로 구분된다. 노하우, 특정 분야에 대한 정보 등이 포함된다.
	기술	과학 이론을 실제로 적용하여 유용하게 가공하는 수단을 의미하며 기계나 장비를 다루는 훈련을 통해 익힌 특정 업무의 수행 능력 등이 포함된다.
	교육 수준	인적자원이 보유한 역량, 지식, 기술 등의 습득 수준을 말하며 상기 항목들의 교육을 통한 효과성을 가늠한다.

15 http://www.businessdictionary.com/definition/entrepreneurial-resource.html

구분	항목	내용 설명
물적 자원	자본 조달	장·단기적 기업경영에 필요한 자본을 획득하기 위해 투입되는 활동을 말한다. 창업 초기 벤처캐피탈과 IPO, 투자 자본 유치를 위한 주식이나 채권 발행 방식의 직접 자본조달과 은행 등 금융기관을 통한 간접 자본조달 등 다양한 형태가 있다.
	지적 자본	시스템 내에 공유된 지적자산과 지적소유권을 말한다. 지적자산은 기업이 상품화할 수 있는 발명의 원천이 되며 지적소유권은 법률에 의해 보호받을 수 있는 무형자산으로서 특허권, 저작권, 상표, 영업권, 산업재산권, 기업비밀 등이 포함된다.
	유형 자산	재화의 생산, 용역의 제공, 타인에 대한 임대 또는 자체적으로 사용할 목적으로 보유하는 물리적 형체가 있는 자산을 말하며 토지, 건물(냉난방, 전기, 통신 시설 등), 구축물, 기계장치, 건설 중인 자산, 기타자산(차량운반구, 선박, 비품, 공기구 등) 등으로 구분된다(시사상식사전, 박문각).
사회적 자원	(사회적) 네트워크	기업이나 그 구성원들이 보유하고 있는 사회적 관계의 구조를 말한다. 개인 또는 기업 단위가 소유한 (사회적) 관계 연결망 내에 내재한 것으로, 유용하며 실질적인 잠재 자원의 총합 또는 사회적으로 연결된 사람들 간에 상호 호혜성에 근거하여 교환되는 유용한 자원으로 정의할 수 있다.
	조직 구성	기업 내부 업무수행의 효율성을 반영하여 조직을 체계적으로 구성하는 것으로서 조직의 부문 편성, 직위의 상호관계, 책임과 권한의 분담, 명령의 계통 등을 포함한다. 최근에는 조직구조가 전문화되고 기능별로 세분화됨에 따라 수평적 기능조직(팀제 등)이 많고 이에 따라 조직의 다양화, 슬림화 및 네트워크화 특징이 있다.
	지식 경영	기업이 내부 시스템과 네트워크를 통해 구성원 개개인이 가진 지식의 공유를 효과적으로 축적, 활용함으로써 조직 전체의 문제해결 능력을 비약적으로 제고하는 경영방식이다. 지식경영의 이론가로는 피터 드러커(Peter Drucker)와 노나카 이쿠지로(Nonaka Ikujiro) 등이 있다.
	시장 개발	기존제품이나 새로운 제품의 론칭을 위하여 기존에 없던 신시장을 발굴하거나 기존 시장에 새로운 방식으로 접근하는 것이다. 한번 개발 및 개척된 시장은 경쟁자에 비해 유리한 선점조건이나 포지셔닝으로 기업에게 중요한 자산이 될 수 있다.

3) 인적 자원(역량, 마인드셋) 관점

기업가적 자원의 구성에는 역량과 경험 등과 같이 기업가의 내면적인 것과 자금조달 및 조직구성 등과 같이 외면적인 것으로 구분된다. 특히, 기업가의 정신적인 부분을 다루는 기업가적 마인드셋은 세밀한 부분에서 기업가적 자원과 개념적 구분의 기준이 필요하다. 기업가적 마인드셋은 주로 기업가의 기질과 인성적 특징에 관한 내용이다. 예를 들자면 위험감수성, 자율성, 진취성, 혁신성, 경쟁적 공격성, 성취욕구, 자기통제능력, 창의력, 자기효능감, 기회집착, 용기, 기타 기업가적 기질이나 인성 등이다. 이런 내용들과 자원으로 구분되는 역량(competency)의 구분이 모호할 수 있는데 이는 Iceberg Model of Competency 이론을 통해서 뚜렷한 기준을 적용한다.

'역량이란 높은 성과와 관련된 지식 클러스터, 기술, 태도 및 기타 개인적 특성(Characteristics)을 말하며 관찰할 수 있고 측정 가능하며 육성할 수 있고 개인이나 조직차원의 성공적인 성과에 중요하게 기여할 수 있는 행동 및 행태로 묘사될 수 있다(Parry, 1996)'는 정의에 의한 구별이 그 근거이다. 요약하면, 역량은 자원으로 구분하고 태도나 가치관, 기술, 지식 등의 교육이나 개발 프로그램을 통해 비교적 육성이 가능한 영역인 반면, 성격적 요소로 장기적으로 형성되어 비교적 육성이 어려운 개인적 자질이나 사고방식 등은 기업가적 마인드셋으로 구분할 수 있다(정연대, 기업가정신의 연구 분류 체계에 대한 탐색적 연구, 2019).

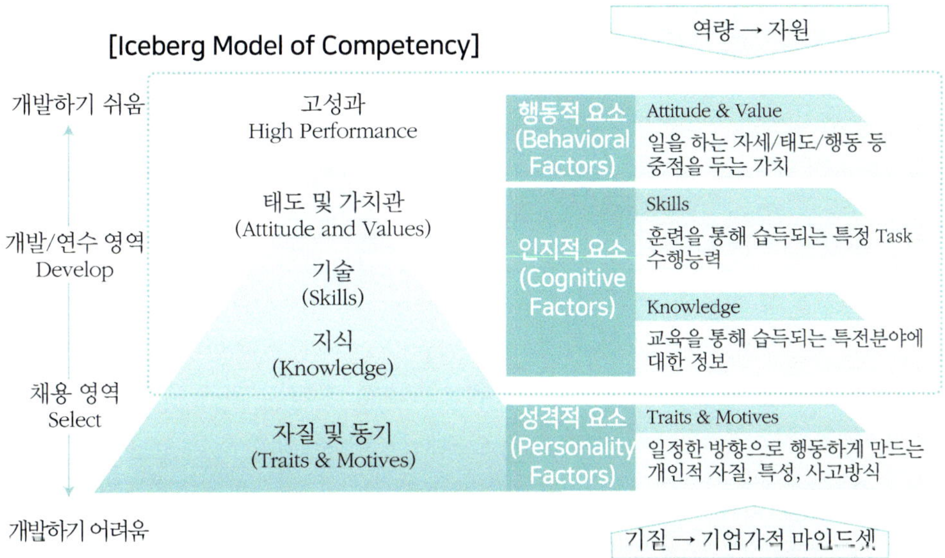

그림 8-1 **기업가적 자원의 구분 - 기업가적 마인드셋과의 비교**

마인드셋과 관련하여 중소기업청은 '기업가정신 역량지표개발 최종보고서(2009.11.)'에서 다음 [표 8-9]와 같은 통합 모델을 제시하고 있다.

이상에서 살펴본 바와 같이 기업가적 마인드셋은 크게 조직차원과 개인차원으로 구분할 수 있다. 그 외에 기타 기업가적 기질에 해당하는 내용은 다음 [표 8-10]에서 정리하였다(정연대, 기업가정신의 연구 분류 체계에 대한 탐색적 연구, 2019).

| 표 8-9 | 기업가정신 통합 프레임워크, 중소기업청(2009)

기업가적 마인드셋 통합 프레임워크	
개인 차원	조직 차원
자기효능감	혁신성
창의력	진취성
위험감수성	위험감수성
자기통제능력	(자율성)
성취욕구	(경쟁적 공격성)

이상의 기업가적 역량과 마인드셋을 통해 기업가로 성공한 사례를 살펴보자면 토마스 에디슨과 니롤라 테슬라의 일화가 대표적이라 할 수 있을 것이다. 1915년 노벨물리학상을 공동수상 하기로 결정된 상황에서 공동수상의 상대에 대한 두 천재 발명가의 불만 때문에 무산되기도 했다.

| 표 8-10 | 기업가적 마인드셋 관련 연구

구분	기업가적 기질	연구자
조직	적응성, 계획성	Mintzberg(1973)
	포괄성, 합리성, 자기주장의 강함	Fredrickson(1986)
개인	인지력, 비전 등 마음가짐, 자세	Carland(2000)
	헌신, 몰입, 결단성, 용기, 기회집착, 위험·모호성·불확실성 수용, 창의력, 자신감, 적응력, 승부욕, 리더십	Timmons & Spinelli(2009)
	몰입, 투지, 인내, 성취욕, 기회집착, 주도성, 책임감, 끈질긴 문제해결, 피드백추구, 내부통제소재, 모호성 관용, 계획된 위험감수, 무결성, 신뢰성, 실패에 대한 관용, 에너지, 창의력, 혁신, 비전, 자신감, 낙관성, 독립성, 팀빌딩	Kuratko(2007; 2009)
	기민성	Kirzner(1973; 1979)
	열정	Hornsby et al.(1993)
	열정, 인내, 책임감, 의지, 추진력, 지능지수, 사고력, 분석력, 정서안정, 대인 관계력, 사교성, 배려심, 감정이입, 커뮤니케이션 능력	Pickle & Abrahamson(1990)
	끈기	양준환(2014)

에디슨의 명성에 비해 테슬라의 경우는 많이 알려지지 않았는데 그 이유로는 테슬라가 에디슨 연구소의 직원이었기 때문이기도 하겠지만 사이가 좋지 않은 상황에서 파워 게임을 벌인 결과 힘이 우월했던 에디슨에게 눌렸기 때문이기도 하리라 본다. 그 파워의 중심에 결국 역량의 결과물인 특허권에 대한 통찰력과 관리능력 차이가 있었다는 사실이다. 그런 관점에서 둘의 스토리를 이어가 본다. 1884년 미국의 에디슨 연구소. 에디슨은 이미 백열등의 발명과 함께 전기장치들을 생산해 낼 공장을 포함한 큰 회사를 경영하고 있던 때이다. 니콜라 테슬라는 전기 공학도로서 에디슨의 회사를 통해 전기 전문 엔지니어로 대성하고자 하는 꿈을 품었다.

에디슨에게 제시할 추천서를 들고 기회를 찾아 연구소의 문을 두드렸다. 그의 전기에 대한 지식과 창의력을 바탕으로 한 천재성을 한 눈에 알아본 에디슨은 그를 단번에 채용한다. 테슬라는 상사로서의 에디슨을 통해 아이디어를 구체화하는 방법을 가까이에서 배워 몸에 습득한다. 이때까지는 서로 협력과 지지를 아끼지 않는 사이였다. 하지만 문제는 회사의 사업이 확장되면서 가정용 전기보급 사례가 많아지자 전기장치들에서 잦은 고장과 심지어 많은 화재를 불러오기까지 했다. 회사로서는 참으로 난감하지 않을 수 없었다. 에디슨의 고심에 테슬라는 솔깃한 제안을 해온다. 자신이 그 문제를 해결할 테니 만일 그렇게 된다면 5만 달러를 성과급으로 달라는 것이었다. 에디슨은 별 기대 없이 그러겠다고 했는데 실제로 테슬라는 변압기의 컨셉을 바꾸는 등 현실적 문제들을 대부분 해결해 내어 회사로서는 큰 위기를 넘기게 되었다.

하지만 에디슨은 그와의 약속을 저버리고 월급을 10불 올려주는 조건을 제시한다. 자신이 직접 회사의 위기를 구하고 기술적인 성취에 자신감이 올랐던 테슬라는 이에 큰 실망을 하게 된다. 금이 가기 시작한 둘 간의 신뢰는 불신으로 바뀌었고 이제 본격적인 갈등을 키웠고 급기야 테슬라는 에디슨의 곁을 떠나게 된다. 어제의 동지가 오늘 원수가 된다고 했던가 오히려 남보다 더 못한 관계가 되었다. 서로의 앞길을 나서서 방해하고 언론에 서로 비난의 글을 싣기도 했다. 그런 와중에도 테슬라는 분발하여 새로운 전기시스템을 고안하여 대성공을 거두게 된다. 대표적인 내용으로는 그간 에디슨이 유지해온 직류 배송시스템을 뒤엎고 교류 배송 체계를 통해 더욱 먼 거리를 더 저렴한 가격과 전력 손실 없이 배송하는 방법으로 대 히트를 치게 된 것이다. 도시 내의 장치를 넘어서 이제는 도시와 도시를 넘나드는 바야흐로 미국 전력시장 전체를 책임질 수 있는 시스템을 가능하게 한 것이었다. 이에 이르자 에디슨은 진정 위기감을 떨칠 수 없었고 온갖 해코지를 서슴지 않았다. 교류전기가 위험함을 알리기 위해 교류 사형 집행 장치를 만들어 알리기도 했지만 이미 세상의 대세를 거스를 수는 없었다. 그리하여 테슬라가 에디슨의 명성을 누르고 더 상승할 기회를 잡는가 하는 분위기에서 테슬라는 에디슨이 가진 무던한 노력과 완성도를 최고치로 구하는 실험정신이 부족하였고 10%의 영감이 90%의 노력을 줄여줄 수 있다는 관점에서 에디슨과 대척을 이뤘으나 결국 그 점에서 발목을 잡혔다. 뒤를 이을 후속 발명에서 테슬라는 원격 제어 어뢰, 전기 자동차, 살인 광선, 인공 번개 등 당시로서는 현실적 필요와 실현 가능성이 낮은 제품에 몰입하여 투자 유치에 번번이 실패하게 된다.

하지만 에디슨은 그의 모토대로 성공할 때까지 1,000번의 실험이라도 해내는 끈기와 시장의 니즈를 접목시키는 기본기로 일시적 위기를 극복하고 축음기 영사기 전화기 등을 연속하여 성공시킴으로서 성공적 발전을 이어갔다. 확고한 우위를 점하자 과거 회사에 연관되었던 테슬라의 기술들까지 모두 특허로 관리하며 자신의 역량을 철저히 자본화했다. 반면 그러한 면에서 너무나도 소홀했던 테슬라는 말년이 쓸쓸하고 초라한 상태로 전락하고 말았다. 이 천재 발명가 두 사람의 이야기는 다른 무엇보다도 기업가적 기질과 그 역량이 어떻게 기업가로 성공하게 하는가를 잘 비교해주고 있다.

4) 물적 자원(자본 등) 관점

기업가로 성공하기까지 여러 가지 요인이 필요하겠지만 기업가적 기회에 대한 정보가 취득되더라도 자본이 충족되지 못하는 경우 그 기회를 실현하기 어렵다. 기업가로서 성공하기 까지 자본적 관점에서 살펴보자. 금 수저 가문으로서 막강한 자본의 힘과 체계적인 육성으로 성공의 길에 자연스럽게 들어설 수 있었던 세계적 기업가 가문은 로스차일드를 꼽는데 주저할 필요가 없다. 로스차일드 가문의 역사는 참으로 흥미진진하다. 세계 최대의 재벌가로 추정되는 로스차일드 가문 자산의 규모는 5경 원(전 세계 부의 45% 수준) 정도로 알려졌고 그 가문은 8대에 걸쳐 이어져 오고 있다. 최근 제임스 로스차일드와 리키 힐튼의 결혼식으로 재계의 가문 네트워크는 더욱 강해졌다. 특히 로스차일드는 왕실이나 다른 대부호 집안과의 혼사로 부를 축적하는 그들의 방식으로 세인들의 머리에 한 번 더 각인되게 되었다.

775년 니케아 종교회의 이후 이웃에게서 돈을 빌려주고 이자를 받는 것이나 부를 축적하는 것에 대한 불편한 교리를 취하는 구약성경을 기반으로 한 중세 기독교인들이나 7세기에 등장한 이슬람교도들 유대인들도 이자로 부를 늘리는 것에 금지령이 있었다. 하지만 상업과 국제무역이 발달하고 더불어 금융이 중요하고 흔해진 13~14세기 무렵에는 유대인들을 중심으로 한 대부업이 교회와 국가의 묵인 하에 환어음 등의 기법 등 다양한 방법으로 발전되어 왔다. 급기야 캘빈을 비롯한 종교 개혁가들은 생산적이고 더 많은 열매를 맺게 하는 방식의 일을 위해 이자를 받는 것까지 신이 금지한 것은 아니라고 선언하기에 이르렀다.

조지프 슘페터는 성장이 없는 경제에서나 이자율이 0이며 기업이윤이야 말로 혁신의 성과이며 이자는 이윤창출에 기여한 대가라고 설명하고 있다. 이러한 시대적 배경 하에 1744

년 1대인 마이어 암셀 바우어는 독일 프랑크푸르트에서 태어났다. 독일계 유태인으로서 게토지역에서 유태인은 성이 없었다. 가문의 성(family name)인 로스차일드(붉은 방패라는 뜻)는 대문의 문양에서 따온 것이었다. 그는 아버지의 골동품 가게에서 일을 도우며 성장하던 중 13세가 되던 해에 그의 부친은 타계한다. 그러자 운이 좋게도 독일의 오펜하이머 가문의 은행에서 견습생으로 일하게 되면서 금융에 눈을 뜨게 된다. 당시의 금융업은 지금의 금융과는 확연히 다르다. 유럽의 왕과 귀족들의 신용과 예금만을 관리했으며 폭력과 무력으로부터 안전한 은행으로서의 역할을 다하는 것이었다. 또한 그들의 재산을 오로지 가문에 속한 사람들만 은행에 관여하게 하며 가문의 은행과 재산을 철저히 숨기며 부를 키워갔다.

금융과 관련된 여러 가지 일을 배워 익히며 기존의 골동품과 금융(대부업)을 결합하는 등 전문성이 올라가던 즈음 희귀한 금화 수집광이던 프리드리히 대왕의 아들과 만나게 된다. 당시 왕가들 및 고관대작 가문들과의 인맥을 형성할 수 있었다. 그러던 중 나폴레옹의 침공으로 프리드리히가 덴마크로 피신할 때 그를 도우며 당시 그의 돈 30만 달러를 맡아달라는 청탁을 받게 된다. 그런데 큰 기업가는 이런 기회를 남다른 안목으로 실현해 가는 점에서 탁월했다. 그에게는 5명의 아들이 있었는데 그들에게 이 거액들을 나누어주며 유럽의 주요국의 주요도시로 보내었다. 첫째인 암셀은 프랑크푸르트에 그대로 두고, 둘째인 살로몬은 오스트리아 빈에, 셋째인 네이선은 영국 런던에, 넷째인 카를은 이탈리아 나폴리에, 다섯째인 제임스는 프랑스 파리에 보내져 은행을 설립하게 된다. 동시에 각국의 정보들을 주고받으며 서로 긴밀히 협력하는 네트워크를 갖추게 한다. 예를 들면 1806년에 나폴레옹이 영국을 견제하여 대륙봉쇄령을 내려 주변 국가들은 모두 영국과 무역거래를 이어가기 어려운 체제가 되었을 때 영국에 있던 네이선은 프랑스의 제임스와 밀무역을 추진한다. 품질이 우수했던 영국의 공산품들을 몰래 들여와 큰 수익을 남기고 유럽시장에 넘길 수 있었다.

이 사례에서 나타난 기업가적 특성은 탄탄하게 형성된 거대한 자본은 기업가를 만들어주는 모태가 될 수 있고 또 다음에서 다루게 될 네트워크의 힘이 잘 작동되어 기회를 성공가도에 올릴 수 있었다고 생각한다.

5) 네트워크 관점

또 하나의 관점에서 벤처기업 성패의 원인은 보유한 사회적 자본 및 네트워크에 달려 있다(Bruderl & Preisendorf, 1999; Sean, 2006; Watson, 2007; 정대용, 양준환, 2009; 김춘광, 2010). 기업가가 보유한 사회적 네트워크로써 스스로 준비하기 곤란한 자원을 손쉽게 대처하여 부족한 자본, 재화, 역량, 인적자원 등을 동원하여 기업 성공을 이끄는 경쟁우위를 말한다(정연대, 기업가정신의 연구 분류 체계에 대한 탐색적 연구, 2019). 종종 창업은 기업가의 인적 자본과 금융 자본만으로는 성공할 수 없다. 성공을 위해 중요한 다른 자원도 있어야 한다(Deeds and Hill, 1996; Teece, 1986). 따라서 기업의 네트워크(개인 및 관계 기반 네트워크 또는 전략적 제휴 여부와 상관없이)는 필수 보완 자원 및 역량을 확보하는 데 중요하다(Bantham et al., 2003; Deeds and Hill, 1996; Johnson and Sohi, 2003; Shan et al., 1994).

신생 기업은 처음에는 규모가 작고 기존 기업에 비해 매우 빠른 속도로 실패하는 경향이 있기 때문에 이러한 기업과의 협력 관계는 종종 생존하고 번성할 가능성이 있음을 조건으로 한다. Laumann et al.(1982)은 균형 잡힌 호혜성은 창업 기업이 상당한 성공 가능성을 가진 한 협력 회사가 창업에 자원을 공급하도록 유인할 것이라고 믿는다. Hite (2000)는 협력적 파트너가 기업가의 자원을 풍부하게 사용하여 창업기업으로부터의 미래 호혜 가능성을 평가한다. 합리적인 평가를 거친 후, 경제적 이익을 얻을 수 있으며 이는 파트너의 협력 고려에 중요한 요소가 된다. 결론적으로 기업가 자신의 자원이 풍부할수록 외부 파트너가 협력할 의사가 더 커지는 것이다(정연대, 기업가정신의 연구 분류 체계에 대한 탐색적 연구, 2019).

(1) 사회적 자본 이론

사회학(Sociology)에서 처음으로 논의되어 온 사회적 자본 이론은 기존 이론들이 잘 설명하지 못했던 사회 현상들을 설명하는데 용이하다는 이유로 점차 인접하고 있는 학문으로까지 확산되고 있는데, 이런 현상은 경영학에서도 동일하게 나타나고 있다. 특히 기업규모의 특성이 소규모 성(Smallness)으로 설명되는 중소벤처기업에서는 신생이라는 열세(liabilities of newness)와 소규모라는 부담(liabilities of smallness)의 태생적인 한계에도 불구하고 생존할 수 있는 능력의 차이를 나타내는 주요 원인으로 사회적 자본이 논의되면서 국내외 연구에서 중요한 키워드로 급부상하고 있다. 이에 따라 최근의 기업가정신과 관련 연구에서도 새로운 벤처사업의 창업과 지속가능성을 높여주는 요인으로서 사회적 자본의 중요성이 더욱 강조되고 있는 것이다.

일반적으로 사회적 자본이란 상호 사회적 연결 망 내 존재하는 사람들 간에 상호 호혜성이라는 rule에 기반 하여 서로 주고받는 말 그대로 '사회적 유용 자원'을 말한다. 사회적 자본의 뜻은 신고전파 경제학의 생산요소 또는 마르크스 경제학 관점의 생산수단으로 불리던 전통/학술적 자본(capital)이 확대된 개념으로 볼 수 있다. 사회적 자본이라는 용어 자체는 경제학자 Loury(1977)에 의해서 최초로 사용되었으며 Bourdieu(1986)에 의해 체계적으로 연구되어 왔다. Bourdieu(1986)는 사회적 자본을 상호면식 혹은 지속적인 연결망이나 인정이 제도화되어 있는 관계라는 특정한 집단 내의 구성원이 됨으로써 획득할 수 있는 잠재적이고 실질적인 자원의 총합이라고 하였다(박주영 외, 직장인의 기업가형 마인드셋이 창업의도에 미치는 영향: 사회적 자본을 매개, 유지-행동성향을 조절변수로, 2020, vol.15, no.3,

통권 69호, pp.73-88).

사회적 자본의 개념을 도입하고 성장시킨 학자들은 Coleman(1994), Burt(1992), Putnam(1995) 등이 있었고 그 이후 사회학 및 정치학, 경제학 등 많은 타 분야에서도 지속적인 협력 연구가 이루어졌다. 또한 최근에는 경영학 분야에서 사회적 자본이 거래비용의 접근법과는 상이한 관점에서 기업의 조직을 설명하는 새로운 관점을 제시하고 있다. 또한 사회적 자본이란 높은 투자수익률을 이끌어 낼 수 있는 자원이라 하였고(Burt, 1992), 사회적 자본의 개념을 사회 또는 개인이 소유하고 있는 관계 네트워크 안에 있는 잠재적이고 유용한 실질적 자원의 합계라고 했으며(Nahapiet & Ghoshal, 1998), 사회연결 네트워크에 포함된 상호 호혜적인 규범, 상호신뢰, 정보로 사회적 자본을 설명했다(Woolcock, 1998).

한편 Ostrom(2000)은 달성하고자 하는 목표 성취 행동을 서로 조정할 수 있도록 하는 사회적 구조에 결합된 사회적 관계와 규범이 사회적 자본이라 정의했다. Inkpen & Tsang (2005)은 네트워크 내 조직 및 개인들이 맺고 있는 관계로부터 발생하고 그러한 관계 속에 연관된 자원의 총합을 의미한다고 했다. 이러한 사회적 자본은 조직이나 개인들의 네트워크 구조 아래에서 산출된 결과이기 때문에 조직이나 특정한 개인의 전유물로 볼 수 없으며, 다른 자원이나 자본과는 달리 사회적 자본이 유용하게 쓰이는 자원임에도 불구하고 용이하게 교환되거나 이전시키기 어려운 것이다.

또 다른 사회적 자본의 특성은 네트워크 내의 조직이나 개인의 행동에 영향을 미친다는 것이다. 이러한 관계의 네트워크에 의해서 결합된 결과가 사회적 자본이지만 이렇게 만들어진 사회적 자본은 네트워크 구성원들의 행동에 다시 영향을 미치게 된다. 따라서 사회적 자본은 기업에 하나의 문화로 정착되게 되고 기업의 문화로서 실패와 성공, 성과와 경쟁력의 차이 등을 말해 줄 수 있는 개념이며, 사회적 자본이 구성원의 역량, 기업의 목표 달성과 어떠한 상관관계가 있는지 분석하는 것은 기업의 경쟁력을 제고시킬 수 있다는 점에서 중요하다고 할 수 있다.

사회적 자본에 관한 연구자들은 자본(capital)이라는 것이 개인의 네트워크 속에 깊숙이 배태되어(embedded) 있다고 주장하고 있는데(Anderson & Jack, 2002), 이것은 개인이 처한 상황에서 책임감을 수반하는 '상호간의 의무(Bourdieu, 1986)'의 형태로 존재하기도 하고 그가 소유한 네트워크 원천과의 빈번한 접촉을 통하여 확보되는 '쉽게 소유하기 힘든 자원(resource)'의 형태로 존재하는 것으로 알려져 있다. 이러한 이유로 사회적 자본과 관련된 논제에서 사회적 네트워크(social network)는 일반적으로 그 중심적인 위치를 차지하게 된다. 다만, 아직까지도 연구자에 따라 다른 정의와 측정을 제공해 왔기 때문에 이에 대한 경계가 분명하지는 않다(정대용, 김춘광, 2010). 그러면 사회적 자본의 효과적 측면에서 어떻게 사회적 자본이 행위의 결과들을 증가시킬 수 있는가?

이러한 질문에 대해 난린(2008, p.27)은 대다수의 행위자들이 네트워크 상태에서 가지게 된 사회적 자본은 집단이나 개인 간의 네트워크를 통해 자원이나 정보의 흐름을 촉진하기 때문이라고 답한다. 이것은 개인이 보유하고 있는 사회적 유대 관계가 없을 때는 선택할 수 없었던 기회와 선택에 대한 유용한 자원과 정보를 제공하기 때문에 개인으로 하여금 특정한 행위에 대한 결과의 증가라는 효익을 달성할 수 있도록 하는 것을 의미한다. 그렇기 때문에 사회적 자본이라고 말하는 사회적 네트워크의 연구들은 개인들의 네트워크 연결이 가져다 줄 수 있는 대표적인 결과로서 자원과 정보에 대한 접근(access)을 제시한다.

(2) 사회적 네트워크

넓게는 사회적 자본의 이론적 논의 범주에 포함되어 있는 사회적 네트워크 문제는 사회적인 관점에서 사회적 자본 이론의 형성과 검증 과정에 주로 등장한다(정대용, 김춘광, 2010). 이때의 네트워크는 개별적 관계들을 분석하는 기본단위로 여기고 있다. 일부 연구들은 네트워크란 집단(group)이나 개인 간에 주고받는 사회적인 행위들을 이어주는 것으로 정의하여 이러한 관계를 근거해서 분석을 시도하였다. 이러한 현상은 개인(individual) 차원에서뿐만 아니라 조직(organization) 차원에서도 동일하게 적용될 수 있는데 이는 조직의 구성원들이 다양하고 넓은 관계를 가지고 있으면 조직이 확보할 수 있는 정보와 자료의 원천이 많아지고 이를 통해 다른 조직에 대한 우위를 확보할 수 있게 된다는 점에서 개인적 차원의 적용과 유사하기 때문이다(정대용 · 김춘광, 2010). 따라서 더 많은 물리적 자본 확보가 기업의 생산성에 도움을 주고 더 높은 수준의 인적 자본을 확보하는 것이 기업의 역량을 높일 수 있는 것처럼 사회적 네트워크를 통한 사회적 자본의 확보는 조직의 효율성은 물론 높은 성과를 창출하는데 도움을 줄 수 있게 된다(Freyer & Kim, 2001).

일반적으로 자신이 가지고 있는 역량을 자신이 경영하고 있는 기업의 성공에 집중하려고 한다. 그 과정에서 기업가들은 자신의 기업이 이미 보유하고 있는 자원과 그렇지 못한 것들을 분류하여 성공에 필요하지만 아직 보유하지 못한 자원을 찾아 그것을 확보하는데 자신의 역량을 집중하고자 하며, 이 때 효율성을 중요하게 생각하는 존재인 기업가들은 자신들의 목표달성을 위해 필요한 자원을 최소의 비용과 노력만으로 확보하려고 한다(신계화 · 김화례, 2013). 이러한 네트워크는 기업가가 추구하는 효율성을 제공해 주는 좋은 수단이 된다. 그러므로 기업가가 효율적으로 그들의 목적을 달성하기 위해서 정보와 자원을 어떻게 확보하는가의 여부가 매우 중요한 문제이며 이를 위해 기업가들이 네트워크를 경쟁우위 확보를 위한 전략적 수단으로 활용하는 것이다(정대용 · 김춘광, 2010).

기업가가 확보할 수 있는 네트워크 원천 중에서 약한 결속의 유용성을 확인시켜 준 실증분석 연구결과에 따르면, 벤처 기업가들은 정부기관과 공공기관으로 대표되는 약한 결속의 네트워크의 원천으로부터 기업 활동에 대한 성과를 얻는데 필요한 자원과 정보를 확보하는데 중요한 도움을 받는 것으로 나타났다. 이는 기업가들에게 서로 다른 네트워크 원천을 어떻게 활용할 것인가에 대한 중요한 정보를 제공해주는 결과라고 할 수 있다. 따라서 사업성공에 필요한 정보와 자원 확보의 원천이 되는 네트워크를 그 성격에 따라 분류하고 이를 차별적으로 관리해야 할 것이다. 이를 국내 벤처기업 현실에 대입해 보면 국내 벤처기업 기업가들은 특히, 약한 결속의 네트워크 원천들과 유대할 수 있는 관계를 잘 관리해 나갈 필요성이 있다. 이는 기업가들이 단순히 네트워크의 확장에만 집중하는 것은 중요한 정보와 자원을 확보하는데 도움이 되지 않을 수도 있다는 점을 보여주는 결과이다.

따라서 무분별한 네트워크 범위의 확대보다는 중요한 일부 네트워크 원천을 관리하는 것이 더 효과적일 것이다. 이처럼 사회적 네트워크는 여러 가지 개념과 속성을 포함하고 있기 때문에 그것이 결정되는 것이 무엇에 있으며 무엇인가에 대한 접근이 그것의 효과를 결정하는가는 사회적 네트워크를 연구하는 연구자들만큼이나 많다고 할 수 있다. 하지만 일반적으로 개인적인 차원에서 그들이 속한 주변의 환경을 중심으로 그 결과와 원인에 관한 요소들을 다루고 있다는 측면에서 공통적인 특성이 있다. 따라서 기업가가 보유한 사회적 네트워크에 의해서 쉽게 동원하기 힘든 자원을 손쉽게 동원할 수 있으며 기업성공에 필수적이지만 부족한 재화, 자본, 인적자원, 개인의 역량 등을 동원할 수 있게 됨으로써 보다 성공에 근접할 수 있는 경쟁우위를 갖게 된다는 것이다(정대용 · 김춘광, 2010).

난린(2008, p.27)은 다양한 행위자들이 네트워크 상태에서 확보하게 된 사회적 자본은 집단이나 개인 간의 네트워크를 통해서 자원이나 정보의 흐름을 촉진하기 때문이라고 말한다. 이는 개인적으로 가지고 있는 사회적인 관계는 그러한 관계가 없을 때 선택할 수 없었던 선택과 기회에 대한 유용한 자원과 정보를 제공하기 때문에 개인적으로 특정한 행위에 대한 결과를 향상시킬 것이라는 효익을 얻는 다는 것을 의미한다. 사회적 자본으로 지칭되어지는 네트워크에 관한 연구들은 개인적인 네트워크 연결이 가져다 줄 수 있는 대표적인 효과로서 자원과 정보에 대한 접근을 제시하고 있다. 일반적으로 기업가들에게도 사회적인 관계 즉, 네트워크의 중요성은 더할 나위없는 요소이다.

기업가의 네트워크는 일반적으로 기업이 성공하는데 중요한 영향을 미치는 요인들로 구성되었을 확률이 높다. 이러한 기업들이 확보한 역량을 경영자는 기업을 성공시키기 위해 집중한다. 기업가가 확보할 수 있는 네트워크 원천 중에서 약한 결속의 유용성을 확인시켜 준 실증분석 연구결과에 따르면, 벤처 기업가들은 정부기관과 공공기관으로 대표되는 약한 결속의 네트워크의 원천으로부터 기업 활동에서 성과를 낼 수 있는데 필요한 자원과 정보를 보유하는데 중요한 도움을 받을 수 있는 것이다. 이는 기업가들에게 서로 다른 네트워크 원천을 어떻게 활용할 것인가에 대한 중요한 정보를 제공해주는 결과라고 할 수 있다. 특히,

기업가들은 자신이 보유한 사회적 네트워크를 통하여 사회적 기회를 포착하고 신사업에 대한 아이디어를 얻을 뿐만 아니라 중요한 정보를 확보할 수 있다.

따라서 사업성공에 필요한 정보와 자원 확보의 원천이 되는 네트워크를 그 성격에 따라 분류하고 이를 차별적으로 관리해야 할 것이다. 이는 기업가들이 단순히 네트워크의 확장에만 집중하는 것은 중요한 정보와 자원을 확보하는데 도움이 되지 않을 수도 있다는 점을 보여주는 결과이다. 따라서 무분별한 네트워크 범위의 확대보다는 중요한 일부 네트워크 원천을 관리하는데 집중하는 것이 보다 효과적일 수 있을 것이다. 다만, 아직까지도 적절한 네트워크 원천 범위에 대해서는 많은 이견이 존재한다(정대용 · 김춘광, 전게논문).

제2절 2차 산업혁명 시대를 이끈 경영전략

1. 근대 경영관리의 원류(1910~1930년)

1) 과학적 관리법 : 프레데릭 테일러(1856~1915)

프레데릭 테일러는 근대 산업화의 발전적인 면에 주목하였고 그 진로에 둔덕과도 같이 느껴졌던 노동자들의 태업과 상호불신, 경영자의 일방적인 폭거가 지배하던 19세기의 공장에 '과학적 관리법'을 도입하였다. 그런 점 때문에 바로 그가 모든 경영전략의 원류로 자리매김할 수 있었다. 테일러는 하버드 대학교 법학부 출신의 영재였지만 급격히 나빠진 시력때문에 자퇴를 결정하고 19세에 펌프공장의 수습 직공으로 취직했다. 취직은 했지만 일당 형태의 임금을 받는 현장 직원으로서 근무하였다. 이후 22세에 미드베일 스틸로 이직한 지 얼마 되지 않았음에도 그의 능력을 인정받아 말단 기계공에서 조장으로 발탁 승진하여 이제는 자신의 담당일 뿐만 아니라 자신의 라인 전체를 위한 생산성 향상에도 노력을 기울여야 했다.

한편 당시로부터 약 100년 전 시작된 영국발 산업혁명은 직기, 방적기의 개발 및 개량과 제철기술의 급성장을 불러왔으며 스팀 시스템과 같은 동력원의 개발로 철도를 달리는 기차와 강 위에는 증기선도 탄생하게 되었다. 이어 산업혁명의 경로에 따라 그 전후방 산업 발전의 중심지는 독일과 미국으로 확대되어 나아갔다. 토머스 에디슨의 발명은 미국과 세계 산업화의 중요한 원천으로서 전기가 이용되기 시작했다. 이에 따라 인간의 삶에 큰 변화를 불러왔는데 밤에도 공장은 물론 거리의 불빛이 환하게 밝혀졌다.

그러나 그 공장 속은 여전히 어두운 그림자가 짙게 드리워져 있었다. 직원들의 태업과 불신 그리고 근로자들은 생존의 무게로 짓눌린 공포가 만연했다. 단순히 성과에 따라 급여를 지급하는 체제였으므로 열심히 일한 만큼 급여를 받아야 했으나 급여가 크게 불어날 것 같으면 회사의 관리 담당이 멋대로 임률을 낮췄기 때문에 받는 돈은 결국 같게 만들었다. 평가가 공정하지 않으면 부작용이 따른다고 했던가? 그 결과 열심히 일하면 손해라는 생각에 조직적 태업이 팽배하게 되었고 열심히 일하는 사람이 있으면 오히려 조직 내에서 일하지 말 것을 강권하는 바람직하지 않은 상황이 되었다. 그러나 이에 대해 관리자는 그에 대한 근본적인 대책을 강구하기보다는 직원들을 질책하고 해고하면서 그저 따르고 복종하라는 호소를 할 뿐이었다. 이때 젊은 시절의 테일러는 현장에서 이런 모습을 목격하고 근본적인 차원에서 상황을 개선해야겠다는 생각을 했다. 이 상태로는 함께 win-win할 수 있는 방법이 될 수 없기 때문이었다. 이런 배경이었기에 과학적 관리법이 가져온 극단적 생산성 향상이 서로에게 가치 있게 느껴졌으리라 여겨진다. 합리적인 공장 전체에 대한 업무 가이드라인을 제시함으로써 업무에 직원들의 몰입과 기대치 그리고 관리자들의 체계적인 생산관리가 가능하게 했기 때문이다. 테일러는 현장의 생산성 향상을 위해 다양한 실험과 연구를 시행했고 스톱워치를 사용해 작업시간을 측정/분석하고 줄자로 실제 근무자들의 이동 거리를 실측했다. 이전과 같이 주먹구구식(rule of thumb method)으로 작업을 할당하는 것이 아니라 정확히 계산하여 작업자 개인별로 작업을 분배했다.

때로는 근로자들 자신에게 가장 적합하고 효율적인 장비나 도구를 선정해 주기도 하였다. 또 삽질 작업 연구(베들레헴 스틸에서 실시)에서는 계획 관리 업무의 중요성이 더욱 명확해졌다. 그 회사의 사업장에서는 매일 400~600명의 작업자가 삽을 이용해 광석이나 재를 퍼 나르는 일을 했으며 그날그날에 따라 운반하는 물체의 무게와 모양이 달랐고 작업자들은 자신이 좋아하는 크기와 모양의 삽을 임의로 선택해서 일했다. 편하게 일하고 싶은 사람은 당연히 작은 삽을 골랐고 힘자랑을 하고 싶은 사람은 큰 삽을 골랐으나 작업 도중에 지쳐버리는 바람에 제대로 일할 수 없었다. 작업방법도 저마다 달라서 개개인의 작업량은 사람에 따라 편차가 컸다. 테일러는 이런 점들을 감안 하여 작업자 2명을 뽑아 실험을 시작했다.

먼저 최적 중량의 분석에 대한 일이었다. 즉 한 삽당 몇 파운드를 뜨고 나를 때 가장 효율성이 높을지를 규명하려 했는데 그 값은 한 삽당 21파운드(약 9.5 킬로그램)였다. 실로 삽질이 표준화되는 순간이었다. 그리고 이 결과를 바탕으로 대상 물체의 모양에 맞춰 삽을 선택하고 그 경우 한 삽을 뜨면 21파운드가 맞춰지도록 8종류의 삽에 대한 표준화를 준비했다. 이뿐만 아니라 삽을 대상물에 꽂는 속도와 높이 그리고 삽으로 물체를 떠서 던지는 속도까지 반영, 최적화를 이뤄냈다. 그에 따른 임금체계도 정비하여 일정 작업량 이상이 되면 임률이 상승하는 계단식 제도로 바꿨다. 그러자 일일 작업량에 맞춰진 인원 분배와 각 작업자에 따라 최적의 삽을 지급하도록 하는 관리부서가 필요해 졌다. 단순한 현장 감독에서 계획적 직능이 가능해진 것이고 물론 관리비용도 그만큼 증가했다. 종합적인 시각에서 이 개혁의 결과는 어떠했을까? 작업자 한 명당 평균 작업량은 16톤 → 59톤으로 무려 3.7배의 증가를 기록했다. 또 작업자의 하루 평균 임금도 1.15달러 → 1.88달러로 63% 증가했으나 전체적 관점에서 10톤당 비용은 오히려 72센트 → 32센트로 절반 이하로 감소되었다. 노사 양쪽에 큰 이익을 가져온 것은 물론 상호 당연히 만족도도 높아진 것으로 나타났다.

테일러는 미드베일 스틸에서 일하던 시절부터 40여 개가 넘는 많은 특허를 취득했다. 한다. 회사에 들어가 몸담은 이후 베들레헴 스틸뿐만 아니라 그가 함께한 많은 기업을 재건하는데 큰 기여를 했으며 그 결과 노동자들의 임금도 향상 시켰다. 그 와중에 발간된 '과학적 관리법(1911)'은 이런 현장의 성과를 집대성한 교본으로 그가 55세에 그의 경험을 담은 작품이다. 그가 제창한 과학적 관리법은 다음 5가지의 내용으로 요약되었다. ① 과업관리 ② 작업 연구 ③ 지도 표 제도(instruction card) ④ 단계적 임금제도 ⑤ 직능별 조직이 그것이었다. 이를 좀 더 깊이 세분하여 분석해보면, ① 과업관리를 통해서는 하루 공정의 작업량을 결정, 판단, 실행할 수 있었으며 ② 작업 연구는 시간 연구와 동작연구로 구성되는데 이는 핵심에서 벗어남 없이 항상 균일한 성과를 내는 숙련공의 작업방식을 미숙련공에게 잘 전달하는 것이 가능해졌다. ③ 지도 표 제도를 통해 시간, 작업 및 사용도구가 표준화되었고 매뉴얼로 기록되었다. 한편 ④ 단계적 임금제도는 무엇보다도 중요한 작업자들의 의욕을 불러일으키기 위한 주요한 방법이었다. 그에 따라 하루의 과업 양이 초과되면 기준에 의거 임률이 상승했다. 회사 차원에서 이것을 계획하고 관리하기 위해 테일러는 조직을 계획과 집행 기능으로 분류하여 각각 전문부문을 설치했다. 그것이 바로 ⑤직능별 조직인 것이다. 산업이 성장 발전하면서 젊은 미숙련공은 대량으로 밀려들었고 힘든 노동의 현장을 경험한 사람들은 보다 공정한 조건과 좀 더 풍족한 임금을 받고 싶어 했나. 반면 경영자들은 폭주하는 시장의 소비에 맞춰 생산량을 확대하는 것이 발등의 불이었기 때문에 제한된 자원을 최대한 활용하여 최대한 생산을 효율화하고자 했다. 이렇게 테일러의 과학적 관리법은 이런 시대적 요구에 발맞춘 필연의 관리 방안이었다.

테일러의 목표는 지금 돌이켜 봐도 파격적이고 이상적이라 할 수 있다. 바로 생산성 향상과 임금 상승의 양립을 추구하고 있었기 때문이다. 그러나 현실은 그렇지 못했기에 문제였고 그 문제는 바로 경영자들의 탐욕에는 한이 없다는 점이었다. 그들은 테일러의 과학적 관리법의 효과를 단지 노동 생산성 향상의 도구로만 사용하려 했을 뿐 그 성과 및 결과를 노동자와 나누고자 하지 않았다. 이에 노동자들은 당연히 반발했고 대다수 노동조합이 과학적 관리법의 도입 거부를 외쳤다. 테일러가 과학적 관리법을 만들면서 꿈꾸었던 목표는 명백히 노사의 상호신뢰와 협조적 관계로의 전환이었고 생산성 향상을 통한 성장의 혜택을 노사가 함께 누리는 것이었다. 그의 이상적 대안이 현실의 문턱을 넘지 못하는 좌절을 맛본 젊은 시절의 테일러는 그럼에도 불구하고 포기하지 않았으며 이후에도 많은 공장을 재건하는 일을 통해 진심으로 그 꿈을 실현하고자 몰입했다.

'과하적 관리법'의 머리글에서 테일러는 이렇게 밝히고 있다. "관리의 목표는 노사가 함께 누리는 최대번영에 있다. 그리고 이때 종업원의 번영이란 임금뿐만 아니라 타고난 능력에 맞춰진 최고 수준의 일을 하는 것이다." 그의 소신이자 간절했던 바람은 안타깝게도 그의 생전에는 실현되지 못했다. 아니 어쩌면 100년이 지난 오늘날까지도 진행 중일 것이다. 표면적으로 프레더릭 테일러의 이상은 노사 대립의 격화로 나타났고 과학적 관리법은 인간성이 결여된 노동과학이라는 오명으로 노동을 강화했을 뿐이라는 비난 속에 그는 60세에 운명을 다했다. 아마도 그는 후세 사람들이 자신의 꿈을 실현해 주기를 바라며 눈을 감았을지도 모른다. 1926년 무렵 역시 과학적 방법을 사용하면서도 인간성 중시라는 문을 활짝 열어젖힌 사람이 나타나게 되었다. 그는 바로 오스트레일리아의 엘튼 메이요이다. 그리고 테일러와 메이요를 연결하는 오작교 역할을 한 존재가 있었으니 그가 바로 헨리 포드이다.

2) 대량생산 시스템 : 헨리 포드(1856~1915)

미국 미시건 주의 농가에서 태어난 헨리 포드(1863~1947)야말로 미국의 근간인 대중사회 탄생에 크게 기여한 사람이라고 하는 것에 반대할 이는 아마도 없을 것이다. 16세에 수습 기계공으로 사회에 첫발을 내디딘 그는 에디슨 조명회사에서 엔지니어 등을 경험하고 1896년부터는 자동차 산업에 몰두하기 시작했다. 1885년 독일에서 다임러와 벤츠가 가솔린 식 자동차를 발명한 지 11년이 경과했음에도 당시 자동차는 아직 부유층의 전유물이었다. 세대 평균 연간소득이 750달러 정도였던 시기에 자동차 한 대 가격이 3,000달러가 넘었으니 초고가 사치품 정도로 여겨질 수밖에 없었다.

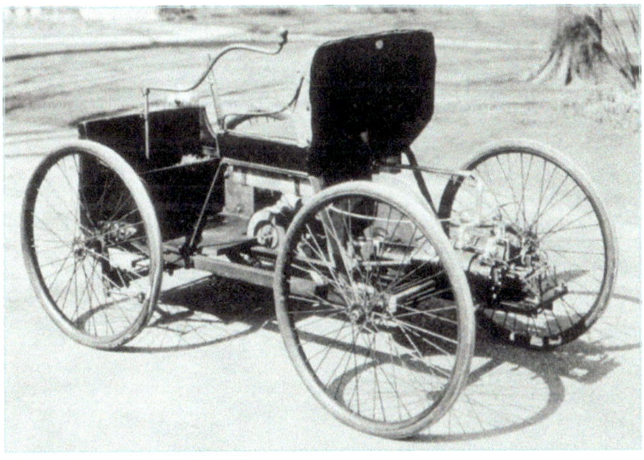

그림 8-2 포드 1호, 두 대의 자전거를 결합한 형태로 보여 4바퀴 자전거로 불림

1903년 포드는 온갖 우여곡절을 겪으며 포드 모터(Ford Motor Company)를 설립하고 본격적으로 자동차를 개발하기 시작했다. 모델 A부터 시작된 시제품 개발은 B, C, F, K, N, R, S의 8개를 이어가면서 자신이 추구하는 최고의 모델이 무엇인지 실험했다. 네 바퀴의 자전거라 불리던 1896년의 포드

1호를 필두로 오프로드의 고르지 못한 바닥에서 잘 달릴 수 있게 만든 버기카(buggy car) 형태인 A, C, F를 거쳐 고급 차인 K 등의 실패를 거쳐 소형차 N을 출시했다. 소형인 모델 N은 가격도 저렴하여 성공을 거뒀는데 포드는 생산성을 더욱 높여 더욱 가격을 낮춰 자동차의 대중화라는 목표 아래 모델 T를 개발해 1908년부터 판매를 개시했다. 가격은 950달러에 불과했다. 경쟁사의 차보다 튼튼하며 가격도 훨씬 저렴했고 게다가 매년 가격 인하를 통해 1925년에는 한 대 가격이 260달러에 달했다. 이로써 T형 포드는 마침내 세대 연간소득 2,000달러의 1/8 수준의 돈만 있으면 살 수 있게 되었다. 적어도 미국에서는 이런 부담 없는 가격에 말보다 10배나 빠른 이동 수단을 가질 수 있었기에 땅값이 싼 교외의 주택에서 살면서 도시나 공장으로 출퇴근을 하는 '풍요로운 대중'이 출현할 수 있게 되었다.

포드의 생산시스템은 테일러의 과학적 관리법을 극대화한 것이었다. 과학적 관리법을 근간으로 하여 T형 포드의 높은 신뢰성과 낮은 생산단가를 실현하여 조합된 것이 포드의 생산시스템이었다. 그것은 포드가 독자적으로 만들어 낸 형태의 시스템이기는 했으나 지만 테일러의 과학적 관리법의 기법에서 가져온 작업시간 및 동작 분석을 거쳐 작업의 표준화와 매뉴얼의 효과 때문이었다. 그것에 따라 작업의 효율적 운영 원칙으로서 철저한 분업화와 컨베이어의 유선 작업을 추가했다. 좀 더 나아가 작업의 표준을 세우기 위해 오랜 숙련공의 작업을 분해하여 수십 수백 가지나 되는 단순 작업의 조합으로 구성하였다. 다음 단계로 그것을 컨베이어벨트로 연결함과 동시에 서브 생산라인들을 최종 조립라인과 동기화시킴으로써 작업의 정체는 거의 찾아볼 수 없었다. 이런 과정들이 축적됨으로써 1초의 오차까지도 통제할 수 있는, 당시의 기준으로는 획기적으로 효율성을 높인 대량생산 시스템이 만들어진 것이다.

포드는 포디즘(Fordism)이라고 일컬어지는 독특한 경영 철학을 가지고 있었다. 그 포디즘의 핵심은 종업원을 위한 서비스 정신(종업원들에게 더 많은 임금을 주고 싶다는) 즉, 기업을 운영하는 목적이 근시안적 이윤 동기보다 종업원이 잘되고 대중이 잘 살아야 차도 잘 팔수 있다는 임금 동기였다고 할 수 있다. 지금으로 보면 '소득주도 성장'에 해당하는 고차원적 발상이었다. 그의 생각에 따르면 기업은 공적인 존재이며 기업을 할 수 있다는 것도 사회로부터 받은 무언의 수혜이므로 널리 사회와 고객에게 보답의 서비스를 해야 한다고 생각했다. 그러므로 그런 그에게 이윤은 목적이 아니라 결과에 해당했다. 다시 말해 기업은 이윤이 있어야 존재할 수 있다. 하지만 그것을 뛰어넘어 경영자는 종업원들에게 더 많은 임금을 주는 것을 주된 동기로 삼아야 한다는 것이 그의 생각이었다.

실제로 그는 종업원들의 이직을 방지하는 대책의 하나로서도 종업원의 임금 인상은 불가피하다고 판단했다. 1914년경 T형 포드 생산이 최고조에 이르렀는데 그 원칙에 따라 일급을 기존의 2배로 인상했다. 밀려드는 주문을 처리하기 위해 공장은 24시간을 3교대로 나눠 가동했고 노동시간은 9시간 → 8시간으로 오히려 단축되었다. 그 결과 포드 모터에서 일하고 싶다는 사람이 미국 전역에서 모여들었고 그 종업원들이 다시 T형 포드의 고객이 되는 거대한 순환 고리가 만들어진 것이다. 유효수요의 증대가 다시 시장을 확대하는 경제학적 빅 픽처가 그에 의해 실현되는 결과를 가져왔다.

그러나 그럼에도 불구하고 포드사는 가혹하게 일을 시킨다는 불만이 터져 나왔다. 풍요로워진 대중은 이제 단순 작업을 견디지 못한다는 부작용 같은 문제였다. 나무로 만든 타이어 프레임에 쇠바퀴를 끼우는 공정의 작업자는 2명이었다. 한 명이 타이어 프레임과 쇠바퀴를 겹치면 다른 한 명은 그것을 프레스에 끼워서 하나로 만드는 것이었다. 이 작업을 4초에 한 번씩 하루 8시간 동안 약 7,000번을 반복하는 것이다. 하루 동안 그들이 하는 작업은 오로지 이것뿐이었다. 많은 신입 사원이 수습 기간을 못 채우고 공장을 떠났다. 찰리 채플린의 모던타임즈(1936)에서 풍자했던 바로 그 풍경이었다.

아이러니하게도 일급 5달러라는 높은 급여에 걸맞지 않은 않는 단순 작업이었고 급여 수준이 보상할 수 없는 정신적 고통을 수반한 것이다. 포드는 풍요로운 대중을 만들어 낸 동시에 사회에 경제적 동기의 한계를 보여준 셈이다. 모던타임즈에서 주인공인 찰리는 연속되는 단순 작업에 미쳐버리게 됨으로써 병원으로 이송된다. 그리고 그 뒤에는 댄서 등 여러 직업을 전전한다. 이렇게 2차 산업혁명의 현장에는 풍요가 커짐에 따라 인간소외의 부작용이 함께 생겨나고 있었음을 간과하지 말아야 하겠고 그에 관련한 해결책을 들고나온 자가 엘튼 메이요이다.

3) 인간관계론 : 엘튼 메이요(1880~1949)

엘튼 메이요(1880~1949)는 사회적 존재로서의 인간을 발견했고 그의 연구는 직장 내에서 인간이 하나의 수동적인 역할에 그치지 않고 관계가 개선되면 관리에 의해서가 아니라 자발적인 그래서 더 효과적 관리가 가능한 역량을 발휘하게 할 수 있음을 발견하고자 노력을 기울였다. 그의 대표적인 공로의 사례는 10분 휴식 4회를 적용함으로써 일만 하는 종업원이 아니라 일 이전에 하나의 인간임을 조직이 먼저 인식함으로써 조직 내에서 자신이 존중받는다는 긍정성이 이직률을 급감시킨다는 하나의 실험적 이론을 세운 일이었다. 그는 오스트레일리아의 애들레이드에서 의사의 아들로 태어났다. 의학과 논리학, 철학을 공부한 그는 31세에 교원이 되어 학생들을 가르치기 시작했고 42세에 미국으로 이주해 먼저 와튼 스쿨에서 산업 정신 위생의 연구를 했다. 이러한 배경이 현상을 객관적으로 또 과학적으로 설명할 수 있는 기본기를 갖추게 했고 현상을 추리하는 것에서 나아가 검증 과정이 가능했는데 그것이 바로 유명한 '뮬 실험'이라고 불리는 '뮬 방적 부문의 실험(1923~1924)'이다.

이 실험의 목적은 작업환경을 개선함으로써 이직률을 개선하는 것이었다. 회사의 전체적인 경영 지표나 발전 가능성 자체는 호조였고 환경이나 관리 차원도 준수했으며 전사적으로 다른 부문의 이직률은 연간 5~6%에 불과했다. 그런데 유독 방적 부문만큼은 이직률이 연간 250%에 이르렀다. 분명 문제가 있었을 것이라는 판단 하에 보다 세부적인 분석을 이어갔다. 그 수치는 매달 종업원 10명 중 2명 이상이 회사를 떠나가는 셈이었다. 분석 결과 이렇게 이직률이 높은 원인이 작업의 '단순함'과 '고독함'에서 비롯된 정서적 소외와 정신적 피로에 있다는 결론에 이르게 되었다. 이러한 소외와 피로를 해결해 주어야만 한다는 가설을 세우고 그 대책으로서 근무시간 중 하루 4회씩 10분간의 휴식시간을 도입해 보았다. 일을 중단하고 오히려 쉬는데 효율이 더 올라감을 데이터로 확인할 수 있기를 바랐던 것이다. 그러자 그의 예상은 적중했고 방적 부문의 생산성이 개선되었을 뿐만 아니라 이직률도 연간 5% 정도로 크게 낮아져 평균 범위 내로 들어왔다. 잠깐의 휴식이 직장에 대한 불만을 크게 줄여준 것이다. 그러나 메이요는 오히려 믿기지가 않아 더 많은 생각에 빠지게 했다. 정말 원인이 그것일까? 이직률이 낮아진 근본적인 이유는 좀 더 복잡한 이유가 있지 않을까? 그래서 재차 몇 가지 가설을 더 세워보았다.

- 종업원들의 이야기를 진지하게 경청해 주어서 공감대가 넓어졌기 때문 아닐까?
- 새로 설치된 보건실에서 간호사가 고민 상담을 잘 해줬기 때문 아닐까?
- 휴식 일정을 상의해서 결정할 자유를 줌으로써 자연스레 동료 간 대화를 나누는 시간이 증가하자 공동체 의식이 높아졌기 때문 아닐까?
- 경영자가 보여준 신뢰에 보답하려는 책임의식이 강해졌기 때문은 아닐까?

등이었다. 그러한 질문들에 대한 답은 다음 실험을 거치면서 분명해졌다.

의외로 노동환경과 생산성은 아무 관계가 없다는 것이 그의 결론이었다. 하버드 비즈니스 스쿨에 초빙된 메이요는 1927년 전화기 제조회사인 웨스턴 일렉트릭의 호손 공장에서 실험에 착수했다. 사실은 1924년에 이미 다른 연구팀이 호손 공장에서 실험을 한차례 실시했는데 여기에서 비 테일러 적인 결과가 보고되었다. 그것은 조명을 어둡게 할수록 오히려 작업 효율이 높아진다는 결과였다. 실험 대상이었던 팀의 생산성은 조명을 밝게 했을 때도 높았지만 반대로 더 어두운 조명하에서도 계속 상승했다. 심지어 조명의 조도를 변경하지 않은 팀의 생산성까지도 높아졌다. 연구자들은 이 실험 결과를 놓고 해석을 어찌해야 할지 숙고하였고 결국 메이요 등의 전문가가 그 공장에 보내진 것이다. 그러나 메이요가 1927년에 실시한 계전기 조립작업 실험에서도 같은 결과가 나왔다. 여공 100명 중에서 선발된 6명은 임금 휴식 간식 방의 온도와 습도가 어떻게 변경되든 조건이 달라질 때마다 생산성은 계속 높여 나갔다. 심지어 예전의 조건으로 회귀했을 때도 전보다 생산성은 더 향상되었다. 그 이유는 따로 있었는데 그것은 바로 여공들의 '자부심과 연대감'이 모든 조건을 극복해낸 것이다(실험의 목적과는 무관하게). 1928~1930년, 종업원들을 대상으로 한 대규모 면접 조사가 시행되었다. 먼저 검사부문의 1,600명을 대상으로 면접 조사가 시작되었고 결국 공장 전체에서 2만 명 이상이 면접 대상이 되었다.

처음에는 연구자들이 질문항목을 정해놓고 면접을 했다. 하지만 도중 현장관리자의 면접이 진행되면서 자유로운 대화가 가능한 비유도 방식이 채택되었다. 한마디로 잡담하는 수준이 되었다. 메이요를 비롯한 연구자들은 눈앞에 쌓인 2만 명분의 잡담 메모 더미를 보고 한숨을 내쉬지 않을 수 없었다. 그러자 얼마 가지 않아 의외의 성과가 도출되었다. 그저 그와 같이 면접만 했을 뿐인데 면접내용과 관계없이 생산성이 향상된 것이었다. 종업원들 간에 대화를 통해 나눠진 이야기 속에 자신들의 불만이 충분히 근거 있는 것인지 아닌지를 자체 판단하여 스스로 이해하게 되었고 현장관리자는 종업원의 이야기를 통해 그들의 상황을 더 잘 파악해 대처가 가능해짐으로써 서로를 발전시킬 수 있었다고 파악되었다.

결론적으로 "노동 조건보다는 인간관계가 노동 의욕을 좌우한다."는 것이다. 메이요는 다른 실험의 결과를 참고한 끝에 다음과 같은 결론을 내렸다. "사람은 밥만으로는 못 산다."는 것이다. 그 내용을 풀어 다음의 몇 가지 명제로 정리했다.

- 인간은 경제적 대가 외에도 사회적 욕구의 충족도 중시한다.
- 인간의 행동은 때론 합리적이지 않으며 오히려 감정에 크게 좌우될 수 있다.
- 인간은 비공식적인 조직(이너써클)에 더 쉽게 영향을 받는다.
- 인간의 노동에 대한 의욕은 객관적인 직장환경보다 직장 내 상사나 동료와의 인간관계에 의해 더 민감하게 영향을 받는다.

회사가 정한 규칙이나 시스템에 따를 것을 강요하는 엄격한 상사보다 팀이나 개인의 처지에 귀 기울여 경청하고 권한을 주는 상사와 함께 일할 때 사기가 오르고 생산성도 향상되었다. 동료들과의 관계가 좋고 공식적, 비공식적인 조직이 가급 적 일치하는 직장일 때 생산성이 높아졌다. 이후 기업의 생산성 향상이라는 주제는 더욱 복잡하고 심오해졌다. 비용과 효율뿐만 아니라 사람의 감정까지도 다뤄야 했기 때문이었다.

생활 수준의 향상은 인간을 경제인에서 사회인으로 변모시켰다. 그렇다면 테일러의 과학적 관리법은 영 틀렸던 것일까? 테일러가 전성기였던 20세기 초반은 전반적으로 이제 절대적 빈곤에서 막 벗어나려던 시기였다. 사람들은 생활수준을 높이기 위해 물불 안 가리고 일했다. 그리고 그 의욕의 근원은 경제적 대가였다. 이 상태를 경제인이라고 한다. 그러나 메이요의 시대는 T형 포드가 대량 양산되며 이른바 '풍요로운 대중'이 최초로 나타나던 시기였다. 인간은 다양한 욕구를 위해 추구하며 살아가는 인간이며 소위 사회인으로 변모하고 있었다. 인간은 전보다 더 연대적, 관계적, 감성적으로 되어 있었다. 그 결과의 확인은 차

후'뮬 실험'과'호손 실험'에서도 나타났다.

메이요도 테일러와 마찬가지로 사람들의 행동을 과학적 시각에서 관찰하고 분석하여 이해하려고 노력했다. 다만 숫자(정량적 정보)보다는 인간의 기분이나 관계성 같은 정성적 정보를 더 중시했을 뿐이다. 메이요는 일하는 종업원들의 행복을 위해 그의 제자인 뢰슬리스버거(1898~1974) 등과 함께 인간 관계론이라는 영역을 구축해 나갔다. 그리고 이 인간 관계론은 산업사회학이라는 새로운 학문 분야를 불러왔고 또한 행동과학 분야로서 다양한 현실학(Real Study)을 탄생시켰다. 오늘날 우리에게 잘 알려진 모티베이션, 리더십, 카운셀링 등의 연구 및 제안제도나 소집단 활동은 전부 인간관계론적 관리법 그리고 메이요의 유산인 셈이라고 할 수 있다.

4) 욕구단계론 : 에이브러햄 매슬로우(1908~1970)

메이요 등이 개척한 인간 관계론의 세계는 인간 행동의 원인을 다양한 관점에서 찾는 행동과학(behavioral science)으로 급속히 확대되었다. 그 대표적인 주자가 바로 심리학자인 에이브러햄 매슬로우(1908~1970)이다. 그에게는 고차원적 인간의 욕구에 대한 보다 넓고 정교하게 분석적인 이해의 관점이 있었다. 그는 이러한 연구들을 집약하여 자아실현 이론에 바탕을 둔 '욕구단계설'을 제창했다. 인간에게는 무엇과도 대체할 수 없이 우선되는 의식주 및 안전 등의 기본적 욕구에 병행하여 좀 더 고차원적인 욕구들이 있다는 주장이다. 그것은 기존의 심리학 영역에서는 다소 소홀히 다뤄왔던 분야로 지극히 인간적인 욕구의 연구에 해당했다.

매슬로우가 이것을 처음으로 분류, 정의했다는데 큰 의의가 있다. 사람은 ① 생리적 욕구 ② 안전의 욕구 ③ 사랑 및 소속의 욕구 ④ 자존의 욕구 ⑤ 자아실현의 욕구라는 5단계 분류가 그것이다. '동기와 성격(Motivation & Personality, 1943)'이라는 그의 저서에서 가난한 러시안 유대계 가정에서 자란 매슬로우 자신의 인생을 엿볼 수 있다. 뉴욕 브루클린의 슬럼가에서 태어나고 자란 그에게 가장 중요했던 것은 식사와 물, 건강과 안전의 확보였다. 다음으로 친구 또는 동료와 대화를 통해 삶을 즐기고 자신을 믿는 사람들과의 관계가 중요했던 단계를 넘어야 했고 그 이후 이제는 스스로 존경받을 수 있는 단계를 추구하며 궁극적으로 다른 모든 것들을 초월한 자아실현의 경지에 갈 수 있었다는 경험을 반영한 이론이라 보인다.

슬럼가에서 자라던 매슬로우는 아버지가 사업에 성공하면서 백인들의 주거지로 이사했는데 거기서 그때까지는 경험하지 못했던 인종차별(유대인)에 직면했다고 한다. 이렇듯 인생의 전반기에 인간의 어두운 측면을 많이 목격했지만 그래도 그는 인간에게서 빛을 찾으려 했다. 그는 7형제의 장남으로서 부모의 기대를 한 몸에 받으며 대학에 진학했고 불과 29세에 뉴욕 시립대학의 교수가 되었다. 그리고 갑작스러운 심장 발작으로 세상을 떠나기까지 30여 년을 교육과 경영학에 걸친 100편 이상의 저서와 논문을 남겼으며 인본주의 심리학(Humanistic psychology)이라는 새로운 분야를 한 걸음 더 개척하고 발전시켰다. 인간의 자연스러운 욕구를 자신의 삶에서도 포기하지 않았고 결국 자기 이론의 최고 단계처럼 자아실현을 지향한 것이다. 이러한 토대를 발판삼아 성장해 온 근대 경영관리의 발전사에서 마지막 원류로 분류되는 앙리 페이욜의 업적을 다음 단원에서 살펴보기로 하자.

5) 경영활동 5요소 : 앙리 페이욜(1841~1925)

페이욜의 대표적인 업적은 기업 활동에 대한 정의를 수립하고 기업의 운영 프로세스를 수립하는 데 기여한 점이라 할 수 있다. 그는 광산 경영의 전문가로서 현장에서 파악한 실전적 관점에서 주창한 경영의 프로세스는 지금까지 경영하는 사람들에게 많은 영감을 주고 있다. 그는 메이요의 실험 이전 테일러와 거의 동시대를 살며 근대 경영관리에 커다란 영향력을 끼쳤던 인물이다. 그는 프랑스의 최고 교육인 그랑제콜 중 한 학교를 졸업하고 25세에 탄광 기사를 거쳐 주임기사로 승진했다. 31세에는 광산부문의 임원이 되었으며 37세에 벌써 광산의 경영을 맡게 되었다. 그로부터 10년 뒤 기술혁신과 자원고갈에 제대로 대응하지 못해 고전의 연속이었던 본사의 사장직에 취임하게 된다. 비록 젊은 나이였지만 그는 광산 경영의 전문가였다. 페이욜은 취임 후 채산성이 낮은 사업 부문을 매각하고 신규 사업과 고수익 분야에 집중하는 과감한 선택을 했다. 그는 증자와 사채발행 등 효과적인 재무전략을 펼쳐 도산 직전의 회사를 우량기업으로 바꾸는데 견인차 역할을 하는 등 이후 3년 동안 책무를 다하는 최고경영자였다.

그리고 50대 후반부터는 자신의 풍부한 경험으로 독자적인 경영이론을 정리하고 그것을 교육 현장에 적극 보급했다. 그 이론이 집대성된 책이 '산업 및 일반관리(1917)'이다. 그러나 프랑스어로 출간된 책이었기 때문에 미국과 영국 등 영어권 국가에는 파급이 더디었다. 그 책이 본격적으로 세계 무대에 본격적으로 알려진 시기는 1949년 이후였다. 그 시기는 페이욜이 세상을 떠난 지 20년도 더 지난 뒤였지만 그럼에도 불구하고 사람들에게 너무도 커다란 영향을 미친 것으로 평가되고 있다. 페이욜은 다음의 6가지가 기업에 꼭 필요한 활동으로 분류 정리했다.

① 기술활동 : (개발 생산) 성형 가공
② 상업활동 : (구매 판매) 교환
③ 재무활동 : (재무) 자본의 조달과 운용
④ 회계활동 : (경리) 재고관리, 대차대조표 작성, 비용계산
⑤ 보전활동 : (총무 인사) 자산과 종업원의 보호

⑥ 경영활동 : (경영기획, 관리) 계획, 조직화, 지령, 조정, 통제

이는 매우 경이적인 부분을 암시하고 있는데 후대의 마이클 포터가 제창한 가치사슬과 거의 똑같다는 점이다. 특히 ⑥ 경영활동에 대한 아이디어는 그 당시의 상황에서는 획기적인 내용을 담고 있다고 판단되었다. 페이욜은 사업의 방향설정과 경영방침 결정 그 외 기타 각종 기업 활동 간의 조정 등을 일괄 경영활동으로 규정했다. 또 그는 조직의 단계가 높아질수록 경영활동의 비중도 높아져야 한다고 주장했다. 예를 들어 사장은 시간 및 능력의 50% 정도를 경영활동에 사용해야 한다고 했다. 또 한편 대기업 또는 국영기업에서 경영활동 비중이 높아짐을 파악했다. 이 이론은 놀라운 통찰력의 발현으로 회자 되었다. 이를 바탕으로 한 걸음 더 나아가 기업경영 및 관리의 보편적이고도 불변적인 프로세스를 제기했다. 그것은 다음의 경영활동을 5가지 요소로 정리할 수 있다.

① 계획(Planning) : 미래의 사업예측 및 경영자원을 감안 활동계획을 수립한다.
② 조직화(Organizing) : 작업에 맞는 조직 구성 및 사람과 물자, 돈을 제공한다.
③ 지령(Commanding) : 종업원의 각종 상황을 자세히 파악하고 생산성 최대화를 추구한다.
④ 조정(Coordinating) : 각종 기업 활동 간의 균형과 타이밍을 결정한다.
⑤ 통제(Controling) : 피드백을 통해 실수를 줄이고 각 활동이 계획대로 수행되도록 관리한다.

기업을 경영 및 관리한다는 것은 이 POCCC cycle을 지속 진행하는 일이며 이는 어떤 조직을 막론하고 보편적으로 적용될 것이라고 그는 주장하였다. 이것은 지금도 핵심 정리되어 PDS(Plan Do See)나 PDCA(Plan Do Check Action) 사이클의 형태로 널리 이용되고 있다. 페이욜이 깊이 관여한 기업은 한 곳뿐이었고 그곳에서 얻은 경영관리 프로세스는 보편적이면서 가히 불변적인(기업과 업계, 시기나 시대를 막론한) 의미를 담고 있다고 할 수 있다.

① 계획(예측과 활동계획) ② 조직화(경영자원 제공) ③ 지령(인적관리) ④ 조정(균형) ⑤ 통제(피드백)

요약하면 테일러는 공장을 관리했고 페이욜은 기업을 통치했다. 테일러의 한계는 관리 내용(작업, 임금, 생산성)과 수법이 편향적이라는 점과 관리범위가 좁다는 한계를 가지고 있었다. 테일러의 관심사는 주로 공장과 현장의 생산성 향상에 있었으며 공장에서 성장한 기술 컨설턴트였던 그는 결국 그 틀을 크게 벗어나지 못했다. 그러나 페이욜은 전문 경영자였기에 기업 전체를 관리범위에 두고 넓은 시야로 보고자 하였다. 그리고 메이요의 인간 관계론이 출현하기 전에 이미 인간 이해와 관계 관리의 중요성이 인식되고 있었다. 그래서 관

리자들은 종업원과 조직의 상태에 높은 주의를 기울일 것을 요구했으며 잘 알려진 14개 관리 원칙 중에서 공평(equity)은 공정(justice)하게 배려하는 것이라고 규정하고 있듯이 규칙을 준수하되 또한 사려 깊은 배려를 할 때 기업이 제대로 통치될 수 있다는 것이 경영자로서 그가 지켜온 교훈이었다.

이상에서 살펴본 근대 매니저먼트의 원류들 중에서 더 중요한 평가를 받는 테일러와 메이요, 페이욜의 업적을 아래에 요약하고 그들 각각의 시대 배경과 의미를 되새겨 보았다. 그들은 모두 20세기 초엽에 활약했지만 각자 처지와 환경 모두 크게 달랐으며 그에 따른 독자적인 주장을 펼쳤었다. 어떻게 해야 생산성이 높아지는가? 사람은 어떻게 해야 의욕을 얻는가? 이를 위해서는 무엇을 해야 하는가? 이런 고찰과 실험, 실천이 대대적으로 진행된 시대가 이 20세기 초엽(2차 산업혁명의 전성기)이었고 즉 근대 경영관리의 대부분이 이때 시작되었다.

표 8-11 근대 경영관리의 원류 요약

과학적 관리법	프레데릭 테일러	작업 생산성은 시간 작업을 분석하면 몇 배로 향상시킬 수 있으며 작업환경을 개선해도 향상된다. 인간은 주로 경제적 동기에 따라 움직이므로 단계적인 임률 상승으로 의욕을 높일 수 있지만 과중한 노동이 되지 않도록 일정한 최적 노동량을 정해야 하고, 관리자의 분석과 매뉴얼이 생산성을 높일 수 있다고 생각했다.
인간 관계론적 관리법	엘튼 메이요	작업 생산성을 크게 좌우하는 요소는 테일러 적 작업환경의 좋고 나쁨보다 작업자의 사기(morale)다. 그리고 작업자의 사기는 직장 상사나 동료와의 인간관계 또는 상호 신뢰감(정성적 요소)에 따라 결정된다. 관리자와 작업자의 단순한 대화만으로도 생산성을 높일 수 있다.
통치, 관리 프로세스	앙리 페이욜	기업 전체의 생산성은 모든 활동을 정확히 정의하고 방향을 정하며 상호 협조할 때 향상된다. 이를 위해 가장 중요한 일은 계획-통제의 경영관리 프로세스를 지속하는 것이다. 관리자의 경영관리 프로세스에 대한 제대로 된 수행이 기업의 생산성을 높이게 된다.

다시 한번 근대 경영관리의 3가지 원류를 복습하면서 2차 산업혁명 시대의 대량생산 체계 및 대량소비시스템의 구체화가 갖는 의미를 돌이켜 보자.

삽질연구라는 대목에서 테일러의 아이디어가 지나치게 구시대적인 것이 아닐까 하는 생각을 하는 사람들도 있을 것이다. 하지만 그의 아이디어는 현시대의 무수한 생산 공장에서도 여전히 위력을 발휘했었다. 예를 들어 과거 LG전자의 TV 공장에서 스토퍼 시스템의 활용이 그것이다. 처음의 라인 설계는 한 근로자가 공정을 마치고 버튼을 누르면 다음 공정으로 이어지는 TV 컨베이어벨트가 작동하도록 설계된 것이다. 감각적으로 생각해봐도 물론 두드러진 문제가 바로 연상될 수 있다. 한 작업자의 시간이 길어지면 라인 상의 다음 작업자가 손을 놓고 기다리고 있어야 하기 때문이다. 이처럼 테일러 주의 공장혁신 전문가들은 즉시 이 시스템의 문제를 발견해 내었다. 실제 그들은 전 세계를 돌며 활동하는데 한 공장에서 2~3일 정도 활동하고 나면 보통의 경우 20~30% 정도의 생산성 향상이 나타나는 실전의 고수들이었다. 이들은 또한 과감하게 개선을 시도했고 문제의 원인에 정면으로 도전했다. 급기야 스토퍼를 아예 없애는 극적인 선택을 한 것이다. 대신 강이 흐르듯 일정한 속도로 쉼없이 컨베이어를 작동하게 했다. 대신 아주 특별한 문제가 있는 경우에 한하여 버튼을 눌러 전체를 멈출 수 있게 했다. 당연히 이전 작업자의 작업시간에 공백이 없어져 다음 작업자가 할 일 없이 대기하는 문제가 원천적으로 사라졌다.

라인 전체를 세워야 한다는 부담은 작업자는 모든 노력을 다해 작업에 임할 수밖에 없다는 것도 부가적인 장점이다. 물론 일정 기간 동안 종업원들은 전과 다른 고된 적응과정을 거쳐야 했다. 그렇지만 일단 적응이 되고 나니 생산성은 급격히 향상됐다. 이런 사례는 여전히 생산공장에서 테일러주의가 위력을 발휘하고 있다는 점을 잘 보여준다. 그렇다고 테일러 방식의 과학적 관리만으로 이런 생산성 향상을 이루는 것은 아니다. 메이요의 사기 관리나 페이욜의 통치, 관리 프로세스의 아이디어가 함께 결합되는 경우라야 성과 극대화를 실현할 수 있다. 전문가들의 경험에 의하면 어떤 공장이든 개선 아이디어는 수천 또는 수만 가지가 나올 수 있다. 아무리 뛰어난 테일러주의의 전문가도 이런 많은 아이디어를 혼자서 다 낼 수는 없는 일이다.

그렇지만 작업라인에 있는 현장 전문가들은 그 공정을 훤히 꿰고 있다. 따라서 사소하더라도 관심을 가지고 개선안을 통해 생산성을 꽤 획기적으로 높일 수 있는 우수한 아이디어에 접근해 갈 수 있다. 어떻게 직원들의 사기를 높이고 자발적인 참여를 유도하며 생산성을 높여갈 수 있을까? 그 방법은 의외로 사고의 전환에서부터 출발한다는 것을 강조한다. 생산현장의 근로자를 생산성 향상의 관리 대상으로 보지 않고 '사람'으로 보는 것이다. 관리자가 공정하게 원칙을 지켜야 하지만 불가피하게 근로자의 감정을 상하게 하는 일이 생겼다면 술이든 식사든 나중에 감정을 풀 수 있는 자리를 마련해야 한다. 또 좋은 아이디어가 다른 이유로 인해 사장되는 일이 없도록 세심히 배려해야 한다. 공장 라인의 근로자들 가운데 좋은 아이디어가 있어도 표현에 서툴러 아이디어가 채택되지 못하는 일이 생기면 그 제안에 충실했던 만큼 좌절도 클 것이다. 이런 일이 생기지 않게 하려면 현장 근로자는 최대한 간단하게만 아이디어를 쓰게 하고 전문가가 자세한 내용을 보충 취재해서 정리하는 시스템을 도입하는 것도 좋다. 또 조직의 일원으로서 아이디어를 냈던 자부심을 가질 수 있도록 보상제도를 설계하되 금전적 보상 외에도 직원의 사진과 개선내용을 함께 알릴 수 있는 공간을 마련해 자부심을 높이는 심리적 보상도 받을 수 있도록 해야 한다. 이런 노력 들은 근본적으로 조직원 또는 근로자 이전에 사람에 대한 이해와 통찰이 없으면 불가능한 것이다. 결국 현장에 살아있는 테일러주의는 메이요와 페이욜의 아이디어와 함께 결합되어야 온전히 성과를 낼 수 있다는 것이 재차 강조되고 있다.

물론 테일러주의는 자체로 한계도 가지고 있다. 지금처럼 상황이 급변하는 경제 환경하에 테일러주의의 이념을 따라 생산성 향상에만 집중한다고 한들 생존이 보장되지도 않는다. 만약 VTR 헤드를 제조하는 업체가 테일러, 메이요, 페이욜의 아이디어를 종합, 극대화하여 어느 누구도 넘보지 못한 세계 최고의 생산성을 갖추었다고 가정하더라도 우리는 그 실패의 결과를 잘 알 수 있다. 그 이유는 VTR로 영화를 보는 사람이 없어졌기 때문이다. 이러한 사례는 너무도 많아 다 열거할 수도 없을 정도이다. 이렇게 상상을 초월하여 급변하는 시장에 대응하는 기업 단위의 전략에 기민한 변화와 선제적 관점의 대응이 수반되지 않는다면 테일러주의에 따라 극도의 생산성 향상을 달성한다 해도 현실에서는 무용지물로 전락할 수 있음을 잘 보여주고 있다. 다음의 장에서는 이런 2차 산업혁명 시대의 환경과 기업의 대응 전략의 관점에서 대표적 경영의 대가들을 차례로 고찰해 보고자 함이다.

2. 근대 경영관리의 출현 (1930~1960년대)

1) 외부 환경변화에 대한 시스템적 대응 : 체스터 바너드(1886~1961)

경영에 대하여 정의하자면 다양한 관점이 있겠지만 '기업이 외부환경에 적응하려는 활동'이라 할 수 있다. 이때 기업체는 단순한 조직이 아니라 하나의 시스템으로 규명하고 그 역할의 체계성을 강조했다. 조직이 원활히 돌아가려면 경영자와 함께 구성원들이 갖는 공통의 비전(한 방향으로 구체적으로 달성해 가야 할 구체적 목표)과 경영전략, 공헌 의지, 그리고 커뮤니케이션이 필수 요소이다. 이처럼 지금은 당연하게 받아들여지는 내용이지만 조직에 공통목적[16]을 부여하는 것이 경영자의 역할이라는 개념 자체가 생소했고 이를 도입한 것을 두고 이른바 바너드 혁명이라 했다.

바너드는 "경영자의 역할"이라는 저서에서 세계공황으로 힘들어하는 경영자들에게 용기를 갖게 하는 모멘텀을 제시했다. 1930년대는 세계대전이 불러온 군수산업이 불러온 푸시 효과가 없어지고 정상적인 경제 복원의 원동력이 자리 잡지 못한 상황에서 공황으로 이어져 세계 모든 보통의 나라들뿐만 아니라 열강으로 분류되던 나라들까지 암흑기에 들어섰

16 버나드의 조직균형론에서 조직의 목적을 존속과 발전으로 정의하고 이러한 목적을 달성하기 위해 대내적 균형을 달성하여야 하며, 이를 통해 효율성과 효과성의 유지 가능하다고 했다. 이의 기본 3요소로서 공통목적(조직을 성립, 유지하게 하는 조직이 수용하는 목적), 의사소통(목적, 공헌, 보상 등을 이해할 수 있게 함), 공헌 의지(조직의 목적 달성을 위해 개인이 노력하고자 하는 마음 상태)가 있다.

다. 바로 1929년 10월 24일 검은 목요일에 미국 주식시장의 주가 폭락으로 촉발된 금융 충격은 순식간에 세계를 집어삼키며 세계를 공황과 패닉 수준으로 경제 붕괴를 촉발했다. 제1차 세계대전 후의 호경기로 최고의 버블 상태였던 미국의 다우존스 평균 주가는 1/5로 주저앉았고 GDP도 공황 이전의 30% 이하로 떨어지게 되었다. 그 뒤 GDP가 이전 수준을 회복하는 데는 10년이 필요했고(~1939년) 특별히 다우존스 평균주가는 25년이 지난 1945년에야 복구될 수 있었다. 영국도 미국과 다르지 않게 경제에 큰 타격을 입고 1931년 이후 구 식민지 각국을 블록 경제화로 묶고 수요확보를 노렸으나 결과는 좋지 않았다.

인위적이고 통제를 통한 자유시장의 기능을 떨어뜨림으로써 기타 국가들이 참여하고 있던 국제적 분업을 저해해 세계 경제의 효율화를 낮추는 역효과를 불러왔다. 급기야는 블록 간에 무력 등을 사용한 수요 쟁탈전까지 벌어졌다. 그러나 가장 심각한 피해를 입은 나라는 독일이지 않았을까? 제1차 세계대전의 패전국으로서 거액의 배상금을 내야 할 입장에서 엎친 데 덮친 대불황으로 미국과 프랑스가 자본을 철수하자 독일경제에 직격탄이 되어 일거에 파탄 나며 실업률이 49%를 돌파하게 되었고 독일 국민의 삶은 최악의 상황으로 치달았다. 실업자는 계속 늘었지만 실업 수당과 정부 보조금은 축소됐다. 더욱이 세금 부담마저 확대됐다. 악수가 악수를 부른 것일까 이에 절망한 독일 국민은 국가 사회주의 독일 노동자당의 히틀러를 선택했다. 히틀러는 군비 확장과 공공사업 투자(아우토반 건설 등)로 불황에 대응했다.

이렇게 패전국으로서 핍박을 악으로 이겨낸 독일은 또 다른 전쟁의 소용돌이를 불러올 씨를 자연스럽게 잉태하게 되었다. 금융 공황 당시 미국이 세계 경제에 끼친 영향과 위상은 그 정도로 컸다. 1929년까지 미국 국민 1인당 GDP는 세계 1위였고 그 GDP 총액은 영국과 독일, 이탈리아, 프랑스, 일본의 그것을 전부 합친 수준에 달했다. 소련은 아직 그 1/4 정도밖에 되지 않았다. 세계 최초의 초강대국으로 급부상하며 그 끝을 모르고 더 높이 올라가고자 욕심을 거품으로 채워갔다. 그런 미국과 유럽의 열강 모든 나라들에게 세계적 경제 폭격이 드리워진 1930년대는 그야말로 암흑시대였다.

이러한 시기에 기업을 경영함에 있어 외부환경에 대한 적응수단으로서의 경영전략은 꼭 필요했고 그 몫을 톡톡히 해내게 된다. 이 순간 기업 경영자들은 비로소 외부환경 존재의 무게감과 그 무서움을 깨닫게 되었다. 자사의 힘만으로는 도저히 어쩔 수 없는 힘이 기업을 덮치자 수많은 기업이 도산하는 비극을 맞이했다. 그러나 다른 한편으로는 기민한 대처로 위기를 극복하고 성공한 회사도 있었다. 예를 들면 내리막길이었던 포드는 세계공황에 직면하면서 재고를 고스란히 안은 채 방침을 바꾸지 못해 피해가 커지게 되었지만 앨프레드 슬론이 이끄는 GM은 마케팅(브랜드 전략)과 재고관리에 성공하며 시장점유율을 확대했다. 일본에서도 제2의 발전기를 맞이하던 파나소닉(당시는 마쓰시타 전기)이 세계공황의 여파로 창고 가득 재고를 안고 가게 되었다. 창업 이래 최대의 위기였다 이에 한 간부가 이 위기를 극복하려면 500명이던 종업원을 절반으로 줄이는 수밖에 없다는 제안을 하자 병상에 있던 마쓰시타 고노스케는 이에 반대한다.

마쓰시타가 오늘 당장 망한다면 종업원을 해고해도 좋지만 그렇지 않다면 고용은 지킨다. 안 그러면 종업원에게 불안감을 줘서 앞으로 회사를 더 크게 키울 수가 없을 것이라고 했다. 즉시 공장을 반일 근무로 전환해 생산을 절반으로 줄이고 다만 급여는 전액 지급조건으로 하되 대신 휴일을 반납하고 모두가 하나가 되어 재고를 팔아 운영자금을 확보하자고 제안한다. 그의 나이 35세에 불과했다. 해고를 각오했던 사원들은 이 말에 기운을 얻어 불과 2개월 만에 재고를 전부 팔아낼 수 있었다. 이렇듯 이시기는 거대한 외부환경의 변화에 대해 경영자가 어떤 방향을 제시하고 어떻게 대처하는가가 향후 10년간의 기업 운명을 결정했다.

결과적으로 조직은 과거에서 탈피하여 외부환경의 변화에 적극적이고 시스템적으로 대응해야 한다는 경영 화두가 등장했다. 이를 명확히 제시한 사람이 체스터 바너드다. 그는 1927년부터 20년 동안 벨 자회사를 경영하며 회사의 발전에 공헌했다. 그의 사장재임 중 출간된 '경영자의 역할(1938)'은 세계공황을 극복하던 기업 경영자들에게 용기의 원천이 되었다. 그는 경영학의 고전 이론(테일러, 페이욜 등), 신고전 이론(메이요)과 이후의 근대 경영관리론 사이를 연결하는 중요한 가교역할을 한 것이다. 비로소 경영 전략론이 등장하게 된 것이다.

2) 성장전략 매트릭스 : 이고르 앤소프(1918~2002)

회사의 고객과 제품 등에 관하여 정확히 파악한 후 어느 방향으로 나아갈지 생각하기 위한 종합 정리 판이 매트릭스이며, 자신의 강점에 입각한 성장전략이라고도 할 수 있다. 바너드가 말한 공통목적이라는 경영전략의 형태를 더 명확히 했다. 이는 안전한 본업에 집중하라가 아니라 리스크를 각오하고 다각화를 실행해 성공시키라는 뜻에 가깝다고 느껴진다. 다양한 환경 속에서 전략과 조직, 사람을 연결시켜야 하는지를 수십 년 동안 연구해오면서 앤소프는 시장에서의 경쟁 개념을 도입한 경영전략의 진정한 모태를 창출했다. 그가 바로 군사 용어였던 '전략'이란 말을 시장 경쟁에 도입한 인물이다. 나아가 기업의 의사결정을 위한 '3S 모델' 즉 전략(Strategy), 조직(Structure), 시스템(System)의 관점에서 풀어냈다. 후세에 이를 심화하여 톰 피터스와 로버트 워터맨은 7S 모델을 제기했다고 한다. 그리고 무엇보다 가장 명맥을 오래 유지하고 있는 경영전략 도구인 앤소프-매트릭스[17]는 기업전략을 생각하기 위한 2X2 매트릭스 구조이다. 기존 사업과의 시너지를 중심으로 4가지 구성요소를 가진다.

17 Ansoff, I.: Strategies for Diversification, Harvard Business Review, Vol. 35 Issue 5,Sep-Oct 1957, pp.113-124. 이고르 앤소프는 기업이 지속적으로 성장하기 위해서는 4가지 전략 중 하나를 선택하여 집중하는 것이 아니라 4가지 전략을 끊임없이 비교하고 분석하고 필요하다면 4가지 전략을 함께 추진할 수 있어야 한다고 했다.

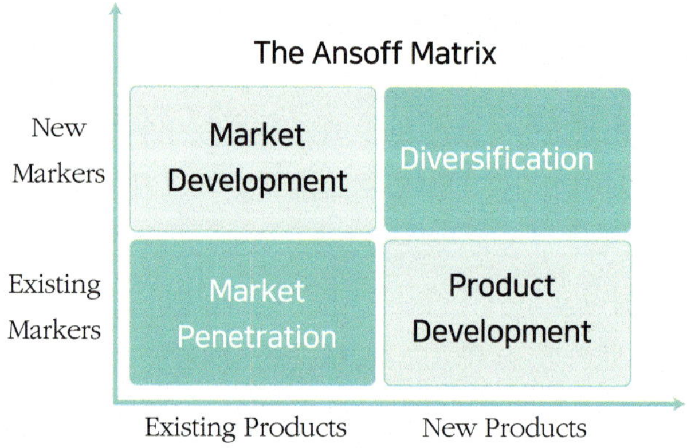

❙ 그림 8-3 ❙ 앤소프-매트릭스

① 시장침투(Market penetration) 전략

기존 제품-시장 전략을 유지하면서 기존 시장의 점유율을 확대하여 수익을 내는 전략이다. 기존과는 차별화된 마케팅 전략이나 원가 절감을 시도하여 가격 경쟁력 향상 등을 실현, 시장점유율을 높여갈 수 있다. 또 한편 적극적인 프로모션으로 경쟁사 고객을 확보하는 공격적 전략으로 자사 제품의 사용률을 높이는 것으로 전개해 나간다.

② 시장개발(Market development) 전략

회사의 기존 제품을 기준으로 판매 지역을 확대하거나 고객층을 넓히는 등의 방법을 통해 신규 시장을 개척하는 전략이다. 기업이 여러 기업의 사정으로 인해 신제품 출시가 곤란한 경우에 채택할 수 있다.

③ 제품개발(A product development) 전략

회사의 기존 고객들을 대상으로 품목을 다양화하거나, 기존 제품의 성능을 업그레이드하는 등 신제품을 출시하여 자사의 시장점유율을 높이는 전략이다. 충성도 높은 고객이 많은 경우에 더 효율적인 전략이다.

④ 다각화(Diversification)

기존과는 전혀 다른 새로운 제품을 신규 시장에 판매하는 전략이다. 4가지 전략 중에서 가장 혁신적이며 따라서 동반되는 리스크가 크다고 할 수 있다. 하지만 회사의 지속적인 성장을 위해서는 꼭 수반되어야만 하는 전략이라고 할 수 있다.

가장 오랜 기간 생명력을 이어온 경영전략 도구로도 불리는 '앤소프-매트릭스'는 개별적인 사업전략이 아니라 기업 전체를 이끌어 가는 방향을 위한 기본 원칙인 '기존 사업과의 시너지'를 기준으로 4개로 구분한다. ④를 좁은 의미의 다각화, ② ~ ④를 넓은 의미의 다각화

라 부름. 이 가운데 ④는 물론 리스크가 매우 크다. 그러나 앤소프는 그렇다고 해서 리스크가 너무 크다는 핑계로 중단하라고는 하지 않았다. 그런 리스크를 충분히 고려하여 시도하고 시도했다면 최대한의 시너지가 발휘되도록 힘써야 함을 강조했다. 훗날 포터와 루멜트는 '비관련 다각화'(기존 사업과 공통성도 시너지도 없음)는 '관련 다각화'에 비해 수익성이 낮다는 결론을 내렸다.

황금의 1960년대를 보내며 "이렇게 좋은 시대는 다시 오지 않을 것이다."라는 말이 회자되었다. 시장에 경쟁 개념을 도입한 진정한 경영전략의 아버지 앤소프를 입체적으로 살펴보기 위해 당시의 주변 상황을 먼저 정리해 보자. 이 시대는 전 세계에서 'dream land' 였던 미국으로 인재가 몰리던 시기였다. 1922년 오스트레일리아에서 메이요가, 1937년에는 빈에서 피터 드러커가 1936년에는 러시아에서 이고르 앤소프가 미국으로 건너왔다. 미국은 그렇게 좋은 시대 중에서도 캘리포니아의 황금과도 같은 기회의 땅이었다.

앤소프는 수학과 물리학에서 석사를 그리고 응용수학에서 박사학위를 받았다. 1950년부터 6년간은 미 육군 산하의 랜드 연구소에서 일했다. 아마도 이곳에서 전략 같은 단어와 친숙해졌을 것이다. 이후 록히드에서 다각화(diversification) 문제의 기초 연구를 담당했고 록히드 일렉트로닉스에서 계획 프로그램담당 부사장이 되었다. 최종적으로는 엔지니어링 부문의 실질적 경영자가 되어 그곳을 적자에서 흑자로 바꿔냈다. 이후 13년 동안 실무경험을 통해 경력을 착실히 쌓았고 이어 1963년 카네기 공과대학의 교수가 되었다. 학술계에서도 이미 현실 검증이 된 전략 구축 방법론과 자신만의 컨셉을 가지고 있었다. 1960년대 미국과 유럽의 경제가 큰 발전을 구가하고 규제 완화가 수반됨에 따라 기업 간 인수 합병이 많았다. 1975년의 로마조약으로 유럽 공동시장(ECM)이 창설되면서 기존에 없던 규제가 완화된 거대한 시장이 등장하였고 그에 힘입어 상호 국가 간 매출의 비율이 높아졌다. 이에 따라 기업은 많이 바뀐 환경에서 신성장을 위해 장기 계획과 전략에 대한 필요성 검토가 시작되었다. 앤소프가 1965년에 저술한 기업 전략론(Corporate Strategy)에 그 해답이 나타나고 있다.

이 책에서 앤소프는 경영을 위한 기업전략의 의미를 명확히 규명하고 있다. 버나드가 경영의 역할로 공통목적의 규명을 논했으나 경영이라는 개념을 여전히 애매한 상태 및 일반적 관리라는 의미에 그치고 있는 반면 앤소프는 군사 용어 중 전략이란 단어를 응용해 시장에서의 경쟁 개념에 적용, 승패를 구분하는 분명한 수단으로 구분 짓기 시작했다. 그는 또한 나중에 소개할 챈들러의 연구결과를 포함하여 기업의 의사결정을 3종류로 나누었는데 이것은 후에 기업 의사결정의 대상을 전략, 조직, 시스템으로 구분한 3S 모델이 되었다. 경영자는 이 3가지 관점에서 의사결정을 해야 하고 이 중에서 최고경영자에게 가장 중요한 책무인 것은 전략(전략적 의사결정)이라 했다. 또한 "경영전략은 현재(As is)와 미래(To be)를 연결하는 가교다."라고 했는데 이는 격차분석(GA)[18]이며 지금까지도 다양한 분야에서 사용되는 개념이기도 하다.

기업이 복수(multi)의 사업을 하는 경우가 늘어나던 시대였기 때문에 앤소프는 경영전략을 사업전략(각 사업의 방침을 결정함)과 기업전략(그 전체를 관리/통합함)으로 구분했다. 그리고 기업전략은 사업 전체를 통해 성장의 방향을 결정하는 일이고 그 결과 어떤 사업군을 지향하고 선택할 것인가를 결정하는 일이라 했다. 이른바 사업의 포트폴리오 관리를 말한다. 다시 말해 기업전략은 기업이 다각화 방침을 앤소프-매트릭스로 설정하고 사업의 포트폴리오를 만들어 가는 것이라고 할 수 있다. 여기서 앤소프-매트릭스는 그대로 BCG의 성장 점유율 매트릭스(1969)로 이어졌다. 또 한 앤소프는 경쟁에서의 승리를 위해 누구도 넘보지 못한 핵심적 강점이 있어야 한다고 단언함으로써 경쟁의 기본 개념을 제시하기도 했다. 이는 훗날 게리 하멜과 프라할라드가 제창한 핵심역량 이론(1994)과 그 개념이 같으며 제이 바니가 확산시킨 자원론의 거대학파 RBV[19](자원기반 전략론, 1991)의 발단이 된 개념이다. 이어 전략을 구성하는 4가지 요소를 개념화하기도 했다. 앤소프는 현재의 강점을 잘 살려야 미래의 우연한 외부기회를 발견하고 또 채울 수 있다고 판단하고 그 점을 경영전략의 다각도에서 반영, 도입하고자 했다. 즉, 다각화에 성공하는 경영전략은 다음의 4가지 전략적 요소를 갖추어야 한다고 주장했다.

① 제품/시장(domain) 규명과 자사 능력의 명확화 : 기업이 힘을 쏟고 있는 사업이나 제품을 바로 이해해야 한다. 이것은 피터스와 워터맨이 쓴 초우량기업의 조건(1982)에서 강조한 8가지 조건 중 하나가 기축 사업에서 이탈하지 않아야 한다는 맥락과 이어진다.

② 경쟁 환경의 특성 이해 : 경쟁에서 우위를 유지하려면 경쟁 환경 특성을 먼저 이해해야 한다. 이 사업 환경의 분석/이해의 개념은 이후 마이클 포터에게 계승되어 경쟁전략보다는 사업 환경, 경쟁 환경 분석 내용인 '마이클 포터의 경쟁전략(1982)'으로 집대성되기도 하였다.

③ 시너지의 추구 : 다각화의 경우 기존 사업과의 연결을 통해 효율을 높이는 상승효과(두 사업을 보유할 때 단순한 합이 아니라 곱의 관계로 커지는 것)가 필요하다.

④ 성장 벡터(방향과 에너지)의 결정 : 기존 사업과의 시너지에서 위험요소를 판단해 성장/다각화 등 전략 방향을 결정해야 할 것이다.

---

18 격차분석(Gap Analysis) : 자사의 미래모습(To be)을 그리고 자사의 현재 위치(As is)를 명확히 한 다음 그 격차를 메워 나간다.

19 RBV(Resource based View) : 사원 기반 관섬 이론. 마이클포터 등이 제창하는 외부환경 속에서의 포지셔닝보다 기업이 지닌 강점을 활용하는 방향으로 전략을 세워야 한다는 이론

사업 간의 상승효과를 처음 시너지로 일컬은 것은 앤소프였고 이는 원래 생리학 용어로서 어떤 동작에 필요한 수 십 가지 근육의 일사불란한 연계성과 근육 사이의 협조성을 의미한다. 이때 뇌가 각 근육을 일일이 통제한다면 군더더기 없이 부드럽게 작동할 수 없을 것이다. 따라서 개별 근육이 높은 자유도 하에서 반면 적절히 협력하는 상태 또는 통제됨으로써 전체적으로 상승된 힘을 발휘하는 것이다. 앤소프는 기업의 각 분야 즉 판매, 생산, 투자, 경영활동이 이 시너지의 원천(기업 활동 능력)이 될 수 있도록 집중했다.

3) 조직과 전략의 관계 : 알프레드 챈들러(1918~2007)

알프레드 챈들러(Alfred D. Chandler)는 존스 홉킨스대학교를 거쳐 하버드 경영대학원 교수이자 경영 사상가이다. 그는 1918년 미국 델라웨어에서 출생했고 S&P의 창업자 헨리 바넘 푸어(Henry Varnum Poor)의 증손자였다. 19세기 owner-ship인 소기업 가족경영 형태에서 20세기 이후 근대적 대기업으로 모습이 변화하는 과정을 연구한 것으로 유명하다. 대표작으로는 「보이는 손(visible hand)」[20]이 있으며 근대적 의미의 경영사 분야를 개척하고 학문 분야로 정립시키는데 큰 크게 기여한 것으로 평가받고 있다. 그에 따르면 조직과 전략은 분리할 수 없는 관계이다. 조직은 전략의 실행 주체일 뿐만 아니라 전략의 모태이기도 하다. 그래서 전략은 조직에 적합해야 하고 장소, 방법, 시기에 따라 달라지는 것이다. 이처럼 전략은 외부환경에 따라 크게 변화하며 쉽게 바뀔 수도 있다. 반면 조직은 좀처럼 바뀌지 않기 때문에 변화와 혁신의 방해물이 될 때가 많다. 과거 19세기에는 경영에서 관리의 필요성을 느끼지 못해 관리직 자체가 없었는데 20세기 기업에는 대부분이 있다. 아니 관리직 없이는 정상적인 기업을 운영할 수 없다. 설사 관리직이 없다고 그 직무가 없는 것이 아니라 누군가 대행하고 있을 뿐이다. 챈들러는 핵심 조직을 제외하고 분권화가 발전한 이유에 관심을 기울였다.

전략에 따라 조직을 가볍게 운영하는 방식을 눈여겨본 것이다. 또 한편으로는 듀폰이나 GM, 시어스 등 많은 대기업이 사업부제를 채택했던 이유를 찾고자 했다. 이들 통해 전략과 조직 사이에 있는 깊은 관계를 연구하고자 했다. 조직이 바뀜으로써 전략이 바뀔 때도 많다. 가령 사업부제를 도입하면 다각화가 용이해지기 때문에 전략 수행이 빠르게 진행되는 사례도 있음을 강조했다.

---

20 챈들러의 역작. 이 책은 미국에서 생산 및 유통이 변해 온 과정과 관리되어 온 방식을 조사하여 어떻게 기업의 형태가 소규모 가족 중심 기업에서 근대적 대기업으로 바뀌게 되었는가를 보여준다. "근대적 대기업의 등장, 왜, 언제, 어디에서, 어떻게 출현하게 되었는가?"와 근대적 대기업의 지속적인 성장이 어떻게 가능하게 되었는지 이다. 이를 8가지 명제를 제시해 설명하고 있다(알프레드 챈들러 - 위키백과, 우리 모두의 백과사전).

4) 경영관리의 패스파인더 : 피터 드러커(1909~2005)

피터 드러커(1909~2005)는 20세기 초엽 오스트리아 빈에서 태어나 성장했으며 22세에 공법 국제법 박사학위를 받은 뒤 신문사에서 일하기 시작했다. 그리고 28세가 되던 해 기회의 땅 미국으로 건너간 뒤로는 여러 대학에서 가르치면서 집필 활동을 계속했다. 그는 2005년 노년의 힘이 다하는 순간까지 뉴욕 대학 경영대학원(현 스턴 스쿨)에서 22년 교편을 잡았으며 33권이 넘는 책을 출판했다. 클레어몬트 대학 경영대학원은 그의 이름을 따서 드러커 스쿨이라고도 불리고 있다. 드러커는 경영관리를 발명한 사람은 아니다. 하지만 경영관리 분야에서 타의 추종을 막아서는 발자취를 남긴 그를 빼고는 근현대 경영학을 논할 수 없을 것이다. 그의 저서는 37개국이 넘는 나라에서 번역, 출판되었고 「피터 드러커의 경영관리 세트(1974)」는 전 세계에서 수백만 부 이상이 팔렸다. 경영관리의 전도사, 그런 의미에서 보면 경영관리라는 개념을 정리하고 보급한 사람은 바로 그다. 흔히 경영관리의 아버지로 불리 우는데 잘 생각해보면 비록 탄생시키지는 못했지만 양육의 아버지인 셈이다.

다음에서 1940년~50년대의 저서를 중심으로 그의 사상을 소개하기로 하겠다.

먼저. 당대의 최대 기업으로 꼽히던 GM의 약점을 지적한 「기업의 개념」을 보자. 1946년에 출판된 이 책은 GM이 드러커에게 의뢰한 자사의 연구 보고서다. 당시 세계 최대의 기업이었던 GM은 드러커에게 우리의 경영방침과 구조를 제3자의 시각으로 조사해 줄 것을 요청했다. 기업을 대상으로 실증적인 연구를 할 기회를 찾고 있었던 드러커는 흔쾌히 승낙하고 1943년 늦가을부터 18개월여에 걸친 조사프로젝트를 시작했다. 그리고 조사를 진행하면서 GM이 채용한 사업부제의 우수성을 깨달았다. 대기업을 관리하는 분권 경영수법으로서 매우 훌륭했다. 전 세계의 대기업이 앞다투어 GM을 모방하던 시대였다. 그러나 드러커는 GM을 칭찬만 하지는 않았다. GM은 종업원 또는 작업자를 이익 추구를 위한 비용으로 고려된 듯하지만 종업원, 작업자도 인간이며 나아가 적극적으로 활용해야 할 경영자원이다. GM은 명령과 관리 중시의 관료주의에 젖어있었기 때문에 미래의 급격한 변화에 대응력이 저조할 수밖에 없었다.

이렇게 드러커는 지적하고 종업원들에게 더 많은 권한 위양과 자기 관리의 필요성을 제기했다. 이런 내용이 담겨 있다 보니 GM의 간부사원들은 이 책의 내용을 매우 불쾌하게 생각했고 기업 내 금서로 취급하기까지 하는 이해하지 못할 아이러니한 사태가 일어났다. 그러나 회사의 외부에서는 분권화의 필독서라며 이 책에 찬사를 보냈고 특히 위기에 빠졌던 포드는 회사 재건을 위한 교과서로 삼기까지 했다. 그러나 이 책은 드러커가 그때까지만 하더라도 낯선 개념이었던 '경영관리의 전문가'로 인정받게 한 출세작이 되었다. 그 과정에서 지속되는 그의 질문은 "기업을 중심으로 한 이 산업사회는 과연 사회로서 정상적으로 성립

될 수 있을까?", "사회적 존재로서의 인간은 이 산업사회에서 행복할 수 있을까?" 그리고 그가 찾아간 이 질문에 대한 대답은 '분권화'와 '경영관리'였다.

다음으로는 기업과 관리자의 존재 의의를 명시한「경영의 실제」를 살펴보자. 1954년 드러커는 「경영의 실제」를 출간함으로써 경영관리 분야의 리더로서 지위를 확립했다. 이 책에서 그는 시어스와 AT&T라는 새로운 성공 기업들을 상세히 소개하면서 이렇게 말했다. 경영관리자의 업무가 사업에 생명을 불어넣는 것이며 그 리더십을 발휘함으로써 경영자원인 사람과 물자, 돈이 급기야 움직이기 시작한다고 밝히고 있다. 또 경영관리를 독립된 기능으로 파악하고 관리자들의 역할을 구체적으로 명시했다. 그 내용은 페이욜의 그것과 비슷했으나 기능이 아니라 관리자라는 개인을 향해 논조가 집중되기에 공감을 얻었다. 드러커는 기업경영을 기계적인 내부 관리뿐만 아니라 크게 다음의 3가지 측면에서 생각해야 한다고 주장했다.

① 고객의 창조 : 고객에게 가치를 창조하기 위해 기업이 존재함. 가치 창조
② 인간적 기관 : 사람을 생산적 존재로 만들고자 기업이 존재함. 생산적 역량
③ 사회적 기관 : 사회와 공동체의 공익을 위해 기업이 존재함. 사회적 책임

세 가지 모두 현대에도 통용되는 개념으로 제2차 세계대전 직후인 60여 년 전에 나온 주장이라고는 믿지 못할 정도이다. 경영학의 구루다운 혜안의 발휘로 인식되지 아니할 수 없다. 위에서 ①은 마케팅의 베이스인 동시에 이노베이션에 대한 권고이며 ③은 기업의 사회적 책임(CRS)으로서 바로 오늘날의 경영을 받치고 있는 중요한 주제 중 하나이기도 하다.

이렇듯 드러커의 가르침을 위대한 유산으로 생각하면서 단지 명맥만 유지하는 것이 아니라 어떻게 현실에 활용하는가의 문제가 중요하고 이점이 기업과 기업가들 각자가 할 몫이다. 다만 역발상으로 생각해보면 이는 현실 기업이 그의 컨셉을 따라잡지 못했다는 의미가 되기도 한다. 기독교의 성경, 불교 경전도 지금까지 수십 억의 독자 또는 성도, 및 구도자들이 읽었지만 깨달음의 경지에 이르게 된 사람은 손에 꼽을 정도 밖에 없는 것이다. 이처럼 그가 「경영의 실제」에서 제시한 목표관리 방식(MBO)과 자기 관리 원칙은 새로운 시대의 인간상에 기반한 관리방법으로서 획기적인 통찰을 주었지만 실제로는 일부 기업에만 적용되었을 뿐이고 또 실행과정에서는 수많은 문제점을 남기기도 했다. 그러나 이것은 드러커의 문제나 책임으로 탓할 수는 없다. 그는 연구가이자 교육자이지만 무엇보다도 경영관리 분야의 세계 최고 전도사이다. 드러커의 사명은 경영에 유용한 컨셉을 만들고 모형으로 정리해 현실 세계에 전하는 것이었다. 하지만 그 이후 그 컨셉을 실현하는 것은 마땅히 우리가 해야 할 일이다. 더 철저히 그의 주장에 귀를 기울이고 고민하고 실행하여야 할 것이다.

5) 맥킨지를 통해 조직전략을 전파 : 마빈 바우어(1903~2003)

1903년 미국 오하이오 출생의 마빈 바우어는 매우 부유한 환경에서 태어났다. 당시 아주 극소수만이 누릴 수 있었던 전등을 사용했던 지금으로 보면 황금 수저라 할 수 있는 집안이었다. 그의 그런 엘리트적 유전자는 경제, 경영, 기술 분야에서 거의 에디슨에 비유될 만한, 발명가에 가까운 성과와 유산을 남긴 것이다. 최고 경영층 컨설팅이라는 그의 직업이 말해주듯 거의 망해가던 맥킨지&컴퍼니를 살려내었을 뿐만 아니라 세계 최고의 컨설팅 기업으로 탈바꿈시킨 장본인이었다. 그의 마이다스 손길을 거친 맥킨지&컴퍼니는 재계 및 정계의 고위 리더들을 위한 조언자 역할을 수행 하는 기업으로 탈바꿈되었고 59년이라는 놀랄만한 기간 동안 그 명성을 이어왔다. 마빈은 브라운대학에서 학업을 마친 뒤 부친의 충고에 따라 하버드 법학 대학원에 진학했고 부지런히 공부와 일을 겸한 그는 수많은 직장에서 번 돈을 주식에 투자해 학비를 충당할 만큼의 성공을 거두기도 했다.

1920년대가 주식으로 돈 벌기가 흔한 일이었다 하더라도 22세의 청년이 고도의 신중한 투자자가 되는 것은 드문 일이었다. 법학과 경영학을 공부한 그는 이를 계기로 대학원 졸업 후 1930년대에 경제계로 뛰어들었다. 그러면서 합류한 것이 '맥킨지의 회계 및 엔지니어링 기업'이었던 것이다. 당차게도 6년 후 그는 이 회사를 사들여 사주(Owner)가 되었고 '경영 컨설팅'이라는 새로운 직종을 발명(창직)하여 자신의 역량으로 최고의 기업을 만들어 갈 기회를 잡게 되는 것이다. 마빈 바우어의 재계 활약은 세계 경영계에서 큰 파장과 효과를 불러왔다. 특히나 수천 명의 리더들에게 다양하고도 많은 영향을 주었다. 어느덧 그는 전 세계 경제를 이끄는 엔진과도 같은 거물로 변모하였다. 1950년대 마빈은 컨설팅 분야를 대표하는 전문가로서 맥킨지의 고객들로부터 막강한 존경과 신뢰를 한 몸에 받는 사람이 되어있었다. 그는 돈을 목적으로 돈을 버는 일은 절대 하지 않으려 했고 고객과 파트너 그리고 자신 모두의 가치관을 위해 자신이 헌신하는 것을 모토로 했다. 회사의 이익보다 고객의 이익을 따지는 경영 컨설팅과 전문가들이 모인 경영 컨설팅 기관 맥킨지&컴퍼니의 탄생은 그렇게 마빈에 의해 차근차근 만들어진 결과였다. 위대한 뜻과 모토만으로는 현실을 아우르고 극복할 수 없다. 맥킨지는 하나의 맥킨지라는 정체성을 가지고 세계로 진출했고 국제적 기업으로 성장할 수 있었던 계기는 그들의 컨설팅 결과를 표현할 수 있는 맥킨지만의 표준화된 매뉴얼이 있었기에 가능했다.

이들의 조직전략을 가능하게 했던 모델 7S는 기업조직이 변화에 대처하는 능력에 영향을 미치는 요소를 7가지로 분류하고 이를 모델링 한 것으로서 말 그대로 세계 경영의 교과서처럼 인식되었고 지금까지도 그 분명하고 정교한 모델의 장점은 기업 및 조직컨설팅 현장에서의 활용이 지속되는 이유일 것이다. 다음에서 7S 모델에 관한 개략적 소개를 통해 이해를 돕고자 한다.

① 7S 모델의 개념과 효과 : 조직을 진단하고 변혁하는 내부진단도구

- 7S Model의 개념 : 변화에 대처하는 기업조직의 능력에 대하여 7가지 경영 요소로부터 조직을 진단하고 경영 방향을 수립 및 실행, 평가하는 내부역량분석 모델.
- 7S Model의 효과 : 경영 요소 간의 체계적 분석과 조직의 활동 분석의 용이성. 이를 통해 조직의 현황 및 혁신 과제를 도출하기에 용이하며 미래의 조직 변화에 대한 영향 예측 및 검토가 가능함.

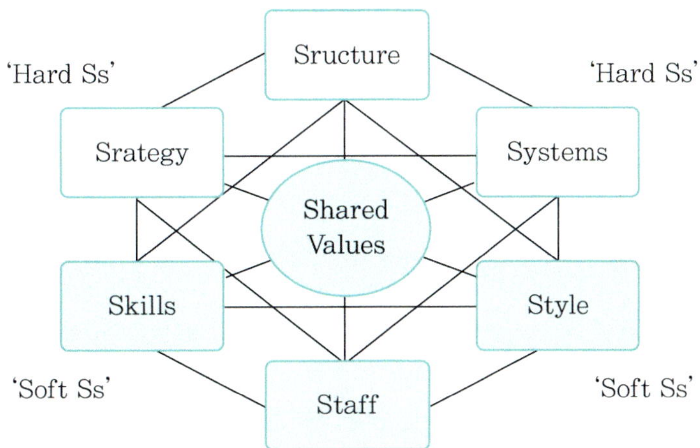

| 그림 8-4 | 7S 모델

② 7S 모델의 프레임워크 및 구성요소

- 7S 모델의 프레임워크 : 7S 모델은, Hard와 Soft Element로 분리됨.
- 7S 모델의 구성요소

| 표 8-12 | 7S 모델의 구성요소

구분	항목	내용
Hard Elements	Strategy (전략)	• 조직의 장기적 방향과 기본적 성격을 결정하고, 조직운영 방식의 혁신에 영향을 미침 • 기업의 목표 달성을 위해 기업의 한정된 자원을 효과적으로 배치 • 3C(자사-환경, 경쟁, 고객)
	System (제도)	• 조직운영을 위한 일련의 의사결정과 일상운영의 틀이 되는 보상 제도와 인센티브, 경영정보와 의사결정 시스템 등 경영 각 분야의 관리 제도와 절차 등을 포함

구분	항목	내용
		• 재무, 인사, 정보 시스템 등의 기업 내 업무 수행과 관련된 모든 절차 및 프로세스
	Structure (조직 구조)	• 전략 수행에 필요한 틀, 조직구조와 직무설계, 권한 관계와 방침 등 구성원들의 역할과 상호관계를 지배하는 공식요소들을 포함 • 조직의 하단 부위가 서로 연결되어 있는 방식 • 부가가치 형성 조직에 중점. 고객 접점 단일화
Soft Elements	Shared Values (공유가치)	• 조직 구성원이 함께 하는 가치관으로서 다른 조직의 구성요소에 영향을 주는 핵심요소 • 7S 모델의 상호 연결 중심, 조직 이념을 의미 • 도출된 개선 방향의 정착화를 통한 조직원의 공통된 비전 형성
	Style (리더십스타일)	• 조직 구성원을 이끌어 나가는 관리자의 관리 스타일, 동기부여와 상호작용, 조직 분위기와 조직문화에 직접적인 영향 • 경영자의 관리 방식 즉 기업 목표 달성을 위해 행동하는 방식 및 조직 문화 • 고유한 기업 문화를 식별하여 조직의 컬러 형성
	Staff (구성원)	• 조직의 인력구성과 구성원들의 능력, 전문성, 신념, 욕구와 동기, 지각과 태도, 형태 등 포함 • 기업의 조직원 수와 고용 형태 등을 의미 • 선발, 위상 평가, 배치, 교육, 업무, 평가, 급여 정착 • 업무 수행을 통합, 전문 능력 향상
	Skills (관리기술)	• 조직의 각종 물리적 하드웨어 기술과 이를 작동시키는 SW 기술, 기관운영에 활용되는 관리 기법 등 포함 • 기업, 조직 구성원이 가지고 있는 핵심 역량 • 구성원의 전략, 기획, 컨설팅 능력의 강화 • 솔루션 개발 및 자산화

〈상기 표 인용〉 조직을 진단하는, 맥킨지(McKinsey)의 7S 모델, 모형

6) 근대 경영관리의 종착역 – Business Policy : 케네스 앤드루스(1916~2005)

바너드와 드러커, 앤소프, 챈들러 및 바우어 등 근대 경영관리 창세 시기의 대가들이 만들어 낸 컨셉을 집약하고 통찰을 추가하여 새로운 도구로서 현실 세계에 적용할 수 있도록 세상에 널리 전파한 사람은 바로 하버드 비즈니스 스쿨의 케네스 앤드루스 교수이다. 그를 중심으로 하여 만들어 낸 기업 전략론을 담고 있는 'Business Policy' 수업은 HBS의 빅 히트 과목이었다. 1965년 교과서로 출간한 'Business Policy : 텍스트와 사례집'은 순식간에 미국 경영인의 공통 화제이자 용어가 되었다. 또 기업 전략정책을 위해 그 유명한 SWOT 분석을

만들었다. 폴리시는 말 그대로 사업 방침인데 이는 기업의 사명이나 목표 등 기본적인 경영 이슈에 대해 기본적인 사업의 틀과 방향을 제공해야 한다는 것인데 그 자체만으로는 모호함이 있었다.

앤드류스는 이점에 주목하여 전략계획 방법을 명확히 제시하고자 노력했다. 외부환경 및 내부 환경(조직이나 구성원) 분석, 전략수립, 실행계획 구축 등이 그 구성 내용이다. 경영층에게 즉각적인 실천력을 부여할 수 있도록 각 단계의 작업을 상세히 분류하고 구체화한 분석 도구가 SWOT 분석이다. 기업의 목적을 달성하는데 긍정의 내부 요소인 강점(Strength), 부정의 내부 요소인 약점(Weakness), 긍정의 외부 요소인 기회(Opportunity), 부정의 외부 요소인 위협(Threat)을 조합하여 기회와 강점을 기업전략으로 구현할 수 있도록 했다. 하지만 기업전략이 그렇게 기계적으로 정리되고 패턴화 할 수 있는 것이 아니라는 반발과 함께 그 한계에 부딪히기도 했다.

이어서 나온 SWOT의 응용 모델인 TOWS 분석은 더 강력한 실행력을 동반한다. 샌프란시스코 대학의 하인츠 웨이리치(1934~)가 1982년 논문에서 제창한 프레임워크이다. 사용하는 방법은 어렵지 않다. SWOT 기반의 기회와 위기에 강점과 약점을 조합하면 되는 것이다. 단면으로 보는 것이 아니라 입체적으로 보면 대응해야 할 방안들이 눈에 보이는 것이다. 두 가지 모델을 비교해 보면 다음과 같다. SWOT 분석은 자신 및 자사의 사업에 대한 몇 가지 질문으로부터 시작된다. 자신의 강점을 살리는 방법과 자신의 약점을 극복하는 방법, 시장 및 고객 확보의 기회를 이용하는 방법, 위협을 해소할 방안 확보 방법 등 이 같은 질문에 대한 해답을 강점과 약점의 내부 환경과 시장 및 고객 확보에 대한 기회와 위협의 2×2 매트릭스로 만들어 분석하게 된다.

하지만 무엇이 강점이고 약점인지 단순하게 하나의 기업으로 규명하기는 쉽지 않다. 그 판단을 위해서는 절대적 기준에만 매몰되기보다는 타사와 비교하여 상대적 기준에서 생각하면 답이 나올 수 있는 경우까지 고려해야 한다.

| 그림 8-5 | SWOT 매트릭스

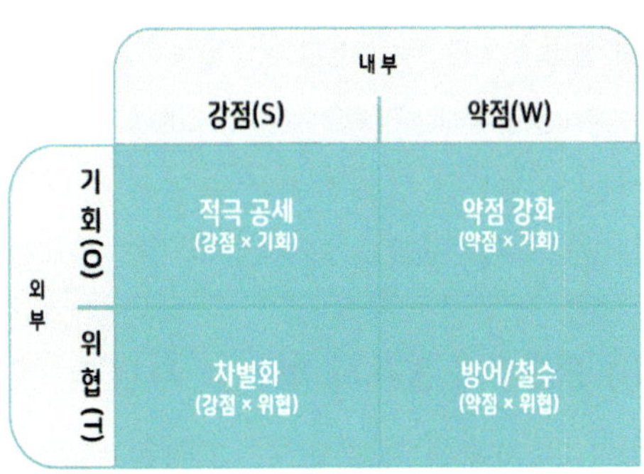

| 그림 8-6 | TOWS 매트릭스

강점과 약점이 불분명할 때에는 일단 양쪽 모두 반영한다. 이후 고정관념을 벗어나 인식을 전환할 필요가 있다. 강점이 때론 약점이 될 수도 약점이 경우에 따라서는 강점으로 작용할 수도 있는 것이다. 그래서 강점과 약점을 기회와 위기에 조합하여 도출하면 될 것이라는 판단을 기준으로 하면 더 실용적인 대책과 답들이 도출될 수 있다. 기회와 강점을 결합하면 적극 공세 전략, 기회와 약점을 결합하면 약점 강화 전략, 위협과 강점을 결합하면 차별화 전략, 위협과 약점을 결합하면 방어 및 철수 전략 등이 보다 더 세분화되어 분석 결과들이 실전에 활용 가능한 수준으로 도출될 수 있다.

7) 마케팅관리론 : 필립 코틀러(1931~)

마케팅의 극단적인 목적은 판매를 필요 없도록 만드는 것이다. 이는 드러커가 마케팅 활동에 대한 고객 창조 관련 어록에 있는 말이다. 그러면서 기업의 많은 기능 중에 마케팅만이 유일하게 아웃소싱이 불가능한 중추 기능이라 했다. 노스 웨스턴 대학 켈로그 스쿨의 필립 코스터 교수는 마케팅의 각 개념들을 세상에 널리 알린 인물이다. 그의 저서 '마케팅 관리론'은 1967년에 발간되었고 이후 마케팅과 경영학계의 실무자 바이블로 불리고 있다. 그의 지향점은 마케팅 체계화에 있었다. 또 그는 앤드류스가 경영전략 계획의 프로세스를 만들어 냈듯이 전략적 마케팅 프로세스를 만들었다. 이것이 그 유명한 R · STP · MM · I · C이며 다음 5단계로 크게 구분된다.

① 조사(Research)
② 세분화 타겟 설정 목표설정(STP) : 자신에게 유리하도록 시장을 분할(Segmentation)하고 표적화(Targeting), 경쟁자 차별화(Positioning)
③ 마케팅믹스(MM) : STP 구체화 단계로 마케팅 수단을 조합. 4P를 기준으로 함함.
④ 실시(Implemention)
⑤ 관리(Control)

마케팅 관리론에는 STP와 MM(4P) 이외에도 중요한 컨셉이 다수 나와 있다. 그 중 대표적인 것이 잘 알려진 PLC(Product Life Cycle) 즉 제품 수명 주기 전략이다. 경쟁적 마케팅 전략에서는 포지션만 정해지면 전략이 결정된다고 했는데 PLC에서는 Life Cycle 상에서 제품의 단계만 안다면 전략을 채택할 수 있다고 했다.

8) BCG와 3가지 혁신 : 부르스 헨더슨(1915~1992)

보스턴 컨설팅 그룹(BCG)의 창립 원동력은 기업 및 시장에 대한 철저한 분석과 그것을 움직이는 시스템의 추구에 대한 헨더슨의 지적 욕구에 있었다. 이러한 욕구 충족을 위해 많은 능력자들이 필요했고 맥킨지를 능가하는 연봉을 제시하며 콧대 높은 기준으로 모은 끝에 향후 CEO까지 되는 존 클락슨을 영입하게 되었다. 그는 제너럴 인스트루먼트사에서 텔레비전 부품의 가격 경쟁력이 떨어지는 이유를 찾던 중 학습 효과를 중심으로 경험 곡선(Experience Curve)을 창출했다. 항공기 제조 공정에서 한 대당 노동 투입량은 제조 수량이 2배 될 때마다 20%씩 감소한다는 학습곡선 이론을 응용하여 클락슨은 누적 경험량(생산량)이 2배 될 때마다 비용은 일정 비율씩 감소한다는 것을 이론화하여 그래프 모형으로 만든 것이다.

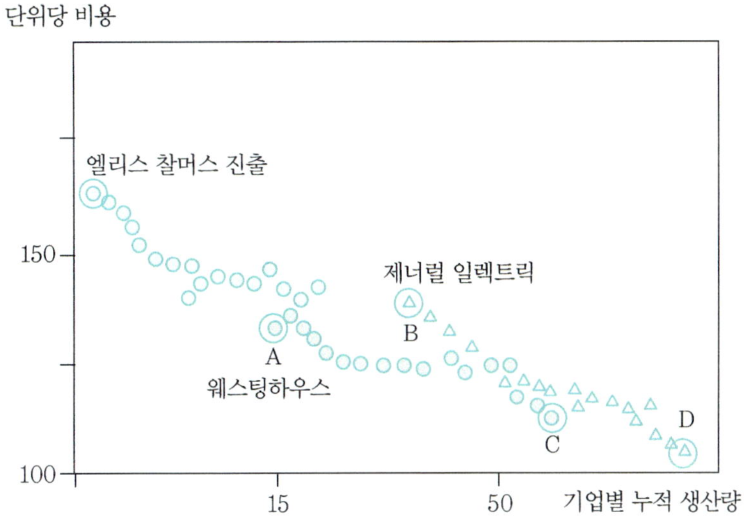

| 그림 8-7 | 경험 곡선, 미국 증기터빈 발전기 사례

이어서 1969년 BCG 사상 최대의 히트 모형이 탄생했다. 그것은 바로 성장/점유율 매트릭스였다. 제품 포트폴리오 관리(PPM; Product Portfolio Management) 또는 BCG 매트릭스라 불리기도 한다. 이 툴은 실로 당시 경영자들에게 수많은 고민들을 해결해 준 해결사와도 같았다. 리차드 록리지라는 컨설턴트가 천재적인 영감으로 만들었다고 알려졌는데 두 가지 의미에서 획기적인 매트릭스였다. 첫째 이해하기 쉬운 도표이며 둘째, 실제 사업이 그래프 상에서 어느 위치에 있는지 파악할 뿐만 아니라 수치로도 분석할 수 있게 한 최초의 기업전략 분석 도구였다는 점이다.

두 가지 시장 성장성과 상대적 시장점유율의 조합으로 각 사업을 배치하고 STARS에 최대 투자하고, CASH COWS로부터 자금을 창출하며 문제아(QUESTION MARKS)에는 선택적 투자와 DOGS에는 철수의 전략을 부여할 수 있었다. 실로 많은 경영자들에게 위기의 순간 지침이 되어준 BCG의 대표작이라 할 수 있었다.

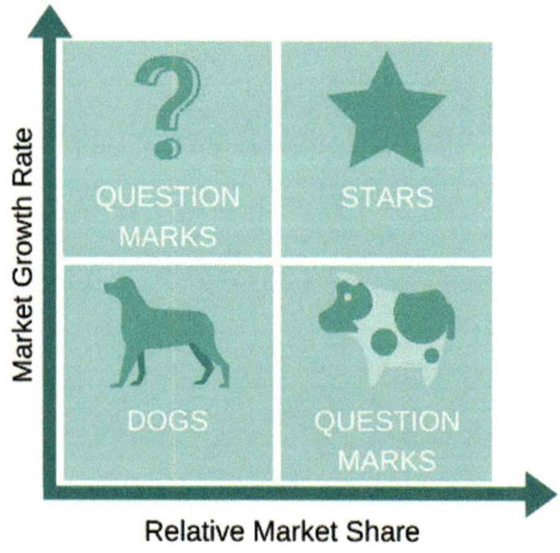

▎그림 8-8 ▎ BCG 성장·점유율 매트릭스

그러나 1973년 10월 6일 이집트와 시리아 연합군이 이스라엘을 침공하면서 전 세계적인 석유 파동이 발생했다. 원유 수입가격은 불과 4개월 사이에 1배럴당 3달러에서 11.7달러로 약 4배가 뛰었다. 그로 말미암아 화학, 자동차, 공업, 가정생활 용품 산업 등에는 직격탄이 되어 마비 상태가 되었다. 이러한 격동기에는 기업에서 채택했던 정밀하고 세분화된 전략계획은 환경을 따라가는 데 적합하지 못했다. 이에 BCG는 경영전략에 시간과 경쟁, 자원 배분을 도입하기 시작했다. 이는 기업가들에게 해당 사업뿐만 아니라 기업의 중장기 전략에 대한 해답을 구현했고 기능(마케팅, 생산, 재무 등)별 해답과 함께 종합적인 가이드도 줄 수 있었다.

① 시간 : 미래에 대한 예측(경험 곡선, 지속가능한 성장 방정식 등)
② 경쟁 : 경쟁력 또는 경쟁 상태 분석(경험 곡선, PPM)
③ 자원 배분 : 사업 간에 자원 배분(PPM)

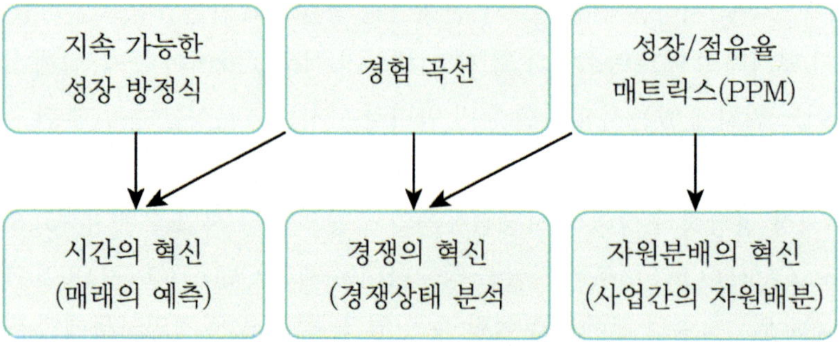

▎그림 8-9 ▎ BCG의 3가지 혁신

9) 맥킨지의 반격 : 프레드 글룩(1935~)

1967년 맥킨지에 합류한 프레데렉 글룩은 OR(Operation Research) 분야 박사학위 취득 후 벨 연구소에 들어가 단도단 요격 미사일 개발의 PM을 맡았었다. OR은 테일러의 유산이다. 주로 군사 연구에서 탄생했던 OR은 복잡한 경영 상황 속에서 의사결정을 위해 최적화 모델을 찾고 그것을 위해 통계 및 알고리즘 등을 활용한 응용수학의 한 방법이다. 군사적 작전에서 벗어나 이를 비즈니스에도 응용해 보게 된 것이다. 1970년대는 맥킨지에게는 모든 것이 잘 작동하지 않았던 성장통의 시기였는데 BCG와 BCG에서 독립한 베인&컴퍼니가 턱밑까지 추격해 오는 상황이었기에 전력을 다해 기업/사업전략 서비스를 뒷받침할 획기적 아이디어 컨셉 또는 대표적 모형을 만들고자 했다. 하지만 그 당시 출시된 전략 컨셉은 대부분 힘을 못 쓰고 사라졌고 BCG의 성장·점유율 매트릭스와 유사한 3X3 형태의 GE·맥킨지 매트릭스 정도만 살아남을 수 있었다. 하지만 지나치게 복잡하다는 단점이 있었다.

Business Strength

Market Attractiveness	Strong (5)	Medium	Weak (1)
High (5)	**Protect Position** • Invest to grow at maximum digestible rate • Concentrate effort on maintaining strength	**Invest to Build** • Challenge for leadership • Build selectively on strengths • Reinforce vulnerable areas	**Build Selectively** • Specialize around limited strengths • Seek ways to overcome weaknesses • Withdraw if indications of sustainable growth are lacking
Medium	**Build Selectively** • Invest heavily in most attractive segments • Build up ability to counter competition • Emphasize profitability by raising productivity	**Selectivity/Manage for Earnings** • Protect existing program • Concentrate investments in segments where profitability is good and risks are relatively low	**Limited Expansion or Harvest** • Look for ways to expand without high risk; otherwise minimize investments and rationalize operations
Low (1)	**Protect and Refocus** • Manage for current earnings • Concentrate on attractive segments • Defend strengths	**Manage for Earnings** • Protect position in most profitable segments • Upgrade product line • minimize investment	**Divest** • Sell at time that will maximize cash value • Cut fixed costs and avoid investment meanwhile

❙ 그림 8-10 ❙ GE 비스니스 스크린 매트릭스

10) 5 Force, 이익을 낼 수 있는 시장의 선택 : 마이클 포터(1947~)

프린스턴 대학에서 항공 공학을 공부한 포터는 하버드 비즈니스 스쿨에서 MBA 코스를 밟았다. 그는 크리스 텐슨과 앤드류스의 강의에 감명을 받아 하버드에서 비즈니스 경제학 박사학위를 취득한다. 비즈니스와 전략을 더 공부하는 대신 더 학술적이고 철저한 분석력을 키워갈 수 있는 길을 선택한 것이다. 마이클 포터의 박사 학위 논문이 담고 있는 '5 Force 분석'과 준교수 승진 심사 유예기간 동안 준비한 '마이클 포터의 경쟁전략'은 공전의 베스트셀러가 되었다. 이를 통해 35세에 HBS의 정교수가 되었다. 경영전략의 역사에 포터가 남긴 대표적인 역작으로는 '5 Force 분석', '전략 3유형', '가치사슬' 3가지를 꼽을 수 있다.

먼저 '5 Force 분석'을 보자면, 포터는 무엇보다 포지셔닝을 중시했다. 경영 전략의 목적은 기업이 수익을 제고하는 것이며 따라서 이익을 높일 수 있는 시장을 엄선하고 경쟁자를 따돌릴 수 있는 위치를 차지하는 것이라 했다. PLC 모형처럼 시장의 미래 상태나 고객 변화를 제시해 주지도 않고 경험 곡선처럼 경쟁자의 비용을 추정하도록 돕지도 않아서는 실전적 전략을 수립할 수 없다고 믿었다. 하지만 포터는 자신의 방식대로 50항목이나 되는 분석목록을 제시해 외부환경 분석에는 더 이상의 말이 필요하지 않은 이른바 바이블이 되어 버렸다.

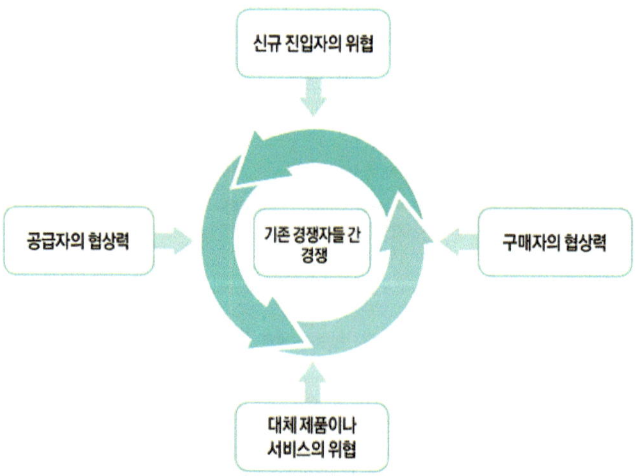

| 그림 8-11 | 5 Force 프레임워크를 통한 산업 경쟁 분석

다음으로 전략 3유형이다. 이는 이익이 날 수 있는 포지셔닝을 취하라는 것이다. 이를 위한 3가지는 바로 집중(focus) 전략, 코스트(cost) 리더십, 차별화 전략이다.

① 집중 전략 : 자신에게 유리한 시장의 일부(틈새)만을 대상으로 경쟁
② 코스트 리더십 : 낮은 비용으로 경쟁하는 것으로 경쟁자보다 가격을 낮추거나 유통마진을 후하게 주어 채널(도매/소매)을 확보하는 것
③ 차별화 전략 : 고객에 대해 확실한 부가가치로 경쟁. 휴대용 음악 플레이어 시장에 가장 후발 주자로 뛰어들어 고품질(고음질은 아님), 고가격의 아이팟으로 시장을 석권한 애플이 좋은 예이다.

	비용이 경쟁우위	차별화가 경쟁우위
대상 시장이 넓음	코스트 리더십	차별화 리더십
대상 시장이 좁음	전체 시장에서 유리할 것 같은 곳만 정해서 코스트와 차별화를 집중	

그림 8-12 **포터의 전략 3유형**

마지막으로 가치사슬(Value Chain)이다. 1985년 출간한 '마이클 포터의 경쟁우위'를 통해 히트작 대열에 이름을 올리게 된 '가치사슬'은 기업의 모든 활동을 5가지 주 활동과 4가지 지원 활동으로 구분하여 포지셔닝에서 벗어나 기업의 내부 역량까지 포함하였다. 이를 통해 지속적으로 높은 실적을 유지할 방법을 강구하는 것이다. 그것을 위해서는 좋은 포지셔닝 만으로는 부족하고 추가로 기업의 강한 케이퍼빌러티가 필요함을 강조했다. 과거 페이욜의 '산업 및 일반 관리(1917)'를 기반으로 하여 맥킨지의 '비즈니스 시스템(1980)'과 거의 유사한 내용을 담고 있다는 평을 받는다. 여기에서 케이퍼빌러티의 강조는 포지셔닝을 실현하기 위한 수단이 된다. 케이퍼빌러티는 활동 프로세스(가치사슬)가 중심이며 리더십, 조직이나 기업문화 등은 거의 포함되지 않는다. 향후 이런 포터의 이론에 처음 반기를 든 곳은 맥킨지로 7S(1978)라는 툴이 그 중심에 있었다.

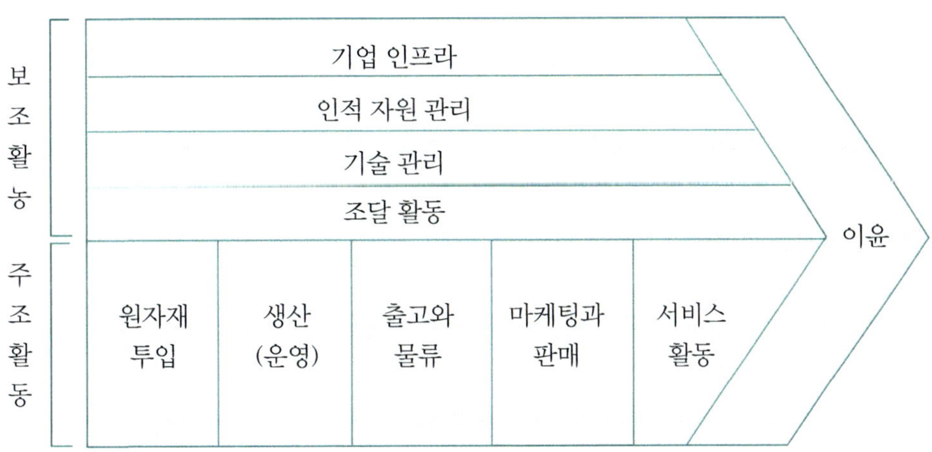

그림 8-13 **포터의 가치사슬**

3. 케이퍼빌러티와 포지셔닝의 융합(1960~1990년대)

1930~1960년대에 근대 경영관리가 형성되는 과정에서 앤소프의 또 다른 공적을 살펴보면, 1979년에 '이고르 앤소프의 전략경영'의 발간에서 찾을 수 있다. 이는 '기업 전략론'의 범위가 너무 좁았다는 반성에서 출발하게 된 것으로 그는 전략적으로 기업을 경영하려면 좀 더 종합적 접근이 가능해야 한다고 역설했다.

- 외부환경에 대한 순응뿐만 아니라 내부 요소도 중시할 것
- 전략 책정뿐만 아니라 실행과 제어도 중시할 것
- 외부환경의 기술/경제 등 하드웨어적 측면 외에도 사회/정치의 측면도 중시할 것

그리고 무엇보다 외부환경의 난기류 수준(업계 환경을 반복형, 확대형, 변화형, 불연속형, 돌발형 5단계로 나눔)에 맞춰 기업의 전략과 조직도 같은 수준으로 대응해야 한다는 결론을 내렸다. 전략만 앞서도 혹은 조직만 앞서도 실패한다는 말이 된다. 이것은 1970~ 80년대에 본격 대립되는 포지셔닝파 vs. 케이퍼빌러티파의 논쟁에 대한 대답이기도 했다. 포지셔닝만 중시해서도 케이퍼빌러티만 중시해서도 안 되며 종합적이지 않은 방안은 모두 실패했기 때문이다. 환경에 따라 포지셔닝과 케이퍼빌러티가 행렬을 맞춰 협력해 나가지 않고서는 성공하기 어렵다. 시장의 난기류가 높으면 전략은 창조적 시행착오가 될 가능성이 높다고 했다. 그러나 안타깝게도 이 명저는 세상에 별로 알려지지 못하고 역사 속으로 사라지게 되었다.

이러한 앤소프의 공적에 이어지는 후대에 등장하는 전략 콘셉트의 원형은 거의 전부 앤소프의 아이디어에서 파생한 것이라고 해도 과언이 아닐 것이다. 포터, 루멜트, BCG와 맥킨지, 피터스와 워터맨, 하멜과 프라할라드, 제이 바니 그리고 크리스텐슨과 김위한도 모두 앤소프의 발자취에 영향을 입지 않았다 할 수 없다.

앤소프가 다각화 경영을 제창(1947)하고「기업전략(1965)」을 발표하기 전 같은 나이의 알프레드 챈들러(1918-2007)가「조직은 전략을 따른다(일본어 번역, 원제는 Strategy and Structure, 1962)」를 출간했다. 원제와 다르게 어떻게 이렇게 번역되었는지 알 수 없지만 이 책은 챈들러가 10년 이상 연구 조사한 자료의 집대성으로 미국의 최고 수준 대기업 4개를 대상으로 상세한 전략/조직연구의 케이스 스터디가 실시되었고 그 내용이 본문의 절반 이상을 구성한다. 챈들러를 최초의 경영사가라고 부르는 이유가 되기도 했다. 조직 이노베이션을 일으킨 기업의 대표로 선정된 곳은 듀폰과 GM, 스탠더드 정유 뉴저지(현 액슨 모빌), 시어스 로벅으로서 이들은 기업의 위기 상황에서 그 대처를 위한 전략과 조직의 큰 변혁을 경험한 곳들이다. 이 네 회사는 전부 집권적 직능별 조직(본사 기능이 모든 것을 결정함)에

서 본사 및 제품별/지역별 사업부로 구성된 사업부제로의 전환에 성공했었다. 조사를 시작할 때는 챈들러는 틀림없이 조직의 확대가 분권화(사업부제)를 촉진했을 것이라 예상했지만 막상 조사 결과는 그렇지 않았다.

분권화 촉진은 조직의 확대 차원이 아니라 사업의 다각화를 위함이었다. 규모가 관계없이 본업과 다른 사업들을 관리하기는 쉽지 않다. 집권적 조직으로는 도저히 관리가 되지 않아 다각화라는 기업전략이 사업부제를 부른 것이라 보았다. 사업부제 구조를 상세히 밝히고 있는 이 책은 분권화 도입을 앞둔 기업들의 교과서가 되었고 맥킨지 같은 경영 컨설팅의 도움을 받으면서 많은 기업이 이 책을 지침으로 다각화 전략을 추진하려면 사업부제 도입을 적극적으로 추진해야 한다는 생각을 하게 했다. 이로부터 '조직은 전략을 따른다.'라는 캐치프레이즈가 만들어졌으며 일본어판의 제목으로 되었던 것이라 추론할 수 있다. 그러나 챈들러 본인은 복잡한 심경으로 1989년 판 서문에서 원래는 'Structure and Strategy'였는데 출판 과정에서 약간의 오해가 있었으나 그가 진정으로 하고 싶었던 뜻은 '조직과 전략은 상호 깊게 관여'한다는 것이라고 밝혔다. 챈들러의 주장대로 제목과는 반대의 견지에서 조직이 전략을 바꾼 3가지 사례를 살펴보자.

(사례 1) 잉여자원 활용의 다각화

세계 최초로 사업부제를 도입한 기업은 1920년대의 듀폰이었다. 이 다각화의 목적은 잉여인원을 활용하기 위해서였다. 제1차 세계대전 중에 각국의 요청이 쇄도하자 설비 및 인원을 증가시켰던 듀폰은 종전이 되자 그 설비와 인원을 효과적으로 활용해야 할 처지에 놓였고 이를 위해 다각화를 추진했다. 이처럼 캐논의 다각화도 비슷한 상황에서 전개되었다. 소노시트(얇고 플렉서블한 레코드판)라는 전자기기 제품 사업을 시작하려다 크게 실패한 뒤에 전자공학 기술자들을 활용하고자 다양한 사업을 시작했다. 이는 조직이 전략을 바꾼 사례라고 볼 수 있다.

(사례 2) 사업부제가 사업 확대/해외전개 전략을 촉진한 사례

듀폰은 본업이던 화학섬유에서 레이온의 개발 생산능력(케이퍼빌러티)을 활용해 전혀 다른 시장의 방습 셀로판 분야에서 큰 성공을 거뒀다. 그리고 그 뒤 나일론과 아크릴 폴리에스터 분야로 확장했다. 새로운 사업을 전개할 때는 새로운 사업부를 도입하면 된다는 사실을 경험으로 알게 된 것이다. 이처럼 사업부제 덕분에 다각화 전개가 용이해졌고 이를 계기로 대기업들은 제2차 세계대전 이후 지리적 제품 특성을 반영한 확대를 추진했다. 챈들러는 이것도 조직이 전략을 바꾼 예로 들고 있다. 그러나 새로운 물결이 또 일고 있었는데 이는 1960년대 들어 발발한 M&A 열풍과 1970년대의 비관련 사업의 다각화 소용돌이였다. 이후

1970년대 중반에는 다각화의 절반이 본업과는 전혀 상관이 없는 업계로의 진출 다각화가 주를 이루었다.

(사례 3) 제대로 관리하지 못하자 리스트럭쳐링 전략으로 전환

결국 다각화의 용이화 측면에서 사업부제조차도 적절하지 못한 지경이 되었다. 1969년 당시 GE는 46개 콩글로머리트[21] 리튼(Litton Industries)은 70여 개의 사업부가 있었는데 그 결과 본사와 사업 부문 상층부의 의사소통이 거의 대부분 단절되어 전사적 기업관리가 붕괴 일보 직전까지 몰리게 되었다. 이에 조직상의 요청에 따라 다시 전략이 바뀌게 되었다. 사업의 압축 즉 리스트럭쳐링 전략이 시작된 것이다. 1970~80년대에는 기업의 해체와 재구축이라는 붐이 미국에 만연했다. 1981~2001년까지 GE의 CEO를 역임한 잭 웰치는 취임하자마자 전 세계 점유율 1, 2위가 아니라면 철수라는 방침을 세우고 1/3 이하로 사업 부문을 압축해 대성공을 거둔 사례가 있다.

이를 통해 챈들러가 정말로 하고 싶었던 말은 다음의 몇 가지로 요약될 수 있다. 앤소프의 견해처럼 전략이 중기적으로 자사의 기대치와 현재의 수준이나 모습과의 격차를 메우기 위한 방침이라면 그것은 당연히 사업(고객이나 시장, 제품)과 조직에도 적용될 것이다. 요컨대 여기에서 논의된 것은 전략과 조직의 대립이 아니라 "사업전략과 조직전략의 상호작용"이었다. 그리고 챈들러가 4개 기업의 사례연구를 통해 발견한 점은 경영자에게 사업전략(이나 사업 포트폴리오 전략)은 바꾸기가 비교적 용이하지만 조직전략은 바꾸기가 어렵고 따라서 사업전략에 맞춰 조직전략을 입안, 실행하는 편이 무난함을 강조했다. 결국에 챈들러가 정말로 하고 싶었던 말은 다음과 같이 요약할 수 있다.

- 사업전략과 조직전략은 깊은 연관성이 있기 때문에 사업 → 조직일 경우도 있고 조직 → 사업일 경우도 모두 가능함
- 조직은 바꾸기가 어렵기 때문에 사업전략이 앞서서 이끄는 경향이 있음.

마빈 바우어는 세계적인 컨설팅 그룹 맥킨지 & 컴퍼니를 창업자의 이름을 살려 계승하고 경영 엔지니어링 회사에서 경영 컨설팅 회사로 바꾸어 업계를 선도해 나갔다. 변호사로서 하버드대학에서 법학 석사와 MBA를 취득한 학력의 소유자인 그는 경영컨설턴트를 변호사와 같은 전문가 집단으로 정의하고 클라이언트들 및 언론에 지속적인 홍보를 하였다. 이러한 노력들이 그를 근대 경영관리 컨설팅의 아버지라 불리게 했다. 그럼에도 불구하고 수년

21 복합 기업체로 M&A와 재무 시너지에만 의존하는 사업 조직을 말한다.

동안은 구체적으로 어떤 서비스를 제공할 것인지 결정할 수 없어 많은 시행착오를 거쳤다. 그 끝에 답은 조직컨설팅에 있음을 찾아내었다. 챈들러가 「전략과 조직」이라는 책에서 설파하듯 1950~1960년대의 미국은 조직 변혁기에 있었다. 사업의 다각화와 해외 진출 등의 이유로 조직 분권화가 강하게 요구되는 시기였다. 여기서 맥킨지의 사업부제 도입 프로세스를 주력 상품으로 했고 조직전략을 강력하게 추진할 수 있었다. 동시에 종합 기업진단 키트인 General Survey Outline을 완료하여 고객사의 조직과 프로세스뿐만 아니라 실적과 예산 등에 이르기까지 그 효율성을 정량적으로 분석할 수 있게 되었다. 이 키트는 컨설팅 업종에서 경험이 부족한 컨설턴트들도 즉시 활용이 가능하게 되어 컨설팅 자원의 전력화에 큰 도움이 되었다. 상품을 압축하고 컨설팅 프로세스의 표준화로 컨설팅 회사들이 흔히 겪는 성장통과 성장의 벽을 뛰어넘어 도약할 수 있었다.

그러나 1970년대에 와서 다시 큰 변화가 소용돌이치게 되었다. 챈들러의 예측대로 조직전략의 문제에서 기업이나 사업전략 자체의 문제로 전환하는 것이 중요한 허들이 되었다. 1973년의 세계적 석유 파동이 오자 각 기업은 단순한 사업 확대로는 한계에 부딪힐 수밖에 없었고 다각화를 위한 사업부제 도입과 거기에 그치지 않고 사업부제를 도입한 이후 전략에 대하여 컨설팅을 요청해 오기 시작했다. 기업전략과 사업전략의 문제였고 고객사가 먼저 요구하는 것이었는데 안타깝게도 맥킨지조차 아직 그 점에 대한 대비를 못하고 있었다. 이 틈을 타서 전략 매니아인 브루스 핸더슨이 이끄는 BCG(보스턴컨설팅그룹)가 급성장할 수 있었다.

PART 4

3차 산업혁명과 기업가정신

CHAPTER 9

3차 산업혁명의 의의

3차 산업혁명이라는 용어의 개념은 18세기 증기기관이 발명되면서 기계를 이용한 공장 생산체제가 수립된 1차 산업혁명 시기를 지나, 20세기 초 전기를 기반으로 한 컨베이어밸트를 이용한 표준화와 분업에 의한 대량생산 체제에 진입한 2차 산업혁명 시기를 거쳐서 1970년대 이후 공장 자동화로 인한 생산성 혁명을 이뤄낸 시기를 미래학자 제레미 리프킨의 저서 '제3차 산업혁명(The Third Industrial Revolution)'에서 정립되었다.

3차 산업혁명의 기반이 되는 기술은 1946년에 에니악(ENIAC)이 개발된 이후 애플 컴퓨터(애플1 1976년)와 IBM 호환용 PC(1981년)를 매개로 대중화가 시작되었고 AT&T 연구소의 트랜지스터(1947년)와 인스트루먼트사, 페어차일드사가 거의 동시에 개발에 성공한 IC(1958년)를 비롯한 반도체 기술의 발전, 그리고 이를 기반으로 하는 자동화의 진전과 아르파넷(1969년)에서 시작된 인터넷은 1994년에 세계를 하나로 연결하는 초연결사회의 기초를 닦았다. 또한, DNA 재조합 실험의 성공(1973년)은 생명공학의 기술을 출현시켰다. 이러한 3차 산업혁명 시대의 가장 중요한 핵심은 1차 산업혁명은 지주들이, 2차 산업혁명에서는 자본가들이 중심이었다면 3차 산업혁명은 소비자들이 중심이라는 것이다.

제 1 절 3차 산업혁명의 특징

3차 산업혁명 시대를 이끈 기술을 말한다면 정보기술의 출현과 생명공학기술이라고 해도 누구 하나 반박하지 못할 것이다. 정보기술의 출현은 제2차 세계대전 중 독일군이 사용한 에니그마(Enigma) 암호생성 기계에 대응하기 위해서 1939년 독일 해군 암호를 해독하는 Hut 8의 책임자가 된 앨런 튜링이 기존의 봄비(Bomby) 해독기를 더 발전시켜서 튜링 봄브(Turing Bombe)라는 암호해독 기계를 개발하면서 발달하게 되었다. 이 기계는 후일 프로그래밍이 가능한 전자 컴퓨터의 기술적인 토대가 되기도 했다.

이러한 컴퓨터 기술이 인간의 두뇌를 대신하기 위해서는 선행되어야 할 기술이 두 가지 확보되어야 한다. 첫 번째 기술은 모든 세상의 정보를 수치화해야 하는데 이는 궁극적으로 '0'과 '1'의 조합, 즉 '0'(=Off)과 '1'(=On)의 조합으로 표현되어야 한다. 이처럼 모든 아날로그 신호를 디지털(수치)로 기계가 인지할 수 있도록 번역할 수 있도록 만들어주는 디지털화(수치화)하는 기술이다. 모스 부호(1836년)는 디지털화 기술을 세계 최초로 발명된 기술로 점(•)과 선(-)을 이용하여 이진법을 표현하여 인간의 언어정보를 표현하는 데 성공했다. 두 번째 기술은 '프로그래밍 기술'이다. 프로그래밍 기술은 복잡한 절차와 방법을 인간이 계산하는 노동을 기계가 그대로 재현할 수 있도록 만드는 기술이다. 튜링은 이와 같은 두 가지 기술을 결합하여 최초로 암호해독 기계를 만들었다.

이처럼 컴퓨터는 기계이지만 1차 산업혁명의 증기기관이나 2차 산업혁명의 전기를 이용한 기계들은 에너지 형태를 변환시켜 주는 일을 했다면 3차 산업혁명을 이끈 컴퓨터는 에너지가 아닌 정보를 변환시켜 주는 일을 한다는 측면에서 새로운 디지털 혁명을 가져왔다고 해도 과언이 아닐 것이다.

디지털 기술은 근본적으로 인간의 노동과정 알고리즘을 변화시켰고 컴퓨터의 발명과 함께 인간은 두뇌 노동으로부터 해방되기 시작했으며, 기계와 컴퓨터를 결합하여 기존의 기계가 할 수 없는 복잡하고 정교한 노동을 할 수 있는 '로봇'을 만들어냈다. 이러한 디지털 기술이 상용화될 수 있도록 만들어 준 결정적인 사건은 1976년 잡스와 워즈니악이 발명한 '애플1'이라는 개인용 컴퓨터라고 할 수 있다. 물론, 애플1은 합판 상자에 부품 몇 가지와 모니터도 없이 키보드만 얹어 만들어져 엉성하기 짝이 없었지만 그래도 TV 브라운관에 연결해서 사용할 수 있었다.

▌그림 9-1▐ **애플1(1976년)**

이렇게 엉성하고 보잘것없는 것이 3차 산업혁명의 주역이 될 줄 누가 알았겠는가?

그리고 인간의 생산성은 얼마만큼 증대시켜 나가고 있는가? 튜링이 암호해독 기계 봄브(Bombe)를 개발하지 않았다면 제2차 세계대전은 2년이 연장되었을 것이고 약 1천 4백만 명이라는 엄청난 사람들을 살리는 데 지대한 영향을 끼쳤다고 역사학자들이 주장하고 있을 정도이니, 이만하면 과히 혁명적인 사건이라고 할 수 있지 않은가!

컴퓨터는 지속적으로 진화를 거듭하면서 컴퓨터와 컴퓨터를 서로 연결하는 인터넷 기술이 발달하면서 세상을 하나로 연결했다. 이렇게 연결된 컴퓨터 간에는 정보가 빛의 속도로 교환될 수 있게 만들어주었다.

디지털 기술은 다양한 기술과 결합하면서 그동안 볼 수 없었던 세계, '초연결사회'가 시작되어 도시를 주축으로 연결되었던 '시티즌'에서 가상공간을 주축으로 연결되는 '네티즌'으로 인간을 변모시켰고 이러한 가상공간에서 인간들은 크고 작은 공동체를 만들기 시작하면서 지구촌을 하나로 묶어 소비자가 언제 어디서나 정보를 수집하고 가공하여 선택할 수 있는 시대로 발전하고 있다.

생명공학기술은 생명체의 형태, 형질, 기능 등을 결정하는 유전자를 인공적으로 조작하여 생명체를 새로 만들거나 개조하는 기술을 뜻한다. 생명공학기술은 초기에 농작물이나 페니실린, 인슐린과 같은 의약품에서 출발했지만 현재 우리가 다루는 생명공학기술은 DNA 재조합을 1973년에 스텐포드 대학의 코펜(Stanley N. Cohen)과 보이어(Herbert W. Boyer)가 성공시키면서 급속도로 발전하기 시작하였다. 이 DNA 재조합 기술을 기반으로 1977년 DNA 염기서열 분석 기술이 등장했고, 1984년에는 중합 효소 연쇄반응을 통해 유전자의 수를 무한대로 증가시킬 수 있게 되었다.

생명공학기술은 1994년에 칼진이 유전자 변형 식품인 토마토를 시판하기 시작하면서 현실화하였으며, 1996년에는 노바티스사가 병충해에 저항력이 있는 옥수수를 시장에 출하했고, 몬산토사는 제초제에 저항력이 있는 콩을 출하하였다. 이러한 생명공학기술의 정점을 찍은 사건은 1997년 체세포 핵 이식이라는 기술을 활용한 복제 양 돌리(2003년 2월에 6년 7개월의 생을 마감)를 만들어내면서 세계적으로 이목을 집중시켰다.

이처럼 생명공학기술의 발전은 인간이 그동안 극복하지 못했던 질병의 치료제 개발, 식량 문제해결, 생활 폐기물들의 처리와 같은 환경문제를 해결하는 데 중요한 역할을 할 것으로 예견되지만, 한편으로는 생태계의 교란, 생명 복제에 따른 가치관의 혼란, 유전자 정보의 남용으로 인한 사회적인 불평등의 심화라는 역기능적 측면도 주목해야 할 것이다.

3차 산업혁명은 정보화와 생명공학기술을 축으로 발전을 거듭하고 있는데 이 시기의 특징은 크게 세 가지로 기술의 결합 또는 융합, 과학과 기술의 상호작용, 벤처기업이 중요한 혁신 주체로 등장했다는 것이다. 첫 번째는 정보기술이나 자동화 기술과 다른 분야의 기술이 결합 또는 융합되는 현상으로 계속해서 확장되고 있다. 두 번째는 과학과 기술이 상호작용하면서 새로운 산업이 출현하는 경우가 많아지고 있으며 오늘날에는 '과학기술'이라는 용어가 사용될 정도로 밀접한 관계를 형성하고 있다. 세 번째는 2차 산업혁명을 대기업이 주도했다면 3차 산업혁명은 참신한 아이디어와 기술을 기반으로 작은 공간이나 실험실에서 창업한 이후 세계 경제를 선도하면서 대기업으로 성장하기도 하는 벤처기업들이 중요한 혁신 주체로 등장하고 있다는 것이다. 이렇게 세상을 바꾸는 전략적 장소가 중세 사회에서는 성당이었고, 근대 사회에서는 공장이었으며, 현대 사회에서는 실험실이라는 지적도 있다(Latour, 1983).

제2절 3차 산업혁명을 이끄는 핵심 키워드

1. 개인용 컴퓨터의 대중화

3차 산업혁명의 기초가 되는 기술은 디지털(수치)을 바탕으로 발명된 컴퓨터일 것이다. 컴퓨터는 제2차 세계대전 속에서 개발되어 인간의 생활과 노동방식에 혁명적인 변화를 다시 일으켰다. 이러한 컴퓨터가 개인용 컴퓨터로 대중화되기까지는 수백 년이라는 세월 동안 축적된 기술들이 결합하면서 대중화를 일궈냈다.

1642년 파스칼(프랑스 수학자이자 철학자)이 최초의 디지털 계산기를 발명한 이래 0과 1만을 사용해서 독일의 라이프니츠가 이진법을 창안하면서 오늘날 사용하는 자동 컴퓨터의 기초기술을 태동시켰다.

현대적인 의미의 컴퓨터는 1946년 애니악(ENIAC)이라는 다용도 디지털 컴퓨터를 존 에커트와 존 모클리가 개발하였고, 1949년 세계 최초로 영국 케임브리지대학에서 프로그램 내장방식을 채택하여 애드삭(EDSAC)을 개발했다. 그 이후 1951년 노이만이 유니박 1(UNIVAC-1)을 상품화하는 데 성공하면서 최초의 상업용 컴퓨터를 개발했다.

그리고 잡스와 워즈니악이 1976년 TV 브라운관에 연결해서 사용할 수 있는 개인용 컴퓨터를 개발했지만, PC라는 단어를 본격적으로 사용한 것은 IBM에서 생산한 개인용 컴퓨터의 상품명인 IBM PC에서부터 유래된 것이다.

개인용 컴퓨터가 대중화된 것은 1981년 IBM PC(16bit)가 호환 기종을 보급하면서 시장을 형성하게 되어 "개인용 컴퓨터"의 명칭이 일반화되었다. 그리고 그 당시 MS-DOS라는 운영체계를 제공했던 마이크로소프트사는 '윈도'라는 운영체제를 1987년 출시했고, PC 사용자들에게 편리성을 제공하면서 급속도로 시장이 확장되었다.

2. 반도체 기술의 발달

반도체는 컴퓨터의 발달과 같이하는 기술로 AT&T의 벨 연구소가 1946년에 통신 시스템의 주요 부품으로 사용할 수 있는 신소재로 그 중요성을 인식하고 반도제연구팀을 구성하면서 시작되었다.

제2차 세계대전 중에 레이더 검파기의 성능을 개선하는 과정에서 트랜지스터가 개발(1947년)되었고 이것의 중요성을 미국 국방성에서 인식하고 적극적으로 지원하면서 트랜지스터가 상용화되는 계기가 되었다. 그 이후 수많은 과학기술자가 직접회로 개발에 뛰어들었고 1958년에 노이스사와 인스트루먼사가 거의 동시에 집적회로 개발에 성공하면서 반도체 산업은 1960년대부터 본격적으로 성장 궤도에 진입했다. 반도체 기술은 초기에 군수용 장비에 많이 채용되었는데 산업용 기기와 통신용 장비 등으로 점차 확대되었다.

3. 인터넷의 대중화

컴퓨터 통신망의 지평을 새롭게 열어 준 것이 있다면 단연 인터넷일 것이다. 디지털, 컴퓨터의 기술발달이 그러했듯이 인터넷도 국방기술에서부터 먼저 시작되었다. 1960년대 ARPA(Advance Research Projects Agency)라는 미국 국방성의 기관에서부터 연구하기 시작한 아르파넷(ARPANet)에서 유래되었다. 아르파넷은 토폴로지[22]의 분배 네트워크와 패킷스위칭[23] 기술의 두 개념을 기본으로 설계되었다.

아르파넷은 일부 지역적인 네트워크가 아르파넷과 연결되면서 네트워크 간의 결합을 의미하는 '인터넷'이라는 용어로 사용되었다. 이러한 인터넷이 국방 부문뿐만 아니라 일반인들에게 대중화될 수 있었던 계기는 전자우편의 등장과 표준 프로토콜(TCP/IP[24]) 아르파넷이 채택해서 사용하게 되었으며, 유럽입자물리연구소 버너스 리(Tim Berners-Lee)가 HTTP(인터넷에서 데이터를 공유하는 프로토콜)와 HTML(컴퓨터 언어)를 개발하여 월드와이드웹(World Wide Web)으로 이어지면서 인터넷은 폭발적으로 성장하게 되었다.

이러한 월드와이드웹이 구현되는데 필요한 웹브라우저는 넷스케이프가 1995년만 해도 시장점유율을 70퍼센트 이상 점유할 정도로 경쟁우위를 확보하고 있었는데 마이크로소프트의 인터넷 익스플로러 4.0과 윈도우98에서 운영체제의 일부가 함께 제공되면서 사용자들의 접근성이 높아짐에 따라 인터넷의 대중화를 선도하게 되었다.

22 하나의 컴퓨터가 다른 컴퓨터와 적어도 두 가지 이상의 경로를 통해 접속될 수 있다는 의미(위키피아)
23 한 메시지를 여러 개의 조각, 즉 패킷으로 분할할 수 있다는 의미(위키피아)
24 아르파넷이 1983년에 표준 프로토콜로 TCP/IP를 채택하면서 네트워크를 서로 연결한다는 의미를 갖게 됨.

4. 산업용 로봇의 상용화

산업용 로봇은 공장의 생산라인 등의 산업현장에서 사용하고 있는 '로봇'을 통칭하는 의미로 1959년 로봇전문 기업인 유니메이트사에서 최초로 개발되어 1961년 세계 최초로 '제너럴모터스'의 뉴저지에 있는 공장에서 유압식 산업용 로봇을 설치했다.

산업용 로봇은 제조업의 스마트팩토리 구축의 중심 동력으로 주목받고 있으며, 모터와 카메라, 센서와 계측 등의 각종 하드웨어와 소프트웨어가 결합해서 다양한 산업 발전도 동반해서 기대할 수 있기 때문에 더 더욱 주목받고 있는 것이다.

2000년대 이후에는 자율성을 확보할 수 있는 센서 등이 탑재되어 산업용 지능 로봇이 개발되어 특화된 작업공정에 사용되기 시작하여 납기단축, 제조원가절감, 인력난 해소 등 제조업의 현안문제를 해결하면서 60여 년 동안 제조업의 성장과 발전을 이끌고 있다.

또한 2008년 12월 유니버설로봇의 UR 시리즈로 협동로봇 개발을 시작으로 중소기업들이 다양한 협동로봇을 출시하고 있다. 이 협동로봇이 주목을 받는 이유는 안정성, 조작성, 이동성 등이 강화되어 기존의 산업용 로봇에서는 할 수 없었던 유연하고 섬세한 작업까지 할 수 있기 때문이다. 그리고 산업용 로봇에 비해 크기가 작을 뿐만 아니라 가볍기 때문에 이동성도 용이하고, 기업의 규모에 상관없이 모든 사업장에 적용할 수 있기 때문에 앞으로 로봇의 발전과 대중화는 급속도로 발전해 나갈 것이다.

▎그림 9-2 ▎ **스마트공장의 산업용 로봇**

5. 생명공학기술의 발전

생명공학기술은 7세기 현미경의 발달로 미생물의 존재가 밝혀지면서부터 시작되어 1926년 플레밍이 페니실린(푸른곰팡이에서 최초의 항생제 발견)을 발견하여 질병을 치료할 수 있게 되었다. 이후 DNA가 유전물질(1928년 그리피스와 에이버리, 그리고 1952년 허시와 체이스)이라는 것이 밝혀지고, DNA의 이중 나선 구조(1953년 왓슨과 크릭)가 밝혀졌다. 이어서 1968년 니런버그에 의해서 유전 암호가 해독되면서 유전자의 형질 발현 원리가 밝혀졌다. 이러한 연구 발전을 바탕으로 생명공학기술의 획을 그은 사건이 바로 플라스미드와 제한 효소를 활용한 DNA의 재조합 기술(1973년 코펜과 보이어)이 개발되면서 대량으로 유용한 물질을 생산할 수 있게 되었다.

그 이후 생명공학기술은 지속적인 발달을 거듭하여 1975년도의 세포 융합 기술, 1977년도의 DNA 염기서열 분석, 1984년도의 중합 효소 연쇄반응을 통해 유전자의 수를 증폭시킬 수 있게 되었다. 그리고 1990년도의 인간 유전체 사업이 시작되면서 2003년 완성되었고, 1997년도에는 세계 최초로 체세포 복제를 통한 복제양 돌리가 탄생하여 상업적으로 이용할 수 있는 단계에까지 이르고 있다. 이러한 기술들은 다양하게 응용되고 있는데, 농축산물 개발, 산업 바이오, 치료의약품 개발, 환경오염 개선 등 그 응용 분야도 지속적으로 늘어나고 있다.

6. 혁신 주체로 등장한 벤처기업

벤처기업이란 venture와 企業의 합성어로 만들어진 의미이며, 대한민국과 일본에서 주로 사용되고 있으며, 영어권에서는 'start-up'의 단어를 사용하고 있다. 벤처기업은 창조적 재능, 고도의 전문성, 그리고 기업가정신을 발현하여 대기업에서는 진입하기 힘든 차별화된 신규 산업에 도전하는 기업이다. 또한, 높은 위험부담과 그에 따른 높은 기대수익을 동반하고 있으며, 급변하는 환경에 적응할 수 있는 혁신적인 기업가정신을 바탕으로 창업하여 글로벌 기업으로 성장하는 벤처기업도 생기고 있다. 그러나 벤처기업은 성장하는 속도가 빠른 만큼 도산될 위험성도 크다는 것이다. 그 원인으로는 재무와 마케팅의 취약성, 1인 창업체제, 기업 체질에 맞지 않는 과도한 설비투자, 기술개발의 한계 등에 부딪히기 때문이다. 이러한 벤처기업의 한계를 극복하기 위해서는 다양한 인재 유치와 적극적인 투자유치 등으로 한계를 극복해 나가면서 성공하는 벤처기업으로 발전할 수 있다.

[유니콘기업 살펴보기]

국내 제약바이오 첫 유니콘기업 '에이프로젠' … 가치 1조 넘어

국내 제약바이오업계에도 유니콘기업이 탄생했다. 유니콘 기업이란 기업 가치가 10억 달러(1조 원)를 넘는 비상장 스타트업 기업을 전설 속 동물 '유니콘'에 비유해 일컫는 말이다.

중소벤처기업부(장관 박영선, 이하 중기부)는 지난 10일 바이오시밀러(면역치료제) 제조업체인 에이프로젠이 지난 9일자로 CB Insight에 등재돼 우리나라 기업으로는 11번째 유니콘기업이 나왔다고 발표했다.

에이프로젠은 린드먼아시아인베스트먼트로부터 200억 원 규모의 투자를 유치해 기업가치가 1조원이 넘는 것으로 평가받았다. 따라서 우리나라의 국가별 유니콘기업 순위는 미국(210개사), 중국(102개사), 영국(22개사), 인도(18개사)에 이어 독일과 함께 공동 5위로 상승했다.

중기부는 "특히 그동안 등재된 국내 유니콘기업은 주로 ICT 분야에 집중됐지만 에이프로젠이 처음으로 생명공학 분야 유니콘기업으로 등재돼 업종이 좀 더 다양해지고 있다는 점에서 의미가 크다"며 "최근 국내 유니콘기업의 탄생속도가 가속화되는 모습을 보이고 있어, 앞으로 새로운 유니콘기업도 계속 늘어날 것"이라고 했다.

박영선 장관은 "유니콘기업 수가 증가하는 것은 우리나라의 스타트업 창업자와 벤처투자자의 땀과 노력으로 벤처생태계가 성숙되는 증거"라며 "정부도 스케일업 펀드 조성 등 벤처투자 확대와 예비 유니콘기업 발굴·육성 등을 통해 더 많은 유니콘기업이 나올 수 있는 벤처 생태계 조성에 힘쓰겠다."고 했다.

(참고 1) 국내 유니콘 기업 현황

순번	1호	2호	3호	4호	5, 6호
등재시점	'14.5월	'14.11월	'17.4월	'18.8월	'18.12월
기업명 (가치평가)	쿠팡 (90억 달러)	옐로 모바일 (40억 달러)	L&G 코스메틱 (17.8억 달러)	크래프톤 (50억 달러)	비바리퍼블리카 (22억 달러), 우아한 형제들 (26억 달러))
창업연도	'13년	'12년	'09년	'07년	'13년, '11년
순번	**7호**	**8호**	**9호**	**10호**	**11호**
등재시점	'19.2월	'19.4월	'19.6월	'19.11월	'19.12월
기업명 (가치평가)	야놀자 (10억 달러)	위메프 (26.5억 달러)	지피클럽 (13.2억 달러)	무신사 (18.9억 달러)	에이프로젠 (210.4억 달러))
창업연도	'07년	'10년	'03년	'12년	'00년

(참고 2) 국가별 유니콘 기업 추이

구분	'17.12월	'18.8월	'18.12월	'19.12.9일
1위	미국(113개사)	미국(119개사)	미국(114개사)	미국(510개사)
2위	중국(59개사)	중국(76개사)	중국(81개사)	중국(102개사)
3위	영국(13개사)	영국(15개사)	인도, 영국 (14개사)	영국(22개사)
4위	인도(10개사)	인도(11개사)		인도(18개사)
5위	독일(3개사)	독일(5개사)	독일(7개사)	독일, 한국 (11개사)
6위	한국, 이스라엘, 프랑스 등 8개국 (3개사)	이스라엘(4개사)	한국(6개사)	
7위		한국(3개사)	이스라엘(4개사)	이스라엘, 브라질 (6개사)
계	224개사	255개사	295개사	426개사

한편, 에이프로젠은 카이스트 교수로 재직하던 김재섭 현 대표가 2000년 설립한 바이오벤처 제넥셀에 근간을 갖고 있다. 김 대표는 이후 2006년 에이프로젠을 인수했다.

2009년 레미케이드 바이오시밀러(GS071)을 기술이전받아 일본 니치이고제약과 2014년 2월 판권계약을 통해 판매하고 있다. GS071은 류마티스 관절염, 크론병 등 자가면역질환 치료제다. 2016년 680억 원, 2017년 622억 원, 2018년 481억 원, 올 3분기까지 누적 매출 241억 원을 기록하고 있다. 최근 린드먼아시아인베스트먼트로부터 200억 원 규모의 투자를 받았다.

출처: 히트뉴스(http://www.hitnews.co.kr), 강승지 기자, 2019.12.15.

CHAPTER 10

3차 산업혁명시대의 기업가정신 고찰

제 1 절 공급과잉 시대의 기업가정신

1. 혁신의 원천

전통산업과 정보기술이 융합되면서 새로운 산업혁명 시대를 이끌고 있다. 이렇게 협력과 융합을 통해서 기존의 범용기계에서 생산되던 노동집약적 산업에서 자동화장비로 생산함으로써 생산의 극대화를 가져오는 장치산업으로 산업환경이 바뀌게 된 것이다.

피터 드러커는 '혁신과 기업가정신(1985년)'이라는 저서를 통해 혁신의 기회를 체계적으로 발견하기 위한 혁신의 원천 일곱 가지를 제시했다.

기업 또는 산업 내에 존재하는 기회의 원천	기업 외부의 사회적 지적 환경의 변화에서 발생하는 기회의 원천
① 기대하지 않은 사건의 발생 : 예상하지 못했던 '성공, 실패, 외부의 사건' ② 불일치 : '현상'과 '당위'간의 차이 ③ 프로세스상의 필요에 의한 혁신 ④ 산업과 시장 구조의 변화	⑤ 인구구조의 변화 ⑥ 인지, 분위기 또는 의미의 변화 ⑦ 과학 또는 다른 분야에서의 새로운 지식

표에서 제시된 혁신의 원천 일곱 가지 중에서 먼저 열거된 것일수록 위험과 불확실성은 적으나 혁신 성과는 크지 않지만, 뒤에 열거될수록 혁신의 복잡성 등이 배가되지만 성공적

으로 혁신을 성공시키면 그 성과는 더욱 크다.

또한, 피터 드러커는 '꼭 해야 할 일'과 '해서는 안 되는 일'을 구분하여 혁신을 성공적으로 수행하는 지침도 제시하였다.

The Do's(꼭 해야 할 일)	The Dont's(해서는 안 되는 일)
① 체계적·목적 지향적 혁신은 일곱 가지 혁신 기회의 원천들부터 검토하고 기회 분석부터 시작해야 한다. ② 혁신은 개념 및 인식 활동으로 외부로 나가서 보고, 질문하고 경청해야 한다. ③ 혁신 목표를 달성하기 위해서는 어렵지 않게 초점을 맞추어서 해야 한다. ④ 혁신을 효과적으로 하기 위해서는 작게 시작해야 한다. ⑤ 성공적인 혁신을 하려면 설정한 목표를 주도권을 잡는 데 초점을 맞추어야 한다.	① 목표 없이 독창적인 혁신을 하려고 노력하지 말 것 ② 분산, 다각화는 지양하고 너무 많은 것을 한꺼번에 시작하지 말 것 ③ 너무 지나치게 먼 미래의 혁신을 하려고 시도하지 말 것

결론적으로 혁신을 성공시키기 위해서는 '혁신은 일이다', '혁신은 자신의 강점을 기반으로 추진한다', '혁신은 사회와 경제에 주는 영향이다'라는 세 가지 조건이 필요하다.

드러커는 "시장환경에 대응하기 위해서는 한 분야에서 주도권을 잡을 수 있는 영향력이 있는 혁신 활동을 수행하여야 한다."라고 지적했다. 왜냐하면, 혁신 활동 중, 발생할 수 있는 불확실성과 다양한 변화는 지금까지 가지고 있던 가치관을 부정하는 결과를 초래할 수 있기 때문이다.

이는 시장환경 변화를 인지하지 못하고 포드자동차가 검은색 'T형'자동차만 고집하면서 실패한 사례는 과거의 성공에 취해서 혁신하는데 발목을 잡은 좋은 사례이다. 이처럼 혁신을 하는 데는 현실적으로 다양한 변화를 수용하는 조직 구성원의 저항으로 인해 쉽게 이루어지는 것이 아니다.

드러커가 위에서 언급했던 기회의 원천은 환경적인 측면에서 점점 더 빠르게 변화되고 있다. 세계적으로 전통산업과 정보기술이 융합되면서 경쟁적으로 설비투자가 이루어짐으로써 주요 산업에서 공급과잉이 심화하고 있다. 이에 따라 세계 각국에서 수요와 공급의 불일치는 극에 다다르면서 디플레이션을 염려해야 할 만큼 커지고 있다.

정보기술과 정보통신기술의 발전에 따라 산업구조가 변화되고 세계적인 인구증가, 자원의 불균형 등으로 공급과잉 현상이 발생하고 기업성과에 실질적, 잠재적인 영향을 미칠 수 있는 환경에 직면하고 있다. 이러한 기업환경은 기술적, 사회적, 경제적, 문화적 측면에서 급변하고 있는 상황이기 때문에 그 변화에 신속하게 대응하기 위해서는 최적의 전략을 선택하고 실행할 수 있는 시스템 구축이 중요하다.

이렇게 불확실한 환경에 직면한 기업이 지속성장하고 경쟁우위를 확보하기 위해서는 우선적으로 취해야 할 점은 경쟁자들과 차별화할 수 있는 다양한 방법 중에서 우선 기술혁신을 시도하는 것이다. 기술혁신이란 제품이나 서비스, 공정과 관련된 신기술이 기업활동에 영향을 주는 것이다. 즉, 제품 및 공정상의 기술에 새로운 혁신적 변화를 적용하여 조직의 변화를 일으키는 것이다.

2. 공급과잉 시대의 혁신과 융합

2002년 삼성경제연구소는 '공급과잉 경제의 도래와 그 파장'이라는 보고서에서 디플레이션 현상 속에 빠진 세계 경제는 공급과잉이 주된 원인이라고 지적했다. 이는 80년대 이후 정보기술(IT)의 기술혁신으로 전통산업과 융합되어 그 파급효과는 생산공정의 혁신과 개발도상국의 급부상 요인이 되었고 이는 생산성 및 공급 능력의 향상으로 이어지고 글로벌화의 진행 속도에도 영향을 주었다. 이러한 환경변화에 따른 경쟁은 제품의 가격하락을 가져오지만, 수요 측면에서는 구조적인 소비위축을 가져왔다.

소비위축의 또 다른 요인으로는 전 세계적으로 고령화가 급속도로 진행되고 있는 것도 그 원인 중 하나이다. 우리나라뿐만 아니라 세계 선진국에서 본격적으로 베이비붐 세대가 은퇴하면서 소비하는 연령층이 감소하고 있기 때문에 소비위축은 지속해서 심화할 전망이다.

또한, 삼성경제연구소는 공급과잉이 지속되면서 성장동력으로서의 수출 경쟁이 치열해지고 수출에 대한 효과도 줄어들 것으로 예상했다. 이러한 현상은 결국 소비위축과 수익성 감소를 동반하게 되고 경기침체라는 악순환으로 이어지리라 예측했다. 또한, 이러한 문제의 대응책으로 3차 산업혁명을 주도하고 있는 핵심기술인 정보통신기술과 생명공학기술 등과 같은 차세대 유망산업을 집중적으로 육성할 것을 권고했다. 이는 곧 기술과 지식 집약적 산업구조로 고부가가치화하고 국내외 기업 간의 협력을 통해 공급과잉 문제를 해소해 나가야 한다고 제안했다.

이러한 공급과잉은 저성장의 원인으로 작용하는데 혁신적인 기술이 소비를 자극하는 효과로 이어져 생산 부문에서는 생산성이 높아지더라도 수요를 재창출함으로써 공급과잉과 저성장의 경제적 문제를 해결할 수 있다. 이처럼 기술혁신은 공급과잉 시대의 다양한 문제를 극복할 수 있는 주요한 요인이지만 단지 기술혁신만으로는 공급과잉 문제를 해소할 수 없으며, 산업 간의 융합이 필요하다.

정보통신기술이 발전하면서 모든 산업 분야에서 이 기술을 이용하여 급속히 융합이 진전되면서 부가가치를 높이는 원천기술 역할을 하고 있다. 또한, 정보통신기술은 전통산업

분야와 융합하면서 고부가가치화 속도가 빠르게 진행되고 있다.

이와 같은 융합 현상은 과거에도 존재했던 개념이지만 오늘날과 같이 가시화된 것은 최근이라고 할 수 있다. 이러한 광범위한 산업 간의 융합 현상은 기존의 기술혁신이 가져온 산업 변화를 뛰어넘는 시너지효과를 창출할 것으로 기대되고 있다.

3. 오픈 이노베이션(개방형 혁신)과 기업가정신

혁신하면 빼 놓을 수 없는 것이 지적재산권(특허)을 떠 올릴 수 있다. 유럽에서는 이미 1236년 다색(多色통) 무늬직물에 일정기간 권리를 부여하는 세계 최초의 특허 개면을 사용했다는 기록이 있으며, 미국은 특허법을 1790년에 최초로 제정하여 홉킨스 사무엘(Hopkins Samuel)이 그해 7월 31일 특허를 출원하였다. 이처럼 과거에는 특허가 혁신을 주도해 왔지만 정보통신사회에 접어들면서 정보를 다루는 근로자들의 유동성으로 정보 교류가 활발해지면서 이제는 자원의 활용을 기업 내부에서만 활용하는 것이 아니라 혁신의 원천을 기업 내·외부의 자원으로 확대하여 활용하면서 전통적인 혁신에서 벗어나 효율을 극대화해나가고 있다.

전통적인 혁신은 정보통신사회의 확대 즉, 인터넷 발달로 인한 초연결사회, 이로 인한 정보의 비대칭 감소, 외부 자원과의 폭 넓은 협력 관계 등으로 그 효율성이 도전받으면서 새로운 오픈 이노베이션시대를 열어 가고 있다고 할 수 있다. 최근 이러한 분위기 속에서 선진기업들이라고 할 수 있는 IBM이나 P&G 같은 기업들은 기업환경의 변화를 꾀하기 위하여 새로운 혁신모델의 개념을 제시하면서 급변하는 기업환경의 위험 요소를 감소시키기 위해 노력하고 있다.

오픈 이노베이션은 내부의 혁신을 촉진하고 내부의 혁신을 외부의 자원과 연계시키고 시장을 확대하기 위한 목적성을 가지고 내외부적으로 활용하는 것을 말한다(Chesbrough et al., 2006). 미국의 기업들은 이러한 방법으로 20세기에 들어서면서 외부 연구자들과 교류하고 공동으로 연구개발 과제를 수행하면서 소기업들이 주축이었던 산업구조에서 기업 간 협력 관계를 구축하여 생존을 위한 핵심 업무를 수행해 왔다.

그 이후 제2차 세계대전을 겪으면서 대량생산 체제의 개념을 인식하게 되고 연구개발을 위한 전문 인력들의 핵심역량 즉, 전문성과 독점성이 강조되었으며, 이들에 대한 연구개발 투자가 대규모로 이루어지기 시작하여 소비시장을 확대시켜나갔다. 그러나 1970년대 세계적인 경제공황, 1980년대로 들어서 시장포화상태에 직면하면서 다품종소량생산에 최적화된 유연한 조직을 필요로 하게 되었으며, 독일, 이탈리아, 일본 등이 이러한 생산체계를 바탕으로 성공하면서 중소기업들의 협력 네트워크를 통한 혁신 활동에 관심을 갖기 시작하였다. 대기업들도 수직적으로 통합된 형태에서 사내 조직을 연결할 수 있는 네트워크로 혁신 시스템을 구축하면서 조직의 형태를 진화시켰다.

1990년대에는 국가의 산업정책에 다양한 혁신시스템적 접근방법의 기초를 제공하게 되었고, 이러한 방법은 혁신을 위한 외부조직의 발전과 가상기업의 모델들을 제시하면서 조직의 한계를 뛰어넘는 협력 방안들이 모색되었다(Dyer, 1991).

오픈 이노베이션 시대는 특정한 사람들만이 비즈니스의 기회가 주어지는 것이 아니라 누구에게나 비즈니스의 기회가 주어지고 기업가정신을 발휘할 수 있는 시대가 되었으며, 이는 대기업 중심의 혁신에서 개인 발명가들에 의한 혁신이 다시 부활할 수 있는 기회를 제공하고 있다. 그러나 이러한 기회는 개인이 진입할 수 있는 시장, 즉 소프트웨어 분야, 벤처캐피탈 시장의 형성, 정보통신 분야는 글로벌 비즈니스로 발전할 수 있는 기회를 제공하기 때문에 19세기의 기업가정신과는 전혀 다른 토대 위에 있는 개인 간의 협력 네트워크에 기반을 두고 혁신을 이루고 있다.

전통적인 혁신에서는 기업의 이윤만을 추구하는 기업가와 구분하여 기업가정신 기반으로 자본주의가 발전한다는 슘페터의 이론이 사회·경제적인 분야에서 매우 설득력을 얻고 있는 경영의 프레임으로 주목받고 있다. 슘페터는 기업의 성장에 있어서 기업가정신을 기반으로 한 혁신을 핵심 원동력으로 보고 있으며, 정부의 정책도 혁신에 대한 동기를 부여하는 것으로 보고 있다.

3차 산업혁명 시대를 이끈 대표적인 혁신가들이 많지만 제프 베조스와 일론 머스크는 혁신을 통해 기업을 성장시킨 대표적인 인물이라고 할 수 있다. 일론 머스크의 기업가정신은 세계 최초의 인터넷 은행 '엑스닷컴'설립을 시작으로 우주라는 새로운 시장을 개척하기 위해서 자신의 전 자산을 투자하여 설립한 '스페이스엑스'에 이르기까지 잘 나타나고 있으며, 그 특징은 현재 가치보다 미래 가치를 추구하면서 기회를 포착하고 있는 혁신적 도전정신에 있다.

그리고 제프 베조스가 2001년 초반의 닷컴 버블이라는 위기 상황을 극복하며 사업 다각화를 이루어냈고 급기야 아마존닷컴을 전 세계적인 기업으로 성장시킨 것도 혁신성, 진취성, 위험감수성으로 대변되는 기업가정신을 발현한 대표적인 사례라고 할 수 있다. 이들의 기업가적 특성은 이후에 소개할 '시대를 빛낸 기업가의 특성'에서 보다 심도있게 다루고자 한다.

오픈 이노베이션을 추진하고 있는 기업들은 일련의 기업활동 과정에서 외부의 다른 기업들과 협력하는 파트너십을 형성하고 새로운 비즈니스 모델을 발굴하여 혁신 활동을 달성하고 있다. 제프 베조스와 일론 머스크도 오픈 이노베이션으로 이전에 경험하지 못했던 새로운 기업가정신을 끊임없이 발현하고 있는 것이다.

4. 자원경쟁 시대의 기업가정신

환경의 불확실성은 "미래의 어떤 사건에 대한 정보의 부재로 어떤 대체 안이 존재하고 이러한 것들의 대체 안이 어떤 결과가 있는지에 대해 예측할 수 없는 상황"을 의미한다. 오늘날 기업들의 대부분이 환경의 불확실성에서 벗어나려고 부단히 노력하고 있다. 이러한 환경의 불확실성은 시장과 기술이라는 측면으로 불확실성을 나누고 있다. 시장의 불확실성은 고객의 욕구가 다양해지면서 기업의 경쟁우위도 변화한다는 것이다. 즉, 시장의 불확실성이 커질 때 기업들은 경쟁우위를 확보하기 위하여 다양한 고객의 욕구가 반영된 서비스와 제품을 개발하는데 매진하여 경쟁력을 향상시키고 있다. 기술의 불확실성은 급변하는 환경 속에서 변화되는 기술을 이해하고 예측하는 것이 불가능한 상황을 말한다. 이러한 환경변화 속에서 기술을 기업의 경영자들이 효율적으로 의사결정을 내리는데 저해 요인으로 작용하게 된다는 것을 의미한다. 따라서 환경의 불확실성 속에서 기업이 처한 환경을 극복하고 경영성과를 향상시키기 위한 기업들의 전략적 대응도 달라져야 한다. 이처럼 급변하는 불확실한 환경 속에서는 자사만의 핵심역량으로 경쟁우위를 확보해 나가야 한다.

자원기반이론 관점에서 보면, 핵심역량은 기업이 보유하고 있는 자사 특유의 전반적인 지식, 기술, 능력 등의 통합적인 기능을 의미하고 고객가치를 극대화함으로써 원가절감과 수익성 또한 극대화할 수 있다. 또한, 자사만의 핵심역량을 통하여 경쟁우위를 확보하여 기업이 지속성장 가능성을 높이는 원동력으로 작용하게 된다. 이러한 핵심역량은 경쟁기업이 모방하기 어려울수록 경쟁우위의 지속성은 더욱 오래갈 것이며, 경영성과 향상에 지대한 영향을 줄 수 있다.

자원기반이론은 기업이 같은 환경요인에도 불구하고 경쟁기업들보다 월등한 경영성과를 가져온다는 것을 의미하는 이론이다. 자원은 기업활동에서 생산성을 높이거나 목표로 하는 고객을 대상으로 마케팅 효과를 극대화할 수 있는 전략을 수립하고 수행해 나아갈 때의 유·무형의 자산을 의미한다. 기업의 모든 종류의 역량과 자산, 조직 프로세스, 기업의 특성, 지식, 정보 등을 포괄적으로 내포하는 개념으로 모방하기 어렵고, 대체할 수 없고, 희귀하고, 가치 있는 자원을 보유한 기업들만이 지속 가능한 경영성과를 유지해 나갈 수 있다.

자원기반이론은 기업이 보유하고 있는 자원의 이질성과 부동성을 바탕으로 한 인적자본, 조직자본, 그리고 물리적 자본이 기업의 일시적 경쟁우위가 아닌 지속적 경쟁우위의 원천이 된다. 특히 지속적인 경쟁우위의 원천이 되는 인적자본은 기업의 성과에 중요한 요소라고 할 수 있다.

1981년부터 2001년까지 GE의 최고경영자를 역임한 잭 웰치는 취임하자마자 "세계 시장 점유율이 1위나 2위가 아니라면 철수한다."라는 방침을 발표하면서 기업의 사업 분야를 1/3

이하로 축소한 것은 같은 업계에 있는데도 기업 간에 실적이 상이한 이유는 기업마다 보유하고 있는 경영자원을 사용하는데 있어서 그 효율성에 차이가 있기 때문이다. 그리고 제이 바니는 그러한 경영자원을 효과적으로 사용할 때 "지속적 경쟁우위로 이어진다"라고 주장했다. 또한, 바니는 그 경영자원이 '지속적 경쟁우위의 원천'이 될 수 있는가에 대한 판단 기준을 네 가지로 구분하였다. 경제적 가치(Value), 희소성(Rarity), 모방가능성(Imitability), 조직(Organization) 등으로 VRIO 분석 도구를 만들었다.

이 분석 도구로 열악한 환경 속에서도 성공을 거둔(1990년대) 델을 가치사슬에 따라 분석했는데 구매기능, 판매 · 지원기능, 제품조립기능, 부품배송 · 제품운송 · 재고 보유 기능 등의 분석 결과를 바탕으로 델의 우위성이 지속할 것으로 예측했다. 그러나 바니의 예상과는 달리 델의 경쟁 우위성은 그로부터 수년 뒤에 허무하게 무너져 내렸다.

이는 바니의 자원기반전략이 외부환경변화를 고려하는 구조가 아니었기 때문이고 분석도구 요인 중 경제가치의 분석이 모호했던 것도 문제였다. 여기서 델의 조립 기능을 예로 들면, 아무리 멋진 아이디어를 궁리해서 구현하더라도 원가를 절감할 수 있는 부분은 전체 비용의 몇 퍼센트 정도밖에 되지 않는다면 경제적인 가치가 있다고 볼 수 없다. 또한, 어떠한 '경영자원'이 기업에게 유용한지도 제시했지만, 그 자원을 어떻게 운용해야 그 자원을 효과적으로 활용할 수 있는가에 대한 '프로세스'는 제시하지 못했기 때문에 델을 정확하게 분석하지는 못한 것이다. 그러나 자원의 이질성과 부동성이라는 측면에서 기업이 경쟁우위를 확보하기 위한 핵심역량에 따른 기업가정신 발현에는 많은 영향을 준 것이 자원기반이론이다. 이 이론에 대해서는 11장 5절에서 조금 더 다루고자 한다.

제2절 시대를 빛낸 기업가의 특성

1. 애플의 스티브잡스

1) 스티브 잡스(1955~2011)의 조력자

애플하면 떠오르는 이미지는 청바지와 검은색 셔츠를 입고 혁신적인 제품 발표하는 스티스 잡스의 모습일 것이다. 미국 캘리포니아주 샌프란시스코에서 1955년 2월 24일 태어난 잡스는 실리콘밸리 인근에서 거주하는 잡스 부부에게 입양되어 자연스럽게 전자 분야와 친숙한 환경 속에서 성장했다.

잡스는 그러한 환경에서 천부적인 전자 엔지니어 지식을 가지고 있는 스티브 워즈니악을 만나면서 그의 아이디어를 실현할 수 있었다. 잡스의 장점은 기업가정신을 발현하는 능력을 가지고 있었고, 워즈니악은 그가 기업가정신을 발현할 수 있도록 하는 조력자로서의 능력 즉, 잡스의 아이디어를 실현시켜 줄 수 있는 기술을 가지고 있었다.

그들은 1976년 공동으로 애플이라는 컴퓨터 제조회사를 설립하였고, 그해 회로기판만 있는 '애플 I'이라는 퍼스널컴퓨터를 발표하였다. 그 당시 시장에서 퍼스널컴퓨터가 주목받게 되자 새로운 버전의 퍼스널컴퓨터 '애플 II'를 연이어 발표하면서 영세했던 기업 여건이었음에도 불구하고 잡스는 워즈니악의 기술을 바탕으로 시장에서 큰 반응을 이끌어내면서 판매에 성공하였고 1980년에는 주식을 공개(IPO)하면서 현재의 애플이라는 기업을 만들어냈다.

2) 스티브 잡스의 혁신성

1984년 IBM 컴퓨터에 대항하기 위하여 우여곡절 끝에 선보인 매킨토시 컴퓨터는 시장에서 좋은 반응을 보였지만 회사 내부 조직이 흔들리면서 급속한 판매 부진으로 이어졌다. 매킨토시를 시장에 처음 선보일 때는 잡스의 독특한 스타일과 분위기로 인해 매킨토시에 매료되었던 고객들은 소프트웨어가 부족하다는 불편함을 호소하면서 제품을 외면하기에 이르렀다. 이러한 잡스는 회사 경영을 어렵게 만드는 인사로 지목되었고 1985년 5월 회사에서 쫓겨나게 되었다.

잡스는 애플에서 쫓겨난 이후 '넥스트'라는 컴퓨터 회사를 설립하고 넥스트스텝(마우스를 사용할 수 있는 시스템 개발)이라는 세계 최초의 운영체제를 개발하였다. 그러나 그래픽 전용 컴퓨터는 시장에서 좋은 반응을 보이지 못하고 적자에 허덕이게 되었다. 이렇게 어려움을 겪고 있는 넥스트사를 1996년에 인수한 것이 애플이었다. 애플을 떠난 지 13년 만에 잡스는 복귀하게 된다.

그리고 2007년 아이폰이 발표되고 2010년 아이패드가 출시되면서 잡스는 IT업계에서 성공가도를 달릴 수 있었고 오늘의 애플이라는 세계적인 기업을 만들어냈다.

잡스는 기존의 제품을 뛰어넘는 새로운 제품을 개발하는 혁신성으로 실패를 두려워 하지 않고 새롭게 변신하는데 성공한 그는 스탠퍼드 대학 졸업식 연설에서 "애플에서 해고된 것은 내 인생에서 최고의 행운이었다. 애플에서 해고되지 않았더라면 무엇 하나 시작하지 못했을 것이다."라고 말했다.

잡스가 세상을 떠나고 팀쿡이 경영하는 체제에서 혁신을 먼저 생각하고 세상에 없던 제품을 만들었던 그와 혁신보다는 현재 존재하는 제품의 성능을 극대화하고 유통과 마케팅 등을 폭넓게 생각하면서 애플을 운영하고 있는 팀쿡, 이들 중 누가 기업가정신을 더 발현하는지는 평가할 수 없지만, 잡스가 없는 애플의 혁신성은 점점 사라지고 있다는 점에서 팀쿡이 경영하는 애플은 과연 어떠한 전략으로 고객의 마음을 사로잡을지 귀추가 주목된다.

2. 구글의 래리 페이지

1) 래리 페이지(1973~)의 조력자

1973년 래리 페이지는 컴퓨터를 전공한 부모 슬하에서 태어나 자연스럽게 컴퓨터를 접하면서 신동으로 자랐다. 그는 6세부터 컴퓨터에 관심을 갖기 시작해 1995년 24세의 나이에 2년 선배인 러시아 출신의 미국시민권자인 세르게이 브린과 친구의 집 창고에서 구글을 창업했다. 그리고 제프 베조스(아마존 창업자), 데이비드 체리턴(스텐퍼드대 교수), 람슈리람(벤처캐피탈리스트, 현 구글이사) 등의 투자를 받고 2000년대 초 '닷컴버블' 속에서도 지속적으로 성장할 수 있었다.

그러나 페이지는 자신이 기업을 경영하기에 나이나 경험이 부족하다는 것을 느끼고 기업의 체계를 잡으면서 대외적인 기업활동을 지휘해 나갈 최고경영자를 영입하는데 그가 바로 에릭 슈미트였다.

슈미트는 반 마이크로소프트(MS) 체제 활동을 하면서 OS에 관계없이 프로그램을 운영할 수 있는 '자바'개발을 주도적으로 이끌면서 이후 노벨사의 CEO로 활약했던 인물이다. 그는 처음에 닷컴버블이 꺼진 시기에 적자에 허덕이고 있는 신생기업인 구글에 합류할 생각이 없었지만 젊은 창업자 페이지와 브린의 통찰력과 발칙한 상상력에 매료되어 구글의 최고경영자 자리를 받아들인 것이다. 페이지는 이후 10년 동안 대내외적인 활동을 자제하면서 슈미트에게 경영 수업을 받았고, 슈미트는 20여 년의 풍부한 경험과 노하우를 구글 경영에 아낌없이 쏟아 부었고, 그의 풍부한 경험과 노하우는 구글의 독특한 기업문화와 결합되어 구글의 초고속성장을 이끌어 냈다. 슈미트는 2011년 래리 페이지가 최고경영자로 복귀한 이후에도 페이지와 브린에게 경영의 조언을 제공하면서 조력자로서의 역할을 수행하고 있다.

2) 래리 페이지의 도전정신

페이지는 최고경영자로 복귀하면서 직원들에게 "회사가 실패하는 이유는 야망이 없기 때문입니다. 벤처기업의 도전정신과 열정으로 회사를 운영해 나갈 것입니다."라고 선언했다. 이후 페이지는 200여 개의 기업을 지속적으로 인수·합병해 나갔다. 그 대표적인 사례는 임직원들의 반대를 무릅쓰고 2006년 유튜브(동영상 공유 서비스 기업)를 16억 5000만 달러라는 금액으로 인수하면서 그의 도전정신을 보여주었다.

현재 페이지는 알파벳의 최고경영자이다. 알파벳은 그동안 그가 인수·합병한 회사를 총괄하는 지주회사이다. 알파벳의 대표 기업들은 딥마인드(기업용 인공지능 담당), DNN리서치(인공지능 스타트업), 칼리코(헬스케어와 바이오 산업 담당), 구글(사용자용 인공지능, 검색, 모바일, 광고 등을 담당), 네스트(사물인터넷과 스마트홈 담당), 웨이모(자율주행차 담당), 파이버(이동통신사업 담당) 등으로 이들 기업들은 페이지의 경영철학(약해지지 말자)이 담긴 차세대 분야를 이끌어 나갈 기업으로 성장하고 있다.

페이지는 벤처기업의 열정과 도전정신으로 세계 2위의 기업을 만들었지만 지금도 검소한 삶을 살아가고 있으며, 페이지가 이끄는 구글은 여전히 끊임없이 혁신을 위한 도전을 하고 있는 중이다.

3. 아마존의 제프 베조스

1) 제프 베조스(1964~)의 제프이즘(Jeffism)

제프 베조스는 뉴멕시코주 앨버커키에서 자전거 가게를 운영하던 아버지와 어머니 사이에서 태어났다. 그는 어렸을 때부터 만드는 것을 좋아했으며, 프린스턴 대학교 컴퓨터공학과를 1986년 우수한 성적으로 졸업하고 대기업들의 러브콜을 뒤로하고 핀테크 스타트업 Fitel에서 사회생활을 시작하였다. 이후 1993년 말 부모님으로부터 30만 달러를 지원받아 온라인 서점을 열게 되고, 1994년 7월 정식으로 아마존을 설립하게 된다. 그리고 1997년 주식공개상장(IPO)에 성공하면서 베조스는 백만장자의 반열에 오르는 기업으로 아마존을 급성장시켰다. 그는 이에 만족하지 않고 아마존에서 벌어들인 수익을 공격적으로 재투자하면서 사업다각화를 추진하여 현재의 아마존을 탄생시켰다.

이러한 베조스의 경영철학은 언론인 브래드 스톤이 펴낸 책, 「The everything store」에서 '제프이즘(Jeffism)'이라고 명명되었다. 제프이즘의 핵심 내용은 '고객에게 집착', '데이터에 대한 집착'으로 요약할 수 있다. 베조스는 고객중심을 뛰어넘는 고객집착이야 말로 아마존의 경쟁력이라고 말한다.

그리고 세일즈포스닷컴(실리콘밸리의 대표기업 중 하나)은 자사의 블로그에 '제프이즘으로부터 배우는 7가지 교훈'을 공유하기도 했는데, 그 내용을 보면 다음과 같다. 「① 지식을 높이는데 집중하세요. ② 항상 지식이 풍부한 사람들을 구할 수 있도록 노력하세요. ③ 먼저 줄 수 있도록 하세요. ④ 메신저를 보지 말고 메시지에 집중하세요. ⑤ 미래를 보고 일하세요. ⑥ 항상 책임을 지세요. ⑦ 아이디어를 실행에 옮기세요.」

베조스의 제프이즘은 이와 같이 무엇이 변화할지에 대한 걱정을 하지 않고 변화하지 않는 것에 집중하며, 내·외부 고객에게 집착하고, 그리고 데이터에 대한 집착으로 아마존을 경영하고 있다.

2) 제프 베조스(1964~)의 휴리스틱(heuristics)

베조스는 변덕이 심하고 직원들에게 인색한 사람이라고 많은 사람들이 부르지만, 그는 미래를 내다보는 직관(휴리스틱)을 보유한 CEO로 알려져 있다.

휴리스틱이란 발견법이라고도 불리는데, 불충분한 시간이나 정보로 인하여 합리적인 판단을 할 수 없거나, 체계적이면서 합리적인 판단이 굳이 필요하지 않은 상황에서 사람들이 빠르게 사용할 수 있는 어림짐작의 방법이다(한국심리학회 심리학용어사전, 2014). 하지만 그가 의사결정을 할 때는 수치화된 데이터를 중시한다. 그는 "우리는 사소한 데이터라도 절대로 버리지 않고 데이터가 서비스나 상품을 만들 때 언제 어디서 어떻게 중요하게 쓰일지 알 수 없기 때문에 버리지 않는 것이다."라고 말한다.

2013년 미디어사업 경험이 전무했던 베조스가 워싱턴포스트를 인수하여 1년 만에 순수 방문자를 59% 늘리면서 뉴욕타임즈의 순수방문자를 넘어설 수 있는 기업으로 성장시킨 것도 휴리스틱에 바탕을 두고 데이터를 충분히 활용했던 것이 주요 요인이라고 할 수 있다. 이처럼 휴리스틱은 기업가정신에서 빼놓을 수 없는 기업가의 자질이라고 할 수 있으며, 베조스도 이러한 자질을 발휘하여 아마존이라는 거대 기업을 만들어 낸 것이다.

4. 테슬라의 일론 머스크

1) 일론 머스크(1972~)의 조력자

1972년 남아프리카공화국에서 2남 1녀의 장남으로 태어난 일론 머스크는 12살이 되었을 때 이미 베이직 프로그래밍 언어를 독학으로 배워서 게임 소프트웨어 블래스터(Blastar)를 개발하여 500달러를 받고 게임 업체에게 팔 정도로 천재적인 기업가 기질을 바탕으로 그는 인터넷, 재생에너지, 우주산업 분야 등을 도전해야 할 핵심 산업이라고 생각하였다.

1990년대 당시 인터넷의 발전 가능성을 보고 머스크는 이틀 만에 스텐버드대학교 박사과정을 그만두고 킴벌 머스크를 설득하여 실리콘밸리로 이주하여 사업을 시작하였다. 그리고 Zip2(1995년)라는 온라인 지역 안내 콘텐츠 회사를 설립하였고 일론은 기술을, 사교성이 좋은 킴벌은 영업을 담당하면서 회사를 성장시켜 나갔고, 4년 후에 3억 7백만 달러에 컴팩(Compaq)에 매각하여 새로운 사업 기회를 잡을 수 있었다.

1999년 회사를 매각한 자금으로 페이팔의 전신인 엑스닷컴(X.COM)을 창업하였고 경쟁업체인 콘피니티라는 회사와의 합병을 통하여 전자결제 업체인 페이팔로 성장하였다. 이후 페이팔을 이베이로부터 15억 달러를 받고 매각하면서 일론과 킴벌은 각자 다른 길을 걷게 되지만, 현재의 테슬라와 스페이스X의 성공적인 비즈니스 뒤에는 킴벌이라는 조력자를 빼놓을 수 없다.

킴벌은 2010년 스노우보드를 타다가 죽을 고비를 넘기고 난 이후 스마트팜 사업을 하면서 일론 머스크와 다른 길을 가고 있지만, 스페이스X가 화성 이주 프로젝트를 추진하고 있기 때문에 언젠가는 영화 '마션'과 같이 머스크 형제가 손을 잡고 화성에서 식물을 재배하는 데 킴벌이 한 번 더 조력자 역할을 할 것으로 기대한다.

2) 일론 머스크의 창조적 파괴

일론 머스크는 창조적 파괴를 실천하는 기업가이다. 2018년 2월 7일 '팰컨 헤비'를 우주로 쏘아 올리는 데 성공하면서 "2024년까지 화성에 사람들을 보내겠다."라고 말하면서 그다음에 추진할 목표를 세웠다.

머스크는 젊은 시절, 세 가지 분야의 핵심 산업에 눈을 돌렸다. 인터넷, 재생에너지, 우주산업이 그것이다. 그리고 그는 이러한 산업 분야에 창조적 파괴라고 할 수 있을 정도로 혁신적인 기업가정신을 발휘하여 테슬라, 스페이스X, 솔라시티를 창업하였다.

2008년, 최악의 경영난을 극복하고 스페이스X의 팰컨1호를 우주로 4번째 발사하는 데 성공하면서 NASA와 CRS(상업용 재보급 서비스)라는 프로젝트를 16억 달러에 계약하여 안정적으로 스페이스X를 궤도에 올려 놓았으며, 테슬라도 '로드스터'를 320대 출하면서 그 동안의 적자 경영에서 탈피할 수 있는 투자유치를 도요타 자동차와 파나소닉에서 받고, 미국 정부로부터도 지원을 받게 되었다.

머스크는 스페이스X와 테슬라를 창조적 파괴라는 혁신적인 기업가정신으로 기업을 성장시키면서 몽상가에서 새로운 탐험시대의 개척자로 2024년 화성 이주 프로젝트를 목표로 하고 있다.

[기업가 살펴보기]

5,126번의 실패를 통해 세계적인 엔지니어로 우뚝 서다, '제임스 다이슨'

- 평범한 직장인에서. 영국의 애플 '다이슨'을 설립하기까지

  우리는 늘 실패를 두려워한다. 예측 불가능한 변수들은 실패에 대한 두려움을 극대화하기도 한다. 여기, 그 어떤 변수들에도 굴복하지 않고 묵묵히 자신의 길을 간 사람이 있다. 5,126번의 실패를 딛고 일어나 세계적인 기업 '다이슨'을 설립한, '제임스 다이슨'이다.

- 현실에 안주하지 않는다

  영국왕립예술대학의 디자인과를 나온 다이슨은, 트럭 디자인을 하거나 배를 판매하는 등 여러 직장생활을 겪은 평범한 직장인이었다. 이런 생활 속에서 그가 뛰어난 '디자이너'이자 '개발자'로 성장할 수 있었던 것은, 현실에 안주하지 않았다는 점에 있다. 다이슨은 자신의 산업 디

자인에 대한 욕심을 버리지 않고 이를 실현하는데 끊임없이 도전했다.

자신의 생각을 계속해서 구현하며, 그는 전통적인 수레의 바퀴를 하나의 공으로 대체해 실용성을 높인 '볼베로(Ballbarrow)'란 첫 번째 작품을 내놓는다. 이 작품으로 다이슨은 '빌링 디자인 이노베이션'을 수상하며 산업 디자이너로서 인정받았을 뿐만 아니라, 상업적으로도 큰 성공을 거뒀다. 디자인과 발명에 대한 그의 '도전정신'은 이때를 기점으로 가속화됐다.

• 일상생활의 불편함으로 '다이슨'을 구현하다

제임스 다이슨의 '도전정신'에 다시 불을 지핀 것은 후버의 진공청소기였다. 사용 기간이 길어질수록 제품의 흡입력이 낮아지며, 청소를 해도 먼지가 그대로인 점에 불편함을 느낀 것이다. 그는 원인을 찾고자 청소기를 분해했고, 먼지가 꽉 찬 봉투와 비워도 남아 있는 먼지로 인해 흡입력에 문제가 발생했음을 알게 됐다. 이는 먼지봉투가 없는 진공청소기를 만들어보자는 다이슨의 도전정신을 자극했다.

개발과정이 순탄치만은 않았다. 그는 보관소로 쓰이는 창고에서 5년의 세월 동안 시제품만 5,000개 이상을 만들었다. 길고 긴 5,127번만의 노력 끝에, 현재 진공청소기의 혁명이라 불리는 원심분리기가 장착된 먼지 없는 진공청소기가 개발될 수 있었다. 1993년엔 자신의 이름을 건 '다이슨'이란 기업을 설립하며, 이 진공청소기를 영국의 '국민 청소기'의 대열로 올려놓는다. 간과할 수 있는 일상 속 불편함을 기술로 해결하며, 소비자로부터 큰 사랑을 받은 것이다.

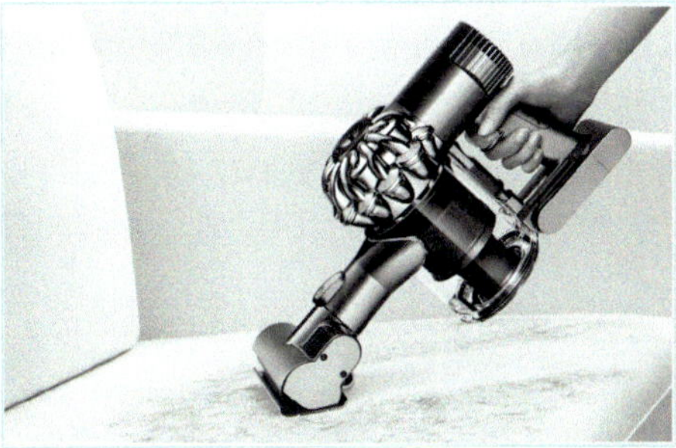
(다이슨 청소기 외관 / 다이슨 공식 홈페이지)

• 생활 속 불편함 + 혁신 = '다이슨'

다이슨은 청소기 이외에도 생활 속 불편함을 해소할 수 있는 제품을 만들고자 노력했다. 이런 과정에서 탄생한 것이 '날개 없는 선풍기'이다. 날개로 인한 안전사고를 해결했을 뿐만 아니라, 날개를 따로 분리해 청소할 필요가 없는 혁신적인 제품을 선보인 것이다. 그는 4년 동안 개발에 매달려, 2007년 소형화된 가정용 선풍기를 시장에 내놓으며 2009년엔 '올해의 발명품'에 선정되는 쾌거를 달성했다. 현재는 스마트 폰으로 실내의 공기 질을 확인하고 조절할 수 있는 IOT 기능까지 접목하며, 편리함을 배로 더한 기술력을 보여주고 있다.

(다이슨 공기 청정기 / 다이슨 공식 홈페이지)

이 외에도 머릿결을 손상을 최소화하는 헤어드라이어, 손 건조기, 공기 청정기 등 혁신적인 제품을 개발해, 소비자들의 삶의 질을 높이며 영국 왕실로부터 기사 작위를 받게 된다. 그의 뛰어난 디자인 · 엔지니어링 실력과 생활 속 소비자들의 욕구를 정확하게 파악한 것이, 소비자를 넘어 영국 왕실까지 사로잡을 수 있었던 이유이다. 기업 다이슨은 끊임없는 도전과 혁신 정신으로 세계 가전 시장의 판도를 뒤바꾸며, '영국의 애플'이란 별명까지 얻는다.

- 다이슨, 그 만의 성공 철학

기업 다이슨의 이와 같은 성공은, 제임스 다이슨만의 확고한 '경영 철학'이 있기에 가능한 결과였다. 그는 직접 제품 개발에 나설 만큼, '연구개발(R&D)'을 가장 중요하게 생각한다. 실제 매년 순이익의 30%를 연구개발에 재투자하며, 신제품 구상과 기존 제품의 기술력을 높이는 데 주력하고 있다.

이런 개발단계에서 그가 중시하는 것은 '끊임없는 실패'이다. 이는 엔지니어들에 대한 평가가 '얼마나 많은 실패를 했는가'로 이뤄진다는 점만 봐도 알 수 있다. 실수와 실패, 발명의 과정을 거쳐야지 자신의 잠재력을 실현하고 도전 의식을 가질 수 있다는 것이 다이슨만의 '철학'이다. 그가 5126번의 실패를 통해 빛을 볼 수 있었던 만큼, 엔지니어들에게 '실패의 가치'를 강조하는 것이다. 이러한 이유로 다이슨은 경력이 전무한 젊은 직원들을 선호한다.

사회생활이 적은 직원일수록 풍부한 상상력을 가지고 있으며, 이를 실현하는 과정에서 수많은 실패의 과정을 통해 더욱 성숙한 아이디어를 제시할 수 있다는 것이 그의 생각이다. 실제 다이슨 엔지니어의 평균 연령이 만 27세인 걸 통해, 그의 철학이 얼마나 확고한지 확인할 수 있다. 이외에도, 회사의 지분 100%를 자신과 가족들이 보유한다는 철칙을 내세우기도 했다. 프로젝트를 진행하고 개발하는 데 있어 주주들의 의사결정에 영향을 받지 않기 위함이다. 회사의 방향성을 잃지 않고, 직원들의 아이디어가 자유롭게 오고 갈 수 있는 분위기를 조성하고자 하는 그의 노력이 담긴 철칙이다.

- 차세대 엔지니어를 지원하다, '제임스 다이슨 어워드'

다이슨은 자신의 기업뿐만 아니라, 차세대 엔지니어를 양성하는 데 지원을 아끼지 않고 있다. 그는 2004년부터 '제임스 다이슨 어워드'를 개최해, 전 세계 젊은 인재들이 국제무대에서 그들의 아이디어를 선보일 기회를 제공하고 있다. 기업 다이슨이 일상의 문제를 해결하는 데서 시작된 만큼, 위 어워드도 생활 속에서 쉽게 간과할 수 있는 문제를 해소하는 아이디어를 중요하게 평가한다. 제임스 다이슨은 차세대 엔지니어와 디자이너들을 위한 아낌없는 지원을 약속하며 "젊은 인재들이 자신들의 무한한 아이디어를 성공적으로 실현할 수 있게끔 끊임없이 도울 것이다."라는 포부를 밝혔다. 제임스 다이슨 어워드의 최종 수상자에게는 3만 파운드(한화 약 4,408만 원) 상금과 5,000파운드(한화 약 735만 원) 장학금이 주어진다.

제임스 다이슨은 지난 2012년 경영자의 자리에서 물러나, 현재 '수석 엔지니어이자 디자이너'로서 활약하고 있다. 경영보단 제품 개발에 주력해 매번 혁신적인 제품을 선보이며, 끊임없는 도전정신을 보여주고 있는 제임스 다이슨. 끝없는 그의 행보를 전 세계인들이 주목하고 있다.

출처: 소비자평가, 배은형 기자, 2019.10.08.

CHAPTER 11

3차 산업혁명시대의 기업가정신 발현 유형

제 1 절 사내 기업가정신

정보통신기술이 하루가 다르게 급변하면서 산업구조, 산업환경, 산업 내외의 경쟁구조 및 규칙의 변화는 대부분 기업이 피해 갈 수 없는 요인이 되었고, 사업의 지속성장을 위한 전제 조건이다. 이러한 환경변화는 인원의 감축, 적정 규모화, 노동자들의 노동 인력 감소와 사기가 저하되는 특징이 나타나고 있으며, 오늘날의 극심한 경쟁적인 환경에 대해서 Morris와 Kuratko는 그 대답을 한마디로 유연성, 스피드, 공격성, 적응성, 혁신성을 강조한다.

사내 기업가정신의 핵심요소로는 공격적인 경쟁 행동과 혁신, 위험 감수, 경쟁우위 위치를 달성하기 위한 새로운 기초, 시장의 기회를 민첩하게 식별하고 유리한 위치에 있는 제품을 생산할 것을 제시한다. 사내 기업가정신은 기업 내에서 설립된 기업의 활성화를 위한 잠재적 수단을 제공하고 있는데, 적극적인 경쟁 행위와 위험 감수성, 혁신성을 통해서 수행되며 산업 내외의 경쟁자와의 적극적인 경쟁, 기술적 리더십, 혁신과 관련된 경향을 나타낸다.

기업은 그동안 대량생산보다는 소규모 생산과 신속한 제품 개발, 저렴하고 안정성 있는 제품 등을 소비자로부터 지속해서 요구받고 있기 때문에 효율적이고 구조화된 조직의 변화에 유연하게 대응할 수 있는 유연성과 기업가정신을 요구한다.

Wolcott and Lippitz(2007)가 제시한 사내 기업가정신의 4가지 모델에 따르면, 기회주의자는 별도의 재원이나 전담조직 없이 상황 변화에 따라서 기회를 포착하여 조직 전반에 걸친 혁신과 변화를 용인하고 신사업을 추진할 경우 유연한 조직문화가 형성되어야만 실현할 수 있고, 조력자는 신사업을 추진할 경우 별도의 조직은 없지만, 최초의 아이디어 개발단계부터 사업화를 지원하는 전용 재원으로 사업 초기부터 혁신적인 DNA가 충만한 종사자의 확보가 성공의 관건이다. 그리고 옹호자는 새롭게 추진하는 사업을 전담해서 수행하는 조직은 있지만, 사업을 추진하기 위한 자체적인 재원 부재로 각각의 사업부서 욕구를 바탕으로 접근하기 때문에 파괴적 혁신을 추구하기 어렵다는 것이다. 또한, 생산자는 규모의 자체적인 재원과 신규추진 사업을 전담하는 부서가 존재하기 때문에 단순한 아이디어의 개발 프로세스를 검증하는 수준에서 탈피할 수 있는 사업화와 제품의 생산 및 판매 등의 모든 과정을 담당해야 한다.

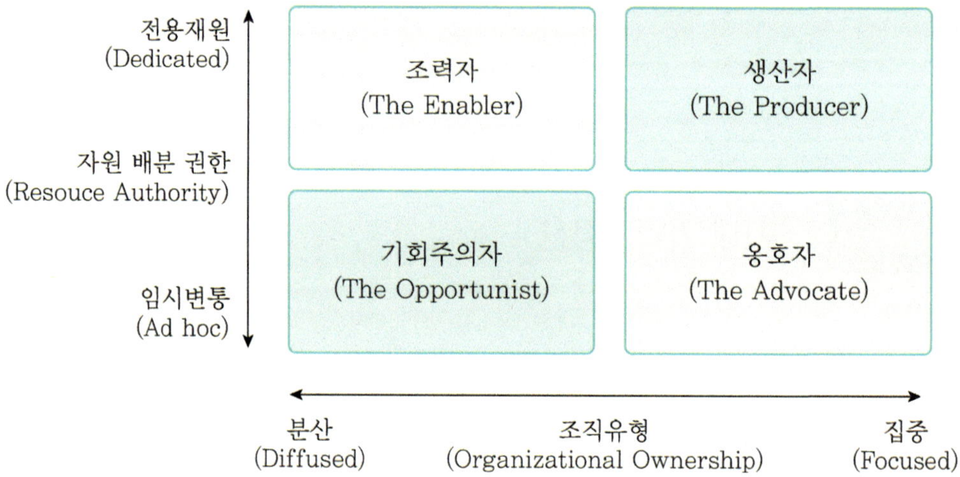

출처: Wolcott and Lippitz(2007)

| 그림 11-1 | 사내기업가정신의 4가지 모델

1. 사내 기업가정신의 개념

정보기술의 발전은 다양한 고객의 욕구가 발생하고 환경도 급변하고 있으므로 이를 충족하고 대응하기 위해서는 기업가 개인의 기업가정신만으로는 한계가 있다. 경영자가 뛰어난 역량을 가지고 있더라도 개인이 기업을 혼자서 운영하고 대응한다는 것은 거의 불가능하며 기업이 성장하는 속도에 맞추어 경영자에게도 필요한 능력과 역량이 상황에 따라 변화한다. 그러므로 기업의 내외적인 환경변화에 맞추어 유연한 대처 능력이 필수적으로 수반되어야 한다. 즉, 기업들이 경쟁우위를 점유하기 위해서는 기업의 내적인 수준에서 벗어나 보다 활발한 기업가적 행동이 요구되며, 기업의 잠재적인 성장 전략으로서 사내 기업가정신은 더욱더 강조되고 있다.

사내 기업가정신의 용어는 corporate entrepreneurship, internal entrepreneurship, internal corporate venturing, intrapreneurship, entrepreneurial orientation 등으로 다양하게 사용되고 있다. 본 교재에서는 corporate entrepreneurship으로 통일해서 표기하고자 한다.

기업가정신이 개인이 창업하는 과정에서 기회를 포착해서 발현되는 것이라면 사내 기업가정신(CE)은 기업 또는 기업 내의 조직원들이 위험을 감수하면서 진취적이고 혁신적인 기업가정신을 발현하여 수행하는 과정이기 때문에 기업가정신과는 차이가 있다. 이러한 관점에서 본다면 기존의 기업가정신과 대비되는 것으로, 보다 미래 지향적이고 혁신적이며, 기업성과에 대비해서 위험을 감수하는 기업의 방침이라고 정의할 수 있다(Barringer and Bluedorn, 1999). 또한 '기업가적 자세'라고 말할 수 있는 기업가정신의 요소를 위험 감수성, 미래 지향성, 혁신성 세 가지 유형의 범주로 인식하여 구분하고(Covin and Slevin, 1989, 1991) 있고, '기업가 지향성'으로 이름을 다시 명명했으며(Lumpkin and Dess, 1996), 경쟁적인 공격성과 자율성, 두 가지 범주를 추가함으로써 개념을 확장 시켰다(Lassen et al., 2006).

이러한 사내 기업가정신(CE)은 인적자원관리와 아주 밀접한 관련이 있으며, 조직원들이 직무에 대해 집중도와 몰입을 높일 수 있을 뿐만 아니라 기업의 목표와 비전을 달성하기 위해 조직원들이 한 방향으로 갈 수 있는 중요한 요소로 작용할 수 있다.

사내 기업가정신을 구성하는 특성들은 연구하는 학자마다 다양하게 제시하고 있지만, 연구자들의 공통적인 핵심특성을 살펴보면 위험 감수성, 미래 지향성, 자율성, 경쟁적인 공격성, 혁신성 등 다섯 가지 특성으로 압축할 수 있다.

사내 기업가정신의 범주를 나타낼 때는 단순히 탐험하는 과정이 아니며, 새로운 회사를 설립하거나 기업의 조직원에 의해 만들어진 기회를 개발하는 것이 아니라 혁신적인 활동과 적응이 경영기법, 경쟁적인 자세에 대한 목표, 새로운 제품, 과학기술, 서비스를 포함하고 있다. 즉, 사내 기업가정신은 독립적으로 창업하는 것이 아니라 기존의 조직 내에서 발현되는 기업가정신을 강조하고 있으며, 사내 기업가의 핵심요소 존재에 따라 사내벤처와 전략쇄신을 기업가적 활동의 주된 대상으로 포함하고 사고방식을 토대로 행동이 수반되는 활동이라고 강조한다(배종태와 차민석, 2009).

2. 급진적 혁신과 점진적 혁신

1) 급진적 혁신

혁신은 새로운 제품 및 서비스, 기술 등이 기업성과에 미치는 중요한 원천으로 작용하는 핵심요인이며, 기존의 경쟁우위를 점유했던 서비스나 제품 등을 뛰어넘을 수 있는 요인으로 보고 있다. 또한, 혁신을 기존 조직이나 프레임, 제도, 관심, 방법, 문화 등을 새롭게 변화시키면서 가치 창출도 수반하는 것을 의미한다.

혁신은 서비스나 제품, 프로세스 등의 연구개발을 통하여 변화할 수 있는 상업화와 시스템 구축을 수행하는 과정으로 정의(Roberts, 1988)하고 있으며, 조직 내의 개발 및 외부에서 유입된 제품 및 서비스, 프로세스 시스템, 도구 등을 최초로 도입하는 것이라고 정의(Damanpour, 1991)하고 있다.

이처럼 혁신은 새로운 제품 및 서비스 도구, 프로세스 등의 성공적인 수행과정을 통하여 시장환경 속에서 성공할 수 있도록 전개해 나가는 일련의 과정으로 정의한다. 혁신은 시장환경변화에 대한 적응적 관점에서 급진적 혁신과 점진적 혁신으로 구분할 수 있으며, 확산이 점진적으로 발현되기보다 급진적으로 발현될 것으로 예상된다.

급진적 혁신은 불확실성이 매우 높은 단계의 것이며, 경영상의 프로세스 전후 관계에 있어서 또는 가시적인 절차의 과정에서 규칙적으로 나타나기 어려운 측면이 많다. 이 혁신은 일반적으로 장기적이고 매우 모호하며 예측하기 어려울 정도로 비선형적이며 불연속적, 산발적으로 나타난다.

이러한 급진적 혁신에는 몇 가지 특징이 있다. 첫 번째, 급진적 혁신은 기존의 사업모델이나 기술, 그리고 사회와 시장에 대하여 변화시키고 파괴적으로 나타난다. 두 번째, 이 혁신은 점진적 혁신을 추진하는데 필요한 기간 내에 해결할 수 없는 문제를 해결한다. 세 번째, 이 혁신은 과학을 기반으로 하는 동시에 기존의 과학기술 발전과 융합하면서 나타난다. 마지막으로 이 혁신을 촉진하고 조장하는 핵심요인은 조직적 행동, 속도와 수익성 있는 기업 또는 사회 이익이 크게 발생하도록 새로운 기술의 시스템을 위해 과감하게 변화하는 역량의 사회적 허용이 포함되고 기술적 성과, 제품, 서비스, 시장, 프로세스 등이다(Tuomi, 2002).

이처럼 '급진적 혁신'이라는 용어는 매우 불연속적이고 혁명적이며 새로운 사고로 대표되고 있다. 그것은 기존시장에 대하여 급변하는 고객의 욕구를 만족시키기 위하여 기존의 서비스와 제품을 향상시키는 데 초점을 두고 있다.

제품혁신은 기존의 제품 및 서비스의 개선 또는 신제품 개발을 의미하므로 고객 창출과 시장점유율 극대화를 통한 경쟁우위를 확대하는 데 매우 중요한 영향을 미치며, 경쟁사보다 제품 및 서비스의 경쟁우위를 확보할 때 핵심적인 경쟁력을 확보한다고 본다. 이러한 핵심적인 경쟁력은 기업 내의 조직원 간의 협력과 시장의 환경변화를 이해하는 데서 확보된다. 반면 프로세스 혁신은 초기에 생산자 측면에서 고객의 욕구가 반영된 제품을 생산할 수 있도록 하는 변화로 보고 있으며, 공급망관리 측면에서는 효과적이고 효율적인 조직의 시스템 구축을 바탕으로 고객의 요구에 신속하게 대응할 뿐만 아니라 기업의 새로운 환경과 물류유통 관리에 대한 대응으로 보고 있다.

2) 점진적 혁신

점진적 혁신이란 현재의 기술에서 간단한 응용 혹은 약간의 개선을 통해 나타내는 혁신을 말하는데(Tidd et al., 1997), 기술시스템의 개선 또는 급진적인 기술혁신 이후에 이루어지는 보완적인 혁신 등 많은 수의 작은 기술 변화들을 지칭한다. 또한, 제품설계와 공정설계가 밀접하게 통합되어 이루어져야 하며, 생산 경험을 가진 현장 기술자들의 비공식적인 연구개발에 의해 이루어지는 특성을 갖고 있으며, 사용자측 변화에 밀접하게 연관된다는 점에서 점진적 기술혁신은 주요 견인에 의해서 이루어진다(Rothwell et al., 1974).

점진적 혁신은 실행을 통한 학습과정으로서 누진적이고 계속적인 혁신활동을 통한 변화를 의미하는데 적용대상과 환경 측면에서 급진적 혁신은 상호 연결되고 시스템 깊숙이 배어 있는 신념을 변화시키는데 효과가 있는 반면, 점진적 혁신은 고립적이고 느슨하게 연결된 신념을 변화시키는 데 효과적이며, 한 방향으로의 성장과 안정성을 가진 환경에 적합하다(Demampour, 1991). 또한 Madanmohan(2005)은 '점진적인 기술혁신과 선행요인'의 연구에서 점진적 혁신을 프로세스 혁신, 운영혁신, 서비스 혁신 등 세 가지 혁신으로 구분했는데 첫째, 프로세스 혁신은 물품의 사양이나 생산에 있어서 재활용, 물품의 부분적 대체와 관련이 있다. 예를 들면, 서비스 분야에서는 기존의 내규 혹은 업무절차 및 경영절차의 간소화, 비용절감, 업무효율화 등에 대한 혁신을 말한다. 둘째, 운영혁신은 제품의 재설계 방법과 작업계획, 방식의 변경, 작업 수, 신뢰성 및 품질과 같은 서비스를 포함한다. 서비스 분야에서는 구성원들의 복지 및 직장 만족, 구성원들의 업무개선과 조직 내 대인 관계 등의 혁신을 말한다. 셋째, 서비스 혁신은 하위 시스템의 통합으로 부가적이고 유연한 능력과 장비 등을 위하여 생산 시스템을 재조정 하는 것이다. 서비스 분야에서는 고객을 위한 서비스 개선 및 고객만족, 고객 불만사항과 신속한 고객 서비스 등의 혁신을 말한다.

3. 기술혁신과 관리혁신

Schumpeter(1950)는 혁신을 '창조적 파괴의 과정(Creative Destruction)'이라고 보고 신기술 및 제품, 유통망 등이 기업의 성장에 중요한 원천으로 작용하고, 기존의 경쟁적인 우위를 가졌던 프로세스나 제품 등을 월등히 뛰어넘을 수 있는 것이라고 했다. 또한 Damanpour(1991)는 조직의 내부적 개발 및 외부로부터 유입된 시스템, 도구, 프로그램, 정책, 프로세스, 서비스 및 제품 등의 최초 도입이라고 정의하고 있다. 그리고 이러한 혁신이라는 용어는 여러 가지로 구분되어 활용하고 있는데 혁신을 특성에 따라 기술혁신과 관리혁신으로 구분하고 있다.

1) 기술혁신

기술혁신이란 주로 제품이나 서비스 및 생산공정에 새로운 변화를 도입하여 상용화시켰을 때 발생하는 것으로 조직 내의 기술체계 및 시스템 내에서 발생하여 기업의 기본적인 작업 활동에 직접적인 영향을 미치는 것으로 제품이나 서비스에 내재되어 있는 새로운 아이디어의 채택 또는 생산과정이나 서비스 운용과 관련된 새로운 요소의 도입 등과 같은 형태로 나타날 수 있다(이중규, 2007).

기술혁신과 유사한 의미를 갖는 용어는 다양한데 그중에서 발명(Invention)은 특허법에서 발명을 특정 도구나 지식 및 공정의 새로운 창안으로 정의하고 있다. 기술혁신과 동일하게 발명은 기초 연구 또는 응용연구의 결과에서 만들어지며, 발명의 결과물은 특허제도를 통해서 보호받게 된다. 발명이라는 것은 지식을 창의적으로 활용해서 특수한 공정이나 재화를 창출해내는 활동으로써 기술혁신에 비해 훨씬 좁은 의미로 표현되는 용어라고 이해하여야 한다.

개발은 발명의 결과를 제품화하는 프로세스를 의미한다. 개발은 기술혁신 프로세스에서 매우 중요한 단계이다. 개발을 통해 신상품과 서비스가 만들어진다는 점에서 개발은 연구개발(R&D)에서 매우 핵심적인 프로세스에 속하게 된다. 발명의 결과물이 개발을 통해서 제품화되지 못한다면, 아무리 지적재산권을 획득했다고 하더라도 부가가치를 창출하는데 기여하지 못한다.

기술혁신과 의미적인 측면에서 아주 깊은 관련이 있는 또 하나의 용어는 모방(Imitation)이라고 할 수 있다. 기술혁신을 이루어낸 기업은 신제품이나 공정을 통해 만들어진 제품을 시장에 팔아 수익을 극대화하려고 한다. 신상품이 나타나고 시장진입을 성공적으로 할 때, 일반적으로 경쟁사의 모방 현상이 나타난다. 모방하는 기업은 선도적인 기업의 제품을 그대로 모방할 수도 있고 때에 따라서는 상대적으로 더 좋은 제품을 개발해 낼 수도 있다. 모방하는 기업은 대부분 기술혁신을 이루어낸 기업보다 낮은 비용을 투자하여 혁신적인 제품과 유사하거나 동질적인 제품을 개발하게 된다.

모방은 경제적인 관점에서 후생을 높여나갈 수도 있지만, 모방하기 쉽다면, 선도하는 기업에 대해 기술혁신의 보상이 줄어들기 때문에 기술혁신을 하고자 하는 의욕을 저하시킨다는 문제점을 내포하고 있다. 기술혁신을 하는데 있어 모든 것의 모방이 허용된다고 가정하면, 사회 후생은 당연히 높아질 수 있다. 하지만 모든 것에 대해 모방이 허용된다면 어느 누구도 연구개발에 투자하지 않을 것이다. 기술혁신을 이루어내는 기업들에게 회귀되는 보상이 기대하는 것보다 아주 적거나 없을 것이라고 판단하기 때문에 기술혁신에 대한 보상도 없다고 생각할 것이다. 그러므로 모방은 기술혁신 활동을 방해시킴으로써 결국 사회 후

생을 감소시키는 결과를 가져오게 된다.

기술혁신과 함께 나타나는 이러한 여러 가지 현상은 일련의 경기변동 상황을 유발시키는 기폭제 역할을 함과 동시에 생산성을 향상시키는 원천이 된다는 것에 주목을 받기 시작했다. 그동안 기술을 오랜 기간 동안 괄시해왔던 신고전파 경제학자들도 이제 여러 가지 다양한 측면에서 기술혁신을 이루어내는 기술혁신과 특성이 영향을 미치는 부분에 대해서 관찰하기 시작했다. 기술혁신은 더 이상 이제'별것이 아닌 현상'이 아니고 아주 중요한 경제 현상 중의 하나라고 생각하게 된 것이다.

2) 관리혁신

조직은 기존에 관리하던 시스템을 개선하거나 또는 새롭게 관리할 수 있는 시스템을 개발하는 것과 같은 관리혁신을 통해 비효율적인 관리 부분을 감소시킬 수 있으며, 더 나아가서 전반적으로 성과를 향상시킬 수 있다. 또한, 이러한 관리혁신은 조직의 구성원들로 하여금 혁신적 행동과 사고를 할 수 있도록 동기부여를 할 수 있다.

Mansfield(1963)는 성과가 좋은 기업이 그렇지 않은 기업들보다 혁신적이라고 주장하면서 경쟁적인 환경에 노출될수록 기업은 경쟁우위를 확보하기 위해 관리혁신을 단행할 필요가 있다고 주장하였다. 그리고 관리혁신은 관리프로세스와 조직구조를 다루는 기본적인 직무 활동을 관리하는 것과 관련된 것이다.

이러한 관리 분야에서의 혁신으로는 조직혁신과 인사혁신을 들 수 있다(고광만 외, 2013). 조직혁신은 조직계층의 단축 또는 의사소통경로의 단축을 통해 신속한 의사결정과 효율적인 의사소통을 가능하게 함으로써 변화에 적응하기 쉽게 함으로써 기업의 경쟁우위를 높이게 된다. 그리고 인사혁신은 인사제도를 바꿈으로써 기업이 보유하고 있는 인적자원의 성과와 가치를 극대화시켜 나가려는 활동이라고 볼 수 있다. 예를 들면, 외환위기를 겪고 난 직후 기존의 연공주의 인사제도에서 연봉제, 팀제, 성과급제, 발탁인사제 등과 같은 능력위주의 인사제도로 바꿈으로써 기업의 성과를 극대화하려고 많은 기업들이 시도하였다.

[사내기업가정신 발현 사례 살펴보기]

117년 동안 '젊은 기업' 소리 듣는 3M의 비결은

월스트리트저널(WSJ)이 뽑은 '2017년 혁신기업 1위', 포춘지가 극찬한 '가장 존경받는 기업', 부즈앤드컴퍼니가 선정한 '세계에서 가장 혁신적인 기업 3위'. 이 모든 수식어는 미국에 본사를 둔 '3M' 앞에 붙는다. 이런 이유로 3M은 '젊은 100년 기업'이라고도 불린다. 1902년 설립돼 올해로 창립 117년을 맞았지만 언제나 '혁신'을 꾀하는 덕에 붙여진 별명이다.

3M이라 하면 일반적으로 포스트잇이나 스카치테이프를 떠올리기 쉽다. 하지만 1902년 설립 당시 3M은 광산회사였다. 공식 사명도 미네소타광산제조회사(Minnesota Mining and Manufacturing Company)다. 미네소타광산제조회사의 앞글자를 따서 3M이 된 것이다.

또 하나의 반전은 3M이 사무용품으로 벌어들이는 매출은 전체 매출의 16% 수준이라는 점이다. 나머지 84%는 모두 의료용품이나 전자기기 부품, 조선·자동차 부품 등 6만 5,000여 가지 제품에서 창출된다. 그 때문에 3M은 실제로 '오만가지를 파는 곳'이다. 또 매년 300여 가지의 신제품을 내놓으면서 제품 가짓수는 더 다양해지고 있다.

1920년 3M이 개발한 방수용 샌드페이퍼

1990년대 연성 회로 이미지

출처: 한국3M 홈페이지

이런 이유로 3M이 어떤 회사인지 한마디로 정의하기도 어렵다. 3M이 30년이 넘게 자리를 지키고 있는 다우존스산업평균지수(다우지수)에서 함께 편입된 다른 종목들을 살펴보면 이해하기 더 쉽다. 마이크로소프트, 애플, 존슨앤드존슨, JP모건체이스, 비자, 화이자 등 이름만 들어도 어떤 기업인지 알 수 있다. 하지만 3M은 특정 시장을 떠올리기 어렵다. 대체 3M은 어떤 기업일까?

• "새로운 것을 생각해내는 게 전부다. 무엇이냐는 중요하지 않다"

잉게 툴린(Inge Thulin) 3M 회장 겸 최고경영자(CEO)는 "3M이 하는 일은 새로운 것을 생각해내는 게 전부다. 그게 무엇이냐 하는 건 중요하지 않다"라고 말한다. 이는 3M이 지난 117년 동안 지켜온 가치다. 성공 여부보다는 끊임없이 혁신을 생각해내는 것이 3M의 가장 큰 경영전략이다. 그 때문에 기업 HR(인적자원)의 기본 비전은 "사람을 통한 사업 성장"이다.

3M은 직원들에게 이런 혁신을 강조하기 위해 제도적인 뒷받침을 해준다. 먼저 15%를, 일명 '부트레깅(Boot legging, 밀주 제조)'이라고 불리는 제도다. 3M의 전사 직원 9만여 명 모두에게 자신이 맡은 업무 외의 분야에 근무시간의 15%를 쓸 수 있도록 허용하는 것이다. 상사가 중단하라고 한 연구나 회사의 전략과 맞지 않는 연구라고 할지라도 상관없다.

3M은 이를 장려하기 위해 예산 배정을 받지 못한 아이디어를 낸 연구원에게 일정 금액을 지원해주는 '제너시스 프로그램'까지 갖추고 있다. 3M이 외면받은 아이디어, 즉 실패작에도 투자를 아끼지 않는 이유는 3M 성공의 발판이 '실패작'에서 시작된 까닭이다. 1968년 사무용 테이프 사업부에서 일하던 한 직원이 접착제 개발에 실패하면서 만들어진 게 바로 현재 3M의 대표 제품

'포스트잇'이다. 이 외에도 3M이 진출해있지 않은 분야의 시장이나 이질적인 제품군을 개발하는 것도 외면하지 않는다. 사내에 없던 신사업 개발 사업부는 완전히 독립된 형태의 사업부를 만들고 이를 '사내벤처'라고 부른다. 일부 사업은 3M의 주 된 기반이라고 들 정도로 3M의 주요 사업부로 성장했다.

- "'혁신 분위기를 조성하고 있는가'는 관리자의 가장 중요한 자질"

3M 특유의 혁신적인 기업 문화는 '3M의 전설'이라 불리는 윌리엄 맥나이트 전 회장이 만들었다고 해도 과언이 아니다. 1930년대부터 1966년까지 3M 회장을 역임한 그는 혁신적인 사고방식의 소유자였다. 그는 인재를 고용하고 "그냥 가만히 놔둬라"라고 지시했다. 자율성을 부여하면 그들은 자신들만의 방법으로 새로운 것을 시도한다는 사실을 간파한 것이다.

지금이야 이런 방식의 인사관리가 혁신기업 기본 요소처럼 여겨지고 있지만, 당시에는 업계 이단아로 불릴 만큼 파격적이었다. 그는 "실수를 저질렀을 때, 심하게 비판하는 경영진은 종업원의 창의성을 죽이는 행위다"고 강조하며 창의적인 아이디어는 실수와 시도 모두 용인되는 자유로운 분위기에서 나온다는 신념이 있었다.

이런 그의 철학은 지금까지 3M 곳곳에 남아 있다. 관리자를 뽑을 때도 성과보다는 '혁신적인 분위기를 주도했는가'를 더욱 중요한 요소로 판단한다. 실제로 3M의 인사평가 시스템은 혁신적인 분위기를 조성했는지를 상사와 동료 등이 평가하는 방식으로 이뤄지고 있다. 이에 관한 결과는 승진으로 이어진다. 혁신적인 분위기를 조성할 수 있는 사람이야말로 '관리자' 자질이 충분하다고 보기 때문이다.

출처: 아시아경제, 윤신원 기자. 2019.05.20.

제 2 절 사회적 기업가정신

오늘날 사회적 기업 혹은 비영리조직은 그들이 목표시장으로 정한 지역사회의 높은 욕구, 그리고 인증이나 기부를 요구하는 경쟁적인 환경으로부터 자금조달의 어려움 등, 경쟁적 환경에 처하고 있다. 이러한 환경으로 인해 비영리조직의 운영에 대한 경쟁력의 확보, 정부정책에 의해 결과지향적 사업운영의 방향성 확립, 목표시장에 대한 가치 추구의 혁신적 방법의 수행, 사회적 기업을 위한 경쟁우위의 달성을 추진하도록 만들고 있다(Weerawardena & Sullivan Mort, 2006).

하지만 오랜 시간 동안 관심이 증가하고 있는 데도 불구하고 사회적 기업가정신에는 관심이 높지만, 개념적인 확립은 이루어지지 않고 있다. 단지 중요한 것은 사회적 기업가정신이나 사회적 기업가가 중요하다는 것에는 일치하고 있다(Cooperrider & Pasmore, 1991;

Dees, 1988a).

사회적 기업가정신에 대한 이해를 돕기 위하여 Austin et al.(2006)은 기업가정신의 두 가지 유형에 대한 차이를 구분하였다. 비즈니스 기업가정신은 수익창출을 가져오는 기회에 대한 확인, 평가, 탐색으로 보고 있으며, 이와 반대로 사회적 기업가정신은 사회적 가치창출을 가져오는 기회에 대한 확인, 평가, 탐색으로 보고 있다. 기회인식이란 제품과 서비스의 수요·공급간의 관계에서 가치창출을 파악할 수 있는 기업가의 능력을 의미한다(Kirzner, 1973).

비즈니스 기업가정신과 사회적 기업가정신 간에는 다음의 세 가지 측면에서의 차이점이 있다(Emerson & Twersky, 1996). 첫째, 새로운 비즈니스 벤처와 사회적 벤처간에는 전반적인 미션에서 차이점이 발생한다. 비즈니스 기업가는 수익창출이라는 것에 최우선 가치를 두지만, 사회적 기업가는 사회적 가치에 보다 더 초점을 둔다는 것이다. 물론 비즈니스 기업가는 수익을 창출하는 하는 과정에서 사회적 가치를 창출할 수 있을지 모르나, 사회적 기업가는 사회적 가치창출을 추구하는 과정에서 수익창출이 이루어질 수 있다.

둘째, 비즈니스 기업가정신과 사회적 기업가정신은 성과측정의 관점에서 서로 다르다는 것이다(Austin et al., 2006). 비즈니스 기업가정신에 있어서 성과는 전형적으로 재무적 성과로 측정되어 진다. 재무적 성과로서의 측정은 수익성(자산수익률, 주가수익률 등), 판매량 등으로 이루어진다. 이와 반대로 사회적 기업가정신의 성과측정은 비즈니스 조직의 경우보다도 덜 표준화되어 있다. 예를 들면, 어린이들에게 교육서비스를 제공하기 위해 설립된 사회적 벤처의 경우 성과측정을 한다는 것이 쉬운 일이 아니다. 조직의 본질적 사명이 금전적인 수익을 창출할 수 있는 것과 관련성이 없어, 성과측정을 위한 기준으로 수익성을 가지고 평가한다는 것이 적정할 수 없는 것이다. 오히려 수익성보다는 학생들에게 제공된 프로그램에 대한 영향력의 정도를 가지고 평가를 하는 것이 더 유용할 것이다. 또한, 교육서비스를 수혜받는 학생 수의 증가는 지역사회에서 인정하고 있는 향상된 교육내용을 반영하는 것으로서 더 유용한 하나의 성과지표가 될 것이다.

셋째, 비즈니스 기업가정신과 사회적 기업가정신과의 또 하나의 다른 관점은 자원 동원력에 있다(Austin et al., 2006). 재무적 자원에 대하여 이러한 차이는 분명하게 나타난다. 비즈니스 기업가는 그들이 재무적 자원을 확보하기 위하여 그들이 지닌 자산을 처분할 권리를 당연하게 가지고 있다. 또한, 수익창출을 위하여 인적자원의 확보를 가능하게 할 능력을 지니고 있다. 반면에 사회적 기업가는 재무적 자원을 동원하는 데 있어서 많은 어려움을 지니고 있다.

경제적 가치가 아닌 사회적 가치를 창출하는데 1차적 목표를 두고 사회적 벤처를 창업한 기업가는 먼저 기금확보에 주력하게 된다. 미국의 경우에 있어서 사회적 벤처들은 사회적 벤처를 지원해주기 위한 사회적 벤처캐피탈의 자금지원을 받는 경우를 다수 볼 수 있지만, 일반적으로 자금 동원력에 있어서 어려움을 가지는 것이 사실이다.

인적자원의 확보에도 사회적 벤처들은 종업원에 대하여 자본시장에서 제시하는 정도의 임금을 줄 수 있는 여력을 갖추기가 어렵다. 결과적으로 자원봉사자에 의존하거나 임금보다는 사회적 가치창출에 관심을 지닌 사람들을 고용할 수 밖에 없다. 물론 이러한 동기를 가진 사람들을 찾는다는 것이 사회적 기업가의 어려움인 것이다(Weerawardena & Sullivan, 2006).

1. 사회적 기업가정신의 개념

사회적 기업가정신에 대한 개념적인 부분은 현재, 사회적 기업가의 독특한 특성 또는 그들이 운영하고 있는 사회적 기업의 환경에 대해 정확하게 파악하지 못하고 있는 것이 현실이다. 따라서 사회적 기업가정신의 정의는 접근하는 방법과 내용에 있어서 다양성을 지닌다. 먼저 과정에 초점을 둔 정의들이 있는데, 비영리 조직의 설립(Dees, 1998), 사회적 문제를 해결하기 위한 새로운 조직구조(Fowler, 2000), 사회적 목적을 위한 혁신적 행동(Brooks, 2009; Mair & Marti, 2006), 그리고 사회적 가치창출활동(Austin et al., 2006)에 초점을 두고 정의를 내리는 것이다.

그리고 기업가에 초점을 둔 정의들, 예를 들면 사회적 기업가들에 투자를 하는 Ashoka에서는 사회적 기업가를 사회가 직면한 사회적 문제들에 대하여 혁신적 해결방안을 가진 개인들로 규명하고 있고, 유사하게 사회적 기업가에게 투자하는 Skoll Foundation에서도 사회적 기업가를 사회적 변화담당자로, 그리고 인본주의를 고양시킬 수 있는 혁신의 개척자로 보고 있다(Neck et al., 2009).

또한 사회적 기업가정신은 다양한 조직과 연계되어 경제적, 교육적, 연구적, 복지적, 사회적, 정신적 관점에서의 다양한 활동들로 표현되어질 수 있다(Leadbeater, 1997). 사회적 기업가정신과 관련된 대부분의 문헌들은 비영리조직의 영역 안에서 발전되어 왔다.

사회적 가치창출을 달성하기 위하여 영리적 활동을 수반하는 사회적기업을 사회적 기업가라는 관점에서 보아야 한다고 몇몇 연구자들은 주장하였다(Cook et al., 2001; Wallace, 1999). 또한 Thompson(2002)은 사회적 기업가정신은 사회에 도움을 줄 수 있는 일을 하는 영리추구의 기업에서, 그리고 사업추구를 하지만 사회적 목적을 실현하기 위한 사회적 기업에서 발생할 수 있다고 주장하였다.

공공부문 영역에서의 기업가정신은 공공조직의 리더십과 관련성을 두고 있다(Lewis, 1980). 이 영역의 연구자들은 사회적 기업가가 몇 가지 리더십 특성을 가지는데, 개인적 신용도, 경제적 가치보다는 사회적 가치에 중점을 두고 부하들의 몰입을 이끌어내는 능력 등을 들고 있다(Borins, 2000; Lewis, 1980; Waddock & Post, 1991). 비영리조직 영역에서 사회적 기업가정신에 대한 많은 접근방법이 있다. 공동체 조직에서의 사회적 기업가정신은 빈곤계층의 생활수준을 높이는 역할이나(Cornwall, 1998), 공동체 개발의 촉진(Wallace, 1999) 등으로 여겨져 왔다. 사회적 활동과 관련된 맥락에서의 사회적 기업가정신은 사회적 변화에 목적을 둔 사회적 관심 영역에서의 리더십의 관점으로 보아 왔다(Hibbert et al., 2001; Waddock & Post, 1991).

Weerawardena & Sullivan(2006)은 사회적 기업가정신의 구성요인으로 혁신추구성(innovativeness), 진취성(proactiveness), 그리고 위험관리활동(risk management)으로 구성된 형태로 개념화할 수 있다고 주장하였다. 이러한 사회적 기업가들의 행동적 속성은 영리조직에서의 기업가정신에 대한 개인적 특성에 대한 연구나 리더의 특성이론보다는 행동적 특성을 규명한 연구(Covin & Slevin, 1986), 또한 Prabhu(1998)와 Sullivan et al.(2003)에 의해 제시된 사회적 기업가정신에 대한 행동적 개념화와 일치하고 있는 관점이다.

위험관리활동에 대한 사회적 기업가의 행동적인 특성은 영리조직에서의 기업가의 위험감수성(risk taking)과는 그 맥을 달리한다. 예를 들면, 사회적 기업가정신의 개념화를 시도한 Prabhu(1998)는 사회적 기업가가 위험을 감수하는 능력은 일반 사기업의 기업가와 같이 높게 나타날 수 있으나, 사회적 변화에 대한 도전은 사회적 기업가의 높은 신념에서 나오게 되며, 그 성공과 실패 모두는 그들의 풍부한 학습경험에 의해서 좌우된다고 하였다.

위험을 효과적으로 관리하기 위한 사회적 기업가의 행동은 조직의 지속적인 성장가능성을 추구하기 위한 최우선 목표설정에 의해 좌우된다는 것이다. 또한 사회적 기업가정신은 사회적 가치창출을 위해서도 혁신추구성과 진취성 그리고 위험관리적 행동을 요구하게 된다(Weerawardena & Sullivan, 2006). 이러한 행동은 사회적 임무를 달성하거나 조직의 지속적인 성장가능성을 유지하기 위한 욕구에 의해서 영향받게 된다. 사회적기업의 사회적 임무 달성과 지속적인 성장가능성을 위하여 사회적 기업가들은 환경의 변화에 의해 반응 또는 제약받게 되는 것이다.

사회적 기업가들은 상대적으로 자원이 부족한 상태에 놓여 있다 하더라도 조직의 지속적인 성장 가능성을 추구하기 위하여 급변하고 불확실한 환경에 대응하기 위하여 지속적으로 상호작용한다. 그들이 처한 경쟁적 환경은 그들로 하여금 기금의 확보, 사회서비스의 제공 등에 있어서 영리조직이 불확실하고 경쟁적 환경에서 하는 것과 동일하게 경쟁적 태도를 수용하게 만드는 것이다(Davis et al., 1991).

Weerawardena & Sullivan(2006)의 연구에서 보면, 사회적 기업가는 영리조직의 기업가와는 다른 위험관리를 하고 있음을 나타내었다.

표 11-1 사회적 기업가정신의 구성요인

연구자	연구대상조직	사회적 기업가정신의 구성요인
Leadbeater (1997)	비영리조직 · 사회적 활동	① 활기찬 리더십, ② 한정된 자원의 창조적 활용, ③ 장기적 고객관계의 유지
Dees (1998)	공공조직 · 비영리조직	5가지 주요차원 ① 사회적 미션, ② 새로운 기회포착, ③ 지속적 혁신, ④ 활동의 대담함, ⑤ 책임성의 추구
Borins (2000)	공공부문 조직	① 혁신의 원천, ② 혁신의 유형, ③ 혁신을 이끄는 조건, ④ 혁신의 지지자, ⑤ 혁신의 장애물 측정
CCSE (2001)	비영리조직과 기업	① 기업의 사회적 책임활동, ②비영리조직의 기업가적 활동
Thompson (2002)	비영리조직	사례연구를 통해 4가지 특성 제시 ① 직무창출, ② 사업자의 효율적 활용, ③ 후원자들의 개발, ④ 사람에 대한 봉사활동
Shaw et al. (2002)	비영리조직	① 창조성, ② 기업가성향, ③ 윤리적 활동을 사회적 기업가의 주요 특성으로 제시
Sullivan et al. (2003)	비영리조직	① 사회적 미션 수행, ② 균형된 의사결정, ③ 보다 나은 사회적 가치창출을 위한 기회인식과 포착, ④ 혁신적, 진취적, 위험감수성향

출처: Jay. Weerawardena & M.G. Sullivan(2006), "Investigating Social Entrepreneurship: A Multidimensional Model," Journal of World Business, 41, pp.23-24.

영리조직에 있어서는 다양한 출자나 은행대출과 같은 자금조성에 있어서 다양한 방법을 활용할 수 있지만, 사회적 기업가는 운영을 위하여 자금을 확보하는 것이 매우 제약되어 있다는 것이다. 그들의 수입 원천은 사회적 서비스를 제공받는 고객에 의한 요금, 스폰서, 정부지원, 기부금 등의 다양한 방법에 의해서 창출되지만, 기부금 조성에 대한 경쟁, 성부시원에 대한 불확실성 등이 나타나고 있다는 것이다. 따라서 이들 사회적 조직은 수입원에 대해 정확하게 예측하기 어렵다. 또한, 기금이 투자된 것에 대해 확실하게 나타낼 수 있는 영리조직과 같이 금전적인 형태로 투자수익률을 보장할 수 없다는 것이다.

2. 사회적 기업의 개념 및 특징

사회적기업은 영리를 목적으로 기업활동을 하면서 창출된 수익은 사회적으로 부합되는 목적을 위해 환원하는 기업으로 영리와 비영리를 동시에 추구하는 기업의 형태를 취하고 있기 때문에 영리적인 기업활동으로 창출된 수익은 다시 사회적 목적을 위해 환원된다는 특징을 나타내고 있다.

사회적기업에 대한 정의는 각 국가마다 지원 및 육성 등을 하고 있지만, 그 정의는 아직까지 체계화되지 못하고 있는 것이 현실이다. 이것은 사회적기업이 비영리단체, 사회적경제, 제3섹터 등과 혼용되어 사용되는 경우가 많기 때문에 그에 대한 정의를 내리기가 쉽지 않다는 것이다.

OECD(1999)에서는 사회적기업의 정의를 '기업가정신으로 조직되고 경제적, 사회적 목적을 추구하는 조직'이라고 하고 있으며, Drayton(2000)은 '사회문제를 해결하거나 사회적 서비스를 제공하는 과정에서 나타나는 혁신'으로 정의하고 있다. 그리고 한국의 노동부(사회적기업 육성법)는 '취약계층에게 사회서비스 또는 일자리를 제공하여 지역주민의 삶의 질을 높이는 등의 사회적 목적을 추구하면서 재화 및 용역의 생산·판매 등 영업활동을 수행하는 기업'으로 규정하고 있다.

'제3섹터'라는 용어는 1970년대부터 비영리 민간부문을 칭하고 있는데, 사회적기업은 국가 예산의 한계에서 발생하는 문제와 시장실패에서 오는 사회적 문제 그리고 관료조직의 경직성 등으로 나타날 수 있는 복지 영역의 접점에 위치하고 있기 때문에 '제3섹터'라는 용어를 사용하기도 한다.

사회적기업은 1970년대 이후부터 유럽에서 비영리단체들이 공공부문(국가나 지방정부 등)이나 기업들이 제공하지 못하고 있는 재화 및 용역을 제공하면서 국가의 재정 부담은 줄이고 지역사회 단위에서 새로운 일자리창출을 하기 위한 복지서비스의 민간부문으로의 이양과 맞물려 발전해 오고 있다.

이러한 사회적기업은 전통적으로 내려오는 비영리단체들의 조직과 달리, 기업 형태의 조직으로 설립되어 조직의 규범, 가치, 조직구조, 전략 방향 등에서 전통적인 비영리단체들과 다른 특성들을 지니고 있다. 사회적기업은 사회적경제 안에서 조직원들이 시장에서 경쟁할 뿐만 아니라 자력으로 자금을 조달해야 할 필요성이 있을 때 사회적기업의 형태를 취한다.

사회적기업은 법률상으로 크게 5가지 유형으로 구분하는데 ① 사회서비스제공형은 취약한 계층에게 사회적인 서비스를 제공하는 것 ② 일자리제공형은 취약계층에게 일자리를 제공하는 것 ③ 사회서비스 및 일자리제공의 혼합형은 취약계층에게 사회적 서비스와 일자리를 제공하는 것 ④ 지역사회공헌형은 낙후지역 등에서 발생하는 지역사회의 문제를 해결하고자 하는 기업 ⑤ 기타형은 환경, 문화, 예술 등 취약계층으로 구분이 불가능한 사회적인 가치를 추구하는 기업 등으로 구분한다.

3. 사회적 기업가의 개념 및 특성

뉴욕 타임스의 니콜라스 크리스토퍼에 따르면, 미국에서는 뛰어난 인재그룹이 몰두한 분야가 시대마다 달랐다고 주장한다. 1960년대에는 인재그룹이 시민운동에서 활동하였고, 80년대에는 기술혁신을 일으킨 빌게이츠와 스티브 잡스처럼 IT기업에서 두각을 나타냈다. 그런데 21세기에는 다양한 인재들이 이윤 극대화와 공공성이라는 두 가지 결과물을 동시에 쟁취하려는 사회적 기업활동에 뛰어들고 있다는 것이다. 노벨평화상도 이들 사회적 기업가들에게 주목해 왔다.

지난 10년 동안 4명의 사회적 기업가들에게 노벨평화상이 주어졌다. 1997년에는 국제지뢰금지캠페인(International Campaign to Ban Landmines)과 조디 윌리엄스(Jody Williams), 1999년에는 국경없는 의사회(Doctors Without Borders), 2004년에는 '그린벨트 운동(Green Belt Movement)'의 창립자 왕가리 마타이(Wangari Maathai), 2006년에는 무하마드 유누스(Muhammad Yunus)와 그가 세운 무담보 소액신용대출제도 은행 그라민은행(Grameen Bank)에 노벨평화상이 주어졌다. 과거에는 노벨평화상이 주로 정치부문에 수상되었던 점을 생각하면 사회적 기업가들에 대한 노벨평화상 수상은 변화의 신호탄으로 해석할 수밖에 없다(박금자 외 역, 2008).

미국의 경우 사회적 기업가 또는 사회적 기업가정신에 대한 교육 프로그램을 개발·실행하는 대학이 늘어나고 있는 추세인데, 가장 흥미로운 교육 프로그램은 뉴욕대학교의 로버트 와그너 공공서비스대학원의 사회적 기업가를 위한 레이놀즈 프로그램을 들 수 있다. 이 교육 프로그램은 뉴욕대학교 내에서 전공에 관계없이 펠로우를 선발하여 학생들이 '변화의 창조자(changemaker)'가 되는 길에 들어설 수 있도록 자극하는 것이 교육 프로그램의 특징이다.

미국과 캐나다에서 매우 성공한 기업가라고 하더라도, 다른 기업들과 비교해 보면 소기업 또는 중소기업 정도의 수준에 불과하다. 하지만 그들이 조직을 확장하는 데 있어 부족한 것은 구조적인 지원 문제이지 기업의 발전 가능성에 대해 부족한 것은 아니다. 따라서 사회적 기업가에 있어 최대의 위협은 조직을 임계치가 허용되는 만큼으로 성장시키는 데 필요한 자금조달을 해결하는 것이다.

사회적 기업가들은 과거에도 있었지만, 오늘날 사회적 기업가의 존재는 점점 더 부각되고 있으며, 그들의 수가 급격하게 늘어나고 있는 것은 최근의 일이다. 2007년 봄, 스위스 다보스포럼(Davos Forum)에 사회적 기업가들이 기업인으로써 참가하면서 사회적 기업가라는 용어가 일반인들에게 각인되는 계기가 되었다. 사회적 기업가에 대한 연구는 선행연구가 부족해서 소홀했던 것이 아니다. 전 세계적으로 잘 알려진 혁신가들이 수없이 많다. 공공교육 개혁운동, 노동권 보장운동, 사회복지와 청소년 사법재판에의 헌신, 환경보호와 환경경영 등 혁신가들이 많은 활동을 해왔지만, 그들이 활동한 혁신방법에 대한 연구도, 조사도 제대로 이루어진 것이 없는 상태이다. 비즈니스 기업가에 대한 연구는 산업 분야별로 이루어졌지만, 사회적 기업가에 대해서는 면밀한 연구가 이루어지지 못했다.

성공적 사회적 기업가와 일반적 기업가의 차이점을 살펴보면, 전자의 경우라고 해서 반드시 열정적이고 자신감 넘치며, 학식이 풍부한 사람은 아니다. 기업가적 성향의 차이점은 얼마나 동기부여를 더 잘하느냐에 달려있다는 것이다. 성공적 기업가는 장기적 목표가 잘 설정되어 있으며, 그것을 달성하고자 하는 의지와 열정이 강한 사람들이라고 할 수 있다. 따라서 성공적 기업가는 전반적인 관점에서 자신이 설정한 목표를 달성하기 위한 기회를 포착하며 기회에 대한 장애요인과 그 결과를 분석하여 전략을 수립해나간다. 그들은 자신이 설정한 목표에 대해 효율성을 극대화하기 위해 노력하며, 자신과 함께 활동하는 사람들을 위한 복리후생을 위해 끊임없는 노력을 아끼지 않는다. 또한, 자신이 직접 일에 참여하기를 주저하지 않으며 단기적인 수익보다는 장기적인 환경이 어떻게 전개되는지에 대해서 보다 더 많은 관심을 기울인다.

Bornstein, D.(2007)에 따르면, 성공하는 사회적 기업가가 갖춰야 할 여섯 가지 자질로서 ① 자기교정의지(스스로를 바꿔나가고자 하는 의지) ② 업적공유의지(자신이 이룬 업적을 누군가와 공유하고자 하는 의지) ③ 기존 틀에서 자유롭고자 하는 의지(기존 조직의 운영방향을 변화시키고자 하는 의지) ④ 영역을 넘나들고자 하는 의지(문제해결을 위해 다양한 영역에 걸친 활동을 수행하고, 서로 다른 경험과 전문성을 가진 사람들을 통합시켜 현실적인 해답을 이끌어내고자 하는 의지) ⑤ 조용히 일하고자 하는 의지(큰 이목을 끌지 않고 아이디어 실현을 위해 조용히 수년간의 노력에 매진하고자 하는 의지) ⑥ 굳건한 도덕성(사회적 가치를 실현하려는 사회적 기업가의 본질적인 특성)을 제시하고 있다. 또한, 엘링턴과 하티건(Elkington & Hartigan, 2008)은 성공적 사회적 기업가의 특징으로 다음의 10가지를 제시하고 있다.

1. 억압적 이데올로기나 통제된 훈련방식을 거부한다.
2. 사회문제에 대해 현실적인 해결책을 찾아내어 적용하며 혁신, 자원, 기회요소를 결합한다.
3. 새로운 생산물, 새로운 서비스 또는 사회문제에 대한 새로운 접근방식을 찾아내어 끊임없이 혁신한다.
4. 사회적 가치창조에 최우선적으로 집중하며 이 정신에 따라 다른 모방자들과 자신의 혁신과 통찰의 내용을 기꺼이 공유한다.

5. 필요한 자원이 충분히 갖춰지기 전에도 과감히 일에 뛰어든다.
6. 모든 사람의 잠재력에 대해(흔히 그들의 교육 정도에 상관없이) 굳은 믿음을 갖고 있으며 이들이 사회경제적 발전에 의미 있는 기여를 할 수 있다고 믿는다.
7. 다른 이들은 감히 엄두도 못 내는 매우 위험한 일을 하면서도 흔들림 없는 결단력을 보인다.
8. 자신의 행동이 가져오는 충격을 살피고 관리하는 성실함과 변화에 대한 열정 사이에서 균형을 유지한다.
9. 자신과 다른 영역에서 변화를 일으키는 사람들을 매우 열심히 가르친다.
10. 좋은 쪽으로 참을성이 없다. (예를 들어 이들은 관료제에서는 일을 잘못하는 데, 이 관료제 문제는 조직이 커지면 당연히 제기되는 문제이며 비대해진 조직이 관료적으로 되는 것을 막을 수도 없다.)

4. 기업의 사회적 책임

기업의 사회적 책임(Corporate Social Responsibility : CSR)은 기업이 생산하고 영업활동을 하는 데 있어서 직접적이고 간접적인 대내외 이해관계자들에 의해서 발생할 수 있는 윤리적, 법적, 경제적인 책임을 다하면서도 기업의 위험감수와 기회 포착을 통해 기업의 가치를 제고시키기 위해 추진하는 '이해관계자 기반경영활동'으로 정의될 수 있다(중소기업 사회적 책임경영).

기업의 사회적 책임(CSR)이라는 용어는 세계대공황(1929년) 시기에 미국에서 처음으로 사용되었으며, 이후 소득불균형, 환경문제 등과 같은 사회적 문제 및 지역사회 문제 등이 발생하면서 기업의 사회적 책임의 중요성이 부각되었다.

국내에서는 1997년 IMF 외환위기로 인해 대기업들의 분식회계, 불공정 거래 관행, 가업승계 및 기업의 지배구조 문제 등이 대두되면서 기업의 사회적 책임이 인식되기 시작했고 그 이후부터 대중소상생 경영, 기업의 기부 및 봉사 활동 그리고 윤리경영 등과 같은 의미도 부각되었다.

CSR이라는 용어가 정식적으로 사용되기 시작한 것은 1953년 Bowen(미국의 경제학자)의 '비즈니스맨의 사회적 책임(Social Responsibility of The Businessman)'이라는 저서에서였다. 그는 CSR이라는 개념을 기업인이 사회적 책임을 다하고 사회적 가치와 목적에 부합하는 정책을 추구하고 기업이 의사결정을 할 때 기업인의 의무를 다하는 것이라고 하였다.

그 이후 1970년대부터 1980년대에 CSR에 대한 연구가 활발하게 이루어 지면서 CSR을 법적, 경제적, 윤리적 책임 등으로 나누어서 기업의 사회적 성과를 평가하기 위한 방법들도 제시되기 시작하였다. 그리고 전략적 CSR과 공유가치 창출(CSV)이라는 용어는 1990년대부터 2000년대 사이에 확립되었다. 이러한 연구는 피라미드모형을 제시한 Carroll (1991)에 의해서 기업의 사회적 책임을 단계별로 구분하는데, 제1단계에서는 경제적 책임으로 고객의 욕구에 부합하는 재화와 용역을 생산하여 사회적으로 수용될 수 있는 이윤창출에 대한 책임, 제2단계에서는 법적 책임으로 법과 규제를 준수하면서 경제적으로 기업활동을 수행하는 책임, 제3단계에서는 윤리적인 기준을 준수하면서 기업의 이해관계자들을 윤리적으로 존중하고 보호하기 위한 책임, 제4단계에서는 자선적 책임으로 지역사회공헌이라는 기업의 책임을 제시하고 있다.

공유가치창출(CSV)은 기업이 재화와 용역을 통해 경제적인 이익의 실현과 함께 가치사슬의 혁신과 지역사회의 클러스터 형성 등의 사회적 욕구를 해결함과 동시에 기업의 이윤을 극대화할 수 있는 새로운 패러다임이라고 할 수 있다.

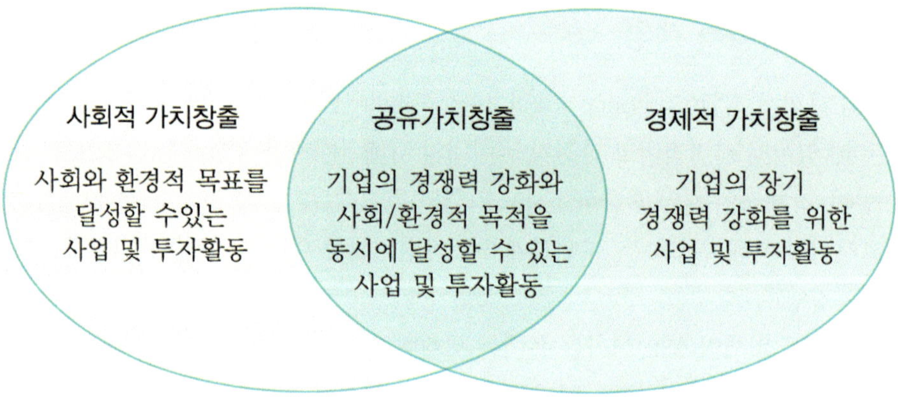

출처: Porter & Kramer(2011)

| 그림 11-2 | 공유가치창출(CSV) 개념도

제3절 연속적 기업가정신

1. 연속적 기업가정신의 개념

연속적 기업가정신 및 기업가에 대한 통일된 정의가 명확하지 않은 것이 현실이다. 연속적 기업가정신은 창업 또는 기업가적 혁신 활동을 일회성 사건으로 보는 것이 아니라 연속적인 과정으로 행하는 사람을 연속적 기업가라고 하고, 이러한 과정의 혁신 활동을 연속적 기업가정신이라 한다. 연속적 기업가정신에서의 성공은 일회성이 아니라 지속적이고 순환적 관점에서 성공의 확률을 제고하는 것이다.

연속적 기업가에 대한 선행연구에서는 신진기업가, 포트폴리오기업가, 연속적 기업가로 구분하여 개념을 제시하고 있으며, 신진기업가는 창업한 기업을 최초로 운영했던 기업가를 말하며, 포트폴리오기업가는 창업기업을 동시에 여러 개 운영하는 창업가를 뜻한다. 그리고 연속적 기업가는 지속적으로 수차례 창업을 경험한 기업가를 말한다(Westhead and Wright, 2003).

연속적 기업가에 대해서 조유리·고동환·정원준(2015)이 연구한 "창업생태계 선순환을 위한 연쇄창업가 지원방안 연구"에 따르면, 연속적 기업가를 "창업자가 스스로 창업했던 또는 상당한 수의 지분을 보유했던 창업기업을 정리하거나 퇴사한 이후에 다른 기업을 창업하거나 상당한 수의 지분을 보유하게 되는 것"이라고 정의하고 있다. 이들의 연구에서는 연속적 기업가를 세 가지 유형으로 세분화하고 있다. 첫 번째, 창업기업을 성공적으로 정리하거나 퇴사하여 얻은 이익으로 재창업을 하는 경우. 두 번째, 창업기업을 성공적으로 정리 또는 퇴사하여 얻은 이익으로 다른 창업가에게 지분 투자를 하는 경우. 세 번째, 창업기업이 실패하여 이를 정리하고 재창업하는 경우 등으로 구체화하고 있다. 이렇듯 연속적 기업은 창업→성장→회수→재도전(재투자)의 주기로 순차적 또는 지속적으로 벤처생태를 역동적으로 움직이고 있다.

2. 연속적 기업가의 특성

연속적 기업의 특성 중에서 대표적으로 경영자의 특성을 들 수 있다. 이는 연속적 기업의 순차적 순환 주기에 중요하게 작용하는데, 특히 기업문화와 조직행동 그리고 기업의 성장 가능성에 영향을 미친다.

일반적으로 연속적 기업가는 실패의 두려움보다는 혁신과 위험을 감수하고라도 기업을 성장시키려는 진취적인 행동 특성을 보이는데, 업무능력과 위기대응능력 측면에서 살펴보면, 경영자의 관련 산업에서의 경험은 한정된 자원과 역량을 바탕으로 체계적인 계획과 위기 상황의 신속한 대응 능력을 발휘하여 창업 과정 및 창업 이후에 발생할 수 있는 시행착오를 줄일 수 있다. 그뿐만 아니라 업무와 관련된 지식에 대한 접근성이 용이하고 고객지향성 등에서 경쟁우위를 가지고 탄력적으로 업무를 추진한다.

연속적 기업은 선순환 주기[창업→성장→회수→재도전(재투자)]로 지속적으로 성장하는 것이 가장 바람직한데, 이렇게 선순환 주기의 성장을 하기 위해서는 위기 대응 능력이 중요하다. 일반적으로 연속적 기업은 순환 주기를 통해서 신시장이나 미개척 시장에 도전하는 경우 또는 목표하는 영업, 판매, 자금 등에서 위험을 감수하기 때문에 실패할 확률 또한 높아질 수 있다. 따라서 연속적 기업은 경영에서 발생할 수 있는 위험부담을 최소화하기 위해 위기 대응 능력이 절실히 요구된다.

연속적 기업은 순환 주기를 겪으면서 실패에 대한 불안감을 상당히 갖고 새로운 재창업 또는 재투자를 하게 된다. 이러한 심리상태에서는 경영자의 리더십이 중요한 역할을 하게 된다. 기업의 비전 제시와 동기부여를 통한 조직의 안정, 그리고 구성원들의 조직 몰입도와 업무성과의 극대화를 위해 경영자의 리더십은 필수적 요소이다.

3. 연속적 기업에 대한 성공과 실패

1) 기회형 창업과 생계형 창업

2018 글로벌기업가정신연구(GEM) 결과에 따르면, 과거에는 생계형 창업의 비중이 기회형 창업보다 높았으나, 2018년 49개국 중 기회형 창업 비중이 더 상승했다고 발표했다. 기회형 창업은 기업가정신의 혁신성, 위험감수성, 진취성, 민감성 등을 바탕으로 기업가적 감각으로 기회를 포착해서 창업하는 것이고 생계형 창업은 직업 선택의 기회를 갖지 못하고 다른 대안으로 생계를 위해 창업을 선택하는 것을 말한다.

GEM의 결과에서 기회형 창업이 생계형 창업에 비해서 높게 나타났지만, 현실은 그렇지 않다. 한국의 인구통계학적인 상황은 초고령사회로 진입하고 있으며, 기대수명의 상승, 베이비부머 세대의 퇴직 등 재취업의 기회가 상대적으로 취약한 계층의 창업이 증가추세에 있기 때문에 이들의 창업은 기회형 창업으로 보기보다는 생계형 창업에 가깝다고 할 수 있다.

	개선된 기회형 창업		생계형 창업	
	비중	순위	비중	순위
2016년	65.7	9위	23.9	30위
2017년	64.2	8위	22	23위
2018년	67.1	4위	21	27위
증감	2.9%P	+4계단	-1.0%P	-4계단

출처: 중소벤처기업부

그림 11-3 기회형 창업 VS 생계형 창업(단위 : %)

2) 창업 성공요인

국내외 창업 성공요인에 대한 선행연구에서는 다양한 요인들을 제시하고 있다. 기업가의 특성, 학력, 창업 이전 경력, 자원과 능력, 외부자원 활용전략, 신속한 의사결정, 핵심역량개발, 기업가의 성취욕구, 고객지향성 등 학자마다 제시하는 요인이 상이하다. 그러나 이들의 공통적인 부분은 창업 이전 또는 이후의 경영활동의 요소들이다. 이러한 경영활동 요소들 중에서 창업계획, 창업마인드, 아이템 선정 및 기술력, 재무능력, 마케팅은 창업을 성공시키는데 필수요소라고 할 수 있다.

첫 번째, 창업계획은 창업을 사전에 준비할 때, 주관적으로 계획을 수립하기 보다는 객관적인 자료를 바탕으로 계획을 수립하고 창업을 준비하는 것이 바람직하다. 창업은 구체적인 창업계획 즉, 개인적인 경험, 특성, 교육, 타당성 검토, 사업계획서 수립 등이 체계적으로 수립되어야 창업에 성공할 수 있다. 정영진(2016년)은 "사업의 기본방향, 목표 등의 장기 계획과 강점과 약점 그리고 기회와 위협요인을 담은 지침서이자 회사의 현황을 정리한 문서"라고 정의하였다. 이처럼 사업계획은 경영을 하기 위해서 필요한 각 부문의 통합문서이며, 구체적인 목표를 전달하여 목표를 달성하는데 필요한 방법론과 관리방법 등을 제시해 준다.

창업계획은 창업 이전에 계획을 수립하는 것이 무엇보다 중요하다. 만약 체계적으로 계획을 수립하지 않고 창업에 실패할 경우, 본인뿐만 아니라 가족, 지인 등에게까지 예기치 못한 피해가 전이될 수 있다.

창업계획은 체계적인 창업을 가능하게 하는 지침서 역할을 하기 때문에 시행착오를 줄여주고 기업이 지속적으로 성장할 수 있는 목표 및 비전을 제시해 준다. 그러므로 창업계획을 수립할 때는 보다 구체적이고 체계적으로 작성되었을 때 창업에서의 실패확률을 줄여줄 수 있다.

두 번째, 창업자의 마인드는 성공창업의 주요한 요소이다. 창업기업에서 창업자의 마인드에 따라 업무능력, 위기대처능력, 조직 구성원의 관계 등에 크게 영향을 줌으로써 창업의 성패를 좌우할 수 있다. 또한, 창업자의 창업 이전의 경험, 학력, 비전, 성취욕구, 강한 기업가정신은 창업을 성공시키는데 중요한 요인이다. 또한, 연속적 기업가들은 기업이 도입기에서 성장기에 있을 때에도 성취욕구 및 강한 자신감 그리고 새로운 사업을 전개해 나가는데도 위험을 기꺼이 감수하겠다는 도전정신이 있다. 이처럼 창업기업에서는 장업자의 마인드가 창업의 성공요인으로써 매우 밀접하게 관계를 맺고 있다는 것을 볼 수 있다.

세 번째, 아이템선정과 기술력에 따라서 창업의 성패가 크게 달라진다. 좋은 아이템선정을 통해서 시장진입장벽을 낮출 수 있으며, 그에 수반되는 기술력은 경쟁우위를 갖출 수 있는 핵심역량으로써 지속성장할 수 있는 원동력으로 작용한다. 이처럼 사업아이디어는 창업기업이 창업을 결정할 때 가장 큰 변수로 작용하고 대부분의 사람들은 자신이 경험하고 교육훈련 받았던 것과 연관된 기술을 중심으로 사업아이템을 탐색하고 선정하려고 노력하고 있다.

강경모(2010)는 아이템선정 및 기술력은 창업을 통해 무엇을 할 것인가에 대한 사업내용이며 이는 기업의 존재 이유와 목적이 된다고 했다. 이처럼 사업아이템 선정 및 기술력은 성공 창업의 중요한 요인이라고 할 수 있다.

네 번째는 재무능력이다. 창업기업이 아무리 좋은 아이템을 선정하고 그에 따른 기술력을 갖추고 있다고 하더라도 자금이 없다면 사업을 추진해 나갈 수 없다. 창업기업의 대부분은 운전자금과 시설자금 등 당장 창업시점에서 필요한 자금만을 염두에 두는 경우가 많다. 하지만 창업기업에게 무엇보다 중요한 것은 창업 이후, 시장에 안정적으로 진입하기 위한 자금이 절실히 요구될 때가 많다. 이러한 자금을 조달할 능력을 보유하는 것이야말로 창업기업이 실패확률을 줄일 수 있는 하나의 요인이라고 할 수 있다.

박재구(2011)에 따르면, 소상공인이 창업할 때 가장 큰 장애요인으로 51.3%가 자금문제라고 주장했으며, 정수원(2011)은 그의 책에서 창업자의 결정적인 사업 실패 원인은 창업자금의 부족에서 볼 수 있으며 성공적인 창업을 위해서는 충분한 자금 확보가 선행되어야 하며, 이는 곧 성공창업의 결정적인 요인이라고 하였다. 이처럼 창업에서 재무능력은 창업의 성패를 결정하는 중요한 요소라고 할 수 있다.

다섯 번째는 마케팅이다. 창업기업은 시대에 따라 급변하고 있는 시장환경에 대응할 수 있는 마케팅 능력이 있어야 한다. 특히, 체계적 위험(포트폴리오를 분산시켜도 줄일 수 없는 위험)과 비체계적 위험(포트폴리오를 분산시키면 줄일 수 있는 위험)을 체계적으로 분석하여 마케팅 믹스를 하여야 한다.

2020년 1월부터 전 세계적으로 창궐하고 있는 코로나19는 소비자들의 소비패턴을 언택트 소비활동으로 바꾸어 놓았다. 이러한 소비문화는 오프라인 시장보다 온라인(비대면 구매활동) 시장에서 두드러지게 나타났으며, 온라인 시장의 성장을 50% 이상 신장시키는 결과로 이어졌다.

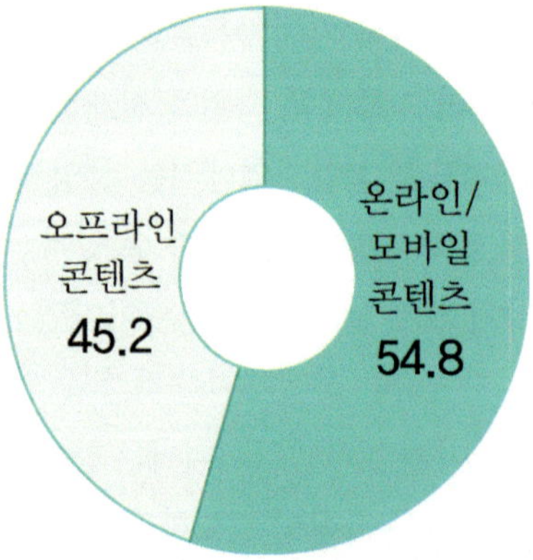

출처: NCONTENT, 2020(한국콘텐츠진흥원)

| 그림 11-4 | 코로나19 발생전 온라인/모바일 콘텐츠 이용비율(단위 : %)

| 그림 11-5 | 사회적 거리두기 기간 동안 온라인/모바일 콘텐츠 이용비율(단위 : %)

이선성(2007)에 의하면, 고객들의 욕구에 적합한 마케팅전략을 추구함으로써 사업체의 성과를 향상시킬 수 있음을 확인하였다. 또한, 마케팅은 창업기업과 창업시장에서 가격, 제품과 판매촉진활동을 계획하고 실행하는 일련의 활동으로써 성공하는 창업기업과 매우 밀접한 상관관계를 가지고 있다.

3) 창업 실패요인

Chang(2003)은 사업실패개념을 우리나라 실정에 맞추어 네 가지 개념으로 재정의하였다. 첫 번째, 사업의 중단이다. 여기에는 소유구조가 바뀜으로써 그 사업이 중단된 경우도 포함된다. 두 번째, 공식적 파산이다. 여기에는 채무관계를 이행하지 못해서 발생하는 부도, 채무자들에 의한 경매처분, 또는 법원에 의해 이루어지는 법정관리와 같은 것이 포함된다. 세 번째, 더 이상의 손실을 막기 위해 사업을 처분하는 것이다. 네 번째, 지속적인 사업운영의 실패이다. 이는 후속 제품이 출시되지 않거나 제품혁신에 실패하여 수익창출이 어려운 경우 또는 시장에서 제품 판매의 실패 등을 실패로 정의하는 것이다.

창업기업의 실패요인은 일반적으로 경영팀의 경험이나 개인적 역량부족, 신생기업의 불리함을 극복할 수 없는 부적절한 산업의 선택, 규모의 불리함을 극복하기에 부적절한 전략적 선택, 자원조달 능력의 부족, 급격한 환경변화에 대한 대응 미숙 등이 있을 수 있다(Riquelme and Watson, 2002). 그리고 Shin & Ha(2013)는 사업실패 요인을 사업의 준비 부족, 자금원획득실패, 마케팅 부재, 전략 부재, 자금관리실패로 구분하고 요인 간의 인과관계를 분석하였다.

Baek(2011)에 의하면, 사업실패에 대해 효과적인 대처와 빠른 회복은 사업실패 경험을 자산화할 수 있고 기업가로서 재기하는 데 긍정적인 영향을 미치는 것으로 보고 있다. 창업기업의 실패는 연속적 기업가가 자신의 관점에서 기업가정신을 변화시켜나가는 학습과정이 될 수 있으며, 연속적 기업가들의 순환 주기에서의 실패경험은 시행착오에서 얻는 핵심적인 성공요소라고 할 수 있다.

4. 재도전과 재창업의 지원정책

1) 실패기업의 폐업사유

연속적 기업은 다음카카오에 626억 원에 매각된 스마트폰 내비게이션 "김기사"처럼, 스타트업으로 창업해서 성공적으로 철수전략을 추진한 사례도 있지만, 일반적으로 창업실패로 인해서 폐업하는 경우가 더 많다.

2013년 국세청 국세통보연보에 따르면 사업부진(43%), 행정처분(0.5%), 해산합병(0.3),

기타(53.1%) 순으로 폐업사유가 나타나고 있어 실제로 기타를 제외하고 나면, 사업부진이 폐업의 주된 원인이다.

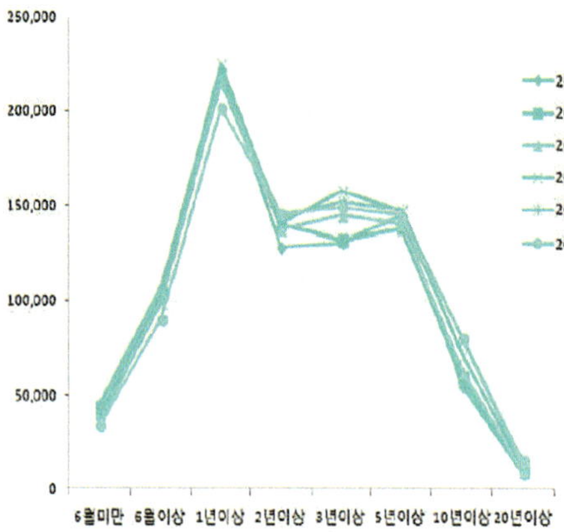

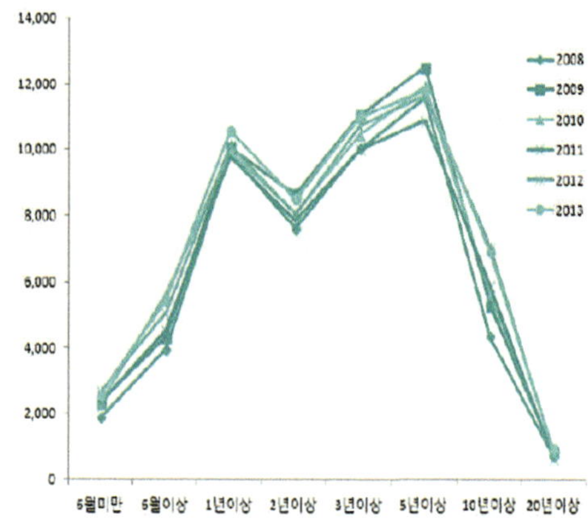

출처: 김형호, 윤현덕(2015)

그림 11-6 전체사업자 사업존속일수별 폐업현황

그림 11-7 법인기업 사업존속인수별 폐업현황

그리고 위의 그래프를 보면, 사업존속 년수별로 살펴보면, 1년에서 2년 내에 폐업하는 경우가 가장 높고, 3년에서 5년 이내에 폐업하는 사업체가 그 다음으로 많이 나타나고 있다.

2) 국내의 재도전 및 재창업 지원제도

재도전 및 재창업 지원제도에 대해서 한국 정부에서 관심 갖기 시작한 것은 IMF 이후 IT 기업의 벤처 버블이 붕괴되면서부터 2005년 벤처활성화를 위한 대책 일환으로 벤처기업 패자부활제도를 시작으로 지원제도가 시행되었다. 실패한 벤처기업인들은 경험과 기술 측면에서 노하우가 사장되지 않고 사회적인 자산으로써 인정하자는 취지로 시작되었으나 지원요건 등이 까다로워 신청하는 기업도 적었고 신청해도 기준을 충족하지 못하여 수혜받는 사람들이 거의 없었다. 따라서 2010년 3월부터 도입된 재창업자금지원제도에서 재창업지원제도가 시작되었다고 할 수 있다.

① 재도전종합지원센터

재도전종합지원센터는 제도전이 가능한 창업안정망 구축을 위하여 재기 상담에서부터 자금지원, 사후 멘토링에 이르기까지 재도전의 전과정을 일괄 지원하기 위하여 2014년 4월 설립되었다.

| 표 11-2 | 재창업지원제도의 개요

관련기관	지원제도	주요내용
중소기업청	재도전지원센터	경영위기 및 재창업기업인 대상으로 전문가 심층상담
재기중소기업개발원	재도전 중소기업 경영자 힐링캠프	실패 중소기업인 대상으로 자아성찰, 심리치유
중소기업청	재도전성공패키지	우수 재기 기업인 발굴하여 전문교육 및 사업화지원
중소기업진흥공단	재창업자금	재창업에 필요한 운전, 시설, 자금 융자
서울보증보험	재창업기업 계약이행보증	재창업기업의 입찰 등 계약이행보증보험
신용회복위원회	중소기업인 재창업지원	신용회복과 재창업자금 지원
신보 · 기보 · 지역신보	재도전기업 재기보증, 특례보증	채무상환 및 신규보증
중소기업청	재창업기업 전용기술개발자금	재창업기업의 R&D 지원
규브벤처, 캡스톤 파트너스	재기지원펀드	민간펀드사의 재창업 기업투자
미래부	K-Global Start up ICT재도전 K-Global ICT유망기술개발지원 사업재도전	ICT분야 재도전 기업 창업과 기술개발 지원

출처: Small and Medium Business Administration in Korea(2015)

지원내용은 법률 · 세무 · 회생절차 등 심층상담, 재창업자금 · 구조개선전용자금 지원 및 교육, 자금지원기업 신용회복, 진로제시컨설팅 · 회생컨설팅, 1:1 멘토링을 통한 사후관리를 하고 있으며 지원대상은 경영위기기업, 사업실패 후 재기를 준비 또는 진행하고 있는 재도전 기업이 지원을 받을 수 있다.

② 재도전 중소기업경영자 힐링캠프

경영에 실패했거나 경영위기 상황에 직면하여 위기극복이 필요한 중소기업 경영자를 대상으로 4주간의 합숙교육을 통해 자기반성 및 자아성찰, 실패에 대한 원인분석, 심리치료, 자신감 회복, 사업구상, 가치관 정립 등의 교육을 (재)재기중소기업개발원에서 무상으로 지원하고 있다. 다만, 고의적으로 부도를 낸 사업자, 사기, 횡령 등으로 부도 및 패업한 부도덕한 사업자는 지원을 받을 수 없다.

③ 재도전 성공패키지

또한 (재)재기중소기업개발원에서는 재도전 중소기업경영자 힐링캠프의 수료생을 대상으로 사업계획을 구체적으로 보유하고 있는 예비 창업자 또는 재창업을 한지 3년 이내인 창업기업을 대상으로 "실전재창업교육(재창업준비, 실전창업교육) → 멘토링 → 사업화지원(서류평가, 멘토링평가, 발표평가) → 후속 연계지원(투자설명회 개최, 투자 오디션 개최, 타사업 연계지원)"의 단계별 지원제도를 운영하고 있다.

④ 재창업자금

전국은행연합회의 "신용정보관리규약"에 따라 사업실패로 연체 및 공공정보의 정보가 등재되어 있거나 신용등급이 낮게 분류된 기업가 또는 자금조달에 어려움을 겪고 있는 기업가들을 대상으로 재창업에 소요되는 운전자금 및 시설자금을 지원하고 있다(기업당 연간 45억 원 이내).

[재창업자금 지원요건]

1. 재창업을 준비중인 자 또는 재창업일로부터 7년 이내 자
2. 재창업자금 지원결정 후 3개월 이내 법인대표 등록이 가능할 것
3. 실패 사업체의 폐업을 완료했거나, 재창업자금 지원 결정 후 3개월 이내에 완료 가능할 것
4. 고의부도, 회사자금 유용, 사기 등 폐업사유가 부도적하지 않을 것
5. 신용미회복자는 총부채규모가 30억 원 이하일 것

⑤ 신용회복위원회(중소기업인 재창업지원)

중소기업인의 사업실패로 인하여 주 채무와 보증채무의 합계가 30억 원 이하의 채무를 가지고 있는 대표이사 또는 실질경영자가 신청대상이며, 경영자에게 재창업 자금을 보증·융자 및 신용회복지원을 하고 있다. 신용회복위원회의 신용회복지원은 이자전액, 상각채권의 원금을 최대 50% 이내에서 감면해주고 있으며, 상환유예는 최장 3년에서부터 10년까지 채무액에 따라 유예해주는 제도를 운영하고 있다.

⑥ 재창업 기업 전용 기술개발자금

전국은행연합회의 "신용정보관리규약"에 따라 사업실패로 연체 및 공공정보의 정보가

등재되어 있거나 신용등급이 낮게 분류된 기업가 또는 자금조달에 어려움을 겪고 있는 기업가를 대상으로 기술개발자금을 지원하고 있으며, 재창업 기업과 공동연구를 통해서 기술을 개발하고자 하는 중소기업은 공동연구개발기관으로 대학 및 연구소 등은 위탁연구개발기관으로 컨소시엄 형태로 기술개발사업에 참여할 수 있다.

3) 국외의 재도전 및 재창업 지원제도

해외에서도 국가별로 다양한 재도전 및 재창업 지원제도를 운영하고 있다. 미국은 파산법을 기반으로 사업재생관리협회(TMA), 미국 구제자금(ARC) 등을 통하여 지원하고 있으며, 일본은 재도전 지원 종합계획을 바탕으로 재도전 자금 및 기업재생펀드, 중소기업 재생지원협의회 등을 통해 지원하고 있다. 또한 유럽연합(EU)에서는 유럽위원회의 재도전 정책권고 및 회원국의 파산법을 개정하고 유럽국가의 재도전 용이성 판단지표를 제시하여 지원제도를 운영하고 있다.

① 미국은 재기 지원제도를 파산법에 기반을 두고 있다. 파산법(1980년 제정)은 두 가지 목적을 가지고 있다. 첫째, 채권자에게 질서있고 형편에 맞게 변제 둘째, 정직하지만 불운한 채무자를 경제적으로 새출발 시키기 위해서 제정되었다. 미국에서는 경제적으로 파산 상태에 있는 채무자들이 처벌대상이라기 보다는 경제활동의 과정에서 본의 아니게 희생된 피해자라고 본다는 것이 우리와는 다르다. 그리고 미국의 재기 지원제도의 중요한 특징은 정부가 직접적으로 지원하는 것을 자제하고 민간이 스스로 재기를 지원하도록 한다는 것이다. 미국의 사업재생관리협회는 회계사, 변호사 등 다양한 전문가들로 구성되어 1988년 민간이 설립하여 파산 기업들을 대상으로 재기에 필요한 지원서비스를 제공하고 있다. 또한 2009년 2월 17일 시행된 미국 구제자금(ARC)은 생존 가능하고 일시적 제정 어려움을 겪고 있는 2년 이상된 소기업을 대상으로 자금조달의 어려움과 대출금 및 이자변제를 하지 못하고 있음을 증명한 소기업에게 자금을 지원하고 있다.

[ARC 규정, 구체적 재정적 어려움의 유형]

1. 지난 12개월 동안 20% 이상의 수익 감소/축소
2. 지난 12개월 동안 20% 이상 고객 감소/축소
3. 지난 12개월 동안 20% 이상 사업비용의 증가
4. 운전자본 또는 단기 신용 편의(credit facilities)의 20% 이상 감소/손실

5. 지난 12개월 동안 20% 이상의 매출 총 이익률 하락
6. 지난 12개월 동안 20% 이상의 가동률 하락
7. 지난 12개월 동안의 신용 제한으로 기존 부채를 구조조정에 어려움
8. 직원의 손실/감소 및 일시적 재정 어려움

출처: U.S. Small Business Administration

② 일본은 개방과 기술혁신을 통한 성장과 그 부작용을 보완하기 위한 재도전 지원이라는 경제노선을 바탕으로 2006년 12월 26일 "재도전 지원 종합계획"을 발표했다. 이 계획에는 실패한 창업기업에 대해 다양한 지원정책 방안을 제시하고 있다. 그리고 1990년 이후 장기적인 경기침체로 인해 실패기업이 사회적 문제로 대두되면서 "실패기업인 재도전 금융사업"을 시행(일본 정책금융공고)하면서 재도전 자금을 지원하고 있다.

[일본 재도전지원종합계획 행동계획 중 사업실패자의 재창업 주요지원내용]

1. 재도전 지원 융자 및 보증제도 창설
2. 신규사업 자금조달이 어려운 점을 감안, 재도전 지원 Fund(가칭) 조성
3. 보증인을 세우기 어려운 기업을 위해 본인보증 유예특례제도 창설
4. 재창업 등을 위한 전문상담 창구를 전국에 설치
5. 파산자의 실직 및 재취업 곤란 해소를 위해 파산자 자격제한 재검토
6. 사업실패로 인한 일시적 주택곤란 해소를 위해 임대주택에 우선입주 지원
7. 자립의사가 있으나, Homeless 상태 실패기업을 위한 자립지원 사업실시

출처: Ministry of Strategy and Finance

또한 "중소기업재생지원협의회"를 설치하여 지역 맞춤형 중소기업 재생을 지원하기 위하여 지원 업무책임자와 창구 전문가를 상주시켜 중소기업의 재도전에 대한 멘토링 서비스를 제공하고 있다.

제 4 절 글로벌 기업가정신

1. 글로벌 기업가정신의 개념

글로벌화는 지역주의나 국가 간의 연결이 아니라 전 세계가 하나의 단위로 연결되는 과정이라고 할 수 있다. 이는 소비하는 시간과 공간, 그리고 지역에 관계없이 소비자의 만족을 극대화하는 것이 가능해졌고 인건비와 거래비용 등을 효율적으로 관리할 수 있도록 생산기지의 이동이 가능해졌다. 이러한 글로벌화는 기업이 창업 단계에서부터 국제시장을 목표로 하는 태생적 글로벌 기업과 국제 신벤처기업이 글로벌화 과정을 거치면서 점진적 글로벌 기업으로써 해외시장에 진출하는데 관심이 높아졌다.

이러한 글로벌 기업들의 출현 원인은 환경변화에서 찾을 수 있는데 물류시스템의 신기술 도입으로 효율성이 증가하고 정보통신기술의 발전으로 초연결사회로 진입하면서 국제사업의 거래비용 등의 효율적인 관리로 인하여 절감되는 것과 관련이 있다. 그 결과 시장은 동질성이 강화되어 기업들이 해외시장에 진출하는 것이 보다 수월해졌기 때문에 글로벌 기업들이 적극적으로 해외시장으로 진출하고 있는 것이다.

글로벌 기업은 글로벌화 과정에서 나타나는 경제적, 문화적, 제도적, 정치적인 차이점과 이러한 환경을 둘러싸고 있는 차이로 인한 불확실성이 위험요인으로 작용하기도 하지만 예상하지 못했던 사건이 곧 기회로 작용하기도 한다. 이와 같이 글로벌화의 동인은 크게 네 가지로 살펴볼 수 있는데, 첫 번째는 매출에 초점을 맞추어 상업적, 비상업적 동인, 두 번째는 기업의 범위 분석을 통하여 수평적, 수직적 동인, 세 번째는 내수시장의 포화 상태와 성장지향 동인, 그리고 마지막으로 해외시장으로 진출하는 기업의 목표를 반영한 동인이다. 이처럼 글로벌 기업가정신이란 국경을 초월하여 조직의 가치를 창출하기 위한 기업가의 혁신적이고, 진취적이며, 위험감수적인 행동의 결합을 의미한다(McDougall and Oviatt, 2000). 그리고 Sull(2010)은 글로벌 기업가정신의 구성요소를 네 가지로 구분하였는데, 첫째, 혁신성은 창의적이고 시장지향적인 아이디어를 통하여 조직 내의 프로세스를 개선하여 새로운 기회를 포착하는 과정이다(Schumpeter, 1934). 둘째, 민첩성은 미래의 시장 변화를 정확하게 인지하고 분석하여 환경 변화에 따라 올바르게 의사결정을 하는 것이다(Drucker, 1970). 셋째, 진취성은 시장에서 경쟁기업보다 경영성과를 극대화시키기 위하여 기회를 포착하고 주도해 나가는 것을 의미한다(Lumpkin and Dess, 1996), 마지막으로 위험감수성은 위험이 존재하더라도 기회를 포착하고 새로운 프로젝트를 선호하는 경향을 말한다(Covin and Slevin, 1989).

2. 벤처기업 글로벌화의 결정요인

1) 기업가적 특성

기업가적 특성은 기업이 시장의 흐름과 경쟁우위를 선도하여 기업이 혁신적인 기술을 개발해 나갈 수 있도록 실행의 과정이나 제도적 측면에서 조직원의 능력을 최대한 끌어내고 변화하는 시장에 대응하면서 사업 기회를 포착, 위험을 회피해 나가는 능력을 보유하는 것이라고 정의할 수 있다(Oviatt & McDougall, 2005; Zahra, 1993)

2) 자원과 역량

벤처기업의 글로벌화 과정에서 기업 내부에 보유하고 있는 자원과 역량을 경쟁기업이 모방하기 어렵다면 기업은 지속성장하는데 어려움이 없을 것이다. 그러나 기업이 보유하고 있는 자원과 역량에는 한계가 있을 수밖에 없기 때문에 경쟁에서 살아남기 위해서 경쟁기업과 다른 혁신적인 기술을 바탕으로 글로벌화를 추진하고 그것이 성과로 이어져 글로벌 기업으로 성장하는 것이다.

3) 사업환경

벤처기업의 글로벌화 동인에서 국내시장의 성장 잠재력, 국내외의 경쟁 강도, 산업 및 제도적 특성 등의 사업환경이 있다. 벤처기업의 사업환경에서 국내 경쟁이 치열하게 가속화될수록, 국내시장의 매출 규모만으로는 성장 잠재력에 한계를 느낄 때, 국내에서의 산업 경쟁우위보다 국외에서의 산업 경쟁우위가 클 때, 그리고 글로벌화가 공격적으로 추진될 때 글로벌화는 가속화된다.

3. 태생적 글로벌 기업

1) 태생적 글로벌 기업의 정의

수출 없이 국내시장에만 의존해서 성장하는 기업과 달리, 설립 직후부터 해외시장 진출에 초점을 두고 글로벌화를 단행하는 '태생적 글로벌 현상'이 세계적인 추세로 나타나고 있다. 이러한 태생적 글로벌 기업은 국제화 과정이론에서 강조하는 심리적 거리와 관계없이 설립 초기부터 다양한 해외시장 진출방식을 통해서 복수의 해외시장에 진출하는 특성을 보인다(Bell. 1995; Madsen & Servais, 1997; Rennie, 1993). 이러한 기업들은 규모의 영세성, 자원 부족, 해외사업 경험 부족으로 인한 불리함 등에도 불구하고 설립 직후부터 급진적 글로벌화를 추진하면서도 경쟁력을 갖추고 해외시장 활동을 위해 필요한 지식을 개발하고 이를 확산시키는데 있어서 중요한 역할을 할 수 있는 잠재력을 갖고 있다(Rennie, 1993).

또한, 태생적 글로벌 기업의 창업자(경영진)은 창업 초기 또는 그 이전부터 높은 수준의 해외시장 지향성을 갖고 창업 초기부터 해외시장으로 진출하고자 하는 경향이 강하다.

표 11-3 태생적 글로벌 기업의 정의

학자	정의
Madsen & Servais(1997)	태생적 글로벌 기업을 상대적으로 넓은 관점에서 "설립 직후 또는 이른 시기에 글로벌화를 단행하는 기업"으로 정의
Knight & Cavusgil(1996)	기술기반 소기업에 초점을 두면서 "설립 후 이른 시기에 해외시장에서 활동하는 소규모의 기술지향형 기업"으로 정의
Oviatt & McDougall(1994)	"설립 초기부터 여러 나라에서 자원을 활용하고 제품 및 서비스를 판매함으로써 경쟁우위를 확보하고자 하는 사업조직"으로 정의
Knight & Cavusgil(2005)	"빠르게 글로벌화하는 기업들은 설립 시점부터가 아닌 '설립 후 몇 년 이내'에 해외시장에 진입하는 경향을 보인다"라고 정의

2) 태생적 글로벌화의 결정요인

태생적 글로벌 기업이 글로벌화를 촉진시키는 요인으로는 내부환경요인 및 외부환경요인으로 나누어 볼 수 있다. 내부환경요인으로 기업의 차별적 경쟁우위 역량은 해외시장에 창업초기부터 진출할 수 있게 하는 원동력으로 작용하게 된다. 예를 들면, 기업이 차별적 경쟁우위 역량은 보유하고 있는데 국내시장이 협소하고 포화상태라면 이들 기업은 국내시장보다 해외시장으로의 진출을 선택하게 된다. 이러한 과정에서 학습 및 기술지향성이 조직 내부핵심역량의 차별적 주요 요인으로 작용한다.

또한, 창업자의 역량(해외시장 경험, 교육, 인적 네트워크 등)은 태생적 글로벌화를 추구하는데 중요한 원동력이 된다. 창업자의 이러한 경험에 따라 해외시장에 대한 높은 이해를 바탕으로 태생적 글로벌화를 추진할 때 글로벌화의 가능성을 높인다는 것이다. 그리고 창업자의 해외시장지향성은 기업으로 하여금 급진적 글로벌화를 추진하는 데 주요한 결정요인으로 작용하게 된다.

외부환경요인으로는 창업자 또는 경영진의 우수한 글로벌 네트워크를 바탕으로 초기의 창업자들이 자원 및 해외시장 경험이 다소 부족하더라도 이러한 네트워크를 통하여 충분히 태생적 글로벌화를 추진할 수 있다는 것이다.

그리고 내수시장이 협소하고 경쟁이 치열한 환경이라면 자연스럽게 창업자 또는 경영진들은 해외시장 진출에서 기회를 포착할 것이다.

3) 태생적 글로벌 기업의 특징

태생적 글로벌 기업의 특징의 하나는 창업자 또는 경영진이 창업 초기부터 해외시장 진출을 염두에 두고 창업하여 단순히 국내를 목표시장으로 하는 기업과 달리 하나의 국내시장 부수물로 생각하지 않는다는 것이다. 이러한 기업은 제품의 독특한 아이디어와 최첨단 신기술을 가지고 있으며 고부가가치 제품으로써 대부분이 산업용으로 해외시장에 진출하는 경우가 많다는 것이 특징이다.

또 다른 특징은 전통적인 기업은 유형의 자원(플랜트, 설비, 충분한 자금력, 풍부한 인적자원 등)에 의존하는 경향이 많은데 태생적 글로벌 기업은 부족하다고 생각되는 유형의 자원과 무형의 자원(지식기반 역량)을 결합하여 그들 기업만의 독특한 차별화 우위 전략을 바탕으로 해외시장에 진출한다는 것이다. 이러한 무형의 자산은 창업초기 기업의 창업자의 도전정신과 혁신적 기업 프로세스와 같은 역량 기반 자원을 바탕으로 유형의 자원이 부족한 글로벌 기업에게 해외시장에서 경쟁할 수 있게 만드는 원동력으로 작용하고 있다는 것이 특징이다.

4. 점진적 글로벌 기업

1) 점진적 글로벌 기업의 개념

글로벌화가 진행되는 과정에서 일반적으로 국내시장에서 축적된 경험을 바탕으로 해외시장 진출을 시작하고 수출경험과 노하우가 축적됨에 따라 점진적으로 해외시장에 대한 투자를 늘려나가면서 글로벌화의 수준도 높아지게 된다.

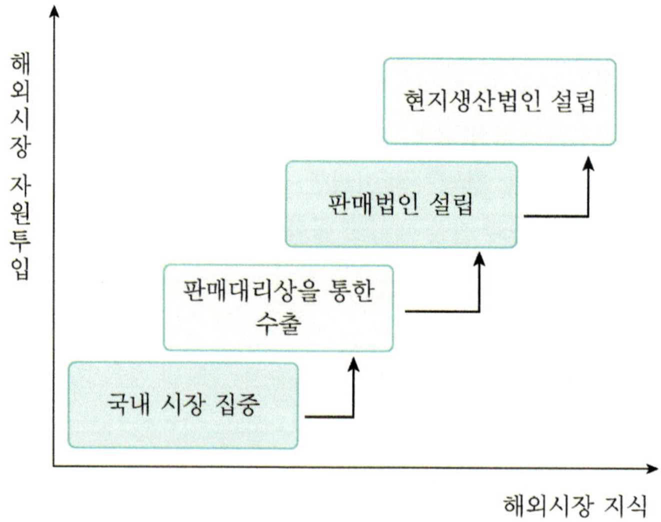

그림 11-8 웁살라 모형에 따른 기업의 글로벌화 단계

또 한편으로는 수출경험과는 무관하게 국내시장에서 경영하면서 점진적으로 글로벌화 수준을 높여나가는 과정을 거치는데 이러한 과정을 통하여 해외시장에 익숙해지면서 글로벌 기업으로 성장하게 된다.

점진적 글로벌 기업을 설명하기 위해서 자주 인용되고 있는 웁살라 모형은 기술과 자원, 그리고 해외시장 경험이 부족한 기업들의 글로벌화는 간접 수출 같은 낮은 단계의 수준에서 자원투자 형태로부터 출발하여 점진적으로 현지국에 자회사를 설립하면서 해외직접투자로 이어지는 과정으로 확대해 나간다는 것을 제시하고 있다(Johanson and Vahlne, 1977).

이러한 글로벌화 단계는 규칙적이지 않은 수출로부터 시작되어 지속적인 수출로 이어지고 그 이후, 자원을 집중적이고 효율적인 수준으로 발전해 나간다고 제시하고 있다.

웁살라 모형의 장점은 글로벌화 과정에 대한 연구의 초점을 높은 수준의 글로벌화를 보이고 있는 선진국의 다국적기업으로부터 후발 국가에서 새롭게 등장하는 글로벌화를 희망하는 기업으로 이동시킨다는 점이다. 그리고 해외시장에서 경쟁우위를 갖추지 못했던 후발 기업들이 적극적으로 글로벌화를 통해 경쟁우위를 향상시키면서 단계적으로 신속하게 글로벌화를 추진해 나가는 과정을 설명하고 있다.

표 11-4 웁살라 모형의 선행연구

Johanson and Wiedersheim(1975)	스웨덴 중소기업	4단계 모형: 1) 비정기적 수출, 2) 대리상을 통한 수출, 3) 판매법인, 4) 생산법인
Gankema, Snuif, and Zwart(2000)	유럽 중소기업	5단계 모형: 1) 국내 마케팅, 2) 수출 전, 3) 실험적 참여, 4) 적극적 참여, 5) 몰입
황선대(2005)	한국 중소제조기업	해외시장 여건 악화 시 단계적, 점진적 비국제화를 함. 4단계 모형: 1) 생산법인, 2) 판매법인, 3) 대리상을 통한 수출, 4) 비정기적 수출
Vahlne, Lvarsson, and Johanson (2011)	볼보 헤비트럭 사업	기업의 글로벌전략 수립과정에서 생산라인 지역 및 소유구조를 경험적 지식을 축적해가며 자원을 점진적으로 더 투자하고 몰입을 높이는 형태를 보임

출처: 송기홍, 정재호, 조혜진(2017)

2) 점진적 글로벌화와 태생적 글로벌화의 비교

점진적 글로벌 기업은 예기치 못한 수출 주문에 대한 기업의 대응차원에서 글로벌화가 진행되고 태생적 글로벌 기업은 해외시장의 성장 기회에 대해서 능동적으로 대응하는 과정에서 글로벌화가 진행된다. 그리고 글로벌화의 방식에서는 점진적 글로벌 기업은 단계적으로 해외시장에 진입하는 방식을 채택하지만 태생적 글로벌 기업은 창업 이후 빠르고 신속하게 해외시장에 진입한다.

| 표 11-5 | 점진적 글로벌화와 태생적 글로벌화의 비교

특징	점진적 글로벌화 (국제화 과정이론)	태생적 글로벌화 (신벤처 국제화 이론)
기원	1970년대 중반 스웨덴의 중소제조기업	1990년대 중반 지식집약적 중소기업
이론근거	기업행위이론, 기업성장이론	기업가정신, 기업지식기반관점
국제화의 의의	예기치 못한 수출 주문에 대한 회사의 대응	해외성장기회에 대한 능동적 수용
국제화과정의 조절	점진적 자원몰입과 지식학습	기업가적 비전 및 지식집약 자원
국제화의 방식	느리고, 점진적이고 단계적으로 해외시장 진입방식, 물리적, 심리적 거리와 관계있음	회사설립 이후 빠르고 신속하게 해외시장 진입방식, 물리적, 심리적 거리와 관계없음

출처: Autio and Sapienza(2000)

제5절 3차 산업혁명 시대의 주요 경영전략

1. 타임베이스 경쟁전략

제품을 기획·개발단계에서부터 하고 생산해서 최종소비자에 이르기까지 기업은 경쟁우위 확보를 위하여 시간을 어떻게 관리하느냐에 대한 문제에 도달하게 된다. 이러한 '시간'이라는 경쟁력에서 우위를 확보하기 위해서 필요한 것이 '타임베이스 경쟁전략'이다.

1) 타임베이스 경쟁전략의 핵심

타임베이스 경쟁전략은 1980년대 BCG(보스턴컨설팅그룹)의 토마스 하우트와 조지 스토크에 의해서 제시된 전략으로 전통적인 경영관리 방식보다는 유통·물류 등과 같은 곳에서 시간단축을 통하여 속도의 경쟁우위를 확보한 기업만이 지속성장할 수 있다고 주장한다.

타임베이스(Time Base)라는 개념은 시간단축을 통해 제품의 대응시간을 줄일 수 있기 때문에 비용이 감소한다는 것이다. 이처럼 타임베이스라는 개념을 도입하여 고객의 욕구가 반영된 제품을 다양하고 즉각적으로 제공함으로써 리드타임을 줄일 수 있다. 이러한 전략은 기업이 신속하게 고객에게 대응할 수 있게 하기 때문에 수익을 보다 많이 가져다 주는 충성도가 높은 고객에게는 무엇보다 필요한 것이다. 그러므로 타임베이스 경쟁전략은 기업 측면에서 경쟁우위를 확보하기 위한 강력한 무기가 된다.

2) 일본의 도요타자동차 생산방식 JIT(Just In Time)

타임베이스 경쟁전략에서 중요한 것은 시간단축을 통하여 고객의 욕구를 충족시킬 수 있는 기업이 경쟁우위를 차지하게 된다는 것이다. 시간단축이라는 것은 단순이 공정을 개선하여 시간을 단축시키는 것이 아니라 고객의 욕구를 충족시킬 수 있는 시간을 단축해야 한다는 것이다.

실질적으로 이러한 시간을 단축해서 미국의 포드자동차가 '포드시스템'의 대량생산방식을 통해 세계적인 자동차회사로 명성을 달렸지만, 일본의 도요타자동차의 생산방식인 JIT 시스템에 무너진 것은 좋은 사례라고 할 수 있다.

JIT시스템은 재고를 쌓아두지 않고 재고를 남겨두지 않고 공정에 따라 제조라인에 투입함으로써 재고를 '0'으로 관리하여 재고관리비용을 최대한 줄이면서 필요한 재고수량은 납품업자로부터 공정에 맞추어 입고하여 이상적인 공정시간을 단축하였다.

이러한 방식으로 도요타자동차의 JIT시스템은 포드시스템보다 시간단축을 통하여 경쟁우위를 확보하였다. 도요타자동차는 JIT시스템을 통하여 다양한 종류의 자동차 생산이 가능했으며, 비용은 낮추고 공정시간은 단축하여 고객이 자동차를 선택할 수 있는 폭을 넓혀, 고객만족을 극대화하고 결국 세계적인 자동차회사로 성장하였다.

그러나 모든 자동차 회사가 도요타자동차를 벤치마킹해서 성장한 것은 아니다. 이는 제품의 기획에서부터 생산에 이르는 공정을 단축해서 최종소비자에게 제품을 제공했지만 고객의 욕구를 충족시키는 데는 실패했기 때문이다. 그 주된 원인으로는 자동차 교체 주기, 신제품의 출시 기간 등 고객의 욕구를 충족시키는데 필요한 시간을 단축한 것이라기 보다 기업의 입장에서 시간을 단축했던 것이다.

3) 타임베이스를 위한 이노베이션

기업은 항상 시장에서의 경쟁우위를 확보하기 위하여 끊임없는 노력을 하고 있다. 이는 '이노베이션'으로 하고 있다. 이노베이션은 신기술, 신제품만을 의미하는 것은 아니다. 새로운 방식의 제품이나 서비스도 포함된다.

풀무원은 무공해 채소를 통해서 제품의 경쟁력과 기업의 이미지제고를 통하여 성장하였다. 여기에는 신기술, 신제품이라는 혁신보다 새로운 방식이라는 혁신을 도입한 것이다.

이처럼 혁신은 고객의 욕구가 반영된 것이어야 하며, 혁신기업이 되기 위해서는 선결되어야 할 과제가 많이 있다. 혁신적인 조직구조, 자금, 그리고 고객이 원하는 것을 신속하게 제공할 수 있도록 타임베이스(시간단축) 전략을 통한 혁신이 필요하다.

2. 비즈니스 리엔지니어링

비즈니스 리엔지니어링은 1990년대 정보처리기술의 발달과 더블어 자동화와 전산화를 도입했던 기업들이 변변한 효과를 거두지 못했던 것에서 기인한다. 이러한 업무자동화의 잘못된 부분에 대해서 당시 M.I.T 교수였던 마이클 헤머가 관행적으로 도입했던 자동화의 타성을 극복하고자 방법론을 정보처리기술을 이용하여 방안을 제시하였다.

비즈니스 리엔지니어링은 치열한 경쟁과 급변하는 경영환경 속에서 경쟁우위를 확보하기 위한 방안으로 정보기술과 업무처리방식의 재설계를 결합하여 효율적으로 경영성과를 극대화하기 위한 경영혁신기법을 의미한다.

그러므로 비즈니스 리엔지니어링은 기업의 내외부 고객 요구사항을 충족하는 일련의 프로세스를 설정하고 경쟁사보다 성과를 월등하게 내기 위한 프로세스 혁신운동이다.

1) 비즈니스 리엔지니어링의 추진절차

비즈니스 리엔지니어링은 5단계의 추진절차로 이어지는 프로세스 혁신운동이다.

1단계는 경영의 비전과 프로세스의 목표설정에서부터 시작된다.

기업의 조직구성원들에게 동기부여를 줄 수 있는 기업의 비전을 제시하여 조직의 각 프로세스에 대한 목표를 설정함으로써 보다 체계적으로 경영혁신운동을 할 수 있는 발판을 제시하는 단계이다.

2단계는 경영혁신 대상의 프로세스를 선정하는 것이다.

기업 내부의 각각의 프로세스를 분석한 후 그중에서 기업의 경영성과에 가장 영향이 크게 나타나는 프로세스를 리엔지니어링의 대상으로 선정한다. 프로세스의 분석은 모든 프로세스를 분석하는 '완벽한 파악'과 주요 부분의 프로세스들을 파악하는 '가능성 있는 부분의 파악'으로 구분한다.

3단계는 현재의 프로세스를 이해하고 측정하는 것이다.

리엔지니어링의 대상으로 선정된 프로세스들에 대해 현재의 성취도와 작업방식을 측정하는 단계이다. 현재의 프로세스를 이해하고 측정하는 것은 프로세스의 문제점을 발견하여 이러한 문제점을 방지하기 위한 것이며, 또한 현재의 프로세스를 파악함으로써 혁신 목표를 결정하고 경영혁신의 가치를 분석하는데 이용하기 위해서 추진하는 것이다.

4단계는 필요한 정보처리기술을 파악하는 것이다.

경영혁신운동에 필요한 정보처리기술을 우선적으로 파악하고 이것이 프로세스의 혁신에 필요한 것인가를 찾는 방식으로 필요한 정보처리기술을 파악하여야 하고 기술적 측면에서 나열하는 것이 아니라 기능적 측면으로 나열하는 것이 바람직하다.

5단계는 프로세스의 프로토타입(원형)을 설계하고 구축하는 것이다.

새롭게 설계된 프로세스를 비즈니스 리엔지니어링의 마지막 단계로 보지 말고 하나의 프로토타입으로 간주하여 지속적인 개선을 통해 최적의 프로세스 혁신운동을 수행할 수 있도록 하는 것이다. 하지만 이러한 혁신운동은 전면적으로 적용하기보다는 부분적으로 적은 규모를 대상으로 실시한 후 전면적으로 확대하고 구축하여야 한다.

2) 비즈니스 리엔지니어링 추진시 고려사항

비즈니스 리엔지니어링을 추진할 경우 각 프로세스와 연관된 부서를 대상으로 하기 때문에 추진 과정을 관리, 감독하고 통제할 수 있는 최고 경영자의 의지와 강력한 리더십이 매우 중요하다. 그리고 이러한 것을 추진하는 궁극적인 목적은 고객의 욕구를 충족시키는 일련의 과정이기 때문에 고객 지향적인 기업으로 체질을 개선시키는 것이 필요하다.

비즈니스 리엔지니어링을 추진하기 위해서는 정보기술을 올바르게 활용하고 구성하는 것이 중요하다. 정보처리기술은 경영혁신을 위해 강력한 잠재력을 갖고 있으며, 비전과 목표를 달성하는데 직접적으로 영향을 미친다. 그러나 정보처리기술을 올바르게 활용하고자 할 경우에는 단순하게 자동화하는데 그쳐서는 안되며, 새로운 작업방식의 혁신에 기여하여야 한다. 또한, 정보처리기술을 바탕으로 추진된다고 해서 정보처리기술을 담당하는 부서가 주축이 되어서 추진하는 것은 바람직하지 않다. 이 프로세스의 대상이 되는 조직의 관련 부서를 주축으로 부서장을 포함하여 추진되는 것이 바람직하다.

3) 비즈니스 리엔지니어링의 효과

비즈니스 리엔지니어링은 전통적인 방식의 경영혁신에서 탈피하여 정보처리기술의 프로세스 대상이 되는 관련 부서의 전사적인 시행으로 그 효과가 극대화될 수 있다. 이러한 일련의 과정에서 얻을 수 있는 효과는 급변하는 시장에 대한 민첩한 대응, 업무추진 과정에서 발생할 수 있는 리드타임의 감소, 프로세스를 추진하는 부서에 대한 지원에 따른 간접비의 절감, 그리고 고객의 욕구를 충족시킬 수 있는 최상의 서비스 제공으로 기존 고객의 이탈 방지뿐만 아니라 신규 고객을 창출하는 데 기업의 경쟁력이 될 수 있다.

3. 핵심역량 경영전략

1) 핵심역량 경영

핵심역량 경영은 펜로즈의 기업성장이론(1959년)에서 이론적 근거를 찾을 수 있으며, 그에 따르면 핵심역량의 개념은 자본, 인력, 생산설비 등의 유형적 자산의 집합이라는 신고전학파 경제학자들의 주장을 비판하면서 기업의 유형적 자산뿐만 아니라 경영 노하우, 브랜드, 기술 노하우 등의 무형적 자산이 실질적으로 기업의 경쟁력을 더욱 높여 준다고 주장하였다. 그리고 펜로즈 이후 웨르너펠트 교수(1984년)가 경영전략 분야에 도입하였고, 1990년 미시간대학의 하멜 교수와 프라할라드에 의해서 핵심역량 경영이 발전하였다.

그들은 핵심역량의 개념을 치열한 경쟁과 급변하는 기술로 시장을 정확하게 예측하기 어려워지면서 기존의 기업들이 외부환경에 치중하면서 경영하던 것을 지양하고 기업의 내부환경에 관심을 가지고 내부에서부터 기업의 성공 원천을 찾고자 하였다.

여기에서 역량이란 사전적 의미로는 일을 해낼 수 있는 능력 또는 그 능력의 정도를 말하며, 인적자원 측면에서는 거시적 역량 개념과 미시적 역량 개념으로 구분할 수 있다. 전자는 조직구성원 전체를 하나의 유기체로 보고 기업의 전략적 관점에서 경쟁력을 확보해 줄 수 있는 원동력으로서 역량을 말하고 있으며, 후자는 종사자 개인의 관점에서 성과를 극대화할 수 있는 개인의 특질을 역량으로 본다는 점에서 차이가 있다.

2) 기업의 경영자원 분류 및 특성

기업의 경영자원은 크게 유형자원, 무형자원, 인적자원으로 구분하고 유형자원은 물적자원과 금융자원, 무형자원은 기술자원과 브랜드 등으로 세분화할 수 있다.

유형자원에서 물적자원은 기업의 사업장과 설비의 규모, 기술의 정밀성, 위치와 건물, 토지의 용도 전환 등이 중요하며 원자재의 활용 가능성 여부에 따라 기업의 생산성을 제한하기도 하고 비용 및 품질의 경쟁우위를 결정한다. 그리고 금융자원은 기업의 자금조달 능력과 잉여자금의 운영 가능성이 투자자로부터 기업의 필요자금을 유치하는 데 중요한 요소로 작용한다.

또한, 무형자원에서 기술자원은 지식재산권(특허권, 저작권, 상표권 등) 등과 기술혁신자원, 기술자원, 기술인력, 연구설비 등을 포괄하는 것을 말하며, 브랜드는 고객들이 인지하는 기업의 상표로서 기업과 소비자를 연결하는 매개체 역할을 하면서 고객들에게 기업의 신뢰감을 높여 준다.

그리고 인적자원은 종사자들에 대한 교육훈련과 그들이 보유하고 있는 전문기술이 기업의 기술수준을 결정하며 조직구성원의 유연성은 기업목표를 달성하는데 중요하다. 또한,

종사자들의 애사심은 기업의 경쟁우위를 제고하는 데 중요한 비중을 차지한다.

이러한 자원의 핵심역량은 다양하게 나타날 수 있다. 기술로도, 채널로도, 인재로도 나타난다. 기업의 핵심역량을 경쟁사에서 모방하기 어렵고, 고객의 가치창출, 타사업으로 진출하는데 크게 기여한다면, 그것이 기업의 핵심역량이 될 수 있다.

3) 핵심역량의 파악

기업의 핵심역량을 파악하기 위해서는 기업의 가치사슬, 경쟁사의 벤치마킹이 중요하다. 이러한 핵심역량을 파악하기 위한 방법은 기업활동을 가치사슬분석기법을 통해서 분석하고 경쟁우위에 있는 기업의 벤치마킹을 통해서 자신의 기업에 대한 경쟁우위와 열위에 있는 것을 파악하여 조직구성원 간에 핵심역량을 공유하고 학습하여야 한다.

기업의 가치사슬은 기업의 전사적인 생산활동을 주요부문과 보조부문으로 나누어 각 부문에서 얼마의 비용이 투여되고 고객들에게 얼마만큼의 부가가치를 창출할 수 있는지를 정밀하게 분석할 수 있도록 한다. 이것을 통해서 기업의 경쟁우위는 어느 위치에 있는지, 핵심역량은 무엇인지를 파악할 수 있다. 그러나 핵심역량은 단지 기능별 부문의 능력이 아니라는 것이며, 여러 부문의 기능별 능력을 총체적으로 활용할 수 있는 조직구성원 내부의 능력이라는 것이다. 또한, 차원이 높은 기업의 핵심역량은 낮은 차원에서의 개별적인 조직구성원의 능력을 조합하고 이것을 효율적으로 통합할 수 있는 능력이다.

벤치마킹은 경쟁우위에 있는 기업을 얼마나 객관적으로 자신의 기업과 비교하여 측정할 수 있는가가 매우 중요하다. 이러한 벤치마킹을 통해 자신의 기업을 객관적으로 평가하여야 하며, 벤치마킹을 할 때는 동일 산업일 필요는 없다.

4) 핵심역량의 활용

핵심역량은 개별기업들이 처해 있는 기업환경에 따라 조직에서의 역할이 다양하게 나타난다. 이러한 핵심역량은 사업 다각화의 가이드라인을 제공하며, 조직 활성화, 기업의 세계화를 빠르게 추진하는 원동력으로 작용하며, 기업의 경쟁우위를 지속시키고, 기업으로 하여금 연구개발에 집중하도록 하며, 전략적 제휴, 사업부 및 전사적인 측면에서 기업의 목표에 대한 공동체의식을 이끌어낸다.

5) 자원의 효율극대화

핵심역량을 확보하기 위해 미래의 경쟁 상황을 파악하고 새로운 전략적 의지와 조직의 변화를 이끈 다음 고려해야 할 사항으로 자원의 효율극대화가 요구된다.

① 자원의 집약 : 시간이 지남에 따라 목표가 변질되는 것을 예방하는 집중화(converging), 정확하게 표적에 집중하는 타겟화(targeting), 특정한 시점에서 자원이 희석되는 것을 방지하기 위해 초점집중(focusing) 등 3가지 자원을 강조한다.

② 자원의 축적 : 차별화한다는 것은 자신의 경험을 바탕으로 경쟁자보다 월등한 지식을 발굴 할 수 있는 능력의 차이를 말하며, 동업이나 공동 사업 등으로 기업의 외부 자원과 기능을 빌릴 수 있다.

③ 자원의 보완 : 여러 종류의 자원을 혼합하여 개별자원들의 가치를 극대화시키는 것, 그리고 기업의 생산능력, 전달능력, 창조능력 등 최소한 세 가지 기능을 조화있게 활용할 수 있어야 한다.

④ 자원의 보존 : 가지고 있는 능력이나 기술을 더 자주 재활용할수록 자원의 효율은 극대화된다.

⑤ 자원의 회복 : 자원의 소모에서부터 회복에 이르기까지 소요되는 시간을 최소화함으로써 한정적인 자원의 효율성은 배가된다.

4. 포스터의 2중 S자 곡선

1) 조지프 슘페터의 이노베이션

1912년 조지프 슘페터는 「경제발전 이론」에서 “기업가의 부단한 혁신이야말로 경제를 변동시킨다”라고 말했다. 그는 경제발전 이론을 통하여 4가지 주장을 하였다. 첫 번째, 혁신은 기업의 커다란 궤도를 변경할 뿐만 아니라 업무의 담당자 변동을 동반하는 비연속성을 가진다. 두 번째, 혁신에는 5가지 유형이 있는 데, 이들 유형은 모두 기술적인 혁신에만 의존하지 않으며, 업계에 알려지지 않았던 것이면 충분하다는 것이다. 슘페터의 혁신의 5가지 유형은 ① 새로운 재화, 새로운 품질수준의 재화생산 ② 새로운 생산 방법 ③ 새로운 판로, 시장개척 ④ 원료, 반제품의 새로운 공급원 확보 ⑤ 새로운 조직, 협정에 따른 독점 실현이다. 세 번째는 혁신활동에는 막대한 자금이 투자되기 때문에 금융기능이 중요하다. 네 번째는 혁신 담당자는 일반적인 경영자가 아니라 위험을 감수하는 기업가를 포함하는 앙트레프레너(모험사업가)이다.

2) 2중 S자 곡선

이노베이션 보급의 S자 곡선은 1962년 에버릿 로저스의 「개혁의 확산」에서 고객의 관점에서 이노베이션 보급의 원리를 해명하고 PLC전략의 완성에 기초를 제공하였다. 포스터는 이노베이션 보급의 S자 곡선을 준용하여 2중 S자 곡선으로 슘페터가 제시한 이노베이션의 비연속성을 나타냈다. 그는 이 곡선에서 어떤 혁신이 보급되면서 어딘가에서 새로운 혁신이 나타나고 새로운 혁신은 보다 높은 장소에서 출발하기 때문에 당연히 낡은 혁신을 추월하게 된다는 것이 2중 S자 곡선이다.

기술혁신의 패턴으로 불연속 기술의 출현은 기존기술과 새로운 경쟁기술 간에 기술의 불연속 구간이 발생하게 된다. 이는 시간이 경과함에 따라 기존 기술의 성능이 변화하게 되어 처음에는 급격하게 상승하다가 시간이 지남에 따라 완만한 곡선을 그리게 된다. 그리고 경쟁기술이 처음으로 도입되었을 때(A) 기존의 기술은 이미 성숙기에 접어들어 많은 발전을 이룬 상태이기 때문에 점진적인 개선을 반복하면서 원가절감과 제품의 성능 개선 기회를 갖는다. 또한, 불연속 구간에 있는 후속 대체기술은 완만한 성장을 지속적으로 하지만 점진적으로 가속도가 붙어서 특정한 시점(B)에 이르게 되면 새로운 기술이 기존 기술의 원가와 성능을 능가하게 되고 기존 기술과 다르게 새로운 기술은 지속적으로 개선할 기회가 많아지게 되어 결국에는 새로운 기술이 기존 기술을 시장에서 밀어내고 주 기술로 자리잡게 된다.

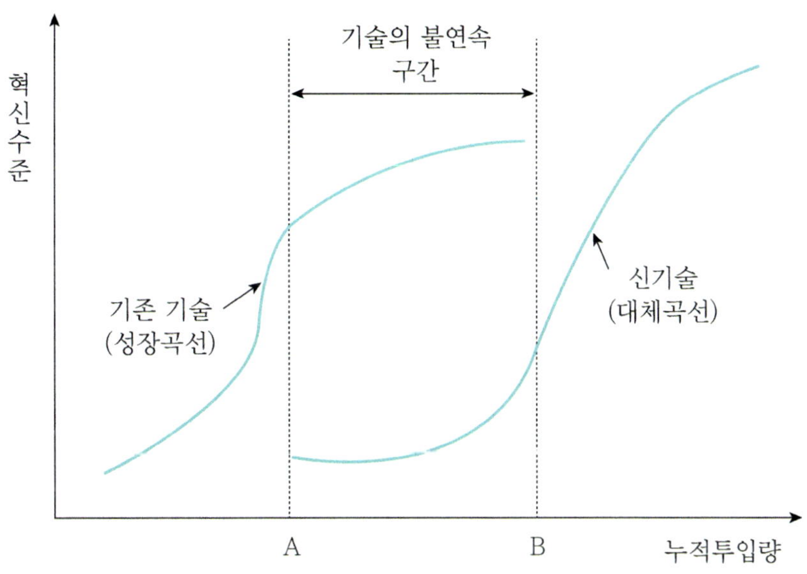

그림 11-9 포스터의 2중 S자 곡선

3) 시장진입 시기 결정요인

산업구조 및 시장환경의 급격한 변화에 대응하기 위해 기업은 시장진입 시기를 선택하여야 한다.

기술이 미성숙하고 고객의 니즈가 불확실한 초기 시장에 진입할 것인지, 기술의 이해도가 향상되고 경쟁자에 의해 시장이 선점된 후기 시장에 진입할 것인지를 선택한다.

기업은 초기 및 후기 시장을 선택하기 위하여 최적의 시장진입 시기를 결정하는데 그에 따른 주요 결정요인을 살펴보면 다음과 같다.

① 고객의 선호도 : 기술에 대한 이해도가 향상되고 고객의 삶에 어떠한 영향을 줄 수 있는지에 대한 이해도를 바탕으로 고객의 불확실성이 적을 때 시장에 진입

② 개선의 정도 : 급진적인 혁신이라면 소비자에게 빠른 반응을 얻을 가능성이 높으며, 개선의 정도가 크다면 조기에 시장진입의 성공확률을 향상시킬 수 있음

③ 보조기술 관련 : 혁신을 뒷받침할 수 있는 보조기술이 필요할 때

④ 보완재 관련 : 보완재의 질과 가능성, 구매비용, 그리고 시장에 보완재가 없을 경우 보완재의 개발을 병행할 필요가 있을 때

⑤ 경쟁기업의 진입위협 : 잠재적인 진입자의 능력이 있는 경우 시장을 선택하는 것을 늦추는 전략이 필요하며, 고객의 욕구 및 보조기술의 발달 등을 고려하여 시장진입 시기를 조정

⑥ 수익체증 : 학습효과 및 네트워크에 대한 외부성이 강한 경우 시장에 조기 진입할 필요가 있음

⑦ 기업의 초기 손실 감당 능력 : 조기수용자와 혁신수용자가 사용해 본 이후 그 경험을 전파하는 것은 매우 느리게 진행되기 때문에 막대한 비용과 위험을 감수할 능력이 없다면 시장에 진입하는 시기를 조정할 필요가 있음⑧ 시장수용의 가속화 능력 : 매우 느린 도약기를 견딜 수 있는 능력 및 도약기를 앞당길 수 있는 자원을 보유하고 있는지의 여부 판단

⑧ 시장수용의 가속화 능력 : 매우 느린 도약기를 견딜 수 있는 능력 및 도약기를 앞당길 수 있는 자원을 보유하고 있는지의 여부 판단

⑨ 기업명성 : 과거 시장에서의 업적, 새로운 기술의 전문성에 대한 고객의 인지도, 고객이 기업의 명성을 인지한다면 고객들의 수용성이 높아지기 때문에 그때 시장에 진입

5. 자원기반관점 이론

바니(1991)는 자원기반이론에서 기업의 경쟁우위 원천과 이익이 산업구조나 외부적인 환경요인으로부터 결정된다기보다는 기업이 근본적으로 갖고 있는 내부자원에서 비롯된다고 주장한다. 여기에서 내부자원이란 '자원 또는 그것을 조합한 기업의 능력(capabilities)'이라고 보았는데 무형 또는 유형의 자원을 모두 포함하는 것이며, 이 이론에 따르면 각각 차별화

되는 자원들이 기업의 성과와 전략을 결정한다는 것이다. 즉, 자원기반이론은 기업 이윤을 극대화시키는데 있어서 경쟁사가 모방할 수 없고 대체하기 어려운 각 기업마다 보유한 내부자원이며 이것은 기업의 내부적 환경에 초점을 맞추고 있다.

1) 바니의 VRIN 분석 모델

바니(1986, 1991)는 자원기반이론을 기반으로 VRIN 모델을 제시하였다. 그는 기업이 시장에서 지속적인 경쟁우위를 가지기 위해서는 다음과 같은 4가지 원천을 확보해야 한다고 강조하였다. VRIN 분석에서는 지속적인 경쟁우위를 가지기 위해 4가지 조건을 만족시키면 경쟁우위를 확보할 수 있다고 보고 있는데 '가치(Value) : 고객에게 가치가 있는가?, 희소성(Rarity) : 경쟁사는 손에 넣기 어려운가?, 모방가능성(Imitability) : 경쟁사는 흉내 내기 어려운 것인가?, 대체 불가능성(Non-substitutable) : 경쟁사가 대체할 수 있는 것인가?' 등의 특성을 가진 능력이나 자원을 확보해야 한다는 것이다.

2) 바니의 VRIO 분석 모델

또한 그는 조직(Organization)의 속성을 포함하여 VRIO 분석 모델도 개발하여 분석하는데 활용하였다. VRIO 분석 모델은 VRIN 분석 모델에서 대체 불가능성(Non-substitutable)을 제외시키고 조직(Organization)을 포함한 분석 모델도 제시하였다.

① 경제적 가치 : '기업이 보유한 자원으로 기회를 포착할 수 있는가?', '기업이 보유한 자원으로 위험을 회피할 수 있는가?'
② 희소성 : '자원을 보유하거나 활용 가능한 기업이 많은가?', '극소수의 경쟁사들만이 그 자원을 통제하고 있는가?'
③ 모방가능성 : '자원을 획득하는데 얼마 만큼의 비용을 부담해야 하는가?', '자원을 보유할 경우 비용적인 측면에서 얼마나 불리한 입장이 되는가?'
④ 조직 : '자원을 유효성있게 활용하는 룰과 구조는 있는가?', '자원의 활용을 극대화하기 위한 조직이 정비되어 있는가?'

VRIO 분석 모델은 위와 같은 기업이 가지고 있는 내재적 가치를 측정하기 위한 질문에 대답하는 방식으로 기업의 내부자원의 유효활용도를 체크해서 분석하는 모델이다.

3) VRIO의 분석 사례

VRIO 분석 모델의 활용은 아래와 같은 그림처럼 사용할 수 있다. 예를 들면, 기업에서 시장규모를 확대하기 위하여 기술개발을 해야 하는데 기업 내에 기술력이 뛰어난 인재가 매우 부족한 상태라고 한다면, 기업의 경영자원을 VRIO 분석 모델로 체크해 볼 수 있다.

질문사항	R&D능력	기술인력	자금능력
경제적 가치(Value)	●	●	●
희소성(Rarity)	●	●	●
모방가능성(Imitability)	▲	●	X
조직(Organization)	X	X	X

위의 분석 사례에서 기술인력에 대해서 살펴보면,

① 경제적 가치에 대한 질문은 '예'라고 답변 : 기술에 대한 전문적인 지식을 보유한 인력을 채용하여 아이디어에 대한 지적재산권을 취득하면 경쟁우위를 갖출 수 있다.

② 희소성에 대한 질문은 '예'라고 답변 : 해당하는 기술인력은 동일 업종에서도 찾아 볼 수 없기 때문에 희소성이 높다.

③ 모방가능성에 대한 질문은 '중간' 정도라고 답변 : 기술에 대한 전문적인 지식을 보유하고 있는 인력이나 지적재산권을 취득하기 위한 비용이나 시간이 어느 정도 투입되어야 한다.

④ 조직에 대한 질문은 '아니오'라고 답변 : 해당 기술에 대한 전문적 지식을 보유하고 있는 기술인력을 채용하고 인사평가를 위한 시스템과 지적재산권을 취득하기 위한 기업 내부의 제도적 장치가 정비되어 있지 않다.

이렇게 자사의 내부 경영자원에 대해서 질문에 답변하는 방식으로 분석해 볼 수 있으며, 자원기반이론에서 보면 일반적으로 기업의 아주 강한 내부 경영자원과 그것을 활용하기 위한 인사조직시스템이 아주 잘 갖추어져 있다는 것을 알 수 있다. VRIO 모델은 경제적 가치가 높고, 자원의 희소성이 있으며, 모방 불가능한 경영자원을 보유하고 이를 활용할 수 있는 기업의 핵심역량이라고 할 수 있다. 또한 이러한 자원과 능력은 조직의 효율을 극대화할 수 있는 전략을 수립하고 활용할 수 있는 기회를 포착하는데 도움이 된다.

PART 5

4차 산업혁명과 기업가정신

CHAPTER 12

4차 산업혁명과 기업가정신

제1절 4차 산업혁명의 의의 및 특징

1. 4차 산업혁명의 의의

제4차 산업혁명은 영국에서 시작된 1차 산업혁명, 미국에서 주도한 2차, 3차 산업혁명에 이어 나타난 혁신적인 변화를 말한다. 인공지능과 빅테이터, 사물인터넷, 로봇산업, 모바일 등 첨단 기술이 융합하여 사회전반에 혁명적인 변화를 가져오는 중요한 변화로 볼 수 있다. 4차 산업혁명에 대한 용어는 2016년 세계경제포럼의 클라우스 슈밥 회장이 스위스 다보스에서 열린 세계경제포럼에서 언급되어 알려지기 시작하였다. 클라우스 슈밥 세계경제포럼 의장은 "이전의 1, 2, 3차 산업혁명이 전 세계적 환경을 혁명적으로 바꿔 놓은 것처럼 4차 산업혁명이 세계 질서를 새롭게 만드는 동인이 될 것"이라고 하고 4차 산업혁명이 정보혁명인 3차 산업혁명에서 더욱 진화되는 혁명이라고 하였다.

이러한 4차 산업혁명은 인공지능, 로봇, 빅데이터, 자율주행차, 모바일, 가상현실, 사물인터넷, 생명공학, 3D 프린터, 블록체인 등 기존의 기술들과 결합 또는 기존의 기술과 새로운 혁신 기술과의 융합 및 신기술간의 융합을 통해 사회, 경제적으로 혁신적인 변화를 가져오는 산업혁명이다.

기술 간의 결합뿐만 아니라 기술과 서비스의 결합 등을 통해 변화를 가져오고 있다. 모바일, 빅데이터, 클라우드 컴퓨팅 등 정보통신기술로 기존 산업과 서비스를 결합시키고, 인공지능, 로봇, 생명공학, 사물인터넷, 나노기술 등 새로운 기술들과 서비스를 융합하는 형태로 변화를 하고 있다.

기존 산업에서 생산된 제품과 서비스를 네트워크로 연결시켜 지능화된 사물을 만들기도 한다. 이처럼 다양한 여러 분야의 새로운 기술들과 서비스가 연결되어 4차 산업혁명은 지금까지의 세상과는 달리 더 광범위하게 빠른 속도로 세상을 변화시키는 사건으로 될 것이다.

산업혁명은 영국에서 증기기관의 발명으로 시작된 1차 산업혁명은 농업사회에서 공업사회로 전환을 가져왔고 전기를 에너지로 하여 대량생산 시스템이 구축한 2차 산업혁명은 인류에게 풍요로운 경제적인 성장을 가져왔다. 3차 산업혁명은 정보통신기술 및 인터넷의 발전으로 시작하여 정보화 시대를 만들었고 4차 산업혁명은 기존 기술과 신기술, 서비스의 융합을 통해 기존의 산업혁명과 달리 차원이 다른 새로운 혁신적인 변화를 가져오고 있다. 클라우스 슈밥 회장도 3차 산업혁명과 속도, 범위, 체제 면에서 확실하게 다를 것이라고 하였으며, 기존의 산업혁명과 비교할 때 완전히 차원이 다른 변화라고 하였다. 4차 산업혁명은 일부 국가, 일부 산업에 영향을 미친 이전의 산업혁명과 비교하여 대부분의 국가 및 산업에 혁명적인 변화를 가져오게 될 것이다.

| 표 12-1 | 산업혁명의 변화

구분	시기	주요 내용
1차 산업혁명	1784년	증기기관, 기계생산
2차 산업혁명	1879년	전기, 노동 분업, 대량생산
3차 산업혁명	1969년	전자, 정보기술, 자동생산
4차 산업혁명	?	사이버-물리시스템

출처: Schwab(2016.).

2. 4차 산업혁명의 특징

산업혁명의 흐름을 살펴보면 증기기관의 발명으로 시작된 1차 산업혁명은 인간의 육체노동을 증기를 사용하여 대체하고 공장의 생산성을 크게 증가시켰으며, 증기기관차와 증기선 등 교통수단의 발달로 사람들의 이동과 물자의 수송이 용이하게 하였다. 2차 산업혁명은 전기에너지를 이용하여 대량생산체계를 구축하여 기업의 생산성을 획기적으로 개선하고 물질적으로 풍요롭게 하였다. 또한 자동차의 대량생산체계의 도입으로 중산층까지 구입하여 이동을 자유롭게 하였다. 컴퓨터와 인터넷의 발달로 인해 정보화 시대로 변화시킨 3차 산업혁명은 정보통신기술의 발전으로 국내는 물론 전 세계까지 정보의 이동을 용이하게 하였다. 자유로운 정보의 이동으로 인해 새로운 기술들이 나타나게 되었다. 이러한 신기술의 등장과 신기술과 기존기술 간의 결합 및 신기술간의 결합 등을 통해 4차 산업혁명 시대는 시작되었다. 4차 산업혁명은 제조업과 정보통신기술인 서비스업과의 결합으로 시작을 하였으며 독일에서 실시하고 있는 인더스트리 4.0은 대표적인 예로 들 수 있다. 이후 각 나라에서는 제조업과 서비스업의 결합 및 신기술 간의 결합 등을 통해 경쟁력 제고를 위한 노력을 하고 있다. 이러한 4차 산업혁명이 정보와 기술 간의 결합으로 시작하고 있으며, 인공지능을 활용하여 새로운 변화를 가져오고 있다. 정보, 기술, 산업 간 연결은 새로운 가치를 창조하는 융합의 형태로 나타나고 있다. 이처럼 초연결과 초지능 그리고 초융합을 4차 산업혁명의 주요 특징으로 볼 수 있다.

1) 초연결

영국에서 시작된 1차 산업혁명 시기에 발명된 증기기관차, 증기선은 사람들의 이동을 자유롭게 하였고 1883년 벤츠의 창업자인 칼 벤츠가 발명한 가솔린 자동차는 물리적 거리를 단축시켰다. 1903년 라이트형제가 발명한 비행기로 장거리 이동을 더욱 빠르게 하였다. 기술발전으로 자동차, 비행기, 선박의 성능이 대폭 개선되어 영국과 미국까지 3시간에 도착하는 비행기도 나오고 전 세계를 자유롭게 이동하는 것을 가능하게 하였다. 이처럼 기술의 발전으로 물리적 거리는 매우 좁혀지게 되어 사람과의 연결을 자유롭게 하였다. 사람과의 연결은 곧 정보의 연결이 자유롭게 하는 결과를 가져왔다. 이와 함께 1876년 알렉산더 그레이엄 벨이 전화기를 발명하여 정보의 이동을 가능하게 하였다. 전화기(telephone)는 먼 거리인 텔레(tele)와 목소리를 말하는 폰(phone)의 합성어로 먼 거리에 있는 사람들의 목소리를 자유롭게 듣고 말할 수 있다는 의미이다. 이후 정보통신기술의 발전과 컴퓨터, 인터넷의 등장으로 실시간 통화를 가능하게 하였다. 인터넷의 등장은 전자우편, 파일전송, 인터넷 정보검색, 인터넷 대화 등을 가능하게 하여 필요한 정보를 실시간으로 확인할 수 있게 하였다.

이제는 인간과 인간 간의 정보교류뿐만 아니라 인간과 사물의 정보교류, 사물과 사물의 정보교류가 가능하게 되었다. 사물인터넷의 등장으로 사물과 사물의 연결을 가능하게 하였다. 사물인터넷은 인터넷에 부착된 센서로 연결이 가능하게 하였으며 가정, 교통수단, 도시 등 다양한 분야에서 인터넷과 연결되어 정보의 교류가 가능하게 되었다. 인간의 신체에 센서를 부착하여 건강상태를 실시간으로 확인해주는 상황까지 왔다. 산업분야에서 인간과 사물, 사물과 사물의 연결을 가능하게 하고 있다. 산업체에 있는 설비는 종업원이 사용하는 컴퓨터와 인터넷으로 연결되어 있으며 설비와 설비간의 사물인터넷을 통해 연결이 되어 상호소통하면서 작업의 효율성을 극대화시키고 있다. 전통적인 산업분야에서 스마트 공장으로 변환되는 것이다. 독일에서 실시하고 있는 인더스트리 4.0을 시작으로 전 세계의 기업체로 스마트 공장이 확산되고 있다. 스마트 공장뿐만 아니라 스마트 홈, 스마트 시티로 발전하고 있다. 인간과 사물의 연결, 사물과 사물이 네트워크로 연결된 사회인 초연결 사회로 변하고 있다. 이런 초연결 사회가 4차 산업혁명의 주요 특징이다. 초연결 사회는 산업분야와 일상생활에 정보가 인간과 사물, 사물과 사물로 연결되어 실시간으로 수많은 데이터를 수집, 이동이 자유롭게 되어 활용할 수 있는 사회를 말한다. 이러한 초연결 사회는 성능이 좋은 컴퓨터가 대중화되어 누구나 사용할 수 있게 되었고 정보통신기술의 발전으로 정보화 사회를 획기적으로 발전시킨 배경에서 나타나게 되었다. 이 결과 소셜 네트워킹 서비스(SNS)의 활발한 이용으로 기술과 기술의 융합을 통해 새로운 기술들이 나오고 있다.

2) 초지능

2016년에 실시된 이세돌과 알파고의 바둑대결에서 인공지능인 알파고가 이세돌을 이겨 충격을 준 사건으로 인공지능에 대해 널리 알려지기 시작하였다. 인공지능에 대한 관심을 많이 가지게 하였으며 바둑에서 뿐만 아니라 다른 분야에서도 인간의 지능을 능가할 것인가에 대한 논의가 많았다. 과연 인공지능이 인간의 지능을 뛰어 넘을 수 있을까 라는 의문에 세계적인 미래학자 레이 커즈와일은 2006년 "특이점이 온다"라는 저서에서 미래에 대한 예측을 하고 있다. 여기서 특이점이란 기술이 인간을 뛰어 넘는 시기로 보고 특이점이 오면 미래에 기술혁신의 속도가 빨라지고 인류에 미치는 영향이 매우 커서 인간의 생활 자체를 되돌릴 수 없을 정도로 변화할 것으로 예상하고 있다. 레이 커즈와일은 인간이 진화되는 패턴을 여섯 단계로 설명하고 있다. 1단계는 화학적 측면에서 DNA가 진화되는 단계이며 2단계는 두뇌가 진화하는 단계이며 3단계는 두뇌의 사용으로 기술이 진화하는 단계이다. 4단계는 기술의 발달로 인공지능의 방법을 연구하고 발전시키는 단계이며 5단계는 특이점의 패턴으로 기술과 인공지능의 융합을 통해 진화하는 단계로 보았다. 마지막 6단계는 인공지능이 우주로 확대하는 것으로 보았다. 레이 커즈와일은 특이점의 시기를 2045년으로 예상하고 있다.

특이점은 인공지능이 인간의 지능을 뛰어넘는 시점을 의미하며, 특이점의 시기가 오는 과정에서 인공지능, 유전공학, 로봇공학, 나노기술 등 미래 기술변화가 급속하게 진행되어 특이점의 시기에는 인간의 수명과 삶에 근본적인 변화를 가져오게 될 것으로 예상하고 있다. 또한 특이점의 시기가 오는 과정에 다양한 변화를 예상하고 있다. 2025년에는 인공지능이 사무업무를 대체하고 2029년에는 인간 수준의 지능을 갖춘 컴퓨터가 등장하며 2030년에는 인간의 뇌와 인공지능을 연결하는 인터페이스 기술이 나올 것으로 보았다. 인터페이스는 인간의 뇌와 인공지능 사이에 소통을 할 수 있도록 만든 매개체로 인간과 인공지능의 소통이 가능하게 할 것으로 예측하고 있다.

3) 초융합

초융합은 인간과 기술, 기술과 기술의 연결을 통하여 서로 다른 기술 간의 융합, 온라인과 오프라인의 융합, 제조업과 서비스업의 융합 등으로 새로운 융합기술들이 나타나는 것을 말한다. 융합으로 단순하게 합치는 물리적 결합이 아닌 기존에 없었던 새로운 가치를 창출하는 것을 초융합으로 볼 수 있다. 중세 시대 이탈리아 메디치 가문은 다양한 분야에 문화, 예술을 지원하여 당대에 유명한 조각가, 화가, 과학자, 학자 등을 피렌체로 모이게 하였다. 이들의 만남은 서로의 분야에서 전문지식을 교류하면서 피렌체를 창조의 중심지로 만들고 르네상스 시대를 가져왔다. 이처럼 다양한 분야가 연결하여 혁신적인 아이디어가 폭발적으로 증가되는 현상을 메디치 효과라고 한다. 전 세계로 정보가 교류되는 현재의 시대에 시사 하는바가 크다. 르네상스는 이탈리아 한 지역에서 시작되었지만 지금은 국가, 지역을 초월하여 진행되고 있어 어떤 변화가 생길지 예측하기 어렵다.

산업계에서는 경쟁력 강화를 위한 융합에 많은 노력을 하고 있다. 산업계의 융합은 제품과 정보통신기술의 융합, 서비스와 정보통신기술의 융합, 산업 간의 융합 등으로 시행되고 있다. 기존 제품 및 신제품과 정보통신기술인 ICT기능을 결합하여 제품의 성능을 획기적으로 개선시키고 있으며 의료, 교육, 물류 등 서비스 산업에 ICT 기능이 포함되어 새로운 가치를 창출하고 있다. 산업 간의 융합은 방송, 게임, 영화, 엔터테인먼트 등 문화산업 간의 융합은 물론 제조업과 서비스업의 융합, 서비스 업간의 융합, 혁신기술 간의 융합 등으로 새롭게 가치를 확대하고 있다. 21세기 핵심기술은 생명공학기술(BT), 정보통신기술(IT), 나노기술(NT)을 들 수 있는데 융합을 통해 혁신 기술을 개발하고 기존 기술을 발전할 수 있게 되었다. 예를 들어 생명공학 분야에서 인간의 유전 정보를 확인할 수 있는 게놈의 염기서열은 확보하였으나 유전암호를 해석할 수 없어 활용을 할 수 없었던 것은 정보통신기술을 활용하여 분석을 가능하게 됨으로써 새로운 신약과 치료법을 찾게 되었다. 앞으로 생명공학과 정보통신 기술의 발전은 새롭게 융합을 가져오게 되고 융합을 통해 인류에게 그동안 없었던 신약을 선물하게 될 것이다.

제2절 4차 산업혁명의 핵심 기술

1. 인공지능

인공지능은 인간이 가지고 있는 지적 능력을 일부 또는 전체를 인공적으로 대체하는 것을 말한다. 인간의 육체가 아닌 정신을 컴퓨터와 정보통신기술을 이용하여 사고하고 처리하는 것을 말한다. 인공지능이란 용어는 1956년 존 매카시가 정보처리 이론을 다루는 학회에서 처음으로 사용하면서 알려지기 시작하였다. 이후 컴퓨터의 혁신적인 발달로 컴퓨터로 인간의 두뇌를 만들어 인간이 하고 있는 일을 시킬 수 없을까 하는 아이디어 차원의 제안으로 인공지능을 본격적으로 연구하기 시작하였다. 1990년 이전에는 신경망 이론 등 인공지능과 관련된 많은 연구가 있었으나 가시적인 결과를 만들지 못했다. 1990년 이후에 인공지능의 개발 목표를 인간의 지능을 구현하는 것에서 비즈니스 분야에서 문제해결 하는 것으로 두고 연구하였다. 이 무렵 컴퓨터와 정보통신기술의 발달로 일부 분야에서 성공적인 결과가 나타나기 시작하였다.

1997년 미국 IBM이 개발한 체스 게임 프로그램인 딥 블루로 당시 체스 세계 챔피온인 가리 카스파로프와 대국하여 승리를 하였다. 컴퓨터가 인간을 이겼다는 보도가 전 세계로 퍼지면서 인공지능의 관심을 끌게 하였다. 2011년에는 미국 TV 퀴즈 쇼 "제퍼디"에서 IBM이 개발한 왓슨이 승리하여 역대 최다 상금을 받았다. 왓슨의 승리 후 컴퓨터가 인간의 언어를 이해하고 적합한 답을 찾는 단계에 도달했다고 평가하였다. 2016년에는 딥 마인드가 개발한 알파고가 우주 원자의 수보다 경우의 수가 많은 바둑에서 이세돌에게 승리함으로써 충격을 주었다. 이런 결과에는 제프리 힌튼 교수가 2006년 발표한 딥러닝 논문으로 비 지도 학습을 가능하게 한 것도 커다란 기여를 하였다. 그동안 사람이 알려준 것으로 학습하는 지도학습에서 사람의 도움 없이 인공지능이 스스로 학습하는 비 지도학습이 가능하게 된 것이다.

이런 인공지능을 구현하기 위한 기술은 주어진 기본적인 규칙을 가지고 입력되는 정보를 활용하여 스스로 학습하는 기계학습 기술과 인간의 뉴런 구조를 모방하여 만든 인공 신경망이 있고 정보의 입출력을 하는 인공 뉴런들을 여러 겹으로 쌓아 연결한 딥 러닝 기술이 있다. 인지 컴퓨팅은 기계학습으로 얻은 결과를 가지고 주어진 과제를 해결할 수 있는 프로그램으로 인간의 두뇌 구조를 모방하여 만들어 진 것이다. 인공지능의 진화는 계속되고 있다. 인간에게 유용한 도구로 활용하기 위해 만든 약인공지능에서 인간의 두뇌를 완벽하게 모방하고 있는 강인공지능으로 발전하고 있으며 인간의 두뇌를 능가하는 시점인 특이점의 시기를 레이커즈 와일은 2045년으로 예측하고 있다.

세계를 놀라게 한 인공지능(AI) 5가지

1. 단순 알고리즘으로 몰입도를 높였다…심리 상담 프로그램 '일라이자(Eliza)'
일라이자(Eliza)는 1966년 조지프 와이젠바움 매사추세츠공과대학교(MIT) 교수가 개발한 심리 상담 컴퓨터 프로그램으로 내담자가 하는 말을 반복하면서 적절한 호응과 공감하는 대답을 내놓을 수 있도록 단순한 알고리즘을 적용한 자동 채팅 기술이다. 일라이자는 피실험자의 사전 정보없이 단순 호응만으로 그들을 상대했다. 피실험자는 자신이 기계와 대화 중이라는 사실도 모른 채 대화에 몰입했다. 일라이자가 컴퓨터 프로그램임을 알고 있던 와이젠바움 교수의 제자와 비서도 일라이자와의 대화에 빠져들어 내면 속 이야기를 모두 털어놨다.
당시 정신 의료계는 일라이자를 정신병원에 도입해 정신질환자의 심리 치료를 돕게 하자며 호의적인 반응을 내비쳤다. 와이젠바움 교수는 초보적인 AI 기술로 구현한 일라이자가 인간을 속이는 것을 보며 큰 충격을 받았다. 이후 그는 AI와 컴퓨터 기술의 근본적인 특성을 연구했고 AI 기술의 비판자로 돌아섰다.

2. 세계 체스 챔피언을 꺾다...체스 프로그램 '딥 블루(Deep Blue)'
'딥 블루(Deep Blue)' 는 미국 IBM이 개발한 체스 게임 컴퓨터 프로그램으로 1997년 당시 체스 세계 챔피언인 가리 카스파로프와 대국에서 딥 블루가 승리하며 2승 3무 1패를 기록했다. 승리 보도가 전 세계로 퍼졌으며, 이 경기는 많은 이들에게 AI의 존재감을 알린 계기가 됐다.

3. 미국 TV 퀴즈 쇼 '제퍼디'에서 우승…자연어 AI '왓슨(Watson)'
'왓슨(Watson)'은 IBM에서 인공지능으로 2011년 미국 ABC 방송 인기 퀴즈 쇼 '제퍼디'에 출전해 인간 퀴즈 챔피언을 꺾고 역대 최다 상금을 수상했다.

4. 튜링 테스트를 통과한 세계 최초 AI…'유진 구스트만'
'유진 구스트만'은 러시아와 우크라이나 연구진이 공동 개발한 AI 이다.
2014년 유진 구스트만은 인간처럼 생각하는 AI 판별 기준인 '튜링 테스트'를 통과한 세계 최초 AI다. 튜링테스트는 기계 사고 능력을 판별하는 테스트로 기계와 인간 간 대화 수준이 얼마나 비슷한지 측정한다. 유진 구스트만은 테스트에서 5분간 텍스트 대화를 나눈 끝에 심사위원 중 33% 이상에게 '진짜 인간'이라는 확신을 줬다. 케빈 워윅 레딩대 교수는 "튜링 테스트를 통과한 유진이 컴퓨터 역사에 한 획을 그었다"고 설명했다.

5. 우주 원자보다 많은 경우의 수를 가진 바둑을 점령하다…'알파고(AlphaGo)'
2016년 3월, 세계 바둑 챔피언 이세돌이 바둑 AI '알파고(AlphaGo)'와의 대결에서 이세돌은 제4국만을 승리, 1승 4패를 기록했다. 이세돌의 패배는 큰 충격이었다. 바둑은 경우의 수가 우주 원자의 수보다 많기 때문에 상당히 빠르고 정확한 연산 능력이 필요하다. 이에 대다수 AI 전문가는 이세돌의 승리를 점쳤다. 하지만 예상과 달리, 알파고가 승리를 따내자 많은 매체는 '인간을 절망시킨 AI'라며 보도했다. 알파고는 알파벳의 자회사 딥마인드가 개발한 바둑 게임 프로그램이다.

출처: Ai 타임스, 2020.8.19. 김재호

2. 로봇

특정한 목적을 가진 일을 수행할 때 자동적으로 작동하는 기계 또는 인간과 유사한 모습을 하고 걷고 말도 하는 기계를 로봇이라고 정의를 내리고 있다. 로봇은 일한다(robota)는 뜻을 가진 체코어에서 유래되었으며 1920년 체코의 희곡 "로섬의 인조인간"이 발표되고 인조인간(robots)에 관심을 가지게 되고 로봇이라는 용어를 처음으로 사용하였다.

로봇이 자동으로 작동하기 위해서는 어떤 작동을 할 것인가에 대한 명령을 받고 받은 정보를 근거로 작동하게 된다. 명령은 센서를 통해 신호를 받거나 명령어의 입력을 통해 받는 방법 등이 있고 받은 명령에 따라 작동하는 장치로 구성이 되어 있다. 로봇은 20세기 후반부터 산업현장에서 사용하기 시작했다. 유니메이트라는 이름을 가진 세계 최초의 산업용 로봇은 1954년 미국 데벌사가 개발하였으며 1961년에 최초로 특허를 받았다. GM회사가 유니메이트를 인수하여 자동차 부품을 조립하거나 용접하는데 사용하였다. 1979년 석유 파동으로 인한 경제 불황은 기업들에게 생산성을 향상시키는 다양한 방법을 찾게 하였다. 이 때 미국의 로봇 수요가 급증하였다. 1979년 2천대 정도에서 1981년에는 5천대가 넘게 보급이 되었다. 이 무렵 언론들은 급증하는 로봇 수요에 맞게 로봇 시대를 선포하고 1980년 12월 타임즈에서는 로봇혁명에 대해 집중적으로 보도하였다. 로봇혁명으로 인간생활을 전면적으로 개편해야 한다고 하였다. 산업용 로봇의 급격한 확산은 부작용을 가져오기도 하였다. 1982년 가와사키 중공업에서 작업자가 로봇에 맞아 죽는 사건이 발생하기도 하였고 1986년 미국 GM의 자동차 도장작업에 사용하는 로봇이 페인트를 엉뚱하게 발사하는 문제도 있었다. 이로 인해 로봇에 대한 안정성 문제가 제기되었다.

하지만 1980년 이후에는 다양한 형태와 용도를 가진 로봇들이 출현하기 시작하였다. 산업용에서 군사용, 의료용, 가정용 등 다양한 분야의 로봇들이 개발되기 시작하였다. 산업현장에서 사람이 하는 반복적이고 단순한 작업이나 산업재해가 많이 발생하는 위험한 작업에 로봇의 사용을 늘리고 있다. 또한 로봇을 활용하면 쉬지 않고 정확하게 작업을 할 수 있기 때문에 생산량을 증가시킨다. 가정용 로봇의 경우 로봇 청소기 등 다양한 용도의 로봇이 출시되고 있다. 일본 소니가 1999년에 출시한 애완용 강아지 로봇인 아이보도 있으며, 2000년에는 혼다에서 인간로봇인 아시모를 개발하였다. 장애가 있거나 고령으로 도움이 필요한 사람들에게 적합한 로봇들도 계속적으로 출시되고 있다. 이러한 로봇은 컴퓨터, 정보통신기술, 인공지능의 발전과 함께 더욱 진화할 것이다.

정보통신기술진흥센터에서 로봇에 대한 분류를 한 것을 보면 광의의 로봇과 협의의 로봇으로 구분하였다. 협의의 로봇은 제조현장에서 사용하는 공장자동화 로봇과 협력로봇이며 서비스 로봇으로는 의료로봇, 청소로봇, 물류로봇, 군사로봇, 안내로봇, 소셜 로봇 등을 들 수 있다. 광의의 로봇은 협의의 로봇 외에 자율주행차, 드론, 개인용 이동수단, AI 스피커를 말한다.

| 표 12-2 | 로봇의 분류

광의의 로봇	자율주행차, 드론, 개인용 이동수단, AI 스피커	
협의의 로봇	산업용 로봇	공장자동화 로봇과 협력로봇
	서비스 로봇	의료로봇, 청소로봇, 물류로봇, 군사로봇, 안내로봇, 소셜 로봇

출처: 정보통신기술진흥센터

3. 생명공학

생명공학(biotechnology)은 생명(bio)과 기술(technology)의 합성어로 생명체가 가지고 있는 시스템과 생산물을 변형시키거나 응용하여 의학, 농업, 산업 등 다양한 분야에 유용한 제품을 개발하기 위해 연구하는 학문이다. 생명공학은 미생물학, 분자생물학, 세포생물학, 유전학, 생화학 등 기초적 과학 분야에 대한 연구를 통해 발전하고 있으며, 전산학, 정보통신기술, 의학, 농업학, 화학 등과 같은 학문과 융합하여 해당 산업에 필요한 새로운 제품을 생산하기도 한다. 의학의 경우 신약과 치료제를 개발하는데 활용이 되고 농업의 경우 수확량이 높은 품종 및 유전자 변형 작물을 개발할 때 사용한다. 산업용으로 화학물질과 섬유 등 신소재를 개발할 때 적용한다.

생명공학에 대한 연구는 효모, 박테리아의 발효과정을 연구하거나 미생물의 발견 등의 과정을 거치고 1919년 농축산물을 가공하기 위한 기술을 설명하기 위해 생명공학이란 용어가 처음으로 등장하였다. 이후 1928년에 플레밍이 항생물질인 페니실린을 발견하여 세계 2차 대전에 수많은 부상자들의 목숨을 구했다. 1953년에 DNA의 이중나선 구조 발견은 유전자의 작동원리를 이해하게 함으로써 생명공학에 전환점을 가져온다.

1973년 스탠포드 대학의 코헨과 보이어가 DNA 재조합 실험에 성공하여 새로운 의미의 생명공학 기술이 나타나게 되었다. DNA 재조합 기술로 여러 세대를 거친 형질 변환이 필요 없고 교잡의 범위에 제한이 없어지게 되어 종자개량, 의학분야, 폐기물 처리분야 등 다양한 바이오분야의 연구를 하게 되었다. 이로 인해 미국에서 기름 먹는 박테리아에 대한 특허가 나오기도 하였다.

1997년에는 체세포 핵 이식 기술로 세계 최초로 복제된 포유동물인 복제양 돌리가 출현하여 세계적인 관심을 끌게 하였다. 체세포 이식 기술로 6년생 암양의 세포를 채취하여 특수 화학처리를 통해 세포핵이 휴면 상태에 빠지게 하고 수정되지 않은 또 다른 양의 난자로부터 세포핵을 제거하여 6년생 암양의 핵을 다른 양의 난자에 이식시켜 자란 배를 대리모격인 제 3의 양 자궁에 이식하여 6년생 암양과 똑같은 복제양을 탄생시켰다.

1990년에 인간의 DNA에 있는 모든 유전 정보를 분석하여 데이터베이스로 만드는 인간 게놈 프로젝트를 출범하여 2001년에 완료하였다. 3만여 명의 과학기술자와 30억 달러의 천문학적인 연구비가 투입된 이 연구결과는 인간의 유전자 수가 초파리의 2배에 불과한 3만개 정도인 것으로 확인되었다. 이로 인해 2003년에는 인간의 유전체 지도가 완성되었다. 생명공학은 생물학에 대한 다양한 지식과 전산학 등 다양한 분야의 학문과 융합하여 발전하고 있다. 현대 생명공학은 그린 바이오 테크놀로지, 레드 바이오 테크놀로지, 화이트 바이오 테크놀로지, 블루 바이오 테크놀로지, 생물정보학으로 분류되어 발전하고 있다.

| 표 12-3 | 현대 생명공학의 분류

구분	내용
그린 바이오 테크놀로지	농작물의 경제적 생산을 위해 적용되는 생명공학 기술
레드 바이오 테크놀로지	신약개발 등 의료 분야에 적용되는 생명공학 기술
화이트 바이오 테크놀로지	미생물을 활용하는 산업적 활용이나 바이오 연료개발 등 친환경분야에 대한 기술
블루 바이오 테크놀로지	광합성 미세조류를 이용한 바이오 오일 생산 등 해양자원에 대한 기술
생물정보학	전산학과 생물학의 융합적 형태로 발전한 분야로 생물학적 데이터를 분석 조직화하는 기술

출처: 고교생이 알아야 할 생물 스페셜

4. 자율주행차

자율주행차는 인간의 운전 없이도 자동으로 주행할 수 있는 자동차이다. 운전자가 가속패달, 브레이크, 조향 핸들 등을 조작하지 않아도 자동차에 장착된 센서를 통해 주위의 환경을 인식하여 운전자가 지정한 장소까지 스스로 운전하는 자동차를 의미한다. 자동차가 스스로 운행하기 위해서는 수많은 기술들이 필요하다. 우선 주변 환경 및 사물을 인식하기 위한 레이더, 라이다, 카메라, GPS 등 첨단 센서가 있어야 하며, 센서로부터 입력되는 대용량 데이터를 처리할 전자 제어 장치가 필요하다. 또한 운행 중 센서 데이터를 바탕으로 일정한 속도를 유지하거나 앞차 또는 장애물과의 거리를 유지하고 더 나아가 긴급 제동을 통해 충돌까지 회피하도록 가속, 감속 장치를 제어하는 소프트웨어 및 시스템이 필요하다. 그리고 운행 중인 차선을 유지하고 의도하지 않은 이탈을 방지하도록 조향 장치를 제어하는 기술 역시 요구된다. 미국자동차기술학회(SAE)에서는 자율주행차의 발달 수준을 자율주행 기능이 없는 일반차량인 0단계에서 완전 자율주행이 가능한 5단계로 구분하고 있다. 0단계에서 2단계까지는 사람이 주행환경을 모니터링하는 단계이며 3단계부터는 자율주행 시스템이 주행환경을 모티터링하는 것으로 구분할 수 있다.

표 12-4 자율주행기술의 발전 수준(미국자동차기술학회)

구분	내용
0단계	자율주행 기능없는 일반차량
1단계	자동브레이크, 자동속도조절 등 운전 보조기능
2단계	부분자율주행, 운전자의 상시 감독 필요
3단계	조건부 자율주행, 자동차가 안전기능 제어, 탑승자 제어가 필요한 경우 신호
4단계	고도 자율주행, 주변환경 관계없이 운전자 제어 불필요
5단계	완전 자율주행, 사람이 타지 않고도 움직이는 무인 주행차

1960년대에 벤츠가 자율주행의 개념을 제안하였으며, 1970년대 중반부터 자율주행에 대한 초보적인 연구가 시작되었다. 1990년대에 컴퓨터의 기술발달로 자율주행 기술에 대한 본격적인 연구가 시작되었다. 자율주행차 기술경쟁에서 선두를 다투는 업체 중 하나인 구글은 2010년 자율주행차 개발 계획을 발표한 뒤 2014년 12월에 시제품을 공개하였으며, 계속해서 자율주행 기술을 발전시켜 나가는 중이다. 구글의 핵심 기술은 라이다라고 부르는 센서 장비이며 초음파 장비, 카메라, 레이더 센서 융합 등 첨단 기술을 통해 차량 및 장애물을 인지하고 거리를 측정하여 위험을 감지할 수 있도록 한다. 이 외에도 GPS와 정밀 지도 등 다양한 기술들이 융합되어 있다.

2015년에는 독일 자동차 BMW에서 자동으로 주차하는 기술을 선보이고 스마트워치를 이용하여 자동차를 부르면 오는 기술을 시현하였다. 벤츠에서는 자율주행차가 운행할 것을 대비하여 자동 주행 모드를 선택하면 운전석이 뒷좌석과 마주 보는 모양으로 변경되는 것을 소개하였다.

자율주행기술의 발전과 함께 자율주행차 운행에 대비하여 법을 개정하고 있다. 미국에서는 2011년 합법적으로 자율주행차가 달릴 수 있도록 하였으며, 영국 교통부도 2014년 자율주행차의 운행 허용 계획을 발표하고 실제 2015년 시험 운행을 하였다. 일본에서는 2016년 8월부터 쇼핑몰에서 무인버스로 승객을 태우고 운행을 시작하였다. 한국에서도 2017년 판교에서 자율미니버스가 최초로 운행하였고 2019년 7월에 세종시가 규제자율특구로 지정되어 자율주행버스의 실제 운행이 시작되었다.

자율주행 시장의 본격적인 성장세는 2020년부터 시작될 것으로 전망하고 있다. 시장조사업체 네비건트리서치에 의하면 세계 자율주행차 시장은 2020년 전체 자동차 시장의 2%인 2000억 달러를 시작으로 2035년에는 1조2000억 달러의 매출이 발생할 것으로 추정하고 있다.

5. 빅데이터

빅데이터란 디지털 환경에서 발생되는 방대한 데이터로 수치 데이터는 물론 문자 및 영상 데이터까지 포함된 대규모 데이터를 의미하며 기존 데이터에 비해 너무 방대하여 수집하고 분석, 저장하기 어려운 정형, 비정형 데이터를 말한다. 인터넷의 발달로 빅데이터 환경이 조성되어 구글에서는 1분 동안 200만 건을 검색하고 트위터에서는 27만 건의 트윗이 이루어진다. 이처럼 방대한 양의 데이터와 함께 다양한 종류의 데이터로 인해 사람들의 생각과 의견에 대해 분석할 수 있게 되었다.

데이터의 크기, 속도, 다양성을 빅데이터의 특징으로 볼 수 있다. 데이터의 크기는 수십 테라 바이트에서 수십 페타바이트 이상의 방대한 양을 가지고 있다. 이처럼 엄청난 양의 데이터를 수집하여 분석하는 속도가 매우 빠르게 처리된다는 점이다. 또 다른 특징으로 다양성을 들 수 있다. 아날로그 시대의 데이터와는 달리 디지털 환경에서 데이터는 정형 데이터뿐만 아니라 반정형, 비정형 데이터까지 포함되는 다양성을 지니고 있다.

예를 들어 백화점에서는 물건을 구입한 구매자에 대한 데이터만 존재하지만 인터넷 쇼핑몰의 경우 고객이 방문하여 어떤 제품에 관심이 많고 어느 정도 쇼핑에 시간을 보내고 있는지도 파악할 수 있다. 이러한 방대한 데이터를 분석하고 활용하기 위해서는 빅데이터 플랫폼에 대한 인프라가 조성되어야 한다. 빅데이터 플랫폼을 통해 정형 또는 비정형 데이터를 수집하고 분산하여 저장할 수 있도록 한다. 저장된 데이터를 가공, 분석하는 처리과정을 거치게 하여 가치 있는 데이터를 생성하게 하며 데이터의 보안과 관리를 통해 정확한 정보를 제공할 수 있도록 한다. 방대한 데이터를 필요한 목적에 부합될 수 있도록 분석하는 솔류션이 필요하다.

빅데이타 플랫폼과 솔류션을 통해 얻은 정보를 기업체, 정부, 개인들이 활용할 수 있게 된다. 기업체에서는 신제품을 개발하거나 출시하기 전에 빅 데이터를 활용하여 고객들이 무엇을 원하고 있는지에 대한 정보를 얻어 신제품을 개발하여 시행착오를 줄일 수 있으며 기존 제품에 대해서는 연령별, 지역별, 소득수준별 구매패턴을 파악하여 핵심 고객에 집중할 수 있게 함으로써 효율적인 경영을 할 수 있도록 정보를 제공받을 수 있게 한다.

즉 기업의 빅데이터 활용은 고객의 행동을 미리 파악하여 대처함으로써 판매량 증대. 생산성 확대 등 기업경쟁력을 강화시킬 수 있게 된다. 공공부문에서 국민들이 요구하는 정보를 보다 정확하게 제공할 수 있게 된다. 홍수, 가뭄 등 자연재해에 대한 보다 정확한 정보는 위험에 대비할 수 있게 하고, 실시간으로 변하는 교통정보는 운행시간을 단축시킬 수 있게 한다. 또한 범죄예방에 활용하여 사전에 범죄를 막을 수 있게 한다. 빅데이터는 정보화 시대의 원유로 비유할 정도로 중요하며 다양한 가치를 만들어 내기 시작하였다. 초연결, 초지능 초융합 시대인 4차 산업혁명 시대에는 빅데이터의 가치가 더욱 커질 것이다.

6. 사물인터넷(IOT)

2014년 미래창조과학부에서 사물인터넷을 사람, 사물, 공간, 데이터 등 모든 것이 인터넷으로 서로 연결되어 정보가 생성, 수집, 공유, 활용되는 초연결 인터넷으로 정의를 내렸다. 사물인터넷 기술이 존재하기 전에는 인터넷에 연결된 기기들 간에 데이터와 정보를 주고받기 위해서는 사람들이 조작을 해야만 했었다. 하지만 사물인터넷 시대에는 사람과 사람 간에 IP주소를 가지고 인터넷을 하듯이 사물에 IP주소를 부여하여 사람과 사물, 사물과 사물 간에 인터넷을 통해 의사소통이 가능하게 되었다. 사물인터넷은 인터넷이 등장하면서 나타나기 시작했다.

1980년대 초 카네기 멜런 대학 컴퓨터학과 교수와 학생들이 코카콜라 자판기에 있는 콜라의 수량과 온도를 확인하기 위해 인터넷과 코카콜라 자판기와의 연결을 시도하였고, 1989년에는 컴퓨터 전문가인 존 롬키가 토스터를 인터넷으로 연결하여 토스트를 적당하게 굽는데 성공했다. 1995년 미 국방성에서 설치한 GPS 위성 네트워크를 이용할 수 있게 하였다. 사물인터넷에 대한 용어는 1999년 MIT 케빈 애쉬튼 교수가 처음으로 사용했다. 앞으로 일상생활에 사용하는 사물에 인터넷이 설치되고 사물인터넷이 구축될 것이라고 전망하면서 최초로 사용하게 되었다 국내에서는 2000년에 LG가 세계 최초로 IOT 냉장고를 출시하였으나 고가로 판매하여 대중화는 되지 못했으나 사물인터넷에 대한 관심을 끌게 하였다.

2007년 애플이 출시한 아이폰은 사물들 간에 인터넷으로 연결을 가능하게 하였다. 2010년에 구글에서 자율주행차를 개발 계획을 발표하고 GM, 테슬라, 독일, 일본, 한국 자동차 기업들이 자율주행차에 대한 연구개발과 함께 사물인터넷에 대한 연구를 지속적으로 하고 있다. 2014년에는 아마존에서 에코 스마트 홈 허브를 출시하여 사물인터넷을 통해 일상생활에 도움이 될 수 있는 새로운 방법들을 제시하여 전 세계 소비자들에게 많은 관심을 가져오게 하였다.

사물인터넷을 구현시키기 위해서는 상황을 인지할 수 있는 기술을 가진 센서와 인터넷 네트워크로 통신하는 기술, 대량 데이터를 처리하는 빅데이타 기술 , 보안기술 등 다양한 기술들이 필요하다. 사물인터넷을 통해 헬스케어, 스마트 홈, 스마트 공장, 스마트 농업에 활용되고 에너지, 환경, 국방 분야에도 응용되어 활용하고 있다. 앞으로 사물인터넷은 기술발전과 더불어 4차 산업혁명 시대에 유망한 분야가 될 것이다.

7. 가상현실

어떤 특정한 환경과 상황을 컴퓨터로 만들어 놓은 가상의 세계에서 사람들이 실제 상황에서 체험하는 것처럼 만들어 주는 것을 말한다. 가상현실을 사용하는 이유는 직접 체험하기 어렵고 비용이 많이 소요되는 상황을 체험하려는 것이다. 군사용, 게임용, 교육용, 레저용 등 다양한 분야에서 가상현실이 활용되고 있다.

가상현실은 1938년 프랑스 앙토넹 아르토의 에세이 "연극과 그 이중"에서 처음으로 등장하였으나 1985년 재런 래니어가 VPL 연구소를 설립하여 VR 고글과 장갑을 개발, 판매하기 시작하면서 가상현실이 대중적인 용어로 알려지기 시작하였다. VPL 연구소는 자금난으로 파산하고 린든랩 회사의 고문으로 2003년에 세컨드라이프를 출시하여 한때 월 90만 명이 이용하는 서비스로 성장하기도 하였다. 2012년 팔머 럭키가 오큘러스 리프트라는 가상현실 게임용 장치를 개발하였다. 이 장치를 머리에 쓰면 머리의 움직임을 감지하여 그에 맞는 가상현실 콘텐츠를 제공한다. 오큘러스 리프트를 만든 오큘러스는 2014년 3월에 페이스북에 20억 달러에 매각하였다.

스마트 폰의 확산으로 가상현실이 다시 주목을 받고 있다. 스마트 폰과 가상현실 기기가 결합하여 가상현실을 체험해 볼 수 있게 하였다. 가상현실을 체험할 수 있는 헤드셋의 가격이 저렴해지면서 가상현실 체험자가 늘고 있다. 그리고 게임, 교육 등을 중심으로 가상현실이 활용되고 있다.

8. 드론

드론은 조종사가 없는 상태에서 무선전파를 이용하여 원격으로 조종하여 비행하는 무인항공기를 말한다. 벌이 윙윙거리는 소리를 뜻하는 의미를 가진 것이 드론이다. 초기에 드론은 공군기나 대공포로 사격 연습할 때 적기 대신 표적으로 사용되었다. 2차 세계대전이 끝난 후 수명이 다한 항공기를 공중 표적용 무인기로 개발하기 시작하였고 이후 적 기지에 투입하여 정찰임무를 수행하는데 활용되었다. 드론은 위험지역이나 사람 접근이 어려운 지역에 군수물자를 운송하거나 적 기지에 폭탄을 투여하는 용도로 사용됨으로 빠른 속도로 개발이 진행되었다. 2000년대 중반부터 미국에서는 적 기지를 포격하는 용도로 적극 활용하였다. 이처럼 군사용으로 시작된 드론이 기업체, 드라마나 영화촬영, 농업용, 개인의 레저용 등으로 사용을 확대시키고 있다.

구글, 아마존, 페이스북 등 글로벌 기업들이 드론기술 개발에 힘쓰고 있으며, 연구 인력에 대한 투자를 늘리고 있다. 2013년에 아마존은 택배직원이 하는 업무를 드론이 대신하는 새로운 배송시스템 프라임에어를 공개하였다. 구글과 페이스북은 드론 개발 및 제조업체를 인수하여 사업을 확대하려고 하고 있다. 구글과 페이스북은 인터넷 사업에 드론을 활용할 계획으로 드론에 대한 기술개발에 주력하고 있다. 구글은 무선 인터넷을 보급할 목적으로 드론을 개발하고 있으며 페이스북도 드론을 중계기로 활용하기 위해 개발을 하고 있다. 방송사와 영화사에서도 드론이 활발하게 사용되고 있다.

드론 사용으로 위험지역이나 사람이 갈 수 없는 지역에 카메라를 탑재한 드론으로 촬영할 수 있게 되었고 재해 현장이나 스포츠 중계에도 사용하고 있다. 드론촬영의 장점으로 드라마, 영화촬영 등 다양한 영상을 찍는데 드론이 사용되고 있다. 농약을 살포하는 농업용으로도 드론이 확대되고 레저용으로도 많이 사용되고 있다. 하지만 드론의 사용을 늘리기 위해서는 안전이 보장되어야 한다. 각국에서는 테러용으로 드론이 사용되거나 드론이 갑자기 고장으로 추락하는 문제와 사생활 침해 등의 문제로 법적 규제가 많이 있다. 그럼에도 불구하고 드론시장은 꾸준하게 증가하고 있다.

9. 3D 프린터

사무실이나 가정에서 많이 사용하는 문서나 그림 등 평면에 인쇄하는 프린터를 2D 프린터라고 한다. 2차원 평면에 인쇄하는 2D 프린터와 달리 3차원으로 입력된 도면에 있는 물건과 동일하게 인쇄하는 프린터를 3D 프린터라고 말한다. 3D 프린터를 사용하면 초콜릿을 장미모양으로 만들 수 있고, 피자나 햄버거도 만들어 낼 수 있다. 3D 프린터의 시작은 미국의 콜로라도 출신의 디자인 엔지니어 찰스 헐이 시제품을 만드는데 2달 이상의 시간이 소요되는 것을 보고 시제품을 벽돌처럼 쌓아 올리면 시간을 단축시킬 수 있을 것이라는 아이디어를 가지고 3차원 물체 제작 기구를 개발하여 1984년 특허를 내었다.

본격적으로 3D 프린터를 공급하기 위해 1986년 3D 시스템즈라는 회사를 창업하였으며, 현재도 3D 프린터 업계에 선두주자로 활발하게 사업을 하고 있다. 1988년 미국 미네소타주 스콧 크럼프는 어린 딸에게 장난감을 직접 만들어 주기 위해 고체 플라스틱을 녹이고 굳히는 과정을 반복하여 여러 층을 쌓아 완성시킨다. 이 과정에서 얻은 아이디어로 1989년 3차원 물체를 만들기 위한 방법 및 장치라는 특허를 내었다. 이 방법이 현재 사용하는 적층모델링 방식 3D 프린터의 시초가 되었다. 스콧 크럼프는 3D 프린팅 기술 업체를 창업하여 1994

년 다스닥에 상장시키기도 하였다. 3D 프린터가 초기에는 높은 생산비용으로 항공기 부품, 자동차 부품 등 특별한 시제품을 제작하는데 사용되었으나 최근에는 3D 프린터로 생산하는 비용이 대폭 낮아지고 특허권의 기간이 만료되어 타 업체에서도 본격적으로 개발하여 보급하고 있다.

3D 프린터는 작동되는 방법에 따라 적층형과 절삭형으로 구분되어 진다. 2차원의 얇은 층을 겹겹이 쌓아 만드는 방식이 적층형이며 조각을 하듯이 깍아서 만드는 방식이 절삭형이다. 절삭형은 재료의 손실이 발생하기 때문에 적층형 3D 프린터를 대부분 사용하고 있다.

3D 프린터로 만들 수 있는 물건의 소재에 따라 플라스틱, 금속, 고무 등 다양한 재료를 사용하고 있으며 음식재료를 생산하기 위한 소재도 사용되고 있다. 3D 프린터가 처음 개발되어 사용할 때는 항공기와 자동차 부품의 시제품을 제작하는데 사용되었으나 제조업 분야로 확대되고 의료, 식품, 건설, 분야 등 다양한 분야로 사용이 확대되고 있다.

하지만 3D 프린터를 가장 적극적으로 활용하고 있는 분야는 의료분야이다. 치과에서 필요한 치아를 만들 때 사용하고 관절, 의수, 인공 뼈 등은 물론 인공장기를 만드는데 사용되고 있다. 식품분야에서는 이탈리아 식품업체 바릴라에서 3D 프린터를 이용하여 파스타 면을 생산하였으며 초콜릿, 사탕, 쿠키 등 다양한 식품을 만드는데 3D 프린터가 사용되고 있다.

미국항공우주국 NASA에서는 무중력 3D 프린터를 사용하여 우주에서 필요한 소형 부품들을 생산하게 하였으며 우주에서 먹을 수 있는 피자나 햄버거를 제조할 수 있는 3D 프린터도 개발하였다.

건설 분야에서는 건축물을 처음부터 끝까지 완성하는데 사용하거나 자재를 생산할 때 3D 프린터를 사용한다. 의류분야에서는 옷을 만들 때 재단과 봉제과정이 필수적으로 들어가지만 3D 프린터를 이용하면 바느질 없이 옷이 완성될 수 있고 어떤 옷도 디자인된 옷 도면만 있으면 생산이 가능하게 되었다. 그리고 개인의 취미생활과 조각품 등 창작물을 만드는데 3D 프린터가 많이 활용되고 있다.

10. 블록체인

거래되는 내역을 누구나 확인하고 열람할 수 있고 저장하고 있다면 거래내역이 투명해질 수 있고 해킹으로부터 보호받을 수 있게 된다. 이것을 위해서는 거래내역이 저장된 수많은 컴퓨터가 모두 일치한다고 하면 가능한 일이다. 만약 해킹하려면 저장되어 있는 모든 컴퓨터를 조작하여야 한다. 블록체인 기술이 이것을 가능하게 하였다. 블록체인은 거래내역을 한군데가 아닌 수많은 컴퓨터가 복제하여 저장하는 공공 거래장부이다. 블록체인은 2008년 10월에 사토시 나카모토가 기술 커뮤니티 메인에 “P2P 전자화폐 시스템”의 논문을 게재하고 두 달 후인 2009년 1월 3일에 논문에서 나온 기술을 비트코인의 이름을 가진 가상 화폐로 구현하면서 시작되었다. 비트코인은 중앙에서 화폐를 관리하는 형태가 아니고 순수하게 거래 당사자 사이에서 거래가 이루어지는 전자화폐이다.

블록체인은 기존의 거래방식인 중앙 집중식 관리에서 분산화된 장부를 개개인이 공유하고 있다는 점이다. 이런 운영방식의 변경으로 블록체인의 특징을 분산저장과, 중앙관리자 부재를 들 수 있다. 기존의 방식에서는 은행이 해킹을 당하면 데이터가 위조 또는 변조를 할 수 있게 된다. 하지만 블록체인의 분산저장으로 수 많은 사람들이 데이터를 보관하고 있으며 해킹으로 모든 사람들의 데이터를 위조, 변조를 할 수 없기 때문에 해킹은 불가능하다고 볼 수 있다. 또 다른 특징으로 중앙 관리자 부재이다.

은행이나 정부 등 중앙기관은 보유하고 있는 데이터를 근거로 투명하게 입증시키기 위해 필요한 것이다. 그러나 개개인들이 보유하고 있는 데이터로 입증하기 때문에 더 이상 중앙기관의 필요성이 사라지게 되는 것이다. 중앙기관이 없으면 관련된 비용도 사라지게 된다. 은행에서 입출금 수수료, 해외 송금 시 수수료 등 금융기관에 지불하는 각종 수수료를 지급하지 않아도 된다. 향후 블록체인 기술발달은 금융거래는 물론 기업 간의 상거래, 기업과 개인 간의 거래, 개인과 개인 간의 거래도 적용이 가능해지고 정부에서는 투표에도 활용이 가능하게 된다.

제3절 4차 산업혁명 전망과 기업가정신

1. 4차 산업혁명 전망

컴퓨터와 인터넷이 발달로 시작된 3차 산업혁명인 정보화 시대를 지나 지능과 정보가 결합된 새로운 혁신시대인 4차 산업혁명 시대가 시작되고 있다. 현재의 물리적 세계, 디지털 세계와 결합하고 기존 기술과 신기술간의 융합을 통해 새로운 기술들이 나타나 경제, 사회, 문화 등 전 분야에 걸쳐 지금까지 경험하지 못한 지대한 영향을 미치는 4차 산업혁명 시대는 어떻게 전개가 될까? 지나온 역사를 볼 때 큰 변화에는 항상 긍정적인 면과 부정적 면이 동반하여 나타났었다.

1) 긍정적 측면

4차 산업혁명 시대에는 제조업체의 생산성 혁명으로 생산현장에 인터넷 기술을 적용하여 낭비요인과 비효율을 제거함으로써 생산성이 대폭 향상되는 결과를 가져온다. 또한 인공지능, 로봇, 사물인터넷, 자율주행차, 빅데이터로 얻은 정보 등이 결합되어 공장이 자동화되고 스스로 가동되는 형태로 운영하게 될 것이다. 인공지능과 로봇이 융합하여 가장 효율적인 생산방법을 찾아 자동생산을 하게 되며, 로봇과 사물인터넷이 연결되어 각 공정 및 설비 간에 최적의 생산시스템을 구축하게 된다.

인터넷으로 연결된 설비는 사전에 고장을 예측하여 수리함으로써 가동률을 극대화시키게 된다. 공정별 원재료의 이송과 제품의 배송은 자율주행 이송수단을 이용하게 된다. 빅데이터로 분석한 정보를 토대로 고객이 요구하는 제품을 개발하여 출시하게 되며 고객맞춤형 제품을 필요에 맞게 공급할 수 있게 된다. 독일정부는 2012년에 제조업 경쟁력 강화를 위한 인더스트리 4.0 프로젝트를 시작하였다. 독일의 기업인 지멘스 공장에서 설비와 공정에 센서와 인터넷을 부착하여 제품 생산을 하게 하였으며 설비마다 서로 소통이 가능하게 하였다. 이로 인해 지멘스를 지능형 스마트 공장으로 만들었다.

미국 GE의 경우 중요한 산업 설비들을 인터넷과 연결된 온라인 기반으로 변경하는 방식을 도입하고 있다. 사물인터넷을 생산 현장에 적용하여 새로운 혁신을 주도하고 있다. 이를 위해 GE에서는 사물인터넷 플랫폼인 프레딕스를 개발하였다. 프레딕스를 적용하여 항공기 엔진이 마모가 심한 지역도 파악하여 신속하게 조치를 하였다. 말레이시아 에어아시아의 경우 항공기 연료비를 대폭 절감하였으며 캐나다 에너지 회사에서는 발전기의 효율성을 5% 이상 증가시켰다. 이처럼 빅데이터, 인공지능, 사물인터넷이 연결되어 산업현장의 생산성을 혁신적으로 증가시키게 될 것이다.

중국은 제조업에 인터넷 기술을 적용시켜 스마트 생산 강국이 되기 위해 중국 제조 2025 정책을 발표하여 활발하게 진행 중이다. 한국에서도 2019년부터 2022년까지 3만 개 중소기업에 스마트공장을 구축하기 위한 '중소기업 스마트 제조혁신 전략'을 발표하고 추진 중이다.

4차 산업혁명 시기의 혁신적인 기술발전은 사람들의 일상생활에 상당한 변화를 예상하게 한다. 일상생활 속에서는 그동안 위험성이 높거나 지루한 일들은 로봇이 대신하게 되며 빅데이터를 활용하여 범죄를 예방하고 우범지역에서는 드론으로 감시하여 안전하게 귀가할 수 있는 시스템을 갖추게 된다. 또한 가정에서 개인 비서로봇이 스케줄 관리 및 번역 등 하기 어렵고 복잡한 일들을 처리해 준다. 개인별 건강관리는 인공지능과 빅데이터 활용으로 각종 질병을 진단하고 치료할 수 있는 시스템이 구축되고 의료비용과 시간이 절감되어 누구나 쉽게 의료시설을 이용하게 될 것이다. 개인별로 손목이나 몸에 부착된 의료기기가 몸에 이상 유무를 확인하여 진단결과를 확인하여 사전에 질병을 예방할 수 있도록 할 것이다.

교통 분야에서는 자율주행차가 원하는 곳까지 운전하지 않고 편하게 이동할 수 있게 하며 각종 센서와 사물인터넷을 이용하여 실시간 교통정보를 확인하여 최적 거리로 목적지까지 갈 수 있게 한다. 교육은 개인별 맞춤형 교육이 실시되고 창의적이고 효율적인 교육 환경이 구축이 되며 온라인을 통한 교육이 증가되어 교육비도 줄게 될 것이다.

가정에서는 TV, 냉장고, 세탁기 등 가전제품과 냉난방 장치, 보안기기 등을 통신망과 연결하여 밖에서도 확인할 수 있고 조작할 수 있는 스마트 홈 시스템이 본격화될 것이다.

스마트 팩토리, 공장 자동화와 무엇이 다른가

- 제조 혁신과 스마트 팩토리

  제조 혁신은 스마트 팩토리 기술을 활용하는데 이는 과거부터 존재한 공장 자동화와는 근본적으로 다르다. 자동화는 사람의 팔과 다리를 로봇으로 대체하는 것이다. 컴퓨터나 로봇 같은 장비를 이용해 생산 단위 과정별로 자동화가 가능했다.

  스마트 팩토리는 기획·설계·생산·유통·판매 등 전 생산 과정을 ICT로 통합해 고객 맞춤형 제품을 생산하는 진화된 공장을 의미한다. 이러한 전 과정에 IoT·AI·빅데이터 등 다양한 기술을 통합해 전체 공정을 유기적으로 최적화할 수 있다. 공정에서 생산에 관여하는 모든 사물이 연결돼 생산 데이터를 만들어 내고 데이터를 분석한 뒤 다시 공정에 적용해 생산 효율을 극대화한다. 사람에 비유하면 팔과 다리뿐만 아니라 두뇌가 결합돼 움직이는 셈이다.

  스마트 팩토리의 발전 수준은 기초·중간1·중간2·고도화 등 4등급으로 나눌 수 있다. 삼성전자와 포스코 같은 대기업은 로봇팔·빅데이터 등의 기술이 부분 적용된 단계인 3등급(중간2) 수준에 와 있다. 반면 중소기업들이 도입한 스마트 공장은 생산 이력 추적 관리와 일부 공정을 자동화 하는 1등급(기초) 혹은 수작업 공장 운영에 머물러 있는 수준이 대부분이다.

- 제조 혁신 강화하려면 IoT·AI·5G 잘 활용해야

  스마트 팩토리는 크게 보면 많은 IoT의 응용 중 하나다. 따라서 초지능·초연결의 제어 시스템이라고 할 수 있다. 생산과 관련된 환경 정보를 감지하고 감지된 정보를 분석하고 판단하며 생산 현장에 데이터 기반으로 실시간 의사 결정을 한다. 구성은 센서가 탑재된 다양한 디바이스와 정밀 기기, 네트워크망(5G 등), 대량의 데이터를 처리하는 클라우드 환경(AI·빅데이터)을 포함한다. 제조업에서 가장 많이 활용할 수 있는 AI 응용 분야는 기계 설비의 관리와 품질이다. 기계와 장비가 고장 날 가능성이 높은 시기를 예측해 사전 예방 정비의 최적의 시기를 알려주는 것이다. 다양한 설비 데이터를 수집한 후 단순한 통계 분석보다 AI 분석을 적용함으로써 정비의 신뢰성을 개선할 수 있다.

출처: 한경비즈니스 제 1289호 일부 발췌 (2020. 8월)

2) 부정적 측면

인공지능, 로봇, 빅데이터, 사물인터넷 등의 혁신기술들로 인해 앞으로 4차 산업혁명 시대에는 일자리가 대폭 사라질 것으로 예상하고 있다. 육체노동은 자동화된 로봇으로 대체

되고 인공지능과 결합된 로봇은 정신노동을 대신할 것으로 예상하고 있다. 옥스퍼드대의 고용의 미래 연구보고서에서 20년 안에 로봇으로 대체될 직업들을 발표했는데 텔레마케터, 스포츠 심판, 회계사 등 정해진 절차에 따라 일을 하는 업무들이 로봇으로 대체될 가능성을 높게 보았고 패션 디자이너, CEO, 초등학교 교사, 레크레이션 치료사 등은 안전한 것으로 보았다.

영국 BBC에서는 자율주행차가 택시기사와 운전기사를 대체할 것으로 보았고 언론사 기자는 대량의 데이터를 가지고 대중들이 원하는 기사를 쓰는 인공지능 로봇으로 대체될 것으로 보았다. 진단과 처방, 수술까지 할 수 있는 인공지능 로봇이 의사를 대신할 것으로 예상하고 있다. 이미 IBM에서 개발한 왓슨은 미국의 병원에서 근무하고 있다.

시장조사 전문 업체인 가트너는 인공지능이 지금처럼 발전한다면 10년 안에 전체 직업의 1/3이 사라질 것으로 예측하고 있다. 특히 단순 반복적인 업무를 하는 단순 생산직, 단순 영업직, 단순 사무종사자, 단순 서비스종사자, 운전종사자 등은 인공지능과 로봇으로 빠르게 대체될 것으로 전망하고 있다. 단순 반복직 종사자 외에도 전문직 종사자의 업무도 빅데이터와 인공지능이 결합되어 대체할 것으로 예상하고 있다.

국제노동기구에서는 로봇의 확산으로 앞으로 20년간 태국, 베트남, 캄보디아, 인도네시아, 필리핀 5개 국가의 1억 3,700만 명에 달하는 근로자가 일자리를 잃게 될 것으로 경고하였다. 이는 동남아 5개국의 총 근로자의 56%에 해당되는 엄청난 규모이다. 이처럼 단순, 반복적인 저임금 근로자의 일자리를 빠르게 로봇이 대신하게 될 것으로 전망된다.

한국의 경우 비즈니스위치의 조사보고서에 의하면 직업종사자 중 63%가 인공지능이나 로봇으로 대체될 가능성이 매우 높은 고위험군으로 보았고 특히 대체 가능성이 높은 직업으로 세무사, 회계사, 치과기공사, 택배원 등을 들었다. 또한 2030년까지 현재 일자리의 90%가 인공지능 로봇 및 스마트 기계로 대체될 것으로 전망하고 있다.

이처럼 기술의 발전으로 인한 실업을 기술적 실업이라고 한다. 기술적 실업은 로봇의 개발과 인공지능의 발전, 사물인터넷 등 신 기술의 발달로 발생하는 실업을 의미한다. 4차 산업혁명 시대에는 기술적 실업이 심각할 것으로 전망하고 있다. 옥스퍼드대학에서는 로봇 개발로 20년 후에는 일자리의 절반이 사라질 것으로 예측하였으며 다보스 포럼 보고서에서 대체가 시작되는 시점을 2020년 전후로 보았다.

2019년 미국 브루킹스연구소의 분석에 의하면 인공지능이 5명의 대학졸업자를 대체할 것이라고 발표하였다. 인공지능의 발전은 화이트칼라의 일자리를 상당부분 잠식할 것으로 전망하고 있다.

4차 산업혁명 시대에 인공지능, 로봇 등 스마트 기기로 인해 사라지는 일자리로 수많은 사람들이 실업상태가 될 것으로 예상하고 있다. 그 중에서도 단순 노동에 종사하는 사람들과 직장에 근무하는 근로자들은 대부분 경제적으로 여유가 없는 상황으로 경제적 어려움이 더욱 심화될 것으로 전망된다. 이는 빈부격차를 심화시키고 부익부 빈익빈 현상을 가속화시킬 것으로 예상된다. 이러한 빈부격차로 인해 발생되는 사회문제는 해결해야 할 커다란 숙제이다.

2. 4차 산업혁명의 기업가정신

인류의 역사에서 변화는 새로운 기회와 위험을 동반하여 발전하였다. 변화를 이용하여 발 빠르게 행동한 사람들은 기회를 잡았으며, 변화를 알지 못하였거나 변화에 대한 두려움으로 실천으로 옮기지 못한 사람들은 기회로 인한 혜택을 받지 못했다. 1차 산업혁명에서 3차 산업혁명의 변화 속에서도 같은 결과를 가져왔다. 1차 산업혁명의 변화 속에서 증기기관을 이용하여 공장을 세워 면직물 등을 생산하였거나 철강 산업을 운영한 사업가, 증기기관차, 증기선 등을 이용하여 물류에 종사한 기업가 등은 상류계층으로 생활하였다.

2차 산업혁명 때에도 전기를 이용하여 대량생산 시스템으로 변화시킨 포드 등의 기업들은 대기업으로 성장하였으며 관련 분야에 종사한 사람들은 수혜를 받았다. 정보화 시대인 3차 산업혁명 시기에는 변화되는 환경에 맞는 사업을 운영한 기업과 개인들은 가장 큰 혜택을 받았으며 이전의 대기업들을 제치고 글로벌 기업으로 성장하였다. 구글, 애플, 마이크로소프트, 아마존, 페이스북, 유튜브 등이 대표적이다. 이미 출발점을 지난 4차 산업혁명 시기에도 변화를 준비하고 실천을 하는 기업과 개인만이 기회를 잡을 수 있으며 과거의 방법대로 변화하지 않는다면 어려움을 겪게 될 것이다. 클라우스 슈밥 다보스 포럼 회장도 자신의 저서인 "4차 산업혁명"에서 4차 산업혁명 시기에 수혜를 받을 사람들은 혁신가, 투자자, 주주 등이라고 지적하고 노동자와 자본가 사이에 빈부격차는 더욱 심해질 것이라고 예상하였다.

4차 산업혁명의 변화는 시작되고 있다. 변화에 적응하거나 변화에 맞게 새로운 기술과 시스템을 개발하기 위해서는 혁신적인 기업가가 되어야 한다. 이를 위해서는 4차 산업혁명 시기에 발전할 수 있는 기술과 전망 있는 분야에 대해 파악하여야 한다. 앞으로는 인공지능, 로봇, 사물인터넷, 자율주행차, 생명공학, 3D 프린터, 드론, 빅데이터, 가상현실 등 신 기술이 주도하고 해당 기술들이 서로 융합하여 더욱 발전할 것이다. 발전은 기회를 의미한다. 발전하는 분야에서 기회를 잡고 창의적인 생각을 지녀야 한다. 새로운 기술과 시스템은 융합을 통해 가능하게 된다. 융합은 서로 다른 분야와 협력을 통해 이루어지기 때문에 다른 분야의 사람들과 협업을 할 수 있는 능력을 키워야 한다. 이처럼 4차 산업혁명 시기의 기업가정신은 미래를 내다 볼 수 있는 통찰력과 새로운 것을 창조할 수 있는 창의력과 융합을 위해 필요한 협업력이 요구된다.

1) 통찰력

사물이나 현상을 꿰뚫어 볼 수 있는 통찰력은 급변하고 있는 상황에서 어떤 변화가 발생하고 어떻게 전개될 것인가를 예측할 수 있는 능력이다. 통찰력은 단기간에 얻을 수 있는 것이 아니고 다양한 지식과 경험과 더불어 분석할 수 있는 능력을 보유하고 있을 때 발휘할 수 있는 것이다. 삼성 이건희 회장은 기업가의 업무의 핵심은 보이지 않는 것을 보는 것이라고 하였다. 이는 기업가는 운영 중인 사업과 신사업에 대한 기회와 위험을 정확하게 파악하여 신속하게 준비하고 대처할 수 있는 능력을 가져야 한다는 것이다. 4차 산업혁명 시기와 같이 급격한 변화가 예상될 때는 기업가에게는 더욱 통찰력이 요구된다. 보통 평범한 사람들이 한 가지 관점으로 생각하고 판단하지만 통찰력을 갖춘 사람은 여러 가지 관점에서 생각하고 판단하여 그 중에 가장 옳은 판단을 하게 된다.

2) 창의력

새로운 것을 생각해내는 능력을 창의력이라고 하며 두뇌가 의식적, 무의식적으로 생각할 때 여러 가지 조합이 나오게 되는데 이 중에서 가장 좋은 조합이 아이디어가 되는 것이다. 심리학자들은 창의력의 구성요소를 수렴적 사고와 발산적 사고로 보고 있다. 수렴적 사고는 어떤 문제에 대해 생각을 할 때 집중하여 하나의 해결책을 찾는 것이며 발산적 사고는 자유로운 분위기와 정신에서 유연하게 생각하게 하는 것이다. 이처럼 생각을 몰두하여 새로운 것을 찾거나 자유로운 상황에서 새로운 아이디어가 나오게 된다. 창의력을 통해 얻은 새로운 아이디어는 4차 산업혁명 시기에 고부가가치를 얻은 신기술, 혁신적 시스템의 핵심 원천이 될 것이다. 또한 창의력은 인류를 발전시킬 수 있는 핵심 동력이다.

3) 협업력

4차 산업혁명의 주요 특징 중에 초연결과 초융합을 들 수 있다. 서로 연결을 하기 위해서는 협력이 필요하고 연결을 통해 융합을 만들기 위해서는 협업이 요구된다. 협업이란 '2명 이상의 이해관계자들이 상호 소통하고 협력하면서 지적 활동을 통해 공동의 목표를 달성하기 위한 활동'이라고 정의를 내릴 수 있다. 협업은 사업체 내에서 개인 간, 부서와 부서 간에 이루어지기도 하며 회사 간에 협업하여 새로운 제품이나 서비스를 만들어 내기도 한다. 회사 외에서 개인과 개인이 서로 협력해서 자신이 추구하는 일들을 처리하거나 창조하기도 한다. 문화예술계에서도 협업을 의미하는 콜라보라는 말을 많이 사용한다. 가수와 가수가 만나 색다른 곡을 만들기도 하고 MC와 가수가 만나 신곡을 발표하기도 한다. 이처럼 회사뿐만 아니라 다양한 분야에서 협업은 진행되고 있다. 4차 산업혁명 시기에는 새로운 제품과 서비스를 창조하기 위해서는 협업이 필수적이다. 협업을 통하여 서로의 공동의 목표를 달성하기 위해 필요한 것이 바로 협업 기업가정신이라고 할 수 있다.

4차 산업혁명 시대 교육 및 직업 전망

시장조사전문기업 엠브레인 트렌드모니터가 전국 만 19~59세 성인남녀 1천명을 대상으로 '4차 산업혁명 시대'의 '교육' 및 '직업' 전망에 대한 설문조사를 실시한 결과, 4차 산업혁명 시대가 눈앞에 도래하고 있는 상황에서 한국의 교육시스템은 이런 변화에 대처할 만큼의 준비를 제대로 갖추지 못했다는 평가가 많은 것으로 조사됐다.

4차 산업혁명에 대한 소비자의 인지율은 부쩍 높아졌다. 전체 10명 중 9명 정도가 4차 산업혁명이란 개념을 인지(용어와 내용 모두 인지 33.7%, 용어만 인지 58.1%)하고 있다고 응답했는데, 특히 내용까지 잘 이해하고 있는 소비자가 4개월만에 크게 증가(17년 4월 24%→17년 8월 33.7%)했다. 용어와 내용을 모두 인지할 만큼 4차 산업혁명에 대한 이해도가 높은 사람들은 남성(39.6%) 및 20대(36.4%)와 40대(36%)에서 더욱 많았다.

4차 산업혁명 시대는 늦어도 향후 5년 이내의 가까운 미래에 완전히 도래할 것으로 예상했다. 4차 산업혁명이 이미 한창 진행 중이라는 의견(35.8%)이 가장 많은 가운데, 향후 1~2년(12.5%) 또는 3~5년(28.5%) 이내에 다가올 현상이라는 의견이 다수를 차지한 것이다. 현재 4차 산업혁명이 한창 진행 중이라는 시각의 경우 중장년층(20대 30%, 30대 32%, 40대 38.8%, 50대 42.4%)에서 보다 뚜렷했다.

곧 도래할 것으로 예상되는 4차 산업혁명 시대에는 현재의 '교육제도'와 '대학시스템'이 완전히 달라질 것이라는 예상이 많았다.

4차 산업혁명 시대의 '교육제도'와 관련해서는 전체 응답자의 44%가 근본적으로 다른 형태로 변화 및 발전하게 될 것이라는 의견도 나왔다.

여성(남성 39.4%, 여성 48.6%)과 중장년층(20대 42%, 30대 39.6%, 40대 45.6%, 50대 48.8%)이 교육제도가 지금과는 다른 형태로 변화할 것이라는 시각을 많이 드러냈다. 본인의 최종학력이 낮고(고졸 이하 46.3%, 대재/졸 44.1%, 대학원 이상 39.5%), 자녀의 연령이 높을수록(자녀 만 7세 이하 34.1%, 초등학생 42%, 중학생 42.9%, 고등학생 47.4%, 대학생 이상 50%) 교육제도의 전면적인 변화를 많이 예상하는 것도 특징이었다. 현재의 시스템이 붕괴되거나 어려움에 직면할 것이라는 의견(21.4%)까지 더한다면, 대부분의 사람들이 현재 교육제도의 개선이 불가피하다는 생각을 가지고 있다는 것을 알 수 있다.

반면 지금의 교육시스템이 현상 유지될 것이라는 의견은 15.5%에 그쳤으며, 10명 중 2명(19.1%)만이 지금보다 더 지속적으로 발전할 것이라고 바라봤을 뿐이었다.

4차 산업혁명 시대의 '대학'에 대한 전망도 이와 유사했다. 전체 42.2%가 지금의 대학시스템과는 근본적으로 다른 형태로의 변화 및 발전을 예상했으며, 현재 시스템이 붕괴되거나 어려움에 처할 것이라는 의견도 28.8%에 달했다. 10명 중 7명은 현재 대학시스템의 근본적인 변화가 불가피하다는 생각을 가지고 있는 것이다.

'4차 산업혁명'의 시기 예측 평가

(Base: 전체, N=1,000, 단위: %)

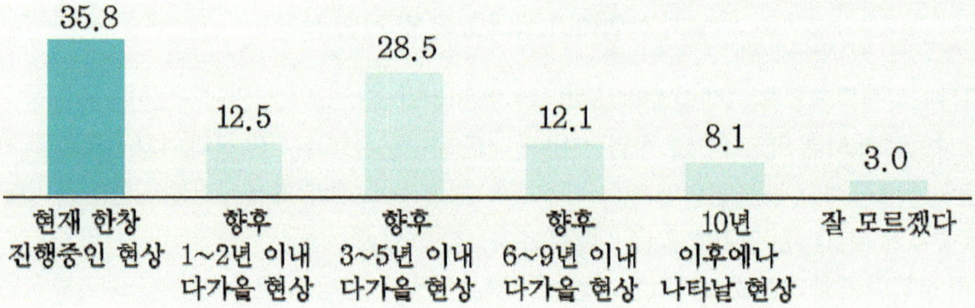

'4차 산업혁명시대'의 직업이 요구하는 필수 능력 및 지식 분야

(Base: 전체, N=1,000, 단위: 중복 %)

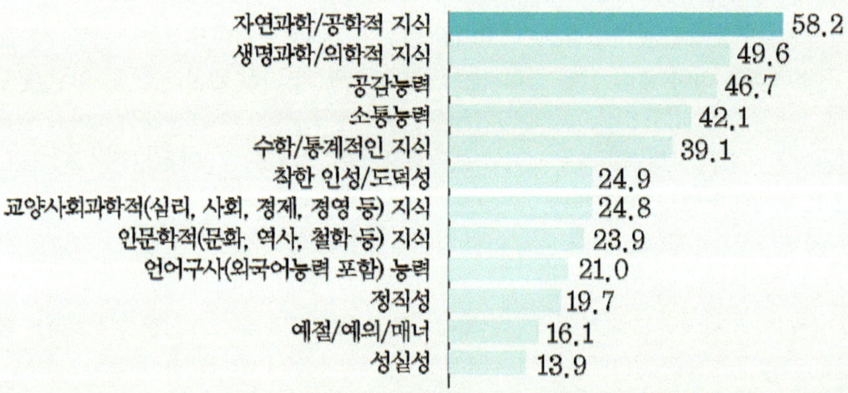

• 암기식, 주입식 교육제도 4차 산업혁명 시대에 맞지 않아

한국의 교육제도는 4차 산업혁명 시대를 맞이할 만한 충분한 준비가 돼있지 않다는 것이 전반적인 인식이었다.

10명 중 8명(82.2%)이 지금의 암기식, 주입식 교육제도가 4차 산업혁명 시대에는 맞지 않는 방식이라고 바라본 것이다. 현재의 교육제도로는 기술의 활용도가 높아지고, 창의성이 요구되는 미래사회에서 살아남을 수 있는 인재를 양성하는 것이 어렵다고 보는 것으로, 연령이 높을수록(20대 78%, 30대 80.4%, 40대 83.2%, 50대 87.2%) 암기식, 주입식 교육제도에 대한 비판이 강한 모습이었다.

대학교육에 대한 문제를 제기하는 지적도 상당했다. 전체 응답자의 81.1%가 우리나라의 대학교육이 미래지향적이지 않다는 생각을 가지고 있었으며, 현재의 대학입시제도는 4차 산업혁명 시대에 적응하는 것과는 전혀 관계가 없는 제도라는 시각이 10명 중 6명(60.1%)에 달했다.

우리 대학교육의 방향이 변화무쌍한 미래사회를 준비하는데 별다른 도움이 되지 못한다는 인식이 큰 것으로 보여진다.

대학교육이 미래지향적이지 못하다는 인식의 경우 특히 고학력자(고졸 이하 73.2%, 대졸(재) 81.6%, 대학원 이상 90.7%)에게서 매우 뚜렷했다. 그러나 변화에 대한 대응이 늦어지는 교육제도의 현실과는 다르게 소비자들은 이미 자녀들에게 4차 산업혁명 시대에 맞는 교육을 시키려는 마음의 준비를 하고 있는 것으로 보여졌다. 전체 응답자의 69.5%가 미래의 4차 산업혁명 시대에 적응하기 위해서라면 남들과 다른 교육을 시킬 용의가 있다고 밝힌 것이다. 또한 2명 중 1명(48.6%)은 4차 산업혁명 시대에 적응하기 위해서라면 대학을 보내지 않을 의향도 있다고 응답했다. 다만 현재 중학생 자녀(33.3%) 및 고등학생 자녀(36.8%)를 둔 기혼자는 자녀를 대학을 보내지 않을 수도 있다는 생각이 적은 편이었다.

• 4차 산업혁명 시대 '명문대' 입지는?

4차 산업혁명 시대에도 대학의 이름값이 중요할 것인가에 대해서는 바라보는 시각이 엇갈렸다.

전체 2명 중 1명(50.4%)은 4차 산업혁명 시대에는 어느 대학을 나왔는지가 의미가 없을 것이라고 내다봤으나, 4차 산업혁명 시대가 와도 우리나라에서는 명문대학의 간판이 여전히 유효할 것이라는 의견을 가진 응답자도 절반 가량(54.9%)으로 비슷했다. 중장년층의 경우 어느 대학을 나왔는지가 별다른 의미를 가지지 못할 것이라는 시각(20대 45.6%, 30대 48.8%, 40대 51.6%, 50대 55.6%)이 상대적으로 강한 반면, 젊은 세대는 향후에도 명문대학의 간판은 중요할 것이라는 의견(20대 58.4%, 30대 56.4%, 40대 53.2%, 50대 51.6%)을 좀 더 많이 갖고 있었다.

'교육 문제'의 당사자에 가까운 젊은 세대의 경우에는 미래사회에도 대학간판을 중요하게 생각하는 한국사회의 의식이 쉽게 달라지지 않을 것이라는 비관적인 생각이 많은 것으로 보여진다. 현재 대입을 준비 중인 고등학생 자녀를 둔 기혼자들도 4차 산업혁명시대에 대학의 간판은 의미가 없다는 생각(43.2%)보다는 명문대 간판이 유효할 것이라는 생각(57.9%)을 더 많이 하고 있었다. 하지만 대학 간판에 대한 엇갈리는 의견과는 달리 명문대가 좋은 직업을 보장해주지 못할 것이라는 데는 대부분이 공감하는 모습으로, 전체 10명 중 7명(68.1%)이 앞으로는 명문대를 가도 좋은 직업을 갖기는 어려운 시대가 될 것이라고 바라봤다. 반면 자신의 자녀가 미래에 어떤 직업을 갖는가와 관계 없이 명문대를 진학했으면 좋겠다는 생각(33.5%)은 적은 편이었다. 상대적으로 50대(40.8%)와 보수층(46.8%), 현재 고등학생 자녀를 둔 기혼자(45.3%)가 향후에도 자녀의 명문대 진학을 많이 바랄 것으로 예상된다.

많이 요구할 능력 및 지식 '자연과학/공학 지식' 및 '생명과학/의학 지식'4차 산업혁명 시대의 '직업'들이 요구할 것으로 예상하는 능력 및 지식은 주로 과학분야의 지식일 것이라는 의견이 많았다. 가장 필요한 능력 및 지식으로 자연과학/공학 지식(58.2%, 중복응답)과 생명과학/의학 지식(49.6%)을 많이 꼽은 것으로, 자연과학/공학 지식은 20대(64.8%)가, 생명과학/의학 지식은 40~50대(40대 52.8%, 50대 57.2%)가 보다 중요하게 평가했다. 공감능력(46.7%)과 소통능력(42.1%), 수학/통계적 지식(39.1%), 착한 인성/도덕성(24.9%) 등이 요구될 것이라는 의견도 많았지만, 무엇보다도 과학분야의 전문지식이 4차 산업혁명 시대의 직업에 가장 필요할 것이라는 인식이 강한 것이다. 이는 같은 항목을 갖고 10년 후 미래 직업에 요구되는 능력을 물어봤던 2015년 조사와 다소 비교되는 결과이기도 했다.

미래에는 무엇보다 '사람'에 대한 지식이 중요하다고 생각했다. 전체 응답자의 73.5%가 4차 산업혁명 시대의 미래에 가장 핵심적인 지식은 결국 사람에 대한 지식이라고 바라본 것이다.

이는 프로그램이나 기계의 원리를 아는 것이 4차 산업혁명 시대에 가장 핵심적인 지식이라는 의견(59.6%)보다 많은 것으로, 비록 과학기술이 중심이 되는 세상이지만 그럴수록 '사람'에 대한 이해가 더 중요해질 것이라는 인식을 확인시켜준다. 사람에 대한 지식이 미래에 가장 핵심적인 지식이 될 것이라는 의견은 30대 이상(20대 64%, 30대 74.4%, 40대 77.6%, 50대 78%)에서 많이 찾아볼 수 있었다. 다른 한편으로 현대사회는 평생 동안 지속적으로 새로운 공부를 해야 하는 시대라는데 대부분(91.3%)이 공감하는 것도 눈여겨볼만한 결과였다. 대체로 학력수준이 높을수록 '평생공부'의 필요성(고졸 이하 82.6%, 대졸(재) 92.7%, 대학원 이상 94.2%)을 보다 크게 느끼고 있었다.

'다양한' 분야의 공부가 필요하다는 인식도 강했다. 4차 산업혁명 시대에 적응하기 위해서는 수학과 과학을 바탕으로 한 공부를 해야 한다는 주장(60.3%)이 많았지만, 철학이나 문학, 심리학과 같은 인문학 공부를 해야 한다는 의견(55.8%) 역시 비슷한 수준이었다. '인문학' 공부를 강조하는 의견의 경우 주로 대학원 이상의 고학력자(고졸 이하 38.3%, 대졸(재) 57.5%, 대학원 이상 70.9%)에게서 훨씬 많은 것도 눈에 띄는 특징이었다.

'창의성'을 강조하는 목소리도 매우 컸다. 전체 10명 중 9명(91.1%)이 4차 산업혁명의 미래에는 창의성 교육이 중요하다는데 공감한 것으로, 연령에 관계 없이 창의성 교육의 필요성(20대 88.8%, 30대 90.4%, 40대 91.6%, 50대 93.6%)에는 이견이 없어 보였다. 창의성의 특성에 대해서는 창조보다는 '응용' 능력에 좀 더 초점을 맞추는 모습이었다.

전체 85.9%가 창의성이란 기존의 지식을 잘 응용해서 새로운 상황에 적용하는 능력이라고 바라봤는데, 이는 창의성이란 기존에 없던 새로운 지식을 만들어내는 능력이라는데 동의하는 의견(57.3%)보다 높은 비중을 차지한 것이다. 완전히 새로운 것을 만들어내는 것보다는 다양한 지식을 활용해 응용하는 것을 더욱 중요한 '창의성'의 본질이라고 생각하는 것으로 보인다. 그런데 창의성 교육은 현재의 교육시스템에서는 구현하기 힘들다는 지적이 많은 것으로 조사됐다.

전체 응답자의 17.4%만이 학교공부를 열심히 하면 창의성을 높일 수 있다고 바라봤으며, 학교에서 우수한 성적을 가진 사람들은 창의성이 높은 사람들이라는 인식도 18.1%에 불과한 것이다. 앞서 현재의 암기식, 주입식 교육은 4차 산업혁명 시대를 준비하기에는 한계가 많다는 의견과 궤를 같이 하는 것으로, 교육제도의 개혁이 절실하다는 주장에 힘을 실어주는 결과라고도 볼 수 있다.

잘 맞는 직업 '정보시스템 및 보안전문가', 전망 밝은 직업 '인공장기조직 개발자'를 많이 꼽았다. 그렇다면 소비자들은 다가오는 4차 산업혁명 시대에 잘 어울리고, 전망이 밝은 직업은 무엇이라고 생각하고 있을까? 먼저 한국직업능력개발원이 발표(2016년 12월)한 초·중·고 학생들의 희망직업 중에서는 정보시스템 및 보안전문가(82.5%, 중복응답)가 4차 산업혁명에 잘 맞는 직업이라는 의견이 가장 많았다.

기계공학 기술자 및 연구원(78.3%)과 생명/자연과학자 및 연구원(66.8%)도 많이 꼽아, 대체로 IT 및 첨단기술 연구 직종과 생명과학 연구 직종의 미래를 밝게 예상하는 것으로 보여진다.

반면 4차 산업혁명에 잘 어울리지 않는 직업으로는 가수(28.5%, 중복응답)와 공무원(27.3%), 법조인(26.8%), 운동선수(26.4%), 제빵원 및 제과원(23.3%), 선생님(22.4%)을 많이 거론했다.

4차 산업혁명 시대에 가장 '전망'이 밝을 것 같은 직업(2015년 한국고용정보원 발표 미래 10대 직업 기준)으로는 인공장기조직 개발자(54.6%, 증복응답)와 사물데이터 인증원(48.2%), 오감인식 기술자(37.4%), 아바타 개발자(33%), 데이터 소거원(32.1%) 등을 많이 바라봤다. 또한 향후 4차 산업 혁명시대에 일자리가 많이 증가할 것으로 예상되는 직업(한국고용정보원 발표 향후 10년간 가장 빠르게 일자리가 증가할 것으로 예상되는 직업 기준)으로는 컴퓨터 시스템 설계 전문가(80.5%, 중복응답)와 통신/방송 정비기사 및 설치 수리원(55%), 의료 및 보건서비스 종사자(43.8%), 사회복지 및 상담 전문가(29.3%)를 예상하는 의견이 많았다.

출처: 산업일보 2020.10.10.

PART 6

기업가정신과 창업

기업가정신-산업혁명의 흐름을 중심으로 한 고찰

CHAPTER 13

기업가정신과 창업

제 1 절 기업가정신과 창업

1. 기업가정신과 창업

1) 기업가정신과 창업 간의 관계

기업가정신(Entrepreneurship)은 창업과 깊게 연관된 개념이다. 기업가정신은 창업자의 마인드셋과 행동 방식으로 표출되며, 새로운 기회를 발견하고 이를 발현하며, 새로운 아이디어를 구상하고 실현하는 과정에 대한 열정과 의지를 포함한다. 이는 급변하는 환경 속에서 기업가정신이 발현되며, 창업자에게 성공적인 사업기회를 만들기 위한 기반을 제공한다.

기업가정신과 창업 간의 주요 관계는 다음과 같다.

① 새로운 기회의 발견과 추구 : 기업가정신은 시장에서 새로운 기회를 발견하고 그에 대한 도전을 두려워하지 않는 마인드셋을 의미하며, 창업자는 이러한 기회를 찾아내고, 그에 대한 사업 모델을 개발하여 성공적인 기업을 창업하는 것이다.

② 창의성과 혁신 : 기업가정신은 창의성과 혁신에 중점을 두고 있다. 창업자는 내외부의 상황을 새로운 시각과 창의적인 해결책을 찾는 능력이 있어야 한다. 새로운 아이디어를 제시하고 기존의 방식을 개선하는 것이 창업에서 중요한 부분을 차지한다.

③ 책임감과 독립성 : 기업가정신을 가진 창업자는 자기 주도적으로 행동하며, 자기 책임

감이 강하고, 독립적으로 문제를 해결하며, 그것에 대해서 책임을 질 수 있는 능력을 갖추어야 창업을 성공적으로 이룰 수 있다.

④ 위험 관리 : 창업은 불확실한 상황을 내포하고 있으므로, 기업가정신을 가진 창업자는 적절한 위험을 감수하면서도 이를 관리할 수 있는 능력이 있어야 한다. 따라서 실패에 대한 두려움보다는 배움의 기회로 삼아야 한다.

⑤ 열정과 의지 : 기업가정신은 성공에 이르기 위한 높은 목표를 설정하고 이를 달성하기 위해서 끊임없이 노력해나가는 열정과 의지를 의미한다. 어떠한 어려움에 부딪치더라도 포기하지 않고 지속적으로 도전하는 창업자의 성향이 필요하다.

이러한 기업가정신은 창업자가 자신의 아이디어를 현실화 시키고 성공적으로 기업을 운영하는 데에 있어서 핵심적인 역할을 한다.

2) 창업자에게 필요한 자질분석

창업자는 다양한 자질과 능력이 필요하다. 다음은 성공적인 창업자가 되기 위해서 갖추어야할 주요 자질들이다.

① 열정과 의지 : 창업은 불확실한 여정이기 때문에 열정과 의지가 없으면 다양한 상황에 대처하기 어렵다. 어떠한 어려운 문제에 직면하더라도 포기하지 않고 지속적으로 노력하는 의지가 필요하다.

② 창의성과 혁신성 : 새로운 기회와 아이디어를 탐색하고, 기존의 방식에서 탈피할 수 있도록 도전하는 창의성과 혁신성은 창업자의 성공적인 창업의 길라잡이가 될 수 있다.

③ 비전과 목표 설정 : 비전을 가지고 목표를 설정하고, 그에 따라서 계획을 세우는 능력이 중요하다. 비전과 목표가 제대로 설정되어 있지 않다면 창업은 망망대해를 방황하는 여정이 될 수 있다.

④ 의사소통능력 : 효과적인 의사소통은 팀원, 고객, 투자자 등과의 관계를 원활하게 유지·관리하는 데 매우 중요한 자질이다.

⑤ 팀빌딩 능력 : 창업을 성공적으로 이끌기 위해서는 효과적인 팀빌딩 능력이 필요하며, 좋은 팀을 구성하고 이끌 수 있는 자질이 매우 중요하다.

⑥ 위험관리 능력 : 창업은 불확실한 환경을 헤쳐 나가야 하는 여정이므로, 위험을 관리하고 대처하는 능력이 절대적으로 필요하다.

⑦ 자기관리 능력 : 창업자는 다양한 환경 속에서 업무를 수행해나가야 하므로, 자기 조절 및 시간 관리 능력이 필요하다.

⑧ 인내와 융통성 : 창업자가 성공하는 데는 시간이 필요하며, 상황에 따라 계획을 조절할 수 있는 융통성도 중요한 자질이다.

⑨ 긍정적 마인드셋 : 창업자는 다양하고 불확실한 상황에서도 긍정적인 마인드로 대처해 나갈 수 있는 마인드셋이 필요하다.

⑩ 금융 이해도 : 창업자는 재무 상태를 철저하게 관리하고 분석하여 투자 결정을 내릴 수 있는 금융을 이해하는 능력도 요구된다.

이러한 자질들은 창업자가 창업팀을 이끌어 나가는데 매우 중요하며, 성공적으로 기업을 설립하기 위해서는 지속적으로 자기 자신을 발전시켜 나가는 자세가 필요하다.

2. 창업지원정책

1) 정부의 창업지원제도

정부의 창업지원정책은 「창업기업창업지원법 및 신기술사업금융법」을 1986년 제정하면서 청년창업과 기술창업 육성을 위해 제도적인 장치가 마련되었고, 「벤처기업육성에 관한 특별조치법」이 1997년 제정되면서 본격적으로 창업을 위한 지원제도가 강화되기 시작하였다.

정부는 창업자를 위한 다양한 지원정책으로 창업교육, 인프라, 멘토링, 컨설팅, 다양한 사업화 지원, 정책자금지원, 연구개발(R&D) 지원, 해외 진출을 위한 지원사업 등 다양한 지원정책을 바탕으로 창업 기업들을 양성하고 있다.

정부는 신성장동력 양성, 신산업 창출, 국가경쟁력 확보 등을 통한 미래형 먹거리를 확보하기 위한 방법으로 다양한 창업지원정책을 수립·추진하고 있으나, 창업시장은 높은 거래비용, 정보의 비대칭성, 실패위험 등으로 인하여 시장의 매커니즘이 적용되기 어렵고, 이러한 창업시장실패에 따르는 창업생태계에 대한 손실을 줄이기 위해 정부가 시장에 개입하여 많은 예산을 투입하여 창업시장을 육성하고 있다(양영석, 2013).

창업기업 및 소상공인의 대부분은 저자본으로 창업하는 창업자가 일반적인 상황이기 때문에 성공적인 기업을 설립·운영하기 위해서는 정부에 대한 지원제도가 필요하며, 정부의 지원을 받은 창업자의 경우에는 균형적인 성과(재무, 고객, 내부성과, 학습 및 성장성과)가 모두 높게 나타났다는 연구결과(박희상, 2020)도 있기 때문에 그만큼 정부의 창업지원제도는 창업시장에서 중요한 역할을 하고 있다.

2) 창업정책자금

정부에서는 창업을 지원하기 위해서 다양한 정책자금을 운영하고 있는데, 그 대표적인 창업정책자금을 살펴보고자 한다.

창업성공패키지 프로그램은 중소벤처기업진흥공단(KOSME, 이하 '중진공')이 운영하는 것으로 창업 초기 기업의 자금부담을 덜어주기 위해서 출범하였으며, 창업자에게 융자, 무보증자금, 창업 멘토링 등 다양한 창업지원을 제공하고 있다. 또한 중진공에서는 창업자에게 기술개발에 필요한 자금을 지원하기 위해서 초기 기술 개발에 필요한 기술창업자금을 지원하고 있다.

소상공인시장진흥공단(이하 '소진공')은 소상공인이 대출을 받을 때 신용보증을 제공하여 금융기관으로부터 대출을 받을 수 있도록 지원하고 있는데, 대출상환에 어려움이 있는 경우 일부 또는 전액을 보증하여 금융기관의 대출 승인 가능성을 높이는 역할을 하고 있다.

① 기술혁신금융 : 소상공인의 기술 혁신을 지원하기 위해 기술혁신금융을 통한 자금 지원을 제공합니다. 신기술 도입, 연구개발, 기술 확산 등을 지원하여 기업의 경쟁력을 강화하고 있다.

② 소상공인 경영자금 : 경영에 필요한 자금을 확보하기 어려운 소상공인을 위해 경영자금 대출을 지원합니다. 저금리 및 우대 조건 등을 통해 자금을 지원하여 경영의 안정성을 높이는 데 도움을 주고 있다.

신용보증재단은 소상공인이 대출을 받을 때 신용 보증을 제공하여 금융 기관으로부터 대출을 받을 수 있도록 지원하고 있으며, 대출 상환에 어려움이 있는 경우, 신용보증기금이 일부 또는 전액을 보증하여 금융 기관의 대출 승인 가능성을 높이는 역할을 하고 있다.

3. 창업관련 정부지원기관 및 지원정보

1) 소상공인시장진흥공단

소진공은 소상공인 육성과 전통시장·상점가 지원 및 상권활성화를 목적으로 「소상공인 보호 및 지원에 관한 법률」 제17조에 의해 설립된 중소벤처기업부 산하 위탁집행형 준정부기관이다. 이 기관에서는 소상공인의 성장 및 경영안정을 위해 다양한 정책자금을 지원한다. 예를 들어, 소상공인의 성장기반 마련 및 경영안정을 위해 직접대출, 긴급경영안정자금, 민간투자 연계형 매칭융자, 재도전특별자금, 소공인특화자금, 성장촉진자금, 신사업창업사관학교연계자금 등 다양한 정책자금을 지원한다. 또한, 소상공인의 성장을 위해 창업지원, 상권정보시스템, 스마트상점, 프랜차이즈, 소공인 지원, 청년몰·청년상인, 백년가게·백년소공인 온라인판로지원사업 등 다양한 지원사업을 운영하고 있다.

① 소상공인마당 : 이 사이트는 예비창업 또는 초기창업을 위한 맞춤형 창업지원, 소상공인 경쟁력 강화를 위한 교육 및 경영성장 지원, 폐업충격 완화 및 재기 과정에 걸친 재

기지원 프로그램운영, 전통시장 활성화 및 개선을 통한 전통시장의 경쟁력 강화 지원, 소상공인의 창업 및 성장을 위한 정책자금 지원안내 및 증명서발급 등의 역할을 하고 있다.

| 그림 13-1 | '소상공인마당' 사이트 이미지

② 소상공인24 : 이 사이트에서 추진하는 지원사업은 시장경영혁신지원사업(시장경영패키지지원), 특성화시장육성사업(문화관광형시장, 첫걸을기반조성, 디지털전통시장), 온라인 판로지원(O2O 플랫폼 진출지원, 온라인 시장 진출교육, 플랫폼 상생지원), 백년가게 및 백년소공인 지원, 언컨텍트교육(민관협업교육) 등을 통해서 소상공인의 경쟁력을 향상시키는 역할을 하고 있다.

| 그림 13-2 | '소상공인24' 사이트 이미지

③ 소상공인정책자금 : 소상공인에게 시설자금, 운전자금 등을 직접 또는 대리대출 형태로 정책자금을 지원하고 있는데 구체적으로 성장기반자금(소공인특화자금, 성장촉진자금, 스마트자금, 민간투자연계형 매칭융자), 일반경영 안정자금(일반자금, 신사업창업 사관학교 연계자금), 특별경영안정자금(청년고용연계자금, 소상공인전통시장자금, 재도전특별자금, 긴급경영안정자금, 장애인기업지원자금, 위기지역지원자금) 등의 정책자금을 운영하고 있다.

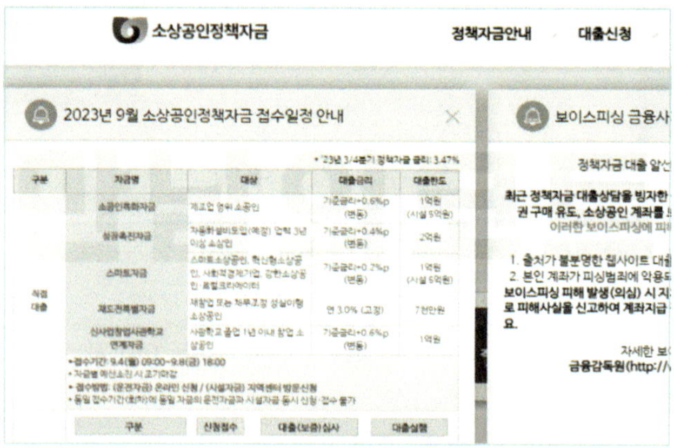

❙ 그림 13-3 ❙ '소상공인정책자금' 사이트 이미지

2) 중소벤처기업진흥공단

중진공은 중소벤처기업의 경쟁력을 강화하고 중소기업의 경영기반을 확충하여 국민경제의 균형 있는 발전에 기여하기 위해 설립된 중소벤처기업부 산하의 기금관리형 준정부기관으로 「중소기업 진흥에 관한 법률」에 의하여 1979년 1월 17일에 설립된 기관이다.

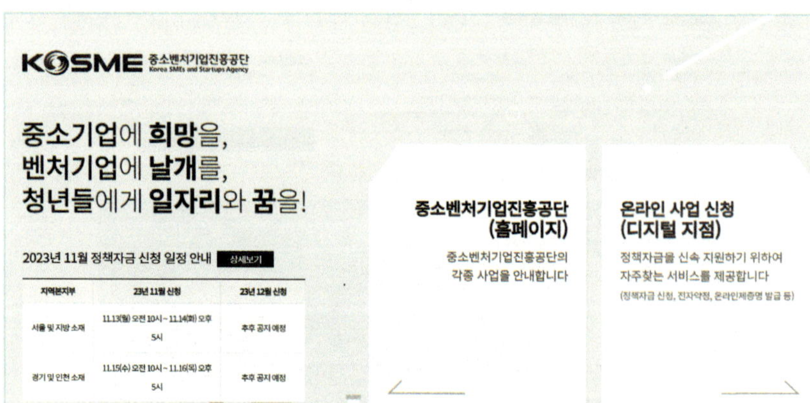

❙ 그림 13-4 ❙ '중소벤처기업진흥공단' 사이트 이미지

이 기관의 주요 업무는 중소기업 진흥을 위한 폭넓은 업무를 수행하고 있는데, 중소기업에 정책자금 지원, 판로지원, 기술컨설팅 및 중소기업 인력연수사업, 내일채움공제 운영 등의 사업을 추진하고 있다.

3) 창업진흥원

창업진흥원은 기업가정신을 함양하고 중소벤처기업의 창업을 촉진하며, 예비창업자와 창업기업의 경쟁력 강화를 지원함으로써 우리나라 기술, 서비스혁신 및 일자리창출을 통한 국가경쟁력 강화에 이바지하고자 「중소기업창업 지원법」 제39조(창업진흥원)에 의해 2000년 4월 1일에 설립된 중소벤처기업부 산하의 기타공공기관이다.

이 기관의 주요사업으로는 창업활성화를 위한 정책의 조사연구, 창업자에 대한 자금(정책자금 융자 제외), 인력, 판로 및 입지 등에 관한 정보제공 및 지원, 창업촉진을 위한 교육모델 개발 및 운영·보급, 우수 예비창업자의 발굴 및 지원, 재창업자의 교육 및 지원, 창업분야 전문인력 육성 및 지원 등의 사업을 추진하고 있다.

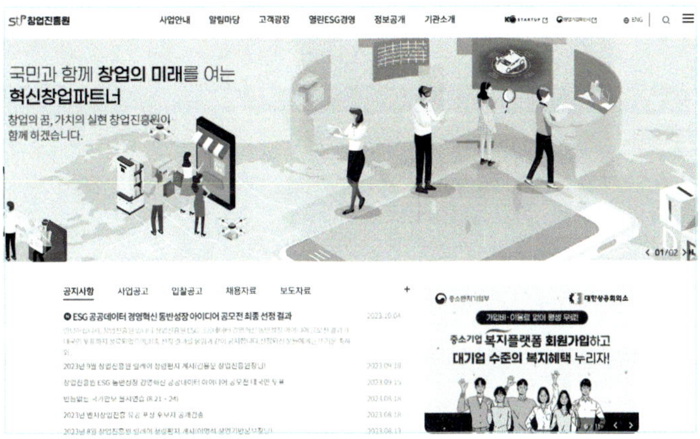

| 그림 13-5 | '창업진흥원' 사이트 이미지

4) 정보제공 및 증명서 발급

① 기업마당 : 이 사이트는 중소벤처기업부 산하 중소벤처기업연구원에서 운영하고 있으며, 중앙정부 및 지방정부, 그리고 공공기관에서 추진하고 있는 지원사업을 한 곳에서 모니터할 수 있다. 지원사업 분야는 금융, 기술, 인력, 수출, 내수, 창업, 경영, 기타 사업 등을 기관별, 지역별로 구분해서 검색할 수 있다.

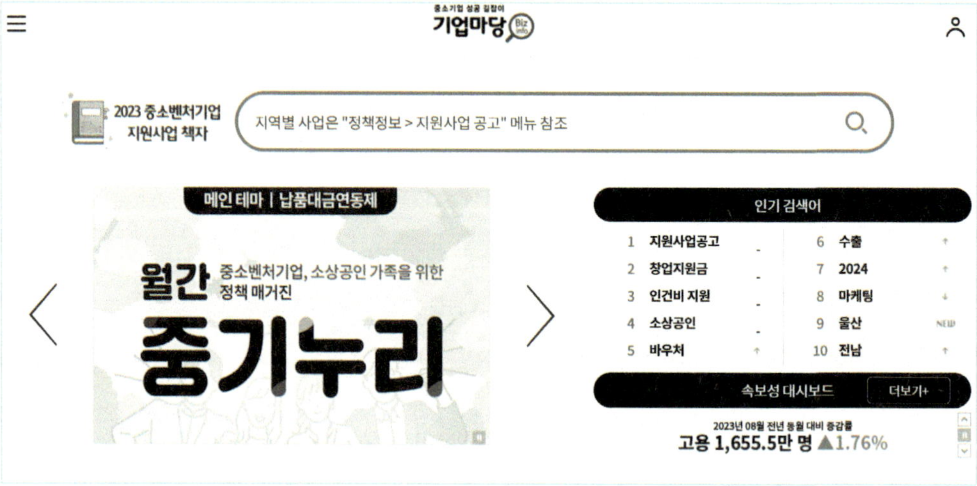

▌그림 13-6 ▌'기업마당' 사이트 이미지

② 공공구매종합정보 : 이 사이트는 공공기관별 입찰정보와 입찰참여에 필요한 종합정보를 제공하는 공공기관 입찰정보 포털사이트이다.

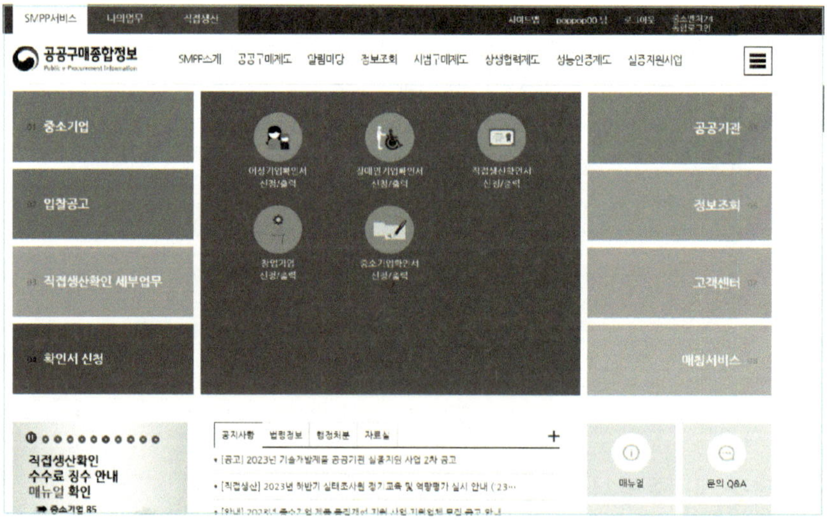

▌그림 13-7 ▌'공공구매종합정보' 사이트 이미지

• 운영목적 및 기관 : 공공구매 수요자(공공기관) 및 공급자(중소기업) 상호간에 필요한 정보를 구축, 양방향으로 제공함으로써 공공기관의 중소기업제품 구매의 효율성 제고와 구매를 촉진하기 위해서 중소벤처기업부 산하 중소기업유통센터가 운영하고 있다.

- 주요기능 : 중소기업의 공공기관 입찰 참여 지원 및 공공구매업무의 효율성 제고를 위한 기능을 담당하고 있다.
- 주요 제공 정보 : 중소기업 등록 정보, 타기관 연계 수집정보, 직접생산확인, 중기업·소기업·소상공인, 장애인기업 확인, 여성기업 확인서 신청 및 발급 등의 업무를 담당하고 있다.

제2절 창업기회 발견과 디자인씽킹

1. 창업기회발견

1장에서 소개한 바와 같이 기업가정신의 핵심은 '기회(opportunity)'와 관련된 것이며, 창업의 시작은 기회 포착이기에 기회를 잘 인식하고 발견하는 방법에 대해 이해하고 학습할 필요가 있다. Dyer et al.(2008)는 기회를 잘 발견하기 위한 행동으로 질문, 관찰, 실험 및 탐색, 아이디어네트워킹 등을 제시한 바 있다. 먼저 질문을 많이 할수록 기회 포착에 도움이 된다는 것이기에 현 상태를 변화시키거나 문제를 해결하는데 필요한 질문을 하며 문제 해결을 위해 지속적으로 궁금증을 갖고 해결방안을 모색하면 기회를 발견하는데 도움이 된다. 관찰은 아이디어 탐색을 위해 자신의 주변과 사람들을 꼼꼼히 관찰하는 것을 의미하며 실험과 탐색은 질문하고 관찰한 내용을 현실에서 탐색하고 실험하며 적용하려는 노력을 말한다. 아이디어네트워킹은 자신의 아이디어 또는 시제품을 다양한 집단(멘토, 고수, 전문가, 잠재 고객)에 공개하고 평가받는 것을 의미한다. 이와 같이 질문하고 관찰하며 실험한 것을 다양한 사람들과 교류한다면 더 많은 창업기회를 발견할 수 있는데 이는 다음에서 소개할 디자인씽킹 방법론을 통해 보다 체계적인 프로세스로 구체화될 수 있다.

2. 디자인씽킹의 이해

창업기회는 기존 제품과 서비스 이용시 포착된 문제를 해결하려는 시도나 과정에서 발견되기도 한다. 문제해결과정에서는 주로 비즈니스씽킹(business thinking)을 하게 되는데 비즈니스 씽킹이란 제기된 문제에 대해 최적화된 해결책을 신속하게 제시하는 사고법 또는 아이디어 발현 방법을 의미한다. 비즈니스씽킹이 속도를 중시하는 환경에서 신속하게 해결책을 낼 수 있다는 장점이 있고 이에 대한 다양한 방법론과 기법(tool)들이 기존 경영학의 여러 영역에서 지난 수십 년간 개발되어 소개되고 있어 학습을 통해 자신의 기업에 적용하는데 용이하다. 하지만 한계도 존재한다. 첫째, 최적의 해결책 모색에 집중하기에 다양한 관점에서 새로운 해석 또는 참신한 해결책이 있을 수도 있다는 점에 대한 인식과 이해가 부족하게 된다. 또한 기존 경영학에서 제시한 방법론과 기법(tool)에 집중하다 보니 과정보다는 결과를 중시하고 사람에 대한 깊이 있는 이해를 소홀히 해 '누구를 위한' 그리고 '무엇을 위한' 솔루션인지에 대한 회의적인 시각과 비판도 제기된다.

이에 반해 디자인씽킹(design thinking)은 제기된 문제에 해결책을 바로 찾는 것이 아니라 문제를 보다 인간중심적으로 이해하고 해석하여 원인을 모색하며 유일한 해결책이 아닌 다양한 해결책을 모색하는 방법이라는 점에서 비즈니스씽킹과 차이가 있다.

다음은 비즈니스씽킹과 디자인씽킹의 차이를 설명하는데 대표적인 사례다.

인도의 가난한 한 마을에 국제구호기구 단원들이 구호활동을 하던 중 현지 주민들의 삶에서 여러 불편을 목격하게 된다. 그 중 집집마다 상수도 시설이 제대로 구비되지 않아 매일 낮 시간에 가정주부들이 거주하는 마을로부터 멀리 떨어져 있는 개울로 이동하여 빨래를 하고 식수를 길어오는 모습을 구호단원들은 주목하게 되었다. 이와 같은 상황에서 비즈니스씽킹을 통해 구호단원들은 비교적 쉽게 해결책을 마련할 수 있다. 집집마다 상수도 시설을 설치해 준다던지, 비용 등 자원의 제약이 있다면 마을 한 가운데 공용 우물 또는 지하수를 퍼 올릴 수 있는 공용 물펌프를 설치해 주면 될 것이다. 비즈니스씽킹의 개념 그대로 제기된 문제에서 최적화된 해결책을 신속하게 제시한다는 측면에서 이러한 방법은 좋은 방법임이 틀림없다. 하지만 마을 한 가운데 물 펌프를 설치했지만 가장 많이 이용할 것으로 예상되었던 가정 주부들의 활용도가 그리 높지 않다면 이는 결론적으로 좋은 솔루션이 아니었음을 의미한다. 앞서 비즈니스씽킹의 단점에서 제시한 바와 같이 누구 또는 무엇을 위해 공용 물펌프 설치가 필요한 것인가에 대해 비즈니스씽킹은 그 답을 명확히 하지 못한 것이다. 이에 반해 디자인씽킹에서는 인간중심적으로 문제를 이해하여 문제의 원인을 모색하는 활동을 선행하게 된다. 주부들이 낮에 개울로 이동하는 이유가 빨래를 하거나 생활용수가 필요해서 이기도 하지만 보다 깊숙이 가정주부들의 입장과 상황을 공감하고 이해한다면 이들이 매일 낮에 개울로 가는 이유는 자신의 입장과 처지가 비슷한 사람(주부)들의 모임에 참여하기 위해서라는 점을 발견할 수 있었을 것이다. 이 점에 주목한 디자인씽커(디자인씽킹을 잘 수행하는 사람)는 마을 한 가운데 공용 물펌프를 설치해 주기 보다는 이들의 이동이 원활할 수 있도록 물 수레를 만들어 제공해 주거나 개울가 모임에서 좀 더 편히 대화하고 쉴 수 있는 휴게터를 조성해 주는 해결책을 제시했을 것이다.

디자인씽킹은 인간을 관찰하고 공감하며 문제를 정의하여 시제품 개발과 테스트의 실패를 반복함으로써 최선을 답을 찾는 창의적 문제 해결 방법이다. 최근 산업계에서는 디자인씽킹에 대한 높은 관심을 갖고 자사(自社)에 도입하여 활용하고자 하는 노력을 하고 있다.

그 이유는 먼저 소비자가 지나칠 정도로 똑똑하게 변했기 때문이다. 시장에서 제품과 서비스의 공급이 수요를 초과하는 상황에서 고객은 여러 제품과 서비스를 비교 평가할 수 있으며 자신에게 최적화된 제품과 서비스를 쉽게 찾아내고 있다. 이에 기업에서는 까다롭고 똑똑해진 고객과 소비자를 보다 명확하게 이해하고 이들의 진정한 니즈(needs)를 찾아낼 수 있는 방법을 모색하는 가운데 디자인씽킹이 개발되어 적극 활용되고 있는 것이다.

디자인씽킹을 한다고 하면 많은 경우 창의적 또는 직관적 사고만을 강조하는 경향이 있다. 이는 디자인씽킹을 잘못 이해한 것으로 분석적 사고와 활동 그리고 직관적이며 창의적 사고와 활동이 균형을 이루며 혼합되었을 때 디자인씽킹을 통해 제시되는 솔루션의 적중률을 높일 수 있다. 또한 디자인씽킹을 수행하는 과정에서 순서적으로 분석적 사고와 활동을 먼저 수행하고 그 후 직관적이며 창의적 사고와 활동을 수행할 것이 권장된다. 앞서 소개한 인도의 마을 사례를 보면, 가정 내 상수도 시설의 부재에 대해 직관적 사고와 활동을 먼저 한다면 상수도 시설을 설치하거나 공용으로 쓸 수 있는 물 펌프를 설치해 주면 될 것이라고 판단할 수도 있다. 이어 필요한 자원을 파악하고 계획안을 마련하는 등 분석적 사고와 활동을 수행하게 된다. 하지만 보다 명확한 방식의 디자인씽킹에서는 사람에 대한 이해를 기반으로 한 분석적 사고와 활동을 선행하게 된다. '왜 가정마다 상수도 시설이 안 되어 있을까?', '아 지자체의 예산 문제이군!', '예산을 크게 들이지 않고 해결할 수 있는 방법은 없을까?', '그렇다면 공용 물펌프 시설은 어떨까?', '공용 물 펌프의 경우 큰 예산이 들지 않았음에도 아직까지 이 마을에 설치되지 못한 이유는 무엇일까?' 등 여러 상황을 분석해 보는 것이다. 여기서 중요한 것은 그 분석이 현장 또는 수요자 중심적으로 이뤄져야 한다는 점이다. 그렇게 된다면 상수도 시설이 가장 절실한 타겟(고객)을 파악하게 되고 그들과의 교류와 만남을 통해 진정한 니즈(needs)를 파악할 수 있게 된다. 이후 그 니즈를 해결해 줄 수 있는 직관적이며 창의적인 아이디어를 풍부하게 제시하는 과정을 거치게 된다.

디자인씽킹에서는 확산적 사고와 집중적 사고의 순차적 수행도 요구된다. 직관적이며 창의적인 아이디어를 최대한 많이 끌어내는 것이 확산적 사고로 '양이 질을 결정한다'는 개념에 기반을 둔 것이다. 아이디어를 확산하는 좋은 방법이 브레인스토밍(brainstorming)이다. 브레인스토밍은 여러 구성원들이 모여 자유롭게 아이디어를 내는 회의방식으로 이를 통해 참여자들의 생각의 폭을 넓힐 수 있게 된다는 장점이 있다. 브레인스토밍 과정에서 다음과 같은 원칙이 준수될 때 보다 좋은 아이디어를 확산하는데 도움이 된다.

첫째, 브레인스토밍에 참여한 구성원의 아이디어에 대한 가치 평가나 판단은 최대한 뒤로 미뤄야 한다. 아이디어를 확산하는 과정에서 자신이 제시한 아이디어가 타인에 의해 평가 된다는 인식을 갖게 된다면 스스로 아이디어를 제한하게 되어 확산의 효과를 창출하기 어렵기 때문이다.

둘째, 실현가능 여부 보다는 창의적인 아이디어를 적극 장려할 필요가 있다. 브레인스토밍을 통해 평소 생각하지 못한 참신하고 창의적인 아이디어를 기반으로 크고 작은 혁신안이 마련될 수 있다. 이에 참신한 아이디어가 제시되면 진행자뿐만 아니라 브레인스토밍에 참여한 모든 사람들은 호감을 표현하고 적극적으로 장려하는 모습을 보이는 것이 적절하다.

셋째, 타인의 발상을 참고하여 발언할 때 눈덩이 효과(snowball effect)가 발생한다는 점을 기억해야 한다. 회의 참여자들은 자신의 발언과 주제에만 관심을 갖는 경향이 있다. 따라서 생산적이며 협력적인 결과를 창출하기 보다는 자신이 준비해간 발언 내용을 상대방에 전달했다는데 만족하는 수준으로 회의가 마무리 되는 경우가 많다. 하지만 브레인스토밍에서는 상대방의 발언을 적극 경청하고 발상에 호응하며 자신의 지식과 생각, 경험을 덧붙여 더 크게 발전시키는 눈덩이 효과 창출이 중요함을 기억해야 한다.

마지막으로 주제에 집중하는 자발적인 노력도 요구된다. 간혹 브레인스토밍 과정에서 소위 '배가 산으로 가는 경우'가 발생할 수도 있다. 상대방의 발상과 발언에 대한 가치 판단이 없고, 실현 가능성 보다는 창의적 아아디어를 장려하는 과정에서 주제를 벗어난 이슈로 화제가 전환될 수도 있기 때문이다. 이에 참여자들은 스스로 자신의 발언과 발상이 지나치게 주제에서 멀어져서 회의 주제와 목적에 벗어난 것은 아닌지 성찰하며 브레인스토밍을 수행해야 한다.

이와 같은 과정으로 확산적 사고와 활동이 어느 정도 수행되면 집중적 사고를 통해 좋은 아이디어를 추려내어야 한다. 우선 다양한 아이디어 중 유사한 아이디어를 묶는 방법, 시간 순서를 고려하여 단기, 중기, 장기 등으로 실행 가능한 아이디어를 구분하는 방법, 자원 보유 수준에 따라 자체적으로 실현 가능한 아이디어, 추가적인 자원이 확보된 후 시행 가능한 아이디어 등으로 아이디어를 추려 내거나 구분하는 노력과 활동이 집중적 사고와 활동의 방법이다.

3. 디자인씽킹을 활용한 아이디어 개발

디자인씽킹을 구현하는 방법과 기법은 다양한 기관 등에 의해 개발되어 소개되고 있는 가운데 가장 대중적으로 사용되는 방법은 미국 스탠포드 대학 D. 스쿨에서 개발한 5단계 방법론이다.

첫 단계인 공감하기(empathize)는 고객에 대해 깊이 있게 이해하고 성찰하며 그들에 대해 적극적으로 공감하는 것을 의미한다. 적극적 공감이 잘 이뤄지면 자연스럽게 두 번째 단계인 문제 정의하기(define) 단계로 이어지게 된다. 고객에게 공감하게 되니 그들의 문제와 니즈(needs)가 무엇인지 파악하게 되고 이를 해결 또는 해소하고자 하는 의지를 가질 수 있다. 세 번째 단계인 아이디어 구체화(ideate)에서는 정의된 문제에 다양한 아이디어를 제시하여 해결책을 마련하게 하게 되며 이를 토대로 네 번째 단계인 시제품(prototype)을 개발하여 머릿속에 존재하는 아이디어를 시각화 또는 형상화하게 된다. 마지막 5단계에서는 자신이 개발한 시제품을 (잠재) 고객에게 소개하며 제품과 서비스의 기능과 성능을 테스트(test) 하고 반응과 보완책을 살피는 단계로 진행된다.

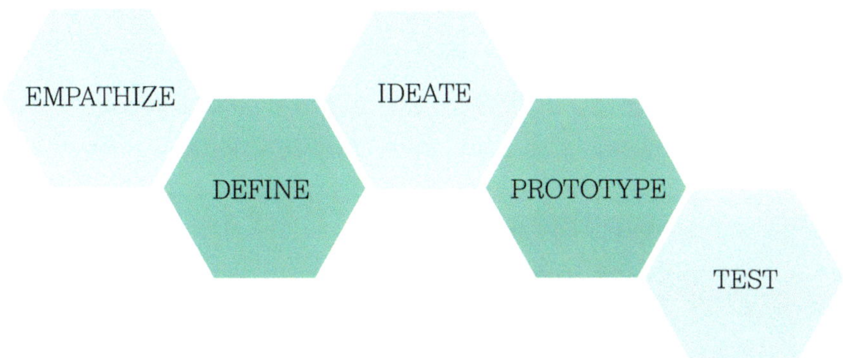

| 그림 13-8 | Stanford D. School 디자인씽킹 프로세스

1) 공감하기(empathize)

공감하기는 고객에 대해 깊이 이해하고 그들이 처한 현실과 상황에 대해 적극적으로 공감하는 활동을 의미한다. 공감을 잘하는 방법으로 관찰하기, 질문하기 등이 있다.

▶ 공감하기 성공 사례

인도네시아에 있는 한 산골 마을에서는 신생아들이 저체온증으로 사망하는 일이 빈번하게 발생했다. 산골 마을이기에 전기가 잘 들어오지 않고 병원이 멀어 태어난 아기를 따뜻한 환경에서 보호하지 못했기 때문이었다. 물론 병원 인큐베이터가 있었다면 이와 같은 문제를 쉽게 해결할 수 있으나 대당 2만 달러의 비용이 소요되는 상황에서 인큐베이터 설치는 현실적으로 어려움이 있었다. 이와 같은 문제를 공감한 Jance Chen과 동료들은 해당 지역으로 이동하여 현지인, 산모들과 함께 생활하며 그들의 삶에 공감한 끝에 기존

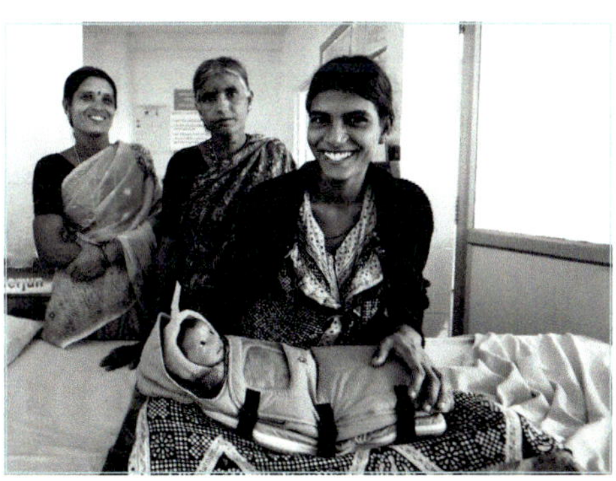

에는 생각지 못했던 획기적인 제품인 Embrace Warmer를 단독 25달러에 제작할 수는 아이디어를 내게 된다. 그 결과 2018년 기준 3,000명 이상의 아기들이 이 제품의 도움을 받았으며 9개국에서 보급사업을 시행 중에 있다.(https://ideas.ted.com/mother-knows-best-re-making-the-embrace-baby-warmer-for-moms/)

▶ 공감하기 실패 사례

공감하기를 하지 못해 실패한 대표적인 사례가 수년 전 출시된 구글 글래스다. 해당 제품이 출시될 당시 IT전문가들을 기술적으로 매우 탁월하고 디자인 차원에서도 매우 훌륭하기에 성공할 것이라고 확신했다. 하지만 해당 제품은 고객의 외면을 받고 만다. 음성으로 작동되는 기계였기에 해당 제품을 얼굴에 착용하고 통화시 통화 내용이 타인에게 모두 노출되는 문제가 발생한 것이다. 또한 글래스 한 쪽 끝에 부착된 카메라는 결국 '몰카'의 위험을 가지고 있었는데 구글에서는 고객에 대한 공감보다는 기술적 차별화와 우위만을 내세운 나머지 고객이 왜 이 제품을 구입해야하는지에 대한 적절한 답을 내놓지 못했다. (https://www.investopedia.com/articles/investing/052115/how-why-google-glass-failed.asp)

창업시행을 위한 공감하기 질문

창업이 어렵다고 생각하는 사람들의 대표적인 특징이 창업 시작을 위해서는 자신만의 기술과 차별화된 아이디어가 있어야만 한다고 생각하기 때문이다. 하지만 실제 창업이 이뤄지는 현장을 보면 우리 생활 속에서 다양한 질문을 갖고 공감하는 과정에서 기회를 포착한 후 이를 행동으로 옮긴 경우가 많다. 이에 다음과 같은 창업을 위한 공감하기 질문에 자문자답(自問自答)하는 과정에서 창업을 위한 기회를 포착하고 아이디어를 개발할 수 있을 것이다.

- 나의 생활반경에 위치해 있는 사람들은 무엇을 필요로 하는가? 그 이유는?
- 나의 생활반경에 위치해 있는 사람들은 어떤 어려움에 처해 있는가?
- (기존 제품과 서비스, 제도로는) 왜 그 어려움을 왜 해결하지 못하고 있는가?
- 나의 생활반경에 위치한 사람들은 특정 시기에 무엇을 원하는가?
- 나의 생활반경에 위치한 사람들은 가까운 미래에 무엇을 필요로 할까?
- 나의 생활반경에 위치한 사람들은 무엇이 있으면 더 편리하고 유용해 할까?

① 관찰하기

공감을 잘하기 위해서는 그 방법론을 이해하고 이를 토대로 자신의 공감하는 역량을 지속적으로 개발해야 한다. 먼저 공감을 잘하는 대표적인 방법이 관찰(observation)이다. 사람들의 행동, 표정, 말투, 몸짓 등을 관찰하게 되면 사람들의 불편과 니즈(needs) 등을 발굴하는데 도움이 된다.

〈관찰을 잘 하는 사람들의 특징〉

1) 눈에 보이는 현상은 물론 이면에 숨은 의미까지 찾아내려고 노력함
2) 공급자, 개발자 관점을 버리고 소비자, 고객, 사용자의 입장에서 관찰함
3) 열린 마음으로 다른 관점 수용함
4) 순간이 아닌 맥락과 흐름 파악함
5) 언어적 표현뿐만 아니라 비언어적 표현(몸짓, 표정 등)까지 포착함
6) 관찰한 태도와 행동을 꼼꼼히 기록함

관찰 노트 예시 - AEIOU 시트

작성일자: 년 월 일 작성자:

A	활동 (Activities)	사람들은 어떤 행동을 하며 목적과 과정은 어떤가요?	
E	환경 (Environments)	활동이 일어나는 시간, 공간적 환경과 분위기는 어떤가요?	
I	상호작용 (Interactions)	사람간 또는 사람과 환경 사이에 어떤 상호작용이 있나요?	
O	사물 (Objects)	어떤 사물과 도구를 사용하며 활동에 어떤 영향을 주나요?	
U	사용자 (Users)	관찰 환경 내 누가 있고, 역할, 관계 행동 등은 어떤가요?	

• 처음부터 다시 배우는 서비스 마케팅(배성한, 2017)

② 질문하기

공감을 잘 하기 위해서는 상대방의 눈높이에 맞게 질문하며 상대방의 생각을 명확히 이해하고 파악하고자 하는 노력을 해야 한다. 한편 정보 습득을 목표로 상대방에게 질문하는

과정에서 자신의 생각을 오히려 상대방에서 강요하거나 자신의 견해에 상대방이 동조해 줄 것을 바라며 질문하는 경우가 있다. 디자인씽킹의 공감하기 단계에서는 이와 같은 상황이 발생하지 않도록 유의해야 한다. 이를 위해 '예', '아니오' 또는 단답식 답변을 유도하는 질문보다는 상대방이 자신의 감정과 느낌을 충분히 제시할 수 있는 열린 질문을 해야 한다.

공감하기 단계에서 질문하기는 통상 인터뷰의 형태로 진행되는 경우가 많다. 이에 철저한 인터뷰 준비가 선행된다면 상대방(고객)의 니즈(needs)를 명확히 파악하는데 큰 도움이 된다.

인터뷰 진행 절차 및 유의사항

1. 철저한 사전 준비
   - 인터뷰의 취지와 목적, 기대효과를 명확히 한다.
   - 상대방(인터뷰이, interviewee)의 개인적 특성과 관심사를 파악한다.
   - 인터뷰 시나리오(질문 주요내용), 각종 준비물(노트, 휴대용 녹음장치, 카메라 등)을 준비한다.
2. 인터뷰 진행
   - 가급적 상대방 보다 먼저 인터뷰 장소에 도착한다.
   - 바로 질문하기 보다는 상호 친밀도(rapport)를 형성하기 위한 목적으로 간단한 사적인 대화나 안부 등을 묻는다.
   - 인터뷰 개요(목적 및 취지, 소요시간, 인터뷰 내용의 활용 등)를 소개하고 상대방이 민감해 할 수 있는 사항(사진촬영 및 녹음 동의 여부 등)에 대해 사전 동의를 구한다.
   - 준비해 간 질문 가운데 비교적 가볍고 답변하기 쉬운 질문으로 인터뷰를 시작한다.
   - 답변 내용 중 이해가 안 되는 부분이 있다면 지나치지 말고 정중하게 추가적인 설명을 요청한다(가급적 핵심 또는 본질을 파악할 수 있도록 질문한다).
   - 상대방의 발언 내용뿐만 아니라 표정, 몸짓 등 비언어적 내용도 포착하며 인터뷰를 진행한다.
3. 인터뷰 마무리
   - 자신이 준비한 질문에 대한 답변을 받았음을 알리며 혹시 추가적으로 해주고 싶은 말이 있는지 확인한다.
   - 인터뷰 참여에 정중하게 감사를 표하고 필요에 따라 향후에 추가적인 인터뷰가 있다면 수용 가능한지 문의한다.
   - 인터뷰 장소를 벗어난 후 인터뷰한 내용을 요약·정리하며 시사점을 파악한다.

2) 문제 정의하기(define)

공감하기를 통해 고객의 문제와 니즈를 파악하면 해결해야 할 과제가 무엇인지를 정의할 수 있게 된다. 문제 정의는 'Who, What, Why' 관점으로 접근하여 정의하면 보다 명확해질 수 있다.

- Who : 누구에게 발생하는 문제인가?
- What : 무슨, 어떠한 문제인가?
- Why : 왜 그러한 문제가 발생했는가?

더 나아가 공감하기를 통해 대략적으로 파악된 고객의 문제에 대해 보다 깊이 있게 들여다보며 해결이 필요한 문제인지를 파악해야 한다. 이를 위해 'RVI 기법'을 이해할 필요가 있다. RVI는 Real, Valuable, Inspiring을 의미하는데 먼저 진짜(Real) 해결이 필요한 문제인지를 파악하여 문제를 정의하는 것이다. 고객과의 인터뷰를 통해 해결이 필요한 문제임을 확인했다고 하더라고 진짜 해결이 필요한 문제인지를 추가적으로 확인해 보는 것이다. 문제로 인식되었지만 단기 유행 혹은 일시적인 상황 하에 발생한 문제로 차후 시간이 지나거나 상황이 변화면 자동으로 해결될 수 있는 문제라면 굳이 해결할 시도를 할 필요가 없기에 진짜 해결이 필요한 문제인지 점검하는 것이 중요하다. 두 번째로 가치 있는(Valuable) 문제인가를 파악해야 한다. 진짜 해결이 필요하더라도 가치가 없는 문제라면 굳이 참여할 필요가 없기 때문이다. 특히 창업을 위한 디자인씽킹 과정에서 과연 이 문제를 해결하면 어떠한 가치가 있는지에 대해 명확히 정의내릴 필요가 있다. 상당수의 창업시행은 제한된 자원을 통해 수행되기에 가치가 없는 이슈에 자원을 낭비하는 행동을 최소화해야 한다. 마지막으로 영감(Inspiring)을 주는 문제인가? 라는 관점에서 문제를 정의해야 한다. 이 문제를 잘 해결하면 다양한 이해관계자들에게 영감과 탄식 또는 놀라움을 줄 수 있는 문제라고 인식되면 충분히 문제정의는 잘 된 것이고 해결책 마련에 도전해 볼 가치가 있다.

문제를 정의하는 또 다른 방법으로 '5Why 기법'이 있다. 특정 이슈 및 문제에 대해 5번 정도의 Why를 통해 문제의 본질 또는 근본원인을 찾는 방법이다. 미국 모 박물관에서 건물이 부식되는 문제가 발생하였는데 다음과 같이 5why 기법을 통해 문제의 근본 원인을 찾을 수 있었다.

- Why 1 : 왜 건물이 부식되기 시작하는가?
  → 건물 관리자들이 합성 세제를 묻힌 거친 솔로 외벽을 지속적으로 닦아 내고 있기 때문
- Why 2: 왜 그렇게 청소를 열심히 할 수밖에 없는가?
  → 비둘기들이 건물 외벽 등에 앉아 쉬면서 배설물을 배출하기 때문
- Why 3: 왜 그 일대에 비둘기들이 많은가?
  → 주변에 거미가 많고 거미줄에 걸려 있는 곤충들이 많아서
- Why 4: 왜 주변에 거미와 거미줄에 걸려 있는 곤충들이 많은가?

→ 일대에 날벌레, 특히 불나방이 많아서

- Why 5: 왜 날벌레, 불나방이 많은가?
  → 건물(박물관)을 멋있게 보이게 하기 위해 건물 주변에 외관등을 많이 켜두어서...

건물이 부식되는 원인을 단순하게 파악했다면 청소를 열심히 했기 때문으로 이해하고 청소 횟수를 줄이거나 비둘기들이 건물 일대에 접근하지 못하도록 하는 물리적 조치를 취할 수도 있다. 하지만 5why 기법을 통해 문제의 근본 원인, 즉 건물의 외관등으로 인해 불나방이 모여들어 건물 외벽의 부식으로 이어졌다는 분석을 통해 전혀 다른 차원의 해결책(외관등 끄기 또는 켜는 시간 조절)을 제시할 수 있게 되었다. 이처럼 좋은 해결책을 발굴하기 위해서는 문제를 보다 명확하게 분석해야 한다.

4) 아이디어 구체화하기(Ideate)

문제를 정의했다면 다음 단계에서는 이를 해결하기 위한 아이디어 구체화 활동을 수행해야 한다. 이전 단계까지가 분석적 사고와 활동에 집중했다면 본 단계부터는 창의적이고 직관적인 사고와 활동을 하게 된다.

창의적 아이디어를 발현하는 다양한 방법론이 개발되어 제시되고 있다. 창업기회 발견에서 적용하기 용이한 대표적인 방법인 'Why, What, How 변형하기' 방법론이다. 이미 시장을 장악하고 있는 기존 제품과 서비스가 시장에 있음에도 불구하고 꾸준히 새로운 제품과 서비스가 나오거나 새로운 기업이 등장하는 이유가 바로 기존 제품과 서비스에서 Why, What, How의 관점에서 변형해야 할 요소를 찾아내고 아이디어를 구체화하여 개발했기 때문이다.

아이디어 구체화하기 실습 사례

Question. 아이스크림을 좋아하는 여러분들은 기존 아이스크림에 식상하여 직접 아이스크림 비즈니스를 하고자 생각하고 있습니다. 하지만 자본도, 경험도 없는 여러분에게 사업을 한다는 것은 쉬운 일이 아닙니다. 더군다나 이미 아이스크림 시장은 기존 대기업과 프랜차이즈 등에서 장악하고 있는 상황입니다. 이런 상황에서 어떻게 아이스크림 비즈니스를 할 수 있을까요?

- Why, What, How 변형하기-

- Why의 변형 : 왜 변화되어야 하는가?
  - 기존 아이스크림은 건강에 좋지 못하기 때문 → 건강에 좋은 또는 덜 나쁜 아이스크림개발
- What의 변형 : 무엇을 변화시킬 것인가?

- 기존 아이스크림의 재료 또는 성분은 한정적이며 모양도 제한됨 → 다양한 맛을 내며 특색 있는 모양을 지닌 아이스크림 개발

• How의 변형 : 어떻게 변화시킬 것인가?
- 기존 아이스크림을 구입하는 방법은 별로 매력적이지 않음 → 멤버십 가입자만을 대상으로 한 정기 배송형(구독형) 아이스크림
- 기존 아이스크림의 제조 공정과 방식을 신뢰할 수 없음 → 제조 공정과 방식을 동영상 등으로 공개하여 고객들의 신뢰도를 확보

아이디어를 구체화하는 또 다른 방법으로 'PMI 기법'이 있다. 기존 제품과 서비스의 장점(Plus), 단점(Minus) 그리고 흥미로운 점(Interesting)을 파악하여 아이디어를 개발하는 방법이다. 예를 들어 전통시장을 활성화할 필요가 있다는 점에 공감하여 이를 위한 아이디어를 구체화하기 위해 기존 전통시장을 대상으로 PMI를 시행할 수 있다.

기존 전통시장의 PMI 작성 사례

• Plus : 가격이 비교적 저렴. 접근성이 양호함. 다양한 상품과 먹거리가 있음
• Minus : 홍보가 잘 되어 있지 않고 어느 곳에 어떤 상품과 먹거리가 있는지 파악이 안 됨. 상점별 특성을 파악하기 어려움
• Interesting : 지역경제 활성화에 도움이 됨. 특색 있는 전통시장이 있다면 지역 홍보가 될 수 있음. 가격 흥정도 일부 가능함

▶ 시사점 : 해당 지역을 대표하는 전통시장 플랫폼 또는 어플리케이션 개발(다양한 상점을 소개하고 리뷰 및 댓글 기능을 통해 제시된 Minus 요소를 최소화하고 Interesting 요소를 극대화)

4) 시제품(Prototype) 제작

시제품 제작은 머릿속에 존재하는 아이디어를 시각화 및 형상화하는 작업으로 자신이 수립한 가설을 검증하는 과정을 의미한다. 시제품을 개발한다는 것은 본 제품을 바로 출시하는 것보다 더 긍정적인 효과를 지닐 수 있다. 먼저 최소투입으로 최대효과 창출이 가능하다. 시제품은 기획한 모든 기능이 정상적으로 작동되는 완제품이 아니기에 제작비용이 많이 들지 않고 시간을 줄일 수 있다는 장점이 있으면서도 고안한 아이디어를 (잠재) 고객에게 표출하여 피드백을 받을 수 있기에 비용대비 큰 효과가 있다.

시제품은 실물 모형과 유사한 유형의 제품으로만 제작될 필요는 없다. 사업 진행 단계에

따라 시제품 제작의 구체성은 달라질 수 있지만 간단하게 실물모형의 제품을 제작(mock-up) 하거나 경우에 따라 이미지, 동영상, 시나리오 등으로도 제작될 수 있다. 시제품은 고객의 피드백과 향후 진행된 테스트 결과에 따라 지속적으로 보완되어 제시될 때 향후 만들어질 완제품의 성공 가능성을 높일 수 있다.

시제품 개발 사례

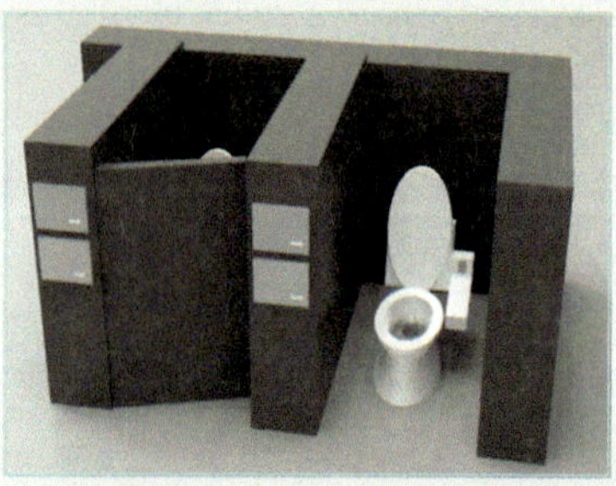

▲ 첨단 화장실 개발 시제품 제작 사례

▲ APP 개발 시제품 제작 사례

5) 테스트(test) 하기

테스트는 제작한 시제품을 (잠재) 고객에게 직접 소개하여 반응을 살피는 것을 말한다. 따라서 테스트를 수행하기 위해서는 자신의 제품과 서비스를 이용할 고객이 누구인지, 어디에 있는지를 사전에 명확하게 파악할 필요가 있다. 테스트를 수행하는 창업가나 관계자들에게는 완제품에 대한 테스트가 아니기에 고객의 평가나 비판을 적극적으로 수행해야 할 마음가짐이 요구된다. 그렇지 않을 경우 고객의 비판과 지적에 방어적으로 반응하며 대응하려고 해 테스트를 하는 진정한 의미인 고객의 반응을 살피지 못할 수도 있다. 테스트는 디자인씽킹의 마무리가 아니라 새로운 시작이라는 점도 기억해야 한다. 테스트를 통해 고객이 부정적인 반응과 피드백을 보일 경우 어느 단계에서 부터 디자인씽킹을 다시 수행하여 추가적인 테스트를 수행할지 명확하게 판단해야 한다. 공감하기가 잘 못된 것으로 판단될 경우 공감하기부터, 문제정의가 잘 못되었다면 문제정의부터 디자인씽킹 프로세스를 다시 수행하고자 하는 마음가짐이 있을 때 진정한 테스트가 이뤄질 수 있다.

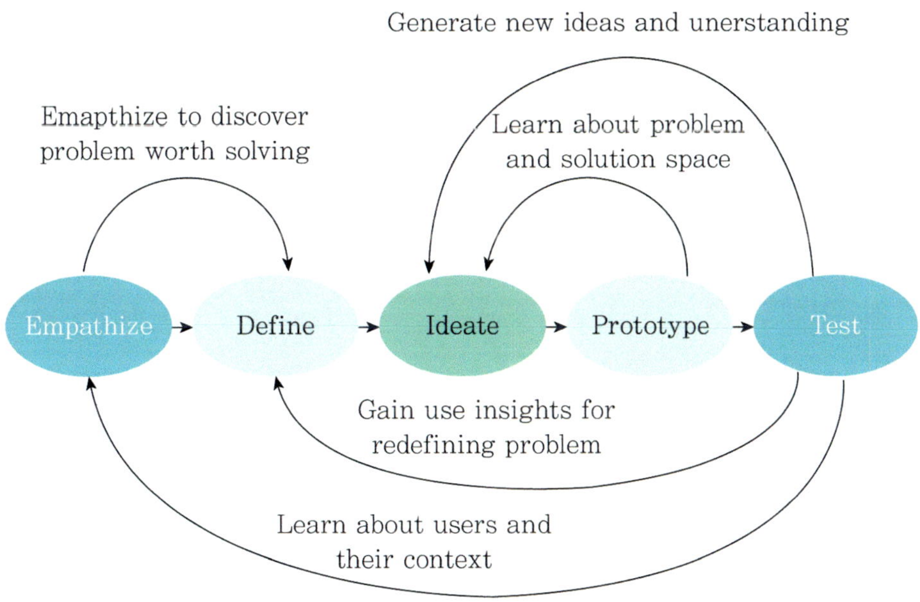

그림 13-9 Non Linear Design Thinking Process (Lahdenperä et al., 2022)

제3절 창업아이템 선정

1. 창업아이템 선정기준

1) 창업아이템의 의의

창업 아이템은 보통 제품이나 서비스로써, 사람들의 필요를 충족시키거나 원하는 결과를 달성할 수 있도록 개발된 것을 말하며, 소비자 또는 사용자에게 가치를 제공하고, 문제를 해결하거나 편의를 제공하는 역할을 수행한다. 제품 아이템은 물리적인 형태를 가지며, 서비스 아이템은 물리적인 형태는 없지만, 지식, 경험, 기술 등을 활용하여 제공되는 것을 말한다.

창업 아이템은 비즈니스의 핵심이 되는 요소로서, 고객의 니즈와 기대를 충족시키기 위해 개발되고 제공된다. 창업 아이템은 시장에 이미 나와 있는 기존 제품일 수도 있고 새롭게 발명한 제품일 수도 있다.

오늘날 기업은 무한 경쟁 환경 속에서 많은 기업들이 시장을 확대하기 위하여 부단히 노력하고 있어 단순한 모방이거나 유행을 따르는 아이디어 정도로는 성공하기 어렵다. 창업을 성공하기 위해서는 차별화된 아이디어를 낼 수 있도록 많은 노력이 필요하다. 성공적인 창업의 핵심 요소 중 하나인 창업 아이템의 선택은 창업의 성패에 직결될 수 있다. 그렇기 때문에 창업 아이템의 중요성은 매우 크다.

2) 창업아이템의 중요성

① 시장 수요 충족 : 우수한 창업 아이템은 시장에서의 수요와 필요를 충족시킬 수 있어야 한다. 사람들이 실제로 필요로 하거나 원하는 제품 또는 서비스에 대한 아이디어를 가지고 있다면 성공의 가능성이 크게 높아진다.

② 경쟁력 확보 : 창업 아이템은 경쟁적인 시장에서 경쟁력을 확보할 수 있는 요소가 되어야 한다. 혁신적인 요소, 차별화된 기능 또는 가치 제안 등을 가지고 있어야 경쟁사들과의 차이를 만들 수 있다.

③ 가치 창출 : 좋은 창업 아이템은 고객들에게 가치를 제공할 수 있는 기회를 제공한다. 제품이나 서비스를 통해 문제 해결, 편의성, 혁신, 경제적 이점 등을 제공함으로써 고객들로부터 긍정적인 반응을 얻을 수 있다.

④ 성장 잠재력 : 창업 아이템은 성장 잠재력을 가지고 있어야 한다. 성장 가능성이 있는 시장을 대상으로 하거나, 확장이 가능한 비즈니스 모델을 갖추고 있어야 한다. 이는 향후 사업의 확장과 발전을 위한 중요한 요소이다.

⑤ 창업자의 열정과 동기부여 : 창업 아이템은 창업자의 열정과 동기부여를 유지시키는 역할을 한다. 자신이 믿고 열정적으로 추구하는 아이디어에 바탕을 둔 창업은 어려움을 극복하고 지속적인 성과를 이끌어낼 수 있다.

3) 창업아이템 선정 기준

창업 아이템을 선정하는 것은 중요한 과정이므로 다음의 내용을 고려하는 것이 선정하는 것이 성공적으로 사업을 운영하고 실패를 줄일 수 있다.

① 자신이 잘 알고 자신 있는 분야 : 자신이 잘 알고 있는 분야는 현재 근무중이거나 과거 직장경험이 있는 분야로 창업아이템에 대한 정보를 습득하기 용이하고 시행착오를 줄일 수 있다.

② 관심과 열정 : 자신이 관심을 가지고 열정적으로 추구할 수 있는 영역을 선택하여야 한다. 자신의 역량과 경험을 고려하여 진정으로 흥미로운 분야를 선택하는 것이 중요하다.

③ 시장 조사 : 창업아이템의 현재의 시장 동향과 경쟁 상황을 조사하여 수요와 경쟁력을 파악하여 창업 아이템의 유망성을 평가할 수 있다. 시장성분석은 전체 시장의 규모와

해당 아이템이 제품의 라이프사이클 상 어느 위치에 있는지를 파악하여야 한다. 도입기 및 성장기 제품이 아닌 쇠퇴기 제품을 선정할 경우 실패할 확률이 크다. 따라서 성장성 있는 아이템을 선정하는 것이 중요하다. 또한 수익성이 적정한지를 분석하여야 한다. 적정수익이 보장되지 않거나 경쟁이 치열하면 가격경쟁으로 어려움을 겪을 수 있게 된다. 또한 매출액에 대한 수금이 제대로 되고 있는지를 확인하여야 한다. 판매 후 수금이 어려울 경우 자금부족으로 회사의 유지가 어려울 수 있다.

④ 시장 수요와 가치 제안 : 아이디어가 시장에서 수요를 충족시키고 가치를 제공하는지 확인할 필요가 있다. 유망한 시장 수요와 그에 대한 가치 제안이 있는 아이템을 선택하는 것이 중요하다.

⑤ 혁신과 차별화 : 기존 시장에서 차별화된 요소를 가진 아이디어를 찾아야 한다. 혁신적인 솔루션, 새로운 기술 적용, 독특한 디자인 등을 통해 경쟁 우위를 확보할 수 있다.

⑥ 시장 수요와 가치 제안 : 아이디어가 시장에서 수요를 충족시키고 가치를 제공하는지 확인할 필요가 있다. 유망한 시장 수요와 그에 대한 가치 제안이 있는 아이템을 선택하는 것이 중요하다.

그리고 누구나 좋다고 생각하는 아이템 피해야 한다. 누구나 좋다고 느끼는 아이템은 쉽게 경쟁자가 발생하고 경쟁자의 증가는 저가 판매 및 할인 판매 등으로 이어져 실속 없는 창업이 될 것이다. 유망 아이템은 많은 사람들이 좋다고 생각하는 아이템이라기보다는 경쟁자의 참여가 어려움이 있거나 소수의 경쟁자만 존재하여 분배의 이득을 얻을 수 있는 아이템을 의미한다. 따라서 독창적인 아이템이거나, 최소한 모방하기에 다소 시간이 소요되는 아이템을 선택함으로서 과열 경쟁을 피할 수 있는 아이템이면 좋은 아이템이다. 이러한 요소들을 고려하여 창업 아이템을 선정하면 성공적인 비즈니스를 구축할 수 있을 것이다.

2. 창업아이템 개발

1) 창업아이템(아이디어) 원천

창업 아이디어를 찾는 원천은 다양한 곳에서 찾을 수 있다. 미국 독립사업전국협회 회원을 대상으로 설문한 결과 창업아이디어 원천은 이전 일의 경험으로 얻은 것이 45%로 가장 많으며, 그밖에 취미 및 관심사, 우연한 기회 등이었다. 창업 아이디어를 찾는데 도움이 되는 원천은 다음과 같다.

① 개인 경험 : 자신의 일상생활이나 관심사에서 창업 아이디어를 발견할 수 있다. 어떤 불편함을 해결하거나 개선할 수 있는 방법을 고민하는 과정에서 아이디어를 얻을 수 있다.

② 시장 조사 : 시장 조사를 통해 현재 시장에서 나타나는 트렌드와 수요를 파악할 수 있다. 새로운 비즈니스 기회를 찾기 위해 시장 조사를 세밀하게 분석하는 습관이 필요하다.

③ 소비자 피드백 : 소비자의 의견과 요구를 듣고 분석하는 것은 창업 아이디어를 발견하는 데 도움이 될 수 있다. 사용자 인터뷰, 설문 조사, 소셜 미디어 등을 통해 소비자의 의견을 수집하고 그들의 의견을 경청하여야 한다.

④ 기술과 혁신 : 기술의 발전과 혁신은 새로운 창업 아이디어를 도출하는 데 큰 영감을 줄 수 있다. 새로운 기술 동향을 탐색하고, 기존 기술을 활용한 혁신적인 아이디어를 고려하여야 한다.

⑤ 업계 동향 : 특정 업계의 동향과 변화를 파악하면 새로운 창업 아이디어를 찾을 수 있다. 업계 리서치, 산업 보고서 등을 통해 업계 동향을 파악하여야 한다.

⑥ 협업과 아이디어 공유 : 다른 사람들과의 협업과 아이디어 공유는 창업 아이디어를 발전시키는 데 도움이 될 수 있다. 창업 커뮤니티, 창업 행사, 온라인 포럼 등을 활용하여 다른 사람들과 소통을 통해 창업 아이디어를 창출할 수 있다.

또한 롱게넥커 등이 제시한 창업 아이디어의 유형에서 창업아이디어 원천을 시장과 기술에서 찾았다. 기존시장에서 존재하지 않는 제품, 서비스를 새로운 시장을 개발하는 유형 A와 존재하지 않는 새로운 기술을 개발하여 만들어 신제품과 서비스를 제공하는 유형 B, 기존제품 및 서비스를 개선하여 제공하는 유형 C로 구분하였다.

유형 A	신 시장	기존시장에서 존재하지 않는 제품과 서비스를 공급
유형 B	신 기술	새로운 기술로 새로운 제품과 서비스를 제공
유형 C	개선 방식	개선된 방식으로 기존제품과 서비스의 기능 제공

2) 창업아이템 개발 기법

창업 아이템(아이디어)을 개발하기 위해 다양한 기법을 활용할 수 있다. 창업 아이템(아이디어) 개발에는 명확하게 정해진 규칙은 없기 때문에 평소 아이디어에 관한 관심을 가지고 접근하는 것이 필요하고 대표적인 개발기법은 브레인스토밍 기법, 스캠퍼 ,아이디어 결합, 마인드 맵 등이 있다.

① 브레인스토밍(Brainstorming) 기법

아이디어를 집중적으로 내기 위해 1941년 광고회사에서 고안된 회의 방식으로 아이디어에 대해 비판 없는 열린 마음 또는 자유롭게 사고를 할 수 있도록 하는 방법이다. 회의에서 아이디어 개발을 위해 실시하는 브레인스토밍 방법은 자유로운 사고를 장려하고, 다양한 아이디어가 도출될 수 있도록 한다. 모든 아이디어를 수용하고, 상호작용과 자극을 통해 아이디어를 발전시킬 수 있다.

브레인스토밍을 효과적으로 진행하기 위해 다음의 규칙을 지키는 것이 필요하다.

규칙 1. 비판을 하지 않는다.

→ 브레인스토밍은 모든 아이디어를 환영하고 비판하지 않는 자유로운 환경에서 이루어져야 한다. 어떤 아이디어든지 일단 기록하고, 후에 평가하고 필터링하는 것이 좋다.

규칙 2. 수량보다는 질을 추구한다.

→ 다수의 아이디어를 도출하는 것도 중요하지만, 질 좋은 아이디어에 집중하는 것이 더욱 중요하다. 창의적이고 혁신적인 아이디어를 찾기 위해 노력한다.

규칙 3. 연상과 연결을 활용하자.

→ 한 아이디어에서 떠올린 단어, 개념, 이미지를 활용하여 다른 아이디어를 연상해보자. 상상력을 발휘하여 연결되는 아이디어를 찾아내는 것이 중요하다.

규칙 4. 그룹으로 진행하자.

→ 여러 사람과 함께 브레인스토밍을 진행하면 다양한 시각과 아이디어를 얻을 수 있다. 다른 사람들과 함께 아이디어를 나누고 토론하자.

규칙 5. 시한을 정해두자.

→ 무한정 브레인스토밍을 진행하면 시간이 끝나지 않을 수 있다. 따라서 시한을 정해두고 집중해서 아이디어를 도출하자.

규칙 6. 아이디어를 기록하자.

→ 브레인스토밍 도중에 떠오른 아이디어를 기록하자. 메모, 스케치, 아이디어 보드 등을 활용하여 아이디어를 시각화하고 정리할 수 있다.

② 스캠퍼(Scamper)

창의적 문제 해결 및 아이디어 발전을 위한 도구로 사용되는 기법이다. 스캠퍼는 각 알파벳을 대표하는 다양한 질문을 활용하여 아이디어를 확장, 변형 또는 개선하는 방법을 제시한다. 스캠퍼(SCAMPER) 체크리스트는 체크할 내용의 앞글자를 따서 스캠퍼 체크리스트로 정의하였다.

스캠퍼를 활용하면 기존의 아이디어를 다양하게 변형하고 새로운 관점에서 생각할 수 있다. 문제 해결이나 아이디어 발전 과정에서 스캠퍼를 활용하여 창의적인 결과물을 얻을 수 있다.

스캠퍼 앞글자	체크리스트	내용
S	Substitute (대체)	- 무엇을 대체할 수 있을까? - 무엇을 다른 방식으로 할 수 있을까?
C	Combine (결합)	- 무엇을 결합할 수 있을까? - 어떤 요소를 합치거나 통합할 수 있을까?
A	Adapt (적용)	- 어떤 아이디어를 다른 상황에 적용할 수 있을까? - 어떻게 변형하여 새로운 용도에 활용할 수 있을까?
M	Modify (수정)	- 어떻게 아이디어를 수정하거나 변경할 수 있을까? - 크기, 색상, 형태 등을 조정할 수 있을까?
P	Put to another use (다른 용도로 활용)	- 아이디어를 다른 문제나 용도에 활용할 수 있을까? - 새로운 시장이나 산업에 적용할 수 있을까?
E	Eliminate (제거)	- 어떤 요소를 제거하여 아이디어를 단순화하거나 개선할 수 있을까?
R	Rearrange (재배열)	- 어떻게 요소를 재배열하거나 순서를 변경할 수 있을까? -구성 요소를 다른 방식으로 조합할 수 있을까?

③ 아이디어 결합

아이디어 결합은 창의적인 방식으로 두 가지 이상의 아이디어를 조합하여 새로운 아이디어를 도출하는 과정을 말한다. 다양한 아이디어를 결합함으로써 혁신적이고 독특한 솔루션을 찾을 수 있다.

- 융합 : 서로 다른 분야나 개념의 아이디어를 결합하여 새로운 아이디어를 창출할 수 있다. 예를 들어, 음식과 기술을 결합하여 스마트 주방 기기를 개발하는 등의 방식이 있을 수 있다.
- 변형 : 기존의 아이디어를 변형하여 새로운 아이디어를 도출할 수 있다. 아이디어의 요소를 수정, 조합, 대체하거나 역전시켜 보는 등의 방법을 활용할 수 있다.
- 상반된 개념 결합 : 상반된 개념이나 아이디어를 결합하여 새로운 시너지를 창출할 수 있다. 예를 들어, 전통적인 가구 디자인과 현대적인 기술을 결합하여 스마트 가구를 개발하는 등의 방식이 있을 수 있다.
- 아이디어 스왑 : 여러 사람이 각자 가진 아이디어를 교환하고 결합하여 새로운 아이디

어를 창출할 수 있다. 다양한 관점과 아이디어를 공유하면서 협업과 창의성을 촉진할 수 있다.

- 조합 및 연결 : 다양한 아이디어를 조합하고 연결하여 새로운 해결책이나 제품을 창출할 수 있다. 아이디어를 적극적으로 분해하고 조립하여 새로운 관점을 발견할 수 있다.

아이디어 결합은 창의적인 사고와 상상력을 요구하기 때문에 다양한 아이디어를 수집하고 조합하여 새로운 가능성을 창조할 수 있다.

3) 유망아이템과 유행아이템

유망 아이템과 유행 아이템은 목적과 특징에 따라 다르다. 사업의 지속성, 경쟁 상황, 환경변화의 대응 등으로 비교할 수 있다.

구분	내용
유망 아이템	• 장기적인 성장 가능성 : 유망 아이템은 시장에서 지속적인 성장 가능성을 가지고 있다. 수요가 꾸준하게 증가하거나 새로운 시장을 개척할 수 있는 아이템이다. • 지속적인 가치 제공 : 유망 아이템은 사용자들에게 지속적인 가치를 제공한다. 문제를 해결하거나 사용자 경험을 개선하는 제품이나 서비스이다. • 시장변화에 대응 : 유망 아이템은 시장의 변화에도 적응할 수 있다. 유연성을 가지고 있어 기술의 발전이나 경쟁의 변화에도 대응할 수 있다.
유행 아이템	• 단기적인 인기 : 유행 아이템은 특정 시기에 잠깐의 인기를 끌지만, 지속적인 성장 가능성은 보장되지 않는다. 일시적인 트렌드에 기반한 아이템이다. • 경쟁과 포화 : 유행 아이템은 경쟁이 치열하고 시장이 포화되기 쉽다. 많은 업체나 창업자들이 동일한 아이템에 진입하게 된다. • 시장변화에 대응이 어려움 : 유행 아이템은 유행이 지나가면 사라질 가능성이 높다. 트렌드가 변하거나 사용자들의 관심이 다른 곳으로 옮겨질 수 있기 때문이다

3. 창업아이템 선정

1) 창업아이템 선정단계

■ 1단계 : 창업기회 포착

자신의 경험 및 지식과 동종업계 및 관련업계 근무 경력 등에 의해 창업기회를 포착할 수 있다. 또한 친한 친구, 친인척, 관련분야의 전문가로부터 습득한 정보와 정보지, 신문, TV 및 인터넷 등에서 창업에 관한 구체적 정보를 수입하는 과정에서 창업기회를 얻을 수 있다.

성공적으로 창업기회를 발견하기 위해서는 환경변화에 민감하게 관찰하여야 한다. 정치, 경제 · 사회 · 문화, 기술 등 창업기업을 둘러싼 다양한 외부 환경적인 요인들은 계속적으로 변화하는데, 이 때 환경적 트렌드에 민감하고 잘 파악하는 사람들이 창업기회를 포착하는데 더 유리하다. 창업기회를 포착할 때 고려할 사항은 첫째, 창업기회는 시장성과 성장성 관점에서 충분히 매력적이어야 하며, 둘째, 시장에서 수요가 있는 적절한 시기여야 한다. 시기에 비해 너무 이르거나 늦을 경우 어려움을 겪게 된다. 셋째, 지속성이 있어야 한다. 즉, 사업적으로 충분히 수익을 창출할 수 있어 기업이 존속할 수 있어야 하며 이를 위해 소비자에게 가치를 제공하는 제품, 서비스이어야 한다.

■ 2단계 : 창업아이템(아이디어)의 정보수집 및 분석

탐색한 정보를 구체적 정보 수집을 위해서 각종 상담기관 즉, 창업관련회사, 창업컨설팅회사, 정부 관련기관 창업민원실 및 창업상담실, 해당업종 전문가를 통해 정보를 수집한다. 또한 아이템 성장전망 및 창업자의 적성을 고려하여 창업관련 기관 상담 전문가와의 상담과 분석을 통해 가능성 있는 아이템을 선별한다.

■ 3단계 : 아이템에 대한 정밀 분석 및 사업성 검토

선별된 아이템에 대한 가족, 지인, 전문가의 다양한 의견 수렴 후 종합된 의견을 반영하여 2~3가지의 후보 아이템의 선별 및 순위를 결정하고, 예비로 선별된 아이템에 대한 사업성을 검토한다.

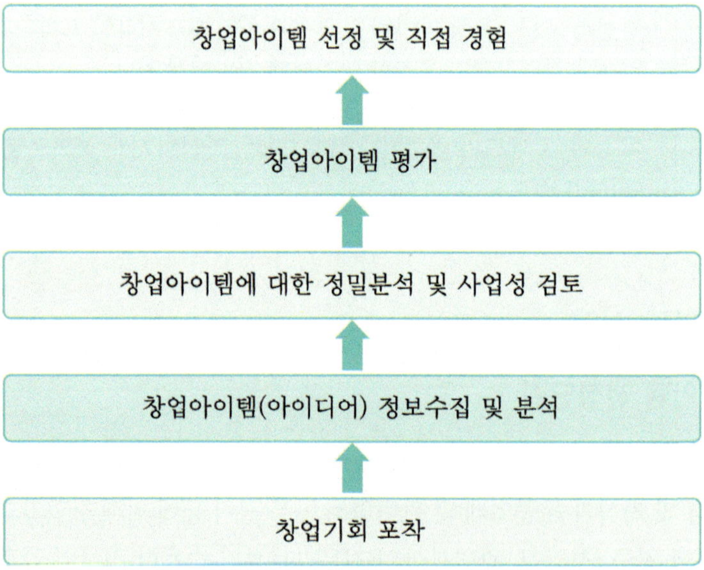

그림 13-10 창업아이템 선정단계

■ 4단계 : 창업아이템 평가

창업아이템의 평가는 사업타당성분석을 통해 창업자가 최적의 창업아이템을 선정하는 것이다. 사업타당성은 창업자의 적성과 자질에 맞고 경영수행능력이 있는가를 판단한 후 시장성분석을 하여야 한다. 시장성분석은 해당 시장의 규모 및 향후 전망을 파악하는 과정으로 적정한지를 판단하여야 하며 기술적으로 제품을 생산하거나 서비스를 제공하는데 이상이 없는가를 분석하여야 한다. 시장성분석과 기술적 타당성분석을 통해 수집, 분석한 자료를 바탕으로 경제성 분석을 하여야 한다. 투자대비 수익이 적정한지를 파악하는 것이 경제성 분석이다.

■ 5단계 : 최종 아이템 선정 및 경영수업

창업을 희망하는 분야가 결정되면 그 아이템과 관련된 구체적인 경험을 해 본다. 고객이 되어 직접 구매하여 보거나 해당 업종에 종업원으로 근무를 해보고 유사 아이템에 창업자들과 면담을 통하여 아이템의 전반적인 분위기 및 전망을 파악하고 창업 전략을 구체화 한다. 또한 성공창업 기업 및 우량기업을 방문을 통한 견습기회를 가지고, 성공 창업을 위한 경영 수업을 받는다. 경영 수업은 창업전문회사에 유료로 제공되는 강의 및 소상공인지원센터 등에서 제공되는 무료 강의를 적절히 활용하여 경영 지식을 축적시킨다.

2) 창업아이템 평가방법

창업아이템을 1차로 평가하여 제거하는 방법으로 점수를 부여하여 일정점수 이하의 창업아이템은 제거한다.

① 창업아이템 평가

아이템	지식	경험	기술	진입용이성	독창성	합계
아이템 1						
아이템 2						
아이템 3						
아이템 4						

자료 : 창업과 기업가정신, 2013, 한길석.

■ 점수부여

- 각각의 아이템에 각 영역별로 0~3점의 점수를 부여한다.
- 점수 부여기준:

0점: 관련분야의 지식, 경험, 기술이 없으며 아이템의 독창성이 없고 진입이 매우 용이하다.

1점: 관련분야의 지식, 경험, 기술이 보통이하이며 아이템의 독창성이 별로이고 진입이 쉽다.

2점: 관련분야의 지식, 경험, 기술이 보통수준이며 아이템의 독창성이 어느 정도 있으며 진입이 다소 어렵다.

3점: 관련분야의 지식, 경험, 기술이 보통수준이상으로 풍부하고 아이템의 독창성도 매우 많고 진입이 쉽지 않다.

■ 점수 판단기준

- 각각의 아이템별로 합산된 점수를 합산하여 10점 미만 아이템은 제거한다.
- 각각의 영역에서 2점 이하의 아이템은 제거한다.
- 독창성 영역에서 2점 미만은 제거한다.
- 전체 합산하여 자신에게 적합한 아이템을 선정한다.

② 창업아이템 적합성 평가

아이템	체크항목	매우 적합	적합	보통	거의 부적합	매우 부적합
자기 적합성	아이템이 자신의 평소 적성에 맞는가					
	직접 또는 간접적으로 경험이 있는가					
	현재 자신의 능력만으로도 어느 정도 적합한다.					
	자신의 현재상황과 적합한가					
	장기적의로 시장경쟁력을 확보할 수 있는가					
투자 적합성	자신이 감당할 만한 투자규모인가					
	차입금의 규모는 적합한가					
	안정적인 수익이 예상되는가					
	다른 사업보다 이 사업이 더 나은가					
	향후 시장전망은 좋은가					
트랜드 적합성	과거보다 매우 경제적인가					
	다용도, 다기능을 확보하고 있는가					
	기존 제품이나 타 회사 제품에도 적용이 가능한가					
	남녀노소 여러 계층을 고객으로 확보할 수 있는가					
	경쟁사에 비해 서비스는 획기적인가					

자료 : 창업과 기업가정신, 2013, 한길석.

■ 점수부여

- 매우 적합 : 5점
- 적합 : 4점
- 보통 : 3점
- 거의 부적합 : 2점
- 매우 부적합 : 1점

■ 점수 판단기준

- 창업자가 선택한 아이템을 자기적합성, 투자적합성, 트랜드적합성을 판단하는 것으로 보통이하의 아이템은 대상에서 제외한다.
- 자기적합성, 투자적합성, 트랜드적합성을 만족하는 최적의 아이템을 선정한다.

3) 수명주기별 창업아이템 선정

창업을 성공하기 위해서는 창업아이템에 특징에 맞는 전략을 구사하여야 한다. 창업아이템이 도입기, 성장기, 성숙기, 쇠퇴기 중에 어디에 속하는지를 분석하여 전략을 수립하여야 한다.

① 도입기

도입기는 새로운 제품이 시장에 도입되는 시기로 고객들이 충분히 형성되어 있지 않고 소비자들이 아이템에 대해 잘 모르고 있다. 따라서 홍보 및 광고에 집중하는 시기이다. 도입기는 수익발생이 어렵고 성공 가능성도 불투명한 상황이므로 창업을 하려는 사람은 많은 위험 부담이 있으며, 초보 창업자인 경우 실패할 가능성이 매우 높다. 따라서 도입기에는 창업을 서두르기보다 창업을 준비하는 전략이 효과적이다.

② 성장기

창업자에게 창업하기 가장 적합한 시기로 시장 수요의 급격한 증가에 따른 매출과 이익이 증가하는 시기이다. 이 단계는 소비자들이 아이템에 대해 많이 알려지고 있고 제품도 안정화된 상황으로 사업전망이 시장에서 입증된 상태이기 때문에 많은 사람들이 창업을 하게 된다. 창업을 할 때 기존의 아이템에 추가적인 요소가 결합된 아이템일 경우 성공가능성을 더욱 높일 수 있다.

③ 성숙기

대부분의 소비자들이 알고 있는 상태이며 경쟁이 치열해지고 매출성장률은 둔화되는 시기이다. 이익률도 최고조를 달성한 이후 격심한 가격경쟁으로 인해 점차로 줄어들기 시작한다. 성숙기는 새로움 보다는 안정적인 시장 형태를 갖게 되므로 새로운 아이디어 보다 성실성과 풍부한 사회적 경험을 바탕으로 사업을 운영하는 것이 보다 유리하다.

④ 쇠퇴기

시장수요가 정체 또는 급감하는 시기로서 아이템의 전환 및 기존아이템을 새롭게 변화해야 하는 시기이다. 쇠퇴기 아이템의 창업은 신중히 고민해야 할 것이며 기존 사업자와 경쟁에서 이길 수 있는 전문지식과 경험을 보유하고 있거나 고객들이 원하는 차별화된 요소를 확보해야 한다.

◆ 창업아이템의 수명주기별 특징 ◆

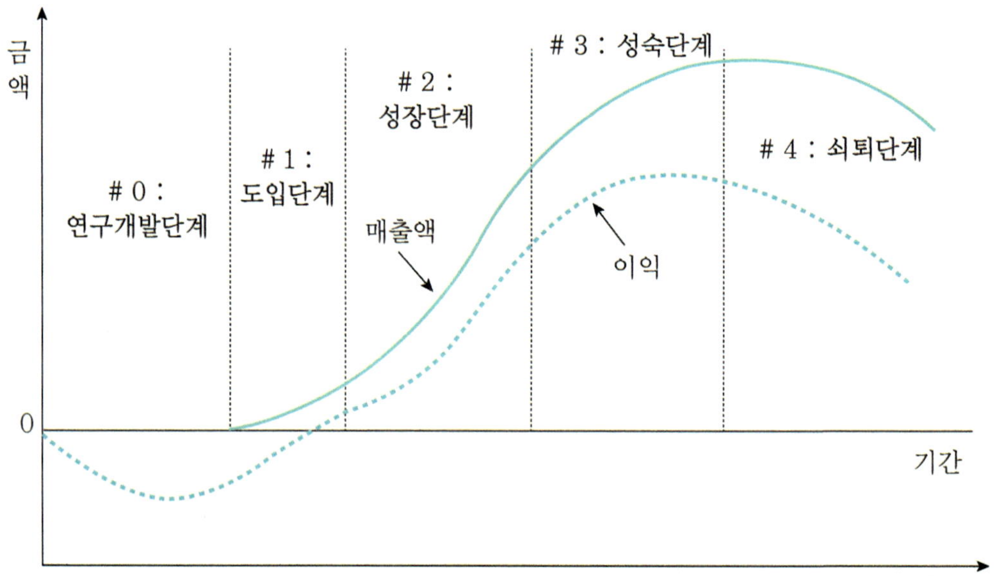

구분	도입기	성장기	성숙기	쇠퇴기
소비자	소비준비	소비시작	소비절정	소비위축
경쟁업자	미약	증가	극대	감소
창업시기	창업준비	창업시작	차별화	업종변경
매출	조금씩 증가	급증	최고조	하락
수익	적자	수익발생	수익절정	수익감소

창업 아이템개발 10계명

① 누구나 좋다고 생각하는 사업아이템에 현혹 당하지 마라.(진입 난이도, 모방 용이성 참고)
② 사업아이템에도 수명이 있다.(성장기)
③ 현재의 직장을 중시하라.(관련성 고려)
④ 단계를 밟아 사업아이템을 선택하라.(경험, 정보)
⑤ 유행성이 높은 사업아이템이나 미확인된 사업아이템을 경계하라.
⑥ 하이테크형 아이템보다 하이터치형 아이템을 추구하라.(기존 상품의 성능이나 디자인 개선)
⑦ 사업아이템을 조급히 결정하지 마라.(절차와 과정을 거쳐 선정하라)
⑧ 유망 아이템에 대한 선입견을 버려라.(실패고려)
⑨ 사양산업을 무시하지 마라.
⑩ 창업자의 적성, 경험, 능력을 최우선적으로 고려하라.

제4절 창업 비즈니스 모델

1. 창업 비즈니스 모델의 정의

1) 창업 비즈니스 모델이란?

창업 비즈니스 모델을 개념화하고 명확히 규명하기 위한 노력은 기업가정신에 대한 정의만큼이나 명쾌하지 않아 오랜 기간 꾸준하고도 다양한 방법으로 다듬어지고 정제되어 왔다고 할 것이다. 창업이후 성공의 모범답안을 간편하게 찾아보려는 시도이기도 하고 다양한 현실의 창업 기업들의 생명력과 라이프 사이클을 성리해 봄으로써 기업 성공론에 대한 결과론적 해석을 도모해 보기 위한 시도가 담겨있기도 하다. 그러한 난제들을 모두 풀어낼 수 있는 수준이 아닐지라도 비슷하게나마 나름의 정의를 내려 본다면 "창업 조직(who)이 처한 환경과 여건을 극복하고 고객만족의 특유가치를 발견, 기회를 포착하여(why) 최적의 자원을 동원, 나름의 특별한 방법이나 방식으로(how) 기업가적 수익(what)을 창출하는 메커니즘"이라 하겠다. 다시 풀어보면 창업의 주체(기업가)가 통찰력과 특별한 역량으로 주어진 환경의 gap(수요와 공급의 불일치 등)을 분석하여 왜 이 사업을 하여야 하는지에 해당하는 목표를 구체화하고 기업가적 수익을 창출할 기회를 포착하여 자신의 자원을 총 동원함으로써 이를 구현할 프로세스를 작동하는 고유의 체계라 할 수 있다.

표 13-1 비즈니스 모델의 다양한 정의

주창자	정의
Alexander Osterwalder & Yves Pigneur	조직이 가치를 창조하고 내 외부에 전파하며 기회를 포착해 내는 과정과 방법을 합리적이고 체계적으로 설명하는 것 - 비즈니스 모델의 탄생(타임비즈)
네고로 타츠유키 외 2명	기업이 참여하는 사업 분야 및 사업 활동에 대한 구체적 구상을 설명하는 사업구조 설계 모델
이동형(싸이월드 창업자)	비즈니스 모델은 옷이다. 애초부터 성공한 비즈니스 모델은 없다. 나에게 맞는 비즈니스 모델이 있을 뿐이다. 사업은 퍼즐과 같으니 잘 맞춰야 한다.
Peter Drucker	고객은 누구이고 고객의 가치는 무엇인가에 대한 답을 내리는 것. 또 모든 사업관리자가 해답을 찾아야 하는 근본적 질문, 즉 한 비즈니스가 수익을 창출하는 방법을 찾고 적절한 비용을 투입하여 고객에게 최선의 가치를 제공하는 방법을 설명하는 근본적인 경제 논리임.
Paul Timmers	다양한 비즈니스 주제와 그 해당 역할에 대한 설명을 하는 것. 이데 더하여 제품, 서비스 등 재화 정보의 흐름에 대한 아키텍처. 이를 통해 다양한 비즈니스 주체들이 누릴 잠재적 수혜 및 수익의 출처에 관한 설명이 이루어 짐.
Cambridge Dictionary	사업 및 조직의 다양한 부분들이 성공적으로 협력하여 수익을 창출하게 하는 방법론
Joan Magretta	기업이 작동하는 방식에 대한 설명서
David J. Teece	가치를 창출하고 전달하며 포착하는 메커니즘을 설계하는 것 또는 그 아키텍처로 정의함. 비즈니스 모델의 본질 자체는 기업이 고객에게 어떤 가치를 제공하고, 고객이 그 가치에 대하여 지불하도록 유도하고, 결국 이를 기업 이익으로 전환하는 방식을 정의한 것

그러나 창업 비즈니스 모델이 그 사업을 성공적으로 이끌기 위한 모범답안 자체가 될 수는 없다. 그 이유는 비즈니스 모델 자체가 성공한 사업의 요인 조각들을 모아서 이어 붙여 퍼즐을 완성하여 본 결과물에 가까운 이유 때문이다. 다시 말해 어떤 모델의 구성 조각들을 떼서 하나하나 이어 붙여 다시 완전체를 실현해 본들 재차 결과가 같은 성공모델을 이루리라는 보장은 못하기 때문이다. 이는 기업가정신에서 기업가를 정의하는 것과 같다. 한 기업가의 환경과 자원 및 역량의 조건이 그대로 주어진다고 해서 스티브잡스나 정주영 같은 사업성과를 일궈낼 수 있는지 장담할 수 없는 것과 같다. 다만 창업 비즈니스 모델의 퍼즐 조각들을 맞춰 사업의 성공 가능성과 생존 확률을 최고조로 높인 후 마지막으로 숨을 불어넣

는 것은 그 기업가 고유의 화룡점정이며 그것이 그 기업 생명력의 가장 중요한 요소기도 하다. 즉 지금까지 대부분의 창업 비즈니스 모델 자체는 결과론적 해석에 불과하므로 선행적이며 성공을 담보하는 가이드로서 창업자가 따라 하기만 하면 되는 필요 충분한 가치를 제시하지는 못하니 참고에 그칠 수밖에 없다. 다시 말해 성공의 비결은 결국 모델이 아니라 사업을 대하는 기업가의 인식과 통찰 그리고 노력이 무엇보다 중요한 요인이라는 것이다.

이와 관련한 연구로 '기술창업기업에서 기업가의 비즈니스모델 인식과 경영성과 간의 관계 연구'에서 창업자의 그러한 고유 역할이 강조되고 있다. 최근 세계 여러 국가들의 공통 관심사로 창업이 경제의 회복탄력성과 지속 성장이 핵심 이슈로 대두 되고 있다. 특히 신산업 의 창출과 새로운 아이디어나 지식기반의 창업으로 분류되는 기술창업과 비즈니스모델의 혁신적 개발이 강조되고 있다. 따라서 이에 대한 각국 정부차원의 정책적 관심과 지원도 증가하는 추세다. 특히 기술창업 분야에서 기업가의 비즈니스모델 특성 인식과 경영성과 사이에는 어떠한 관계가 있는지 연구하였고 목표고객 세분화, 그리고 타 기업과 차별화할 수 있는 가치 제안에 대한 기업가의 인식이 경영성과 창출에 무엇보다도 긴밀한 요인이 되고 있음을 파악할 수 있다. 또한 재무적 성과 창출과 연관하여 비즈니스모델 구성요소 중 기업가적 인식(특히 핵심활동과 비용구조에 대한)이 주요인으로 작용되고 있음을 발견했다(정연수 외, 2019).

2) 비즈니스 모델 개념의 역사

전통적 사업 및 경제 환경이 주류를 이루던 예전에는 사업 모델 개념의 필요성이 거의 없었다. 수익을 창출하는 방법은 사실상 이미 잘 자리 잡은 주류(main) 선형 사업 모델이 이끌 수 있었기 때문에 굳이 다른 모델을 생각할 필요가 없었을 것이다. 대표적으로 제조업을 상정해보면 크게 원료를 구입하고, 제품을 만들어 시장에 판매하는 것이다. 상품을 사거나 부품을 조립하는 방법으로 간단히 변형하여 판매하는 부분적 유통업 또는 시장의 물류에만 개입하여 판매하는 적극적 유통업을 생각하는 것도 가능하다. 단편적 직선 가치사슬(value chain)에서 단계별로 부가가치가 더해진다.

그러나 상업 구조가 기하급수적으로 복잡해지기 시작한 것은 인터넷의 실질적 부상과 궤를 같이 한다고 볼 수 있다. 본격적으로 비즈니스 모델이라는 개념을 착안하고 고민하기 시작한 것은 21세기에 들어서였다. 그러나 그러한 본격화에 앞서 비즈니스 모델의 초기 개념으로 물꼬를 튼 사례로 1950년에 다이너스클럽이 최초로 신용카드를 통해 회원을 관리하기 시작한 것과 1959년 제록스사가 처음으로 복사기 임대 사업을 시작하면서 복사 비를 장당 청구하는 모델을 도입한 것 등등은 그 시절 혁신적인 시도가 아니었을까 싶다. 이러한 곳곳의 간헐적 시도에 이어 1990년대 후반에 그 붐을 타고 소위 닷컴 스타트업들이 분수에서 물줄기가 뿜어져 나오듯이 등장하였다. 아마존과 같은 전통적인 선형(Line up) 비즈니스 모델의 기업들이 나타나기도 했었으나, 많은 회사들은 그러하지 못했다. 대부분의 전형적인 닷컴 스타트업은 인터넷 베이스로 재미있는 콘텐츠로 트래픽을 모아서, 광고 수익을 창출하고자 하는 사업 모형에 해당했다. 이처럼 하나의 분수같이 많은 물줄기가 쏟아져 나왔지만 단순한 사업구조로 대부분의 기업들이 경쟁하는 혼돈 와중에 폭포의 크나 큰 물줄기의 완력을 이겨내지 못하고 순식간에 흘러 매몰되었다. 그 이후 본격적으로 창업 비즈니스 모델의 경쟁력이 중요함을 깨닫게 되었다.

3) 비즈니스 모델 개념과 용어의 등장

비즈니스 모델 개념을 도입한 사람으로 20세기의 유명 경영학자인 알프레드 챈들러 교수나 피터 드러커 교수를 꼽기도 한다. 챈들러 교수는 1962년에 '전략과 조직' 이라는 책에서 "전략은 기본적인 장기 목표들의 결정, 그리고 그 목표들을 수행하는 데에 필요한 행동 방향의 적응과 자원의 배분"이라고 하였다. 피터 드러커 교수는 1994년에 시장, 고객, 경쟁, 기술, 역량 등에 대한 가정들이 회사가 돈을 버는 원천이고, 이런 가정들을 사업 이론(the theory of the business)이라고 했다. 하지만 이들은 '비즈니스 모델'이라는 용어를 사용하지는 않았다. 더 근본적으로 그들이 얘기한 것은 사업 모델보다는 사업 전략에 가까워 보인다.

'비즈니스 모델'이라는 용어 자체는 어떠한 개인 차원의 창조물이 아니라, 인터넷 환경에서 새로운 사업을 일으키려는 창업자(entrepreneur)들의 필요 산물이었다. 그러한 의미를 담아 표현할 적절한 말이 없었기에 누가 최초인지도 모르게 쓰기 시작한 것으로 보인다. 이와 다르게 전략이라는 단어는 기존에 이미 넓게 사용되고 있었지만, 우리가 말하고자 하는 '돈 버는 방식'이라는 개념에 적확하지는 않았다. 그런 즈음 누군가 '비즈니스 모델'이라는 용어를 사용하기 시작했고 보다 그 개념을 잘 표현한다는 인식으로 유행하기 시작한 것이다.

그러다가 유명한 마이클 루이스(Michael Lewis)가 비즈니스 분야 작가로서 발표한 1999년 작품 'The New New Thing: A Silicon Valley Story'에서 Business Model이라는 용어를 아마도 처음 사용한다. 주류 용어가 된 상징적인 사건이라고 하겠다. 실리콘밸리의 인터넷 창업 붐을 묘사한 이 책의 한글판 제목은 "뉴뉴씽: 세상을 변화시키는 힘"이다. 루이스는 사업모델이라는 말이 인터넷 붐의 중심에 있고 온갖 덜 익은 사업계획들을 미화한다고 당시의 닷컴 버블을 꼬집었다. 하지만 한편으로는 미래의 기업들은 오로지 인터넷으로만 연결된 사업 모형에 기초할 것이라고 긍정적인 예측도 하였다.

4) 비즈니스 모델의 활용 - 비즈니스 모델 캔버스

비즈니스 모델의 정의대로 기회를 구현하기 위한 수단과 방법에는 제약이 있을 수 없다.

창업을 한다는 것은 기업가의 경험과 역량과 재능 그리고 네트워크 등 모든 것을 걸고 투자하여 그 새로운 기업에 생명을 불어넣는 간절하고도 고귀한 활동이기 때문이다. 적절한 비즈니스 모델을 통해 잘 따라 하기만 하면 되겠지 하는 창업자가 있다면 창업을 해야 하는 절박함에 대하여 다시 한 번 심각하게 재고해 보는 것이 좋겠다.

특히 현실적으로 소규모 창업기업은 사업을 진행하면서 내부 역량의 한계로 스스로 비즈니스모델을 자체 검증하는데 적잖은 어려움이 있음을 부인할 수 없다. 경영학적 배경과 관련지식이 부족하다면 더더욱 난관이 많을 것이다. 이러 저러한 이유로 소규모 창업기업은 자신들이 몸담고 있는 비즈니스 모델을 자체 분석하며 나아가 경영진단까지 할 수 있는 보다 용이한 방법을 찾아보고 있다. 표원지 · 하환호(2015)는 관련 연구를 통해 비즈니스 모델 개발에 널리 적용되고 있는 비즈니스 모델 캔버스(Business Model Canvas)에서 그 해답을 찾아보았고 어느 정도 그 가능성을 타진할 수 있었다. 비즈니스 모델 캔버스를 통해 기업이 수익을 어떻게 창출하는지에 관한 원리를 9개의 블록으로 도식화하였고 이를 통해 비교하고 있다. 이는 비즈니스모델 분석 도구로 활용될 수 있으며, 사업 과정에서의 문제점을 확인하고 개선코자 하는 방안을 도출하기 쉽다는 장점이 있다. 비즈니스 모델 캔버스를 통해 건강기능식품 창업기업의 비즈니스 모델을 분석하고 사업화 과정에서 나타나는 문제 및 주안점들을 찾아 전략적 방안을 제언했고 이러한 결과, 창업교육을 포함한 창업사례연구에 상당부분 활용될 수 있을 것이라 보았다(표원지 · 하환호, 2015).

이처럼 기존의 비즈니스 유형들을 정리하여 모델로 정리할 수 있고 그러한 결과물을 소재로 한 교재들은 너무도 많이 있다. 하지만 창업 비즈니스 모델은 그러한 내용들을 참조는 해야 하겠지만 거기에만 매몰될 경우 창의성에 제약을 받을 수 있다. 그러므로 창업 비즈니스 모델을 스스로 그림 그리고(design) 사업적 성과로 규명해 갈 수 있도록 돕는 캔버스(Canvas)의 개념이 필요하다. 그 구성요소들을 통해 창업자(기업가)는 자유롭게 자신의 역량과 주변의 가능한 자원을 총동원하여 새로운 가치 창출을 구현할 수 있어야 하며 그래야만 진정한 창업 비즈니스로서 의미가 있고 나아가 그 기업이 생존을 초월하여 영속 성장할 수 있는 생명력을 가질 것이다.

비즈니스 모델 캔버스의 필수적인 구성요소들을 소개하고 이를 활용하여 나름의 사업모델을 구상하고 실현하는 일은 기업가의 가장 흥미로운 일 중의 하나가 될 것이다. 머릿속의 구상들을 지면으로 정리하고 나면 하나의 작품처럼 보일 수도 있을 것이다. 그 과정에서 생각하지 못했던 보완점이나 결핍사항들을 찾을 수도 있지만 경우에 따라서는 이 사업이 불가능할 것 같다는 벽을 만나기도 할 것이다. 그러나 이런 과정이 있어야만 실패를 줄이고 또 성공하더라도 더 완성도를 높일 수도 있고 또는 효과성이나 효율성을 제고할 수도 있는 과정이 된다. 그럼 이제 비즈니스 모델 캔버스를 본격적으로 살펴보자. 그 필수 구성요소로서 기업가정신의 핵심요소들로 부터 유입된 기회, 자원, 프로세스의 3가지 개념을 들겠다.

첫째, 기회는 사업을 왜 해야 하는지?에 해당하는 본질적인 질문에 해당한다. 기회는 시장과 고객, 경쟁사 분석을 통해 기본적인 조건을 찾아볼 수 있을 것이다. 조건들을 충족시킬 수 있는 자사만의 경쟁력 즉 솔루션이나 제품, 서비스 등을 구현하는 것을 말하는데 이것들의 궁극적인 목적은 새로운 고객가치의 실현이 된다. 따라서 창업의 기회는 새로운 고객가치 실현이 가능한 분야에서 자사의 경쟁력이 발휘될 수 있는가를 살펴야 할 것이다.

둘째, 자원은 자사만의 특유의 핵심역량을 말한다. 남들이 다 가지고 있는 뭉툭한 칼날과 오래된 재래식 총으로는 전쟁에서 승리할 수 없다. 다가올 무수한 현실의 문제들을 그 때 그 때 제대로 풀어내며 경쟁에서 이겨 더 높을 고지로 올라 갈 수 있는 자사만의 장점은 무엇인가를 찾고 규명할 수 있어야 한다. 즉 자원의 요소는 핵심역량, 활용 가능한 내/외부 네트워크(사업 파트너, 재료 공급망 등), 유통채널, 자금력 등이 될 수 있다.

셋째, 프로세스는 실행 방식과 체계이다. 기회를 발견하고 이를 구체화할 자원을 총 동원해 놓은 상태에서 어떤 전략과 전술로써 어떻게 구체적인 실행을 할 것인가?의 문제이다. 구체적인 수익실현 방안, 비용규모, 사업계획 단계별 목표 등이 포함될 것이다. 자사만의 프로세스는 기회를 풀어내는 방식이기도 하며 효율적 자원운용을 가능하게 하는 기업의 비법에 해당하기도 하다. 유명한 식당에서 대표 음식을 잘 만들어 내는 고유한 레시피를 가지는 것에 해당하고 월드컵 대회에서 축구대표팀이 같은 선수들을 가지고 독일을 대할 때와 중국을 대할 때 다른 선수구성과 전술을 펼치는 것과 같다고 할 수 있다. 결론적으로 프로세스는 자사만의 레시피(고유 강점)를 가지고 목표나 상대(환경)에 따라 다른 전략/전술의 옵션을 다양하게 펼쳐야 경쟁에서 이길 수 있다는 점을 내포하고 있다. 이처럼 인수분해 된 3가지 차원을 전개하여 다음의 9가지로 확대할 수도 있다. 목표고객(누구를 위한 사업인가?), 고객가치(고객에게 어떤 가치를 제공할 것인가?), 고객채널(고객과의 소통/접촉 방법은?), 고객관계(다회성 관계를 어떻게 유지할 것인가?), 핵심자원(제품/서비스를 만드는 핵심 요소), 핵심활동(성과를 내기위한 차별화된 활동), 핵심파트너(협력관계 공급자), 비용관리(최적의 비용), 수익관리(최고의 수익)가 그것이다.

| 표 13-2 | 비즈니스 모델의 주요 구성항목과 내용

구성 항목	의미	주요 관련 항목
기회	왜 이 사업을 하는가?	고객가치 창출, 시장분석, 경쟁사분석, Trend
자원	무엇으로 잘 해낼 것인가?	자사 핵심역량. 네트워크. 유통채널, 자금력
프로세스	어떻게 성과를 이룰 것인가?	사업계획, 전략/전술, 수익/비용분석

2. 창업 비즈니스 모델의 유형

앞서 언급했듯이 창업 비즈니스 모델의 유형은 새로운 기회의 포착을 함유해야 한다. 새로운 기회를 만드는 방법은 크게 2가지로 볼 수 있다. 먼저 새로운 결합을 통해 사업을 여는(起業) 방식이다. 이는 슘페터가 말했던 5가지로 분류 할 수 있는데, 즉 새로운 제품이나 새로운 품질의 서비스를 창출하는 것, 새로운 제조 방법을 도입하는 것, 신 시장을 개척하는 것, 원료나 재료를 새롭게 도입하는 것, 마지막으로 조직을 새롭게 하는 것이다. 다음은 기존의 시장에서 기존의 방식을 보완하여 새로운 가치를 만드는 방식이다. 두 가지 모두 중요하고 필요한 방법이지만 어떤 쪽이 자사에게 유리하고 잘 할 수 있는지를 판단하는 것이 기업가의 선택이고 사업의 핵심일 것이다.

그럼 다음으로 창업 비즈니스 모델의 유형을 구분할 수 있는 또 다른 기준들에 대하여 생각해 보자.

표 13-3 창업 비즈니스 모델(J 모델)의 분류 기준

기준	NO	고유 특성	주요 전략 및 핵심역량	대표 사례
시간 (new & old)	1	신제품	시장선점, 1등 전략	애플 아이폰
	2	기존 제품	2등 전략, 독점 솔루션 집중 전략	삼성 갤럭시
	3	응용 제품	니치마켓	딤채 김치냉장고
공간 (on & off line)	4	온라인		넷플릭스
	5	오프라인		삼성프라자
	6	O2O	온라인과 오프라인 매장 연결	면세점
상품 고유속성	7	제품		삼성 갤럭시
	8	서비스		삼성전자 서비스
요소결합 방식	9	종합/확상	플랫폼, 스핀인, M&A, 프랜차이즈	넷플릭스, 편의점
	10	특화/심화	스핀오프, 오픈콜라보레이션	링크플로우
요소결합 정도	11	완제품		현대자동차
	12	부(분)분품		현대모비스
고객접점 방식	13	판매		현대백화점
	14	임대		SK렌터카
고객접점 빈도	15	다발성	기기 판매/임대 후 원료공급방식	잉크몬스터
	16	단발성	완제품	아이폰, 갤럭시

모든 모델을 다 담을 수 있는 하나의 메타 버전을 규명하기는 참으로 어렵고 요원하다. 많은 경영학자들로부터 노력들이 이어져 오고 있지만 완전한 하나로 귀결되지는 못하고 있다. 그런 점들을 감안하여 저자의 생각을 정리해 본다면 첫째, 시간적으로 신제품/기존 제품 둘째, 공간적으로 온라인/오프라인/O2O 셋째, 상품의 고유 속성 면에서 제품/서비스 넷째, 요소 결합의 방식 면에서 종합, 확장/특화 다섯째, 요소 결합의 정도 면에서 완제품/부품 여섯째, 고객접점 방식 면에서 판매/임대 일곱째, 고객접점 빈도 면에서 다발성/반발성 등으로 구분하고 지금까지 존재해 왔던 모든 사업들의 속성을 비롯하여, 나아가 앞으로 창업 시 필요한 모델의 속성을 이 7가지 틀로 연구해 보고자 한다.

상기 16가지 구분 기준은 각각의 결합에 따라 다양한 시장이 생성되는 것으로 볼 수 있으며 2*2 단위 매트릭스의 단순한 조합에 그치는 것이 아니라 복합적으로 결합하여 다양한 시장의 사례들을 만들어 낼 수 있다. 모든 경우의 수를 일일이 열거하여 사례를 나타내는 것은 어렵기도 하지만 의미가 없을 수 있다. 대표적인 사례들은 11가지로 요약하여 다음 장에서 정리하고 비교해 보고자 한다.

이어서 추가적으로 현재까지 등장한 기존의 사업 내용들을 분류하여 정리한 비즈니스 모델들에 관한 내용을 몇 가지 살펴보자면,

첫째, MIT의 창업 멘토로 활약했고 'MIT 기업가정신 리뷰'를 발간했던 빌 올렛(Bill Aulet)은 그의 저서 '스타트업 바이블'을 통해 보편적인 비즈니스 모델로 채택되고 있는 17개의 구분 기준들을 제시했다. 최근에는 이를 바탕으로 여러 혼합 모델도 등장하고 있다. 이를 요약하여 표로 정리해 보면 다음과 같다.

| 표 13-4 | Bill Aulet (MIT 슬로언 경영대학원 교수)의 17가지 비즈니스 모델

NO	구분 기준	사례 및 내용
1	비용 일괄 선 지급(One-time Up-Front plus Maintenance)	가장 일반적 모델로 한 번에 비용을 선 지급 후 사업진행
2	원가 기준(Cost Plus)	원가에 수익(마진)을 더하는 제조기업
3	투입 시간(Hourly Rates)	시간당 요금을 내는 PC방 또는 무인주차장
4	사용료(Subscription or Leasing Model)	콘텐츠의 유료 구독 또는 멤버십 구독
5	기술 이전(Licensing)	기술력을 바탕으로 기회를 찾는 바이오기업
6	소모품(Consumables)	필터는 공급하는 공기청정기 및 샤워기 제조사
7	고수익 제품 위주 업셀링(Up-selling with High-Margin Products)	고급 가전 및 자동차 제조사

NO	구분 기준	사례 및 내용
8	광고(Advertising)	신문, 잡지, 웹사이트, SNS 인터넷 광고
9	정보 제공 또는 한시적 접근(Reselling the Data Collector Temporary Access to it)	취업포털
10	거래 수수료(Transaction Fee)	온라인쇼핑몰
11	종량제(Usage-based)	아마존 클라우드
12	정액 요금제(Cell Phone Plan)	데이터로 맘 졸이는 휴대폰, IPTV
13	주차 요금 혹은 범칙금(Parking Meter or Penalty Charges)	관공서
14	소액결제(Micro-transactions)	카카오 이모티콘, 카카오 선물하기
15	비용 절감 공유(Shared Savings)	에너지절약 사업
16	프랜차이즈(Franchise)	일반적 프랜차이즈
17	유지 보수(Operating and Maintenance)	시스템 유지보수

대부분 기업의 사업모델을 풀어 17가지 또는 이들 간의 혼합 형태로 설명할 수 있다고 했다. 브라운면도기는 구독과 소모품이 결합된 모델이고, 플랫폼 사업은 광고와 거래 수수료, 소액결제 등 여러 방식으로부터 수익을 창출하고 있으며, 빅데이터 및 클라우드 산업 기업은 기업 고객에겐 데이터 등의 정보를 제공하고, 사용자 개인에게는 종량제를 적용하는 방식이다.

또 하나의 비즈니스 모델 분류 사례로 간단하지만 고도의 함축적인 4가지 요소로써 잘 설명하고 있는 네고로 타츠유키(根来龍之), 토가시 카오리(富樫佳織), 아지로 사토시(足代訓史)가 공저한 "この一冊で全部わかる ビジネスモデル 基本・成功パターン・作り方が一気に学べる (성공 패턴 63으로 비즈니스 모델 완벽 정복)"를 인용해 보고자 한다. 비교적 최근의 내용을 담고 있으며 그 4가지 주요소로는 전략모델(제품과 고객 그리고 대고객 접근방법), 운영모델(전략모델을 실현 시키는 주된 활동), 수익모델(수익 획득 계획과 비용 관리 방안), 콘텍스트(사업의 성립을 좌우할 타당성과 정당성)이 있다. 이 책이 분류한 63가지 내용은 다음과 같다.

표 13-5 네고로 타츠유키(根来龍之) 교수 외 (2021), 성공패턴 63으로 비즈니스 모델 완벽 정복

구분		분류 내용
전략모델	1	공급망 제어의 수직통합(Vertical Integration)
	2	강한 분야에 집중하는 레이어 마스터(Layer Master)
	3	타사와 협력하여 새로운 비즈니스를 구성하는 오케스트레이터(Orchestrator)
	4	다양한 이용 고객의 '만남의 장' 매개형 플랫폼(Interaction-type Platform)
	5	서비스의 주요 지점을 확보하는 기반형 플랫폼(Layer-type Platform)
	6	비즈니스 생태계 에코시스템(Ecosystem)
	7	개인 간 물건 또는 사람을 공유하는 셰어링(Sharing Business)
	8	군중의 아이디어를 비즈니스에 활용하는 클라우드소싱(Crowdsourcing)
	9	많은 개인들의 자금을 유도하고 조달하는 클라우드펀딩(Crowdfunding)
	10	개인들을 연결하고 수익을 창출하는 개인 간 거래(Consumer to Consumer)
	11	'물건이 아닌 것'을 통해 돈을 버는 서비스화(Servitization)
	12	'물건 판매'에서 '서비스 판매'로 애즈 어 서비스(As a Service)
	13	오랜 기간의 가용성 보장 모델(Availability Guarantee)
	14	주문 제작 형태의 '대량 생산' 매스 커스터마이제이션(Mass Customization)
	15	디지털 주문 생산을 추구하는 퍼스널라이제이션(Personalization)
	16	티끌 모아 태산을 이루는 개념의 롱테일(Long Tail)
	17	특정 시장에서 독점적 지위를 추구하는 슈퍼 니치(Super Niche)
	18	이노베이션을 역수입하는 리버스 이노베이션(Reverse Innovation)
	19	수익을 다른 곳에서 만들어 내는 소모품 모델(Razor and Blades Model)
	20	비용 없이 줍는 방식인 체리 피킹(Cherry Picking)
	21	채널을 확대하여 성장하는 네트워크 비즈니스(Multilevel Marketing System)
운영모델	22	제조~판매를 총괄하는 SPA(Specialty store retailer of Private label Apparel)
	23	독자적이며 차별화 사업방식으로 특별 주문하는 메이크 투 오더(Make to Order)
	24	전통적이고 오래 유지되는 방식인 직판(Direct Selling)
	25	저투자 고품질을 추구하는 OEM(Original Equipment Manufacturing)
	26	새로운 가치를 추구하며 새로운 방법을 찾는 오픈 비즈니스(Open Business)
	27	소비자의 제품 개발 참여를 유도하는 프로슈머(Prosumer)
	28	외부인이 판매에 참여하는 어필리에이트(Affiliate Marketing)
	29	경영 노하우를 통해 사업을 확장하는 프랜차이즈(Franchise)
	30	서로 상생하며 사업을 확장해가는 볼런터리 체인(Voluntary Chain)
	31	라이프사이클 관리의 고객 생애주기 관리(Customer Lifecycle Management)

구분		분류 내용
	32	불투명한 사업 기회를 찾아주는데 기여하는 데이터 활용(Data Marketing)
	33	한 고객당 최대 수익을 유도하는 크로스셀링&업셀링(Cross-selling&Up-selling)
	34	고객을 최대한 묶어두는 고객 록인(Customer Lock-in)
수익모델	35	성과를 높이고 그 수준에 따른 수익당 성과 보수(Pay-per-performance)
	36	함께 기여하고 동등히 나누는 수익 분배(Revenue Sharing)
	37	사용량에 비례하여 과금하는 종량 과금(Pay-per-Use)
	38	자유롭게 사용하고 스스로 비용을 내는 자발적 지불(Pay-what-you-want)
	39	일정 오너십을 공유하는 부분 소유(Fractional Ownership)
	40	일정기간 또는 장기간 비용을 지불하고 이용하는 구독(Subscription)
	41	추가적인 판매를 유더하여 더 버는 애드온(Add-on)
	42	고객을 유인하고 이용기간을 유지하는 고객 로열티(Customer Loyalty)
	43	브랜드 및 지적 재산권을 통해 수익을 창출하는 라이선싱(Licensing)
	44	하나로 수익을 여러 번 유도하는 윈도잉(Windowing)
	45	비용없이 공짜로 제공하는 프리(Free)
	46	최상급의 소수 유료 회원으로 많은 수익을 끌어내는 프리미엄(Freemium)
	47	네트워크의 가치는 사용자 수의 제곱에 비례-광고 모델(Advertising Model)
콘텍스트	48	규모의 경제(Economies of Scale)
	49	범위의 경제(Economies of Scope)
	50	밀도의 경제(Economies of Density)
	51	속도의 경제(Economies of Speed)
	52	이용자를 늘여 제품 가치를 높이는 네트워크 외부성(Network Externality)
	53	정하지는 않았지만 현실에 존재하는 '표준' 데 팍토 스탠더드(De Facto Standard)
	54	거부하지 못하는 신 물결 디지털화(Digitalization)
	55	부가가치의 새로운 힘 모듈화(Modularization)
	56	서비스의 위치를 통해 수익을 예측하는 레이어화(Layer Stack Model)
	57	고객 데이터에 부가가치를 높이는 방식 클라우드화(Cloud Migration)
	58	누구나 이용하는 것으로 네트워크와 수익을 확장하는 오픈소스(Open Source)
	59	남들이 안하는 분야에서 기회를 찾는 블루오션전략(Blue Ocean Strategy)
	60	'경험'을 통해 가치를 창출하는 경험 마케팅(Experiential Marketing)
	61	실패는 없으며 배움으로 승화시키는 린 스타트업(Lean Startup)
	62	사회 문제를 해결하는데 기여하는 제품으로 사업하는 BOP(Base Of the Pyramid)
	63	사업과 제품특성이 태생적으로 무역에 적합한 본 글로벌(Born Global)

3. 창업 비즈니스 모델의 사례

이제 실제 창업 비즈니스 모델의 사례(J 모델)를 살펴볼 것이다. 먼저 이미 창업이후 고비를 넘기고 각 분야의 대표주자가 된 모델 및 최근 10년 이내 트렌디(trendy)한 사업모델을 통해 다크호스로 부상한 기업들을 대상으로 한 11가지 사례를 차례로 살펴보고자 한다.

1) 구글

새로운 시도를 대표하는 비즈니스모델 개념의 사례로는 구글의 검색 창을 들 수 있다. 그 당시 온라인 사업에서 새로운 장을 여는 그야말로 쇼킹한 분기점이 되는 사건이었다. 넓은 화면 중간에 로고와 창하나 띄워놓고 어떤 광고도 없었고 기타 수익이 연결되어 있으리라 예측되는 장치도 없이 검색만 할 수 있는 화면이었다. 그러나 검색창 안으로 들어가기만 하면 강력한 검색엔진이 세계를 정복할 수 있는 모든 것이 갖춰졌다 할 강력한 것이었다. 창 하나는 오히려 독특하고 군더더기 없는 강력한 비즈니스 모델이 되어 많은 광고회사들이 자신들의 사업을 검색대 위에 올려놓기 위해 노력하게 되었다. 결국 그 모델은 지금까지 세계 1등 모델로 유지되고 있다.

구분	고객가치(기회)	핵심역량(자원)	수익(프로세스)
	무엇이든 찾아주는 검색	최고의 검색엔진	광고료
고유특성	신제품 / 온라인 / 서비스 / 종합 / 다발성		

2) 애플 아이폰

애플 아이폰은 대표적인 제조업의 신제품 창조 비즈니스 모델이라 할 수 있다. 왜냐하면 다양한 주변의 기존 시장을 파괴할 정도의 제품 매력도, 고객 흡인력과 독자적 시장 확정성을 두루 갖추고 이후 무수한 후발 주자들의 도전에도 굳건히 고유의 영역을 지키며 시장을 지배하고 있기 때문이다. 이동통신 이라는 최고의 플랫폼에 전화기, 컴퓨터, 카메라, 소통매체, 금융서비스 등 담을 수 있는 모든 기능을 탑재하고 기존에 없던 편의를 창출했다. 이런 제품을 만들 수 있는 기술력과 창조력이 있다면 가장 훌륭한 비즈니스 모델이라 할 수 있다.

구분	고객가치(기회)	핵심역량(자원)	수익(프로세스)
	Mobility & Ubiquity	제품 구현 기술력, 감성마케팅	판매
고유특성	신제품 / O2O / 제품 / 특화 / 완제품 / 판매 / 단발성		

3) 농심 신라면

신라면은 기존 삼양라면이 독보적인 시장에서 대표적인 2등 전략을 구사했던 사례이다. 국내외 선발기업의 사례들을 분석하고 자신만의 특 장점을 부각히여 새로운 시장을 만들어 낸 것으로 기존 롯데그룹의 휘하에서 롯데식품으로 시작했으나 여러 가지 그룹의 사정으로 농심사를 만들어 독립했다. 이후 당시로선 가히 혁신적이라 할 수 있는 것은 한국인의 고유한 정서를 간파한 매운맛을 기반으로 버섯 향을 가미한 그들만의 레시피의 탄생이다. 무수한 실험의 결과 자신만의 독보적인 라면 맛으로 승부한 뚝심이 결국 맨손으로 맨땅에 일군 성공사례로 남게 된다. 그들만의 방식으로 이어지는 신제품 출시에 힘입어 현재는 라면시장에서 어떤 경쟁자도 넘볼 수 없는 위치를 차지하고 국내를 넘어 세계 시장에서 라면 부문의 K-식품 대표주자로 사랑을 받고 있다. 2등 전략으로 세계 1등이 되기까지 사업 환경 극복과 기업전략의 선택과 집중의 과정 등 창업 비즈니스 모델로서 충분한 연구 사례라 판단된다.

구분	고객가치(기회)	핵심역량(자원)	수익(프로세스)
	매운맛 라면	기존 시장을 능가하는 혁신력	판매
고유특성	기존제품 / 오프라인 / 제품 / 특화 / 완제품 / 판매 / 단발성		

4) 넷플릭스

넷플릭스는 인터넷을 기반으로 TV 서비스를 제공하는 글로벌 탑티어(Top tier)이다. 스트리밍 중심의 서비스를 중심으로 성장했지만 과거에는 비디오 및 DVD의 우편대여 서비스라는 지금의 기준으로 보면 다소 첨단적이지 않은 사업이었다. 하지만 대여를 위해 점포를 찾아야 했던 당시 대부분의 방식에 비하면 혁신적인 서비스라 할 수 있었다. 이러한 노력들이 축적되어 나름의 핵심역량이 구축되었고 때마침 인터넷의 보급이 급속도로 확대되자 기회를 잡을 수 있었던 것이다 고객에게 쌓아왔던 신뢰를 기반으로 시대의 흐름에 편승하여 구독료 기반의 영상 스트리밍 서비스를 제공할 수 있었던 것이다.

구분	고객가치(기회)	핵심역량(자원)	수익(프로세스)
	온라인 방송 스트리밍	구독 고객확보 가능한 신뢰와 기술	구독/광고료
고유특성	기존제품 / 온라인 / 서비스 / 종합 / 완제품 / 임대 / 다발성		

5) 주식회사 비올

비올은 피부미용 의료기기 제조 기업으로서 코스닥 상장기업이다. 미국 FDA(510K) 인증은 물론, 니들 조립체 제조용 지그를 이용하는 니들 조립 체의 제조방법(한국), 피부 내 혈관의 치료 장치(홍콩), 점막하조직 치료 장치(일본) 등의 국내외 특허를 바탕으로 기존의 피부미용 의료기기 시장에서 1등을 노릴 수 있는 니치마켓을 찾아 집중함으로써 급성장세에 있는 기술기반 벤처기업이자 1000만 불 수출 탑 수상에 빛나는 글로벌 무역 기업이다. 시장에 많은 기업들이 있지만 자신만의 분야를 찾고 이길 수 있는 부분에 집중함으로써 니치마켓을 평정할 수 있었던 강점 차별화 전략이 잘 맞아 떨어진 비즈니스 모델에 해당한다.

구분	고객가치(기회)	핵심역량(자원)	수익(프로세스)
	피부내 혈관 치료	니들 조립체의 제조 방법 등 기술	판매/렌탈
고유특성	기존제품 / 오프라인 / 제품 / 특화 / 완제품 / 판매 / 단발성		

6) 세라젬

세라젬은 의료기기 업체 최초 CCM(Consumer Centered Management)인증 및 21년 연속 세계 일류상품에 선정 될 만큼 역사와 기술력을 바탕으로 의료기기 분야 시장 지배력이 있는 기업이다. 25년의 역사와 70여 개국의 수출 거래선, 누적수출 1조원, 글로벌 체험매장 2,500여개, 수출 공로로 금탑산업훈장을 받은 중견기업이다. 이 기업의 성장 배경에는 기술력과 품질을 바탕으로 의료기구로서 미국 FDA 승인, CE인증, CFDA인증 등을 갖추고 있으며 온열기와 마사지 기능을 조합한 헬스 케어 제품으로서 자신의 분야를 확고히 차지하고 있다. 체험 서비스를 통하여 판매와 렌탈 조건을 통해 고객에게 다양한 접근이 가능하게 열어두는 가격정책을 펴고 있다. 고가의 제품이지만 렌탈을 통해 필요한 고객에게 가치를 창출하는 모험이 시장에서 긍정적으로 받아들여졌던 것으로 판단된다. 고가의 텔레비전 처음 시장에 출시되었을 때 전기도 잘 안 들어가던 농촌 골짜기 까지 공급할 수 있었던 방식, 그래서 오히려 전기의 공급 망을 확대할 수 있도록 자극했던 방식이 현재까지 적용된 비즈니스 모델 사례로 볼 수 있다.

구분	고객가치(기회)	핵심역량(자원)	수익(프로세스)
	맞춤형 온열 마사지 헬스케어	기술력과 시장 지배력	판매/렌탈
고유특성	신제품 / 오프라인 / 제품 / 특화 / 완제품 / 판매 및 임대 / 단발성		

7) 토스

처음 토스는 금융거래의 복잡한 절차에 착안하여 이를 최대한 간단하게 구현하는 것을 목표로 가입고객들에게 안전하면서도 편리함을 제공한다는 취지로 니치마켓의 선두주자를 추구했다. 특히 지인 간의 더치페이나 소액의 금전거래가 온라인 기반으로 급성장 하는 트렌드를 읽고 그러한 시장의 니즈를 충족시킬 플랫폼을 구축하고자 했다. 이제는 유사한 기능을 후발주자들에게 허용하고 있지만 현재는 뱅킹, 투자, 대출, 보험, 온라인 마켓 등을 아우르는 온라인 종합 금융 플랫폼으로서 우뚝 서게 되었다.

구분	고객가치(기회)	핵심역량(자원)	수익(프로세스)
	소액금융 간소화, 금융토탈 서비스	고객편의서비스, 기술력	수수료
고유특성	기존제품 / 온라인 / 서비스 / 종합 / 완제품 / 판매 / 다발성		

8) 에어비앤비

공유경제의 붐을 타고 주거공간을 공유한다는 플랫폼 개념을 실현시킨 모델이다. 우리나라에서도 외국인도시관광민박업 및 농어촌민박업, 한옥체험업 중 하나에 해당하는 숙박업에 등록이 되어야 하고 연 면적과 소유주 거주조건 등의 규제가 있어 다소 어려움은 있지만 불가능한 사업은 아니다. 세계적으로 여행의 규모와 형태가 커지고 다양해지면서 많은 고객들이 여행지의 거주시설에서 직접 체험하면서 비교적 적은 비용을 지불한다는 장점이 부각되고 있다. 타인의 사적 공간을 공유하는 것으로 일정한 제품이나 정보를 공유하는 일반적인 사업 특성과는 상이한 비즈니스 모델 특성이 있다. 즉 에어비앤비는 직접 주거공간이나 호텔을 소유하지 않으며 공간 공급자와 수요자를 연결만 해주는 역할을 통해 순수한 의미의 공유 플랫폼 비즈니스 모델을 갖는다. 에어비앤비는 집 제공자인 호스트와 그 집에 일정기간 체류하는 게스트와의 관계를 잘 조율하고 보험이나 기타 다른 규정들을 기반으로 보장되는 안전조항 등에 따라 모두가 만족스런 경험을 향유하도록 중개하는 역할이 강조된다. 또한 여행자가 선택하여 즐길 수 있는 현지 여행상품 제공 서비스도 추가되고 있다. 여행자의 후기를 바탕으로 주택제공자의 서비스를 평가하고 이를 통해 가격 및 서비스 품질을 관리한다.

구분	고객가치(기회)	핵심역량(자원)	수익(프로세스)
	색다른 생활밀착 경험, 가격	공유 플랫폼의 안전과 신뢰	양측 중개 수수료
고유특성	기존제품 / O2O / 서비스 / 종합 / 완제품 / 임대 / 다발성		

9) 투굿투고(Too good to go)

지구를 살리자는 환경보호 문제는 어제 오늘 일이 아님에도 불구하고 나라마다 정책의 일관성과 참여 정도는 다르다. 세계적인 문제 인식차원과 우리나라의 위상으로 볼 때 조만간 꼭 필요한 사업이 될 수도 있을 것이다. 덴마크의 제이미 크러미가 창업한 투굿투고의 비즈니스 모델의 기본 개념은 식당에서 버려지는 음식물을 저렴한 가격으로 판매할 수 있도록 원하는 소비자와 연결시켜 주는 플랫폼기반 에코테크(Eco-tech) 모델이다. 방금까지 멀쩡하게 판매되던 음식물이나 식자재가 버려지는 현실을 보고 대형마트의 마감시간 임박 세일의 사례를 접목시킨 사업형태이다. 식당과 사용자들은 각각 추가매출과 보다 저렴한 가격으로 살 수 있다는 장점과 추가적으로 환경보호라는 빅 이슈를 함께 풀어감으로써 사회적 경제적 비용 절감이 가능한 방법이 될 수 있다는 점이 각종 공공지원의 수혜도 추가로 가능한 사업이 될 수 있을 것이다. 유사한 위치기반 중고제품 공유 플랫폼 사업의 사례로 당근마켓이 있다.

구분	고객가치(기회)	핵심역량(자원)	수익(프로세스)
	저렴한 가격, 환경보호 참여	위치기반 다수 점포/고객가입	매장 수수료
고유특성	기존제품 / O2O / 서비스 / 종합 / 완제품 또는 부분품 / 판매 / 단발성		

10) 플레이스테이션

게임으로 세계를 평정했던 소니의 대표적인 가정용 콘솔게임기가 플레이스테이션이다. 게임개발사들이 게임 소프트웨어를 자사 기기에 맞게 포맷하여 출시하도록 하고 이를 플레이스테이션 이용자들에게 연결시켜주는 플랫폼 사업모델을 갖추고 있다. 닌텐도와 다른 점은 콘솔기기는 원가에 가까운 값싼 가격에 공급하고 값나가는 SW 게임타이틀을 계속 판매하는 것을 수익 모델로 하고 있다. 즉 저렴한 하드웨어로 고객을 다수 유인하여 플랫폼 기반을 갖추고 게임제작자들의 SW 판매를 활성화함으로써 이에 수수료를 받는 형태를 취한다. 반복해서 판매되는 제품을 고가에 책정하기 위해 기본이 되는 하드웨어 제품을 저가 또는 무료로 공급하는 형태이다.

구분	고객가치(기회)	핵심역량(자원)	수익(프로세스)
	다양한 고품질 게임 공급	하드웨어 저가 공급망	제작자 수수료
고유특성	신제품 / 온라인 / 제품 / 종합 / 완제품 / 판매 / 다발성		

11) 자라(Zara)

SPA[25] 즉 자사 기획의 의류를 자사 브랜드로 직접 생산하고 다시 자사 운영의 직매장에서 판매까지 이뤄시는 수직계열화 패션 비즈니스 모델의 대표 주자가 자라다. 이런 형태의 사업이 가지는 대표적인 장점은 생산과정, 유통과정을 직할하여 관리함으로써 의사결정과 유통현장의 스피드를 구현할 수 있다는 점이다. 시시각각으로 변화하는 특히 어떤 산업보다도 트렌드가 빨리 바뀌는 패션시장에서 발 빠르게 대응하기란 힘들지만 가능하다면 가공할 만한 핵심역량이 될 수 있다. 이 효과는 자동화 물류시스템을 갖춤으로써 달리는 말에 날개를 다는 것으로 나타난다. 유통전반의 속도를 고도화 하고 이를 통해 납품 및 품질의 문제까지 신속히 해결해 내는 자라만의 고유한 경쟁력으로 남게 되었다. 흔히 비용을 절감하기 위하여 많은 기업들이 생산 및 판매의 일부 과정을 외주 화하는 전략을 펴지만 자라는 이 프로세스의 수직 계열화를 통해 패션시장의 신속한 흐름을 주도하는 자신만의 시장지배력을 확보할 수 있었다.

구분	고객가치(기회)	핵심역량(자원)	수익(프로세스)
	좋은 가격/품질, 최신유행 제품	빠른 시장 대응력, 회전율	판매
고유특성	신제품 / 오프라인 / 제품 / 특화 / 완제품 / 판매 / 단발성		

25 SPA : Specialty retailer's store(소매 전문점), Private label(자사 상표), Apparel(의류)의 머릿글로 직접 생산하여 판매하는 의류 브랜드를 통칭함.

참고문헌 I·n·d·e·x

강영규 · 권주형 · 고종남 (2015). 창업일반. ㈜삼양미디어

김상화 (2022). 정부의 창업지원정책 및 기업가정신이 창업기업의 비재무적성과에 미치는 영향에 관한 연구. 한국진로창업경영학회지, 6(3), 111-131.

네고로 타츠유키 저, 안동현 역 (2021). "성공 패턴 63으로 비즈니스 모델 완벽 정복". 프리렉

네고로 타츠유키(根来龍之) · 토가시 카오리(富樫佳織) · 아지로 사토시(足代訓史) 저, 안동현 역 (2021). 프리렉

박정식 · 신동령 (2021). 경영분석, 다산출판사

박희상 (2020). 창업기업의 사회적 자본과 정부창업 지원이 흡수역량을 통해 경영성과에 미치는 영향에 관한 연구. 박사학위논문 대전대학교 일반대학원.

배성한 (2017). 처음부터 다시 배우는 서비스 디자인 씽킹. 한빛미디어

빌 올렛 저, 백승빈 역 (2015). "스타트업 바이블". 비즈니스북스

신충교 (2021) 기업가정신과 창업모델, 도서출판 두남

알렉산더 오스터왈더 · 예스 피그누어 저, 유효상 역 (2021). "비즈니스 모델의 탄생, 상상과 혁신, 가능성이 폭발하는 비즈니스 모델 캔버스 활용". 비즈니스북스

양영석 (2013). BSC 기반의 기술창업교육 성과평가모형 개발 연구: 창업대학원 성과평가지표분석과 개선방안도출을 중심으로. 벤처창업연구, 8(2), 129-139.

이지현 (2018). 노인의 스트레스와 자아통합감과의 관계 : 회복탄력성과 우울의 매개효가를 중심으로, 이화여자대학교대학원.

성병익 (2019). 4차 산입혁명 시대, 디자인씽킹이 답이다. 학현사

정연수 · 윤동주 · 조성의 (2019). 기술창업기업에서 기업가의 비즈니스모델 인식과 경영성과 간의 관계 연구. 예술인문 사회 융합 멀티미디어 논문지, 9(6), 803-816.

진 리드카 · 팀 오길비(김형숙 · 봉현철 역, 2011). 디자인씽킹, 경영을 바꾸다. 초록비책공방

표원지 · 하환호 (2015). 소규모 창업기업의 사업진단과 컨설팅을 위한 비즈니스 모델 캔버스의 활용 사례연구. 한국콘텐츠학회논문지, 15(10), 561-569.

피터 드러커 저, 유정식 역 (2017). "최고의 질문". 다산북스

한길석 (2013) 창업과 기업가정신, 비앤엠북스

Alexander Osterwalder & Yves Pigneur(2013). Business Model Generation. Willey Publishers

David J. Teece (2009). Dynamic Capabilities and Strategic Management. Oxford University Press

Joan Magretta (2002). Why Business Models Matter. Harvard Business School Pub.

Lahdenperä, J., Jussila, J., Järvenpää, A. M., & Postareff, L.(2022), Design Factory—Supporting-techno ogy st ents' earning o genera co etences thro gh ni ersity-industry- collaboration. LUMAT: International Journal on Math, Science and Technology Education, 10(1), 127–150.

Michael M. Lewis (2001). The New New Thing : A Silicon Valley Story. Penguin Books

Paul Timmers (1999). Electronic Commerce : Strategies and Models for Business-to-Business Trading, Willey Publishers

찾아보기 I·n·d·e·x

■ 강 영 규 / 경영학박사

現 장안대학교 교수
前 숭실대학교 겸임교수
숭실대학교 일반대학원 벤처중소기업학과(경영학 박사, 기업가정신 및 창업 전공)

〈논문〉
"중소기업의 조직문화를 기반으로 한 사내기업가정신이 전략지향성에 미치는 영향", 2010년

〈저서〉
"협업으로 성공하기"(공저), 디자인밈, 2018년
"창업경영과 기업가정신"(공저), 대경출판사, 2017년
"소셜시대의 경영학원론"(공저), 대경출판사, 2017년
"성공적인 직업생활"(공저), 드림북, 2017년
"창업일반"(공저), 삼양미디어, 2014년

〈수상〉
베스트 티처상 (장안대학교 총장, 2014)

■ 윤 정 호 / 경영학박사

現 ㈜중소기업경영원 전문위원
現 (사)한국소공인진흥협회 본부장
前 장안대학교 겸임교수
前 문래소공인특화지원센터 센터장
前 ㈜레드캡 기획차장
숭실대학교 일반대학원 벤처중소기업학과(경영학박사, 기업가정신 및 창업 전공)

〈학위 논문〉
"소공인 지원서비스품질이 소공인의 성과에 미치는 영향 연구 : 기업가정신의 조절효과를 중심으로"

〈주요 저서〉
"협업으로 성공하기"(공저), 디자인밈, 2018년

〈수상〉
소상공인시장진흥공단 표창장(2015)
중소기업청 최우수상(지원센터 우수사례, 2016)
중소벤처기업부 대상(지원센터 우수사례, 2017)
서울특별시장 표창장(2017)
영등포구청장 표창장(2017)
중소벤처기업부 장관 표창(육성공로자, 2021)

■ 임 진 혁 / 경영학박사

現 경기대학교 융합교양대학 교수
現 한국기업경영학회 / 한국산업경제학회 이사
現 공공기관 및 공기업 역량 평가 및 교육위원
前 건국대학교 교수
前 한국기업가정신센터 센터장
前 S.B.E 대표 (해외창업)
前 인간개발연구원, 자유와 창의교육원 교수 (위촉)
前 전경련국제경영원 주임연구원, 리더십센터 팀장
숭실대학교 일반대학원 벤처중소기업학과(경영학 박사, 기업가정신 및 창업 전공)

〈주요 논문〉
"기업가정신과 리더십이 인지적 성공에 미치는 영향"
"벤처중소기업 노동자의 일자리 만족도가 직무만족, 조직몰입, 비이직의도에 미치는 영향"
"가족기업 후계자의 셀프리더십과 승계자기효능감이 승계의지와의 관계에서 사회적 자본의 매개효과와 사회적 지지의 조절효과" 외 다수

〈저서〉
"벤처창업과 기업가정신"(공저)
"사내기업가정신"(공저)
"캠퍼스 CEO TOK"(편저)

〈수상〉
우수발표논문상(한국경영교육학회장, 2016, 2017)
진성애강의상(경기대학교 총장, 2020)
중소벤처기업부 장관상(2020)
농림축산식품부 장관상(2020)

■ 정 연 대 / 경영학박사

現 (주)중소기업경영원 전문위원
現 포커스인 대표
現 한국고용정보원 고용서비스 품질관리 심사·평가위원
現 벤처중소기업진흥공단 외부진단전문가
現 동국대학교 WISE캠퍼스 초빙교수
前 (주)텍스월드통상 상무
前 LIG에이디피(주) 경영지원팀장
前 LG이노텍주식회사 인력개발팀 과장
숭실대학교 일반대학원 벤처중소기업학과(경영학박사, 기업가정신 및 창업 전공)

〈학위 논문〉
"기업가정신 연구 분류 체계에 대한 탐색적 연구"

기업가정신 - 산업혁명의 흐름을 중심으로 한 고찰 _ 개정판

초　판 1쇄 발행 —— 2021년 3월 5일
개정판 1쇄 발행 —— 2024년 2월 5일
지은이 —— 강영규 · 윤정호 · 임진혁 · 정연대
펴낸이 —— 전두표
펴낸데 —— 도서출판 **두남**
서울시 강동구 성내로 6길 34-16 두남빌딩
신 고 : 제25100-1988-9호
TEL : 02) 478-2066, 2067
FAX : 02) 478-2068
E-mail : dnbooks@dunam.co.kr
http://www.dunam.co.kr

정가 30,000원

ISBN 978-89-6414-983-6 93320